Treasures for Scholars Worldwide

中央民族大學民族博物館藏

江西出土宋元墓誌地券拓本彙編

主　編　張銘心

·上·

墓誌卷

主　編　張銘心
副主編　鄧雪芳

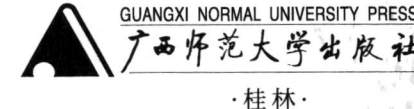

GUANGXI NORMAL UNIVERSITY PRESS
广西师范大学出版社
·桂林·

ZHONGYANG MINZU DAXUE MINZU BOWUGUAN CANG JIANGXI CHUTU SONG-YUAN MUZHI DIQUAN TABEN HUIBIAN

圖書在版編目（CIP）數據

中央民族大學民族博物館藏江西出土宋元墓誌地券拓本彙編：全 2 册 / 張銘心主編. -- 影印本. -- 桂林：廣西師範大學出版社，2023.6
ISBN 978-7-5598-5907-5

Ⅰ. ①中… Ⅱ. ①張… Ⅲ. ①葬俗－研究－中國－宋元時期 Ⅳ. ①K892.22

中國國家版本館 CIP 數據核字（2023）第 043453 號

廣西師範大學出版社出版發行
（廣西桂林市五里店路 9 號　郵政編碼：541004
網址：http://www.bbtpress.com）
出版人：黄軒莊
全國新華書店經銷
廣西廣大印務有限責任公司印刷
（桂林市臨桂區秧塘工業園西城大道北側廣西師範大學出版社集團有限公司創意産業園内　郵政編碼：541199）
開本：787 mm ×1 092 mm　1/8
印張：101.5　　字數：812 千
2023 年 6 月第 1 版　　2023 年 6 月第 1 次印刷
定價：2680.00 元（全 2 册）

宋故鄒公墓誌
宋故鄒公墓誌（1230年） 原石正面

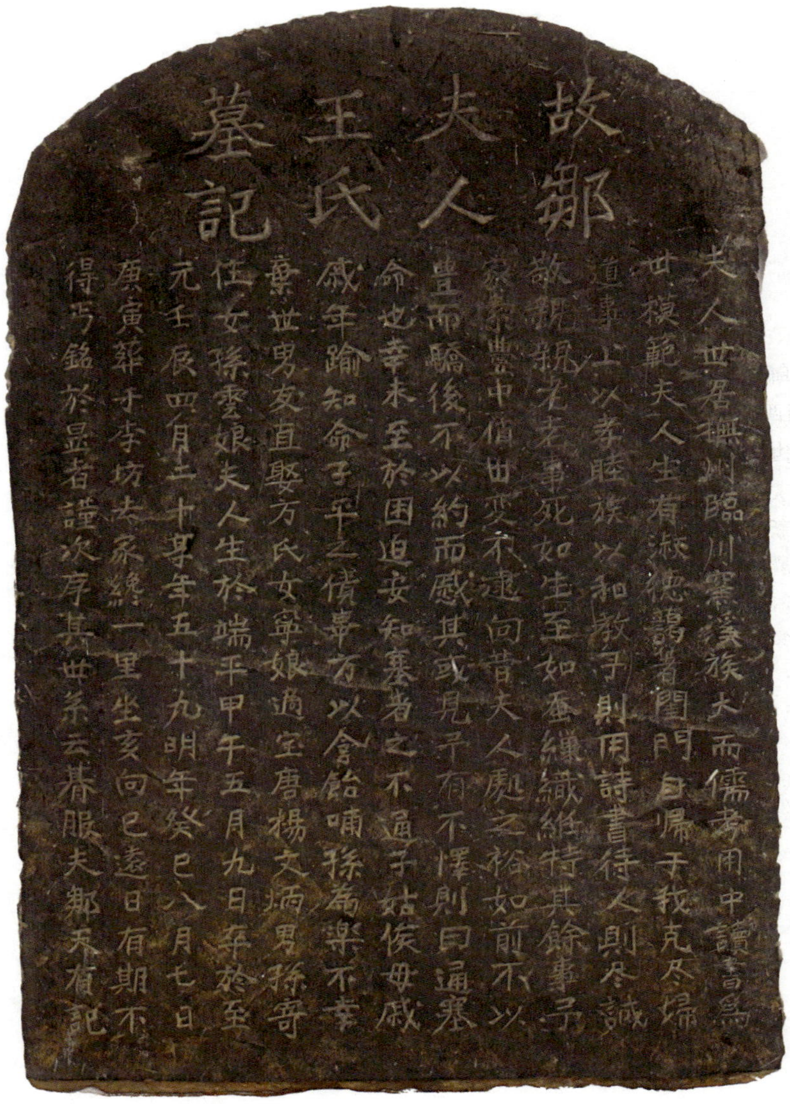
故鄒夫人王氏墓記
故鄒夫人王氏墓記（1293年）原石正面

前言

近年來，有關宋元墓誌資料的編輯出版成果，如雨後春笋般不斷湧現。粗略統計，自二十世紀八十年代以來，涉及宋元墓誌的輯録類書籍就出版有六十部以上。特别是2009年以來，單一輯録宋代墓誌的著作就有《北宋臨城王氏家族墓誌》（21件）[①]、《宋代墓誌輯釋》（226件）[②]、《宋代墓誌》（120件）[③]、《新出宋代墓誌碑刻輯録（北宋卷）》（405件）[④]、《新出宋代墓誌碑刻輯録（南宋卷）》（515件）[⑤]、《明止堂藏宋代碑刻輯釋（墓誌）》（193件）[⑥]、《民族·盟約·邊界·戰争——陝西出土宋代墓誌輯釋》（136件）[⑦]、《出土宋代磚誌輯釋》（284件）[⑧]等近十部。而大量輯録宋代墓誌的出版成果還有《北京圖書館藏中國歷代石刻拓本彙編》（宋誌201件）[⑨]、《寧波歷代碑碣墓誌彙編（唐/五代/宋/元卷）》（宋誌144件）[⑩]、《洛陽出土石刻時地記》（宋誌134）[⑪]、《新中國出土墓誌　河南（壹）》（宋誌119件）[⑫]、《江西出土墓誌選編》（宋誌93件）[⑬]、《秦晉豫新出墓誌蒐佚續編》（宋誌61件）[⑭]、《臨海墓誌集録》（宋志54件）[⑮]、《秦晉豫新出墓誌蒐佚三編》（宋誌51件）[⑯]、《新中國出土墓誌　重慶》（宋誌48件）[⑰]、《成都出土歷代墓銘券文圖録綜釋》（27件）[⑱]等。此外，以宋遼金元時代墓誌爲主的彙編類著作也有十餘部，如《遼代石刻文編》（75

① 謝飛、張志忠、楊超著，河北省文物研究所、臨城縣文物保管所編：《北宋臨城王氏家族墓誌》，文物出版社，2009年。
② 郭茂育、刘繼保編著：《宋代墓誌輯釋》，中州古籍出版社，2016年。
③ 紹興市檔案局（館）、會稽金石博物館編：《宋代墓誌》，西泠印社出版社，2018年。
④ 何新所編著：《新出宋代墓誌碑刻輯録（北宋卷）》，文物出版社，2019年。
⑤ 何新所編著：《新出宋代墓誌碑刻輯録（南宋卷）》，文物出版社，2020年。
⑥ 朱明歧、戴建國主編：《明止堂藏宋代碑刻輯釋（墓誌）》，中西書局，2019年。
⑦ 黨斌：《民族·盟約·邊界·戰争——陝西出土宋代墓誌輯釋》，社會科學文獻出版社，2021年。
⑧ 賈文龍、王曉薇主編：《出土宋代磚誌輯釋》，鳳凰出版社，2022年。
⑨ 北京圖書館金石組編：《北京圖書館藏中國歷代石刻拓本彙編》，中州古籍出版社，1989年。
⑩ 章國慶編著：《寧波歷代碑碣墓誌彙編（唐/五代/宋/元卷）》，上海古籍出版社，2012年。
⑪ 郭培育、郭培智主編：《洛陽出土石刻時地記》（郭玉堂1939年原著），大象出版社，2005年。
⑫ 中國文物研究所、河南省文物研究所編：《新中國出土墓誌　河南（壹）》，文物出版社，1994年。
⑬ 陳柏泉編著：《江西出土墓誌選編》，江西教育出版社，1991年。
⑭ 趙文成、趙君平編：《秦晉豫新出墓誌蒐佚續編》，國家圖書館出版社，2015年。
⑮ 馬曙明、任林豪主編，丁伋点校：《臨海墓誌集録》，宗教文化出版社，2002年。
⑯ 張永華、趙文成、趙君平編：《秦晉豫新出墓誌蒐佚三編》，國家圖書館出版社，2020年。
⑰ 中國文物研究所、重慶市博物館編：《新中國出土墓誌　重慶》，國家圖書館出版社，2002年。
⑱ 成都文物考古研究所、成都博物院編著：《成都出土歷代墓銘券文圖録綜釋》，文物出版社，2012年。

件）[①]、《遼代墓誌疏證》（52件）[②]、《麗水宋元墓誌集録》（宋誌62件，元誌6件）[③]、《遼代墓誌彙輯校注》（200件以上）[④]、《武義宋元墓誌集録》（宋誌38件，元誌1件）[⑤]、《貞珉千秋——散佚遼宋金元墓誌輯録》（宋誌40件，遼誌1件，金誌15件，元誌24件）[⑥]、《遼代墓誌校注》（228件）[⑦]、《揚州新出土宋元明清墓誌》（宋代3件，元代1件）[⑧]等。另外，收録有大量宋元墓誌的石刻類圖書、考古發掘報告等，如《鄭州金石志·宋代編》（收録宋代墓誌62件）[⑨]、《重慶宋代墓葬石刻圖集》（23件）[⑩]等也不斷出版。再加上《名臣碑傳琬琰集》[⑪]、《宋代傳狀碑誌集成》[⑫]、《宋代石刻文獻全編》[⑬]、《宋文遺録》[⑭]這類傳世文獻或金石文獻也收録有爲數不少的宋代墓誌。可以認爲，宋元墓誌資料緊隨南北朝、隋、唐、五代墓誌的輯録數量規模，已經成爲石刻類出土文獻領域的又一資料重鎮，爲宋元歷史研究提供了豐富的石刻文獻資料。

---

① 向南主編：《遼代石刻文編》，河北教育出版社，1995年。
② 齊作聲編著：《遼代墓誌疏證》，沈陽出版社，2010年。
③ 鄭嘉勵、梁曉華編：《麗水宋元墓誌集録》，浙江古籍出版社，2013年。
④ 周阿根校注：《遼代墓誌彙輯校注》，黄山書社，2018年。
⑤ 浙江省文物考古研究所、武義博物館編，傳毅强、鄭嘉勵主編：《武義宋元墓誌集録》，浙江古籍出版社，2019年。該書收録宋元墓誌39件。本書雖言宋元墓誌，但其中只有1件元誌，其餘38件皆爲宋誌。
⑥ 周峰編：《貞珉千秋——散佚遼宋金元墓誌輯録》，甘肅教育出版社，2020年。
⑦ 周阿根校注：《遼代墓誌校注》，天津古籍出版社，2022年。
⑧ 揚州市文物考古研究所編：《揚州新出土宋元明清墓誌》，上海古籍出版社，2022年。該書共收録有92件石刻，除少量買地券、墓梟、墓碑等外，其中墓誌共有87件，包括宋代3件，元代1件，明代75件，清代3件。
⑨ 鄭州市地方史志編纂委員會主辦，鄭州市地方史志辦公室編著：《鄭州金石志·宋代編》，中國水利水電出版社，2021年。
⑩ 李大地主編，陳東副主編：《重慶宋代墓葬石刻圖集》，重慶出版社，2022年。
⑪ 參見[宋]杜大珪編，顧宏義、蘇賢校證：《名臣碑傳琬琰集校證》，上海古籍出版社，2021年。
⑫ 曾棗莊主編：《宋代傳狀碑誌集成》，四川大學出版社，2012年。
⑬ 國家圖書館善本金石組編：《宋代石刻文獻全編》，北京圖書館出版社，2003年。
⑭ 李偉國編：《宋文遺録》，上海書店出版社，2022年。

本書所收録的這批宋元墓誌拓本，是中央民族大學民族博物館近年於江西陸續徵集而得，共300件，其時代主要集中于宋元兩代，分别是唐代1件，南吴1件，宋代163件（北宋12件，南宋143件，可判斷爲宋代者8件），元代127件，另有可斷定爲宋元時期但具體年代不詳者8件。這批墓誌的具體出土信息不詳，但依據墓誌銘文中記載的墓主籍貫或葬地，可推斷墓誌分佈的大致地點分别是撫州（今江西撫州）129件，臨江（今屬江西樟樹）34件，洪州（治今江西南昌）30件，饒州（治今江西鄱陽）20件，建昌（今江西南城）17件，信州（今江西上饒）7件，袁州（今江西宜春）3件，南康（今屬江西廬山）1件，贛州（今江西贛州）1件，江州（今江西九江）1件，另有57件相關信息缺失。

根據我們的初步統計，這批墓誌中墓誌主爲男性的154件，女性的138件，夫婦墓誌8件。從墓誌形制上看，碑形或碑式[⑮]墓誌共244件（占這批墓誌總量的81.3%）。其中圓首碑形數量最多，共178件（占碑形墓誌的73%），其餘碑形有方首碑形、圭首碑形、雙耳碑形墓誌。另外值得注意的是，江西出土宋元墓誌中，碑形或碑式墓誌的使用逐漸增多，這與同時期的方形墓誌形成了鮮明的對比，成爲宋元時期墓誌的重要特徵。而且到元代，圓首碑形墓誌所占比例還大大提高。據我們對江西宋元墓誌的統計，宋代圓首碑形墓誌占其時代墓誌總數的43.3%，而元代圓首碑形墓誌則占其時代墓誌總數的81.6%，占比增長接近一倍。可見自宋至元圓首碑形墓誌在江西一帶漸成流行趨勢。

從墓誌名稱上看，江西宋元墓誌名稱繁多。根據對這批墓誌的統計，其中以『壙記』『墓誌』爲名者居多，各有96件、93件，分别占總數的32%、31%；其次爲『墓記』『墓誌銘』『墓銘』和『壙誌』，分别爲39件、25件、15件和15件，分别占總數的13%、8.3%、5%和5%；此外，還有少數名爲『墓碣』『碑』『墓銘券』『塔記』『塔銘』等，没有統一的名稱。

從書寫格式和書體看，這批墓誌中有249件出現題額。其中字體以楷書爲主，有

---

⑮ 所謂碑式墓誌，指的是形制爲方形，但書寫格式爲帶題額的碑式者。

184件，占墓誌題額總數的73.9%；有46件字體爲篆書，占比18.5%；出現最少的字體爲隸書，共有19件，占比7.6%。正文字體除了2件爲隸書外，其餘皆爲楷書。就書寫格式而言，除一方大吴乾貞二年（928年）的墓誌爲竪行自左向右書寫外，其餘皆爲竪行自右向左書寫。

總歸，江西出土宋元墓誌雖然在二十世紀九十年代初就已開始被學界所關注①，但近年來才開始被學界逐漸重視。2019年出版的朱明歧、戴建國主編《明止堂藏宋代碑刻輯釋（墓誌）》收録的所謂宋代碑刻基本上都是江西出土的宋代墓誌。其圖版精緻、録文詳盡，可謂墓誌輯録之精品。本書所收録宋代墓誌雖有少量（30件）與《明止堂藏宋代碑刻輯釋（墓誌）》重複，但大部分都是未被公開發表過的。因此，我們不揣冒昧，本着爲學界提供新資料的初衷，在盡量短的時間内將這批資料整理結集出版。或許編排形式過於簡略，但作爲一批新資料，其研究價值應該不會被掩映遮蔽。

① 前揭1991年出版的陳柏泉編著《江西出土墓誌選編》中就收録有104件宋元墓誌。

凡例

一、本書所收中央民族大學民族博物館藏江西出土宋元墓誌拓本，絶大部分此前從未公佈。

二、本書所收録的拓本時代以宋元爲主，按朝代先後排列順序，同一朝代則根據葬期先後排列。無具體年代者，皆列同朝代墓誌之後。所標注公元紀年僅對應葬年，不對應葬期，如：淳祐十二年（1252年）十二月二十八日。

三、本書旨在爲歷史研究提供原始史料，故除拓本照片外，僅標注墓誌名稱、葬年、尺寸等信息，未開展墓誌録文、注釋等整理工作。

四、墓誌名稱均係編者所擬，擬名遵循以墓主姓名爲墓誌名稱的原則。若墓誌刻有題名，則以墓誌原刻題名爲優先。墓主姓名模糊難辨者，則用『□』代替。若墓誌有别字、異體字等，一般改爲現行規範用字。

目録

001 唐故江夏黄府君墓誌 …… 〇〇一
002 故汝南郡周融府君杜陵郡夫人墓誌 …… 〇〇二
003 大宋國撫州汝南周府君妻江夏郡黄氏夫人墓誌 …… 〇〇三
004 皇宋周氏夫人墓誌 …… 〇〇四
005 周君妻重氏墓誌 …… 〇〇五
006 歿故夫人楊氏墓誌銘 …… 〇〇六
007 宋李公壙記 …… 〇〇七
008 故新師墓銘 …… 〇〇八
009 宋故葉君碑 …… 〇〇九
010 宋故彭君墓誌銘 …… 〇一〇
011 宋徐公墓誌銘 …… 〇一一
012 宋故任夫人墓誌銘 …… 〇一二
013 宋故晏公墓記 …… 〇一三
014 陳公佐墓銘 …… 〇一四
015 宋故江公墓銘 …… 〇一五
016 宋氏墓銘券 …… 〇一六
017 故胡公周氏墓誌 …… 〇一七
018 宋故丁氏夫人墓記 …… 〇一八
019 范璿妻安人梁氏誌 …… 〇一九
020 彭氏墓誌 …… 〇二〇

021 宋黃氏墓……〇二一
022 故范居士墓誌……〇二二
023 廖公墓誌……〇二三
024 宋胡公墓……〇二四
025 宋故居士吴公墓記……〇二五
026 宋故三十八郎墓記……〇二六
027 宋魏公墓銘……〇二七
028 先君四承事墓碣……〇二八
029 宋故張四一秀才壙記……〇二九
030 宋故陳公墓銘……〇三〇
031 有宋范貢士墓……〇三一
032 故莊氏墓銘……〇三二
033 饒氏墓碣……〇三三
034 宋故謝翁墓記……〇三四
035 宋故甘氏墓記……〇三五
036 譚氏墓記……〇三六
037 宋故黃國華墓誌銘……〇三七
038 湯氏夫人墓誌……〇三八
039 宋故朱學諭墓銘……〇三九
040 宋故孺人周氏墓記……〇四〇
041 宋夫人徐氏……〇四一
042 曾氏墓誌……〇四二
043 宋故吴君之墓……〇四三
044 故居士李公墓誌……〇四四
045 有宋范君墓……〇四五
046 牧隱黃鶴之妻張氏墓誌……〇四六
047 宋故張氏之碑……〇四七
048 宋曾氏孺人墓……〇四八
049 夫人晏氏墓誌……〇四九
050 故洪公墓誌……〇五〇
051 先君及侄三傑墓誌……〇五一
052 周氏夫人墓誌……〇五二
053 宋故揭君墓銘……〇五三
054 宋灝墓誌……〇五四
055 宋愚軒居士胡君墓銘……〇五五
056 嘉定殘碑……〇五六
057 宋故吴公之墓……〇五七
058 宋故叚公墓誌……〇五八

059 章氏夫人墓誌……〇五九
060 有宋趙公十府君黄氏夫人壙誌……〇六〇
061 宋徐氏墓誌銘……〇六一
062 宋故鄒氏孺人墓碣……〇六二
063 宋故李公宣教墓碣……〇六三
064 宋故熊氏墓記……〇六四
065 故監公三十二壙誌……〇六五
066 宋故甘夫人墓記……〇六六
067 宋故朱公次韓墓銘……〇六七
068 宋故六四居士墓記……〇六八
069 宋宗姬墓記……〇六九
070 有宋朱解元墓誌……〇七〇
071 有宋龔君墓誌……〇七一
072 宋故鄭氏孺人墓記……〇七二
073 宋故夫人馮氏墓記……〇七三
074 宋故韓夫人墓誌……〇七四
075 宋故鄒公墓誌……〇七五
076 宋故筠坡鄒公居士之墓……〇七六
077 先妣周氏壙記……〇七七
078 宋故楊公危氏墓記……〇七八
079 有宋雷三二承事墓誌……〇七九
080 夫人陳氏壙誌……〇八〇
081 鄒斌妻饒氏墓誌……〇八一
082 宋故彭公迪功致政壙記……〇八二
083 有宋孺人饒氏墓記……〇八三
084 宋故縣尉文林趙公之墓……〇八四
085 羅氏十六娘墓誌……〇八五
086 宋故姜氏孺人墓銘……〇八六
087 宋徐百二承務壙誌……〇八七
088 宋故孺人徐氏墓誌……〇八八
089 宋故贛州會昌縣尉甘承節墓誌……〇八九
090 宋夫人饒氏壙記……〇九〇
091 松坡居士胡公墓銘……〇九一
092 故孺人張氏墓誌銘……〇九二
093 宋故夏君墓記……〇九三
094 宋故王公千一宣義壙誌……〇九四
095 先考張六七助教墓誌……〇九五
096 改葬皇考居士蕭公皇妣孺人李氏壙記……〇九六

097 宋陳敬甫壙記 …… ○九七
098 簡氏夫人壙記 …… ○九八
099 故黄公墓誌銘 …… ○九九
100 宋故曾氏夫人墓誌銘 …… 一○○
101 故曾公六五承事壙記 …… 一○一
102 宋故鄒公居士墓銘 …… 一○二
103 宋故甘氏孺人墓記 …… 一○三
104 有宋亡室干氏壙記 …… 一○四
105 宋故翁氏孺人壙記 …… 一○五
106 宋故曾氏孺人墓記 …… 一○六
107 宋故丘公夫婦墓記 …… 一○七
108 宋徐八七宣義墓誌銘 …… 一○八
109 宋故張公層壹承事壙記 …… 一○九
110 宋故傅公墓記 …… 一一○
111 宋故擬贈孺人婁氏墓記 …… 一一一
112 故男弌新壙記 …… 一一二
113 宋新淦聶公四十二承事曠記 …… 一一三
114 故江細弌宣教墓銘 …… 一一四
115 宋故傅公信甫壙記 …… 一一五
116 有宋歐氏六娘壙記 …… 一一六
117 有宋熊君墓誌 …… 一一七
118 有宋章公五承事墓 …… 一一八
119 故孺人盧氏銘 …… 一一九
120 宋曾居士墓記 …… 一二○
121 宋故洪氏孺人墓記 …… 一二一
122 有宋張公童氏壙記 …… 一二二
123 兆二宣教壙記 …… 一二三
124 故蔡公承事墓記 …… 一二四
125 有宋徐氏孺人壙記 …… 一二五
126 宋故吴公承事墓誌 …… 一二六
127 宋故李氏夫人壙記 …… 一二七
128 宋黄孺人壙記 …… 一二八
129 宋故孔公春二宣教壙記 …… 一二九
130 劉氏壙記 …… 一三○
131 圓宗曇囦穌尚塔銘 …… 一三一
132 先君西平小六評事墓誌 …… 一三二
133 宋故王氏孺人墓誌 …… 一三三
134 宋孺人龔氏壙記 …… 一三四

135 宜春京橋人墓誌 …… 一三五
136 故敖君墓壙記 …… 一三六
137 宋故吴氏夫人墓記 …… 一三七
138 先師管轄戴君壙記 …… 一三八
139 曾氏孺人壙記 …… 一三九
140 故夫人周氏壙記 …… 一四〇
141 宋故朝奉程公墓誌銘 …… 一四一
142 宋故寄菴馮君居士壙誌 …… 一四二
143 瑞娘墓誌 …… 一四三
144 故母親舒氏壙記 …… 一四四
145 戴復墓記 …… 一四五
146 宋故端八宣教墓誌 …… 一四六
147 有宋李公富三宣義壙記 …… 一四七
148 宋故張氏墓記 …… 一四八
149 宋故吴上舍孺人朱氏墓誌銘 …… 一四九
150 趙氏郡主壙記 …… 一五〇
151 故黄念二孺人張氏壙記 …… 一五一
152 劉氏墓碣 …… 一五二
153 耿氏孺人墓誌 …… 一五三
154 故孺人左氏墓誌 …… 一五四
155 故李君竹坡宣義墓誌銘 …… 一五五
156 宋揭氏夫人墓誌銘 …… 一五六
157 宋故徐君墓碣 …… 一五七
158 有宋蔡氏夫人墓誌 …… 一五八
159 宋故揭氏孺人墓 …… 一五九
160 故李子俊墓誌 …… 一六〇
161 宋孺人吴氏壙記 …… 一六一
162 宋故曾居士墓誌銘 …… 一六二
163 夫人鄒氏墓銘 …… 一六三
164 張氏壙記 …… 一六四
165 宋故章夫人墓碣 …… 一六五
166 艾公八二承事壙記 …… 一六六
167 楊公壙記 …… 一六七
168 吴門潘氏太君墓誌 …… 一六八
169 西山居士饒公壙記 …… 一六九
170 愚谷和尚塔記 …… 一七〇
171 熊氏孺人壙記 …… 一七一
172 有元竹林揭公四二宣義墓記 …… 一七二

173 鄒氏墓誌 …………………… 一七三
174 先府君止庵居士張公壙記 …………………… 一七四
175 鄭氏太君墓誌 …………………… 一七五
176 李氏孺人墓誌 …………………… 一七六
177 故朱氏二孺人壙記 …………………… 一七七
178 楊公墓誌 …………………… 一七八
179 劉公壙誌 …………………… 一七九
180 宋故歐陽夫人袁氏壙記 …………………… 一八〇
181 蔡柔惠壙記 …………………… 一八一
182 陳塤壙記 …………………… 一八二
183 傅氏曠記 …………………… 一八三
184 雷氏夫人墓誌 …………………… 一八四
185 故姚公四三宣義墓 …………………… 一八五
186 滎陽孺人徐氏壙記 …………………… 一八六
187 先師徽公和尚塔記 …………………… 一八七
188 歿故彭公墓誌 …………………… 一八八
189 故鄒夫人王氏墓記 …………………… 一八九
190 歿故千七承事墓記 …………………… 一九〇
191 歿故郝氏夫人壙記 …………………… 一九一
192 元故何氏太君壙記 …………………… 一九二
193 太君墓 …………………… 一九三
194 故嬪袁氏孺人壙記 …………………… 一九四
195 先妣吳氏孺人墓誌 …………………… 一九五
196 先考聶君登一朝奉先妣彭氏孺人壙記 …………………… 一九六
197 傅君大八宣教壙記 …………………… 一九七
198 故金公五十承事墓誌銘 …………………… 一九八
199 故節幹劉公壙記 …………………… 一九九
200 蕭氏墓誌 …………………… 二〇〇
201 太君陳氏壙誌 …………………… 二〇一
202 先考甘公壙記 …………………… 二〇二
203 故姪江嵩五宣教壙記 …………………… 二〇三
204 孺人張氏壙記 …………………… 二〇四
205 劉氏太君墓誌 …………………… 二〇五
206 鄒公小一貢元壙誌 …………………… 二〇六
207 故靈岩王公壙志 …………………… 二〇七
208 故樓峯居士黄公墓誌銘 …………………… 二〇八
209 先室孺人趙氏墓誌 …………………… 二〇九
210 元故潘公大六居士墓誌 …………………… 二一〇

211 先君阮公壙記……二一一
212 孺人張氏墓記……二一二
213 先考李公壙志……二一三
214 故汪母歐陽氏壙記……二一四
215 宋趙公七一監元墓誌銘……二一五
216 故孺人揭氏墓誌銘……二一六
217 先妣程氏太君壙記……二一七
218 亡室饒氏孺人壙記……二一八
219 故母夫人董氏墓誌……二一九
220 先考登三宣教壙記……二二〇
221 孺人妙慧壙誌……二二一
222 故朱助教孺人李氏墓誌銘……二二二
223 故男陳茂二郎壙記……二二三
224 故李氏孺人墓誌銘……二二四
225 先君李公壙記……二二五
226 竹溪鄒公壙記……二二六
227 先批丘氏墓記……二二七
228 章公墓誌……二二八
229 宋故劉執禮墓誌銘……二二九
230 故李公小乙宣教墓……二三〇
231 故續室吴氏一孺人壙記……二三一
232 故山堂居士羅公壙志銘……二三二
233 大元周母李氏墓誌……二三三
234 故逸坡甘氏墓誌銘……二三四
235 胡公墓誌……二三五
236 故馮公六四承事墓……二三六
237 饒母吴氏孺人壙誌……二三七
238 潘公安一宣義墓誌……二三八
239 先妣林氏孺人墓記……二三九
240 故考茂林李公墓誌……二四〇
241 生母徐氏孺人壙記……二四一
242 李男姜德九宣教壙記……二四二
243 先妣蕭氏墓誌……二四三
244 歿故陳公雲甫胡氏孺人墓誌……二四四
245 先妣孺人危氏墓記……二四五
246 先妣汪氏孺人墓志……二四六
247 元故陳母孺人徐氏壙記……二四七
248 張君永七朝奉壙記……二四八

249 父羅公百三提領壙記 …… 二四九
250 故周孺人徐氏壙記 …… 二五〇
251 先妣毛氏孺人壙記 …… 二五一
252 程氏墓誌 …… 二五二
253 先考可二宣教壙記 …… 二五三
254 元故鎦母饒氏孺人壙記 …… 二五四
255 德禪師墓誌銘 …… 二五五
256 先君吴公伯奇壙記 …… 二五六
257 游靜慧墓誌 …… 二五七
258 任公碑 …… 二五八
259 先君東窗朝奉墓誌 …… 二五九
260 先考阮公尹軒壙誌 …… 二六〇
261 故謝母黄氏道姑壙記 …… 二六一
262 故母吴氏孺人壙誌 …… 二六二
263 李公之墓記 …… 二六三
264 余公桂可宣教壙記 …… 二六四
265 黄君德可壙記 …… 二六五
266 瑞雲堂 …… 二六六
267 故鄒公次山居士壙記 …… 二六七
268 玉振胡氏壙記 …… 二六八
269 故室吴氏夫人壙記 …… 二六九
270 先考真乙承事墓記 …… 二七〇
271 先妣翁氏孺人墓誌 …… 二七一
272 先考閣梅吴公壙記 …… 二七二
273 故先考汪公季二承事壙記 …… 二七三
274 先考劉公庚七承事壙記 …… 二七四
275 先妣傅氏孺人壙記 …… 二七五
276 元故毛公端甫朝奉壙記 …… 二七六
277 仲子祖敬壙誌 …… 二七七
278 故盛氏孺人壙記 …… 二七八
279 吾母李氏三太君墓記 …… 二七九
280 先妣黄氏孺人壙記 …… 二八〇
281 亡室孺人危氏壙記 …… 二八一
282 亡室周氏孺人壙記 …… 二八二
283 先室陳氏孺人壙記 …… 二八三
284 故喻公明三居士墓誌銘 …… 二八四
285 先妣胡氏孺人壙記 …… 二八五
286 元故茂林主公壙記 …… 二八六

287 先父雷君京一宣教壙記……二八七
288 生母危氏太君壙記……二八八
289 先妣劉氏孺人壙誌……二八九
290 先考雲軒端七墓……二九〇
291 故太君曾氏墓誌……二九一
292 先妣太君王氏壙記……二九二
293 陳居士墓誌……二九三
294 管轄桂公壙記……二九四
295 江公福三承事壙記……二九五
296 圓寂虎谿寍公和尚塔銘……二九六
297 先考危公匆一承事墓記……二九七
298 先公墓誌……二九八
299 張公平玉居士壙記……二九九
300 故鄉孺人何氏壙記……三〇〇

001 唐故江夏黃府君墓誌

葬年：唐　尺寸：高60.7釐米，寬76.7釐米

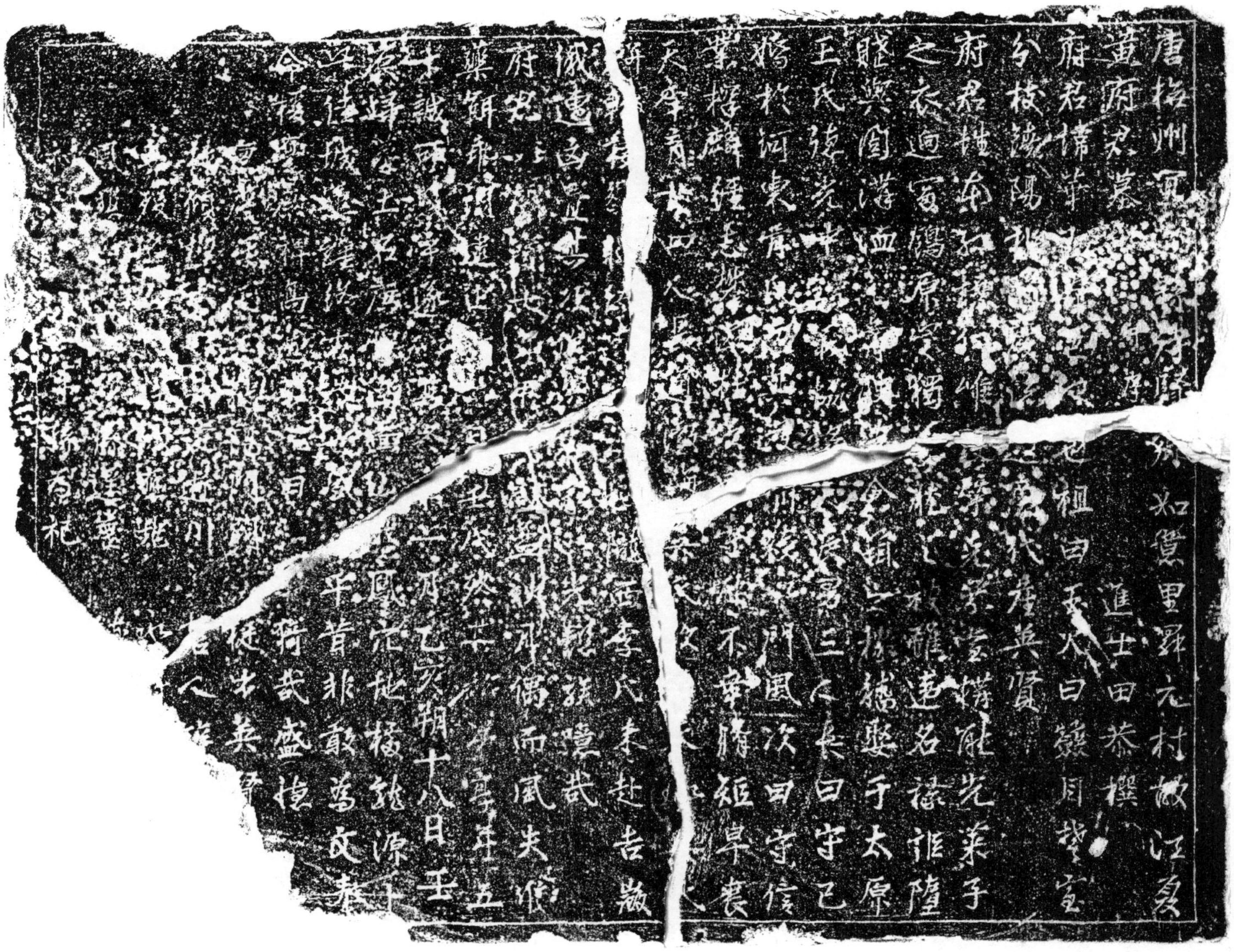

002 故汝南郡周融府君杜陵郡夫人墓誌

葬年：南吳乾貞二年（928年）十二月初五日丙午　尺寸：高55.5釐米，寬35.5釐米

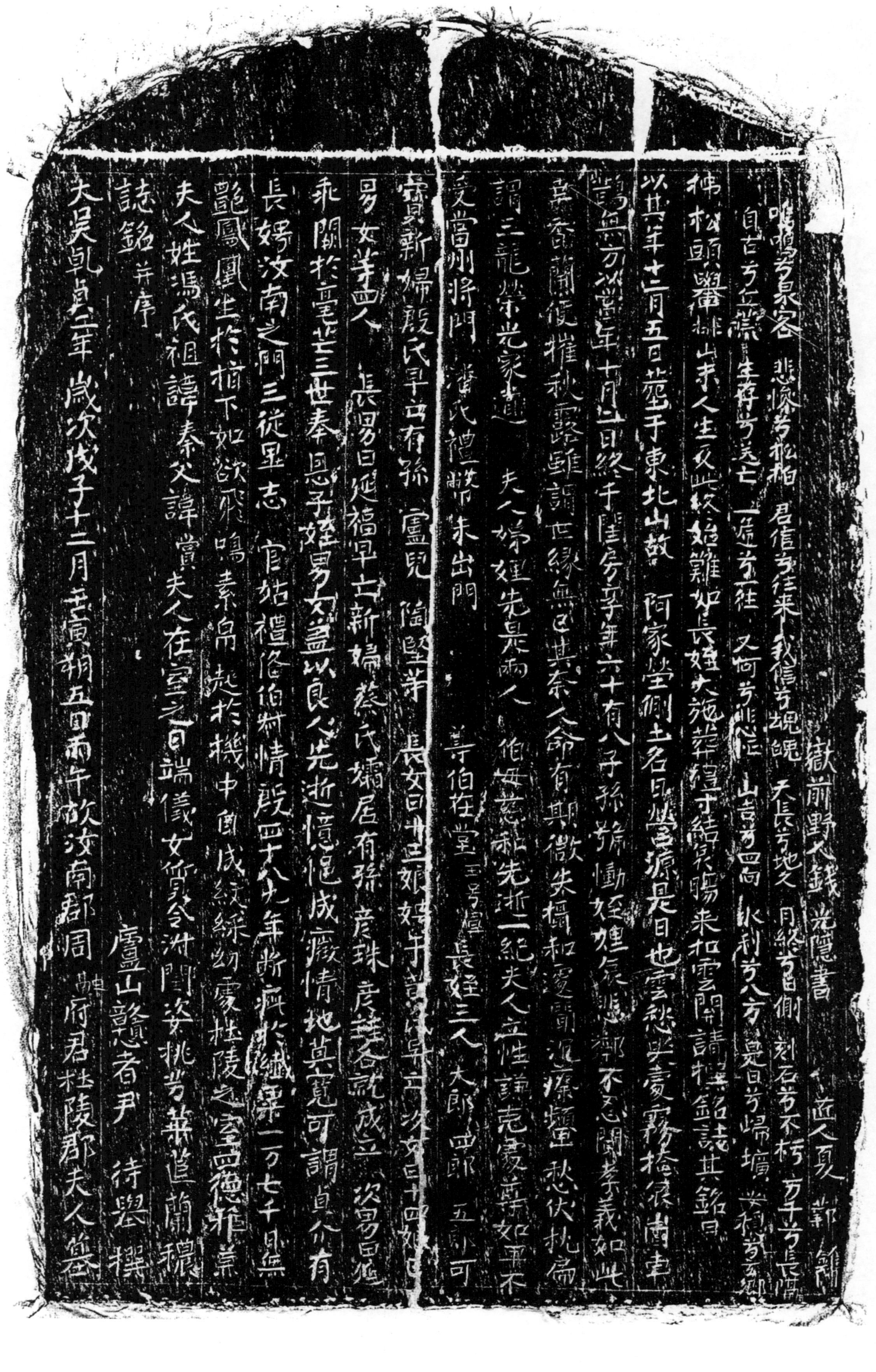

003　大宋國撫州汝南周府君妻江夏郡黃氏夫人墓誌

葬年：北宋景德三年（1006年）十二月二十四日　尺寸：高75.5釐米，寬51釐米

大宋國撫州汝南周府君妻江夏郡黃氏夫人墓誌銘　女壻黃待問　撰
夫人之先楚國春申君歇之後裔也華宗茂族輝映于今古靈源異派不絕於
簡書茲惣文纂豈能具載惟　夫人之祖考即臨川人也故
精山水遯跡丘園不事　王侯自高天爵　夫人生稟柔順之性
長茂閨門之訓休聲美譽不求人知而人自揚於鄉曲爰在杪笄之歲遂結褵
歸于汝南郡周府君諱直亦藩郡之豪右者也名德動衆才藝兼人
縣庭首冠書列　夫人勤箕帚之外潔蘋藻之餘遵舉按之儀效齊眉之道合
禮中義內外有聞方冀和琴瑟於永年保松筠晚歲奈以事無固必系不果從
府君乃先歿于世矣　夫人以禮制存心孝慈在念上則奉塋當而為禮下
則畢婚嫁而是務故得子孫蕃衍鄉里推稱不其美歟豈謂逝波東赴白日西
傾俄遘疾以沉綿遽歸魂於窀漠於景德三年九月十九日終于臨川縣穎秀
鄉上城保莊舍享壽八十有一於當年十二月二十四日卜葬靈臺鄉三椰前
禮也夫人有子四人長曰稟次曰謂明早已亡次曰釗次曰鋒女五人長適徐
氏次適黎氏次適饒氏次適黃氏次適談氏　鳴呼死生之道脩短之期故
則定矣惟壽與我世之難得者上壽今　夫人之福壽也既如此賢德也又如
彼其奈児女之抽割骨肉之哀摧傷永訣於浮生但攀號而不已為女壻
父歷年艱受眷顧而頗多報恩憐而罔及臨喪故滾援筆為銘冀陵谷之變遷
無音容之不滅其銘曰耀靈昔兮望舒来　浮世光陰若箭催
吁嗟夫人兮歿夜臺　平生福壽兮竟何哉　空餘骨共哀摧
卜茲玄宅閑黃埃　白楊蕭颯兮愁雲不開　千秋明月獨徘徊

004 皇宋周氏夫人墓誌

葬年：北宋慶曆元年（1041年）十二月十二日

尺寸：高58.5釐米，寬65釐米

005 周君妻重氏墓誌

葬年：北宋至和二年（1055年）十月二十二日丙午　尺寸：高61釐米，寬61釐米

周君妻重氏墓誌
周君常娶汾溪重利貞女為妻
生男二人長曰楊延次曰楊休
女二人長曰大娘出適查氏末
春而卒次曰五娘許適查君
次十娘在室周君皇祐庚寅
五月四日[illegible]氏以甲午
歲三月十五日卒至和二年
未十月丙午從先姑黃氏歸葬
于學堂源同[illegible]之右相去五
尺禮也誌其始末刻之于石
慮其川谷之變耳

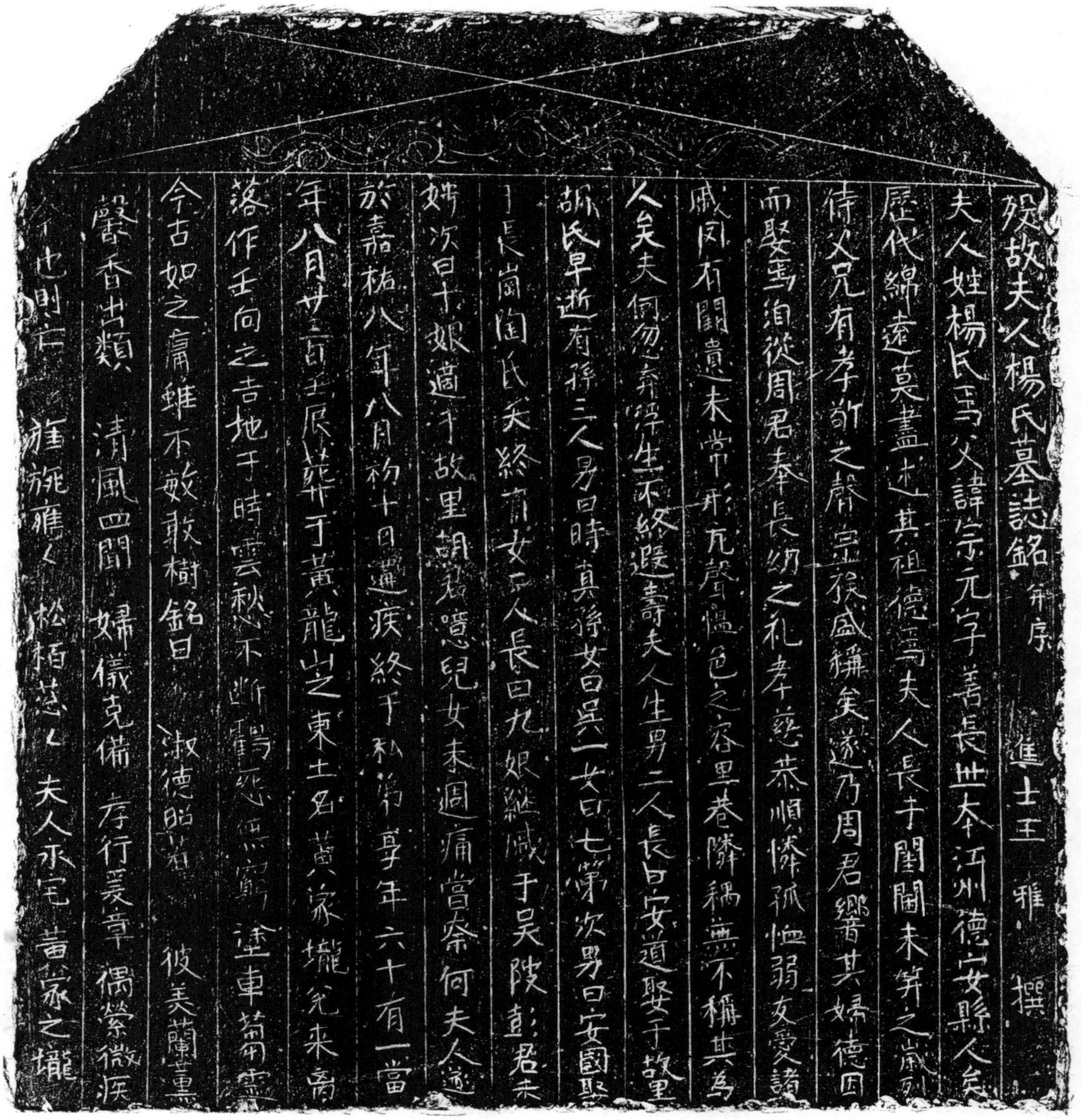

006 殁故夫人楊氏墓誌銘

葬年：北宋嘉祐八年（1063年）八月二十三日壬辰　尺寸：高52釐米，寬48.5釐米

007 宋李公壙記

葬年：北宋治平二年（1065年）　尺寸：高32釐米，寬32釐米

宋李公壙記
宋生于太平兴国
元年六日初三
李公娶张氏生
三男李千李吉
生前为人乐施
死于治平贰年
戌十月六未時
子泣血立石

葬年：北宋元豐四年（1081年）十二月二十一日癸酉　尺寸：高47釐米，寬41釐米

故新師墓銘

巨宋撫州崇仁縣　勅賜華藏寺泗州院
故先師諱有新俗姓黄本臨川人也幼齡
出家来于是院礼僧汝才為師天禧中被
國恩年二十受具足戒主院焚修堂殿厨
廊無不完備度小師仲紳師孫子固辛酉
元豐四年十二月初九日歸寂于寢丈卧
右脇而終俗壽八十有一法壽六十二是
月二十一日癸酉門人葬于長安鄉會昌
里土名寺坑即先師師之墳側也仲紳敢
不記其年月瞻戀慈顏而銘之曰
来兮托質　去兮拂跡
雲散碧天　月照長空
報恩院前僧首世安題額填諱
師孫表白僧子固書丹
門徒吳　闢刊字

009 宋故葉君碑

葬年：北宋元祐二年（1087年）十一月二十五日癸酉　尺寸：高107.5釐米，寬83釐米

010　宋故彭君墓誌銘

葬年：北宋元祐四年（1089年）十二月二十四日庚子　尺寸：高63釐米，寬54.2釐米

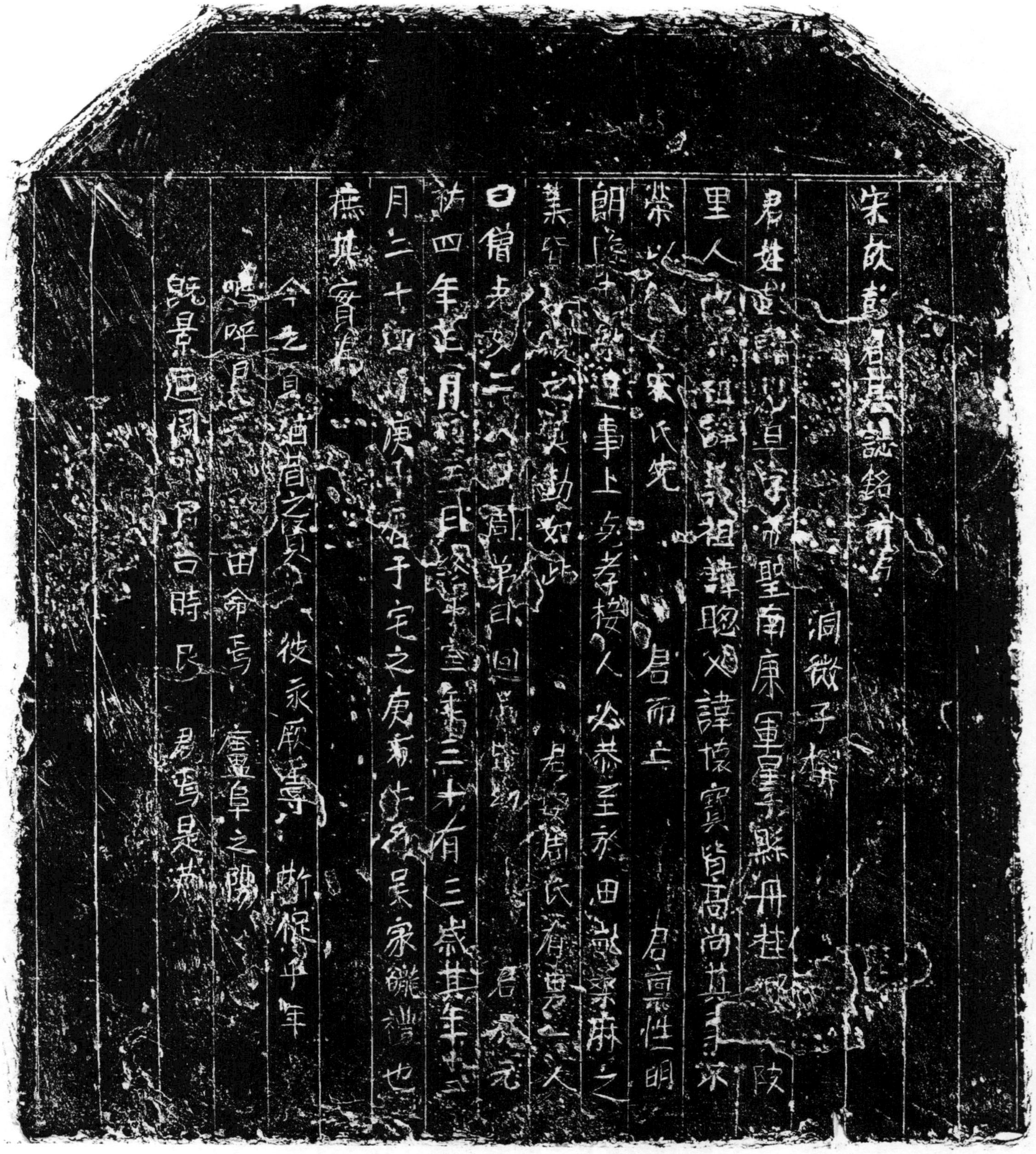

011　宋徐公墓誌銘

葬年：北宋元祐五年（1090年）十月十八日　尺寸：高80釐米，寬61釐米

宋徐公墓誌銘

大宋徐公墓誌銘并序　建昌軍南城張奎刊石
族子進士　衍撰并書篆
公姓徐氏諱昌世家洪州之豐城曾祖諱宗祖諱珍考諱福皆良
農不仕
公早孤遺家不造先祖之業少篤及長思力振之晝忘其劬勞克
勤克儉經之營之不數十年遂有膏腴數頃而家用以饒先祖之
業卒復於既墜固亦人之難能也
公傳性溫良秉心端雅不喜他技專督子孫以服田力穡凡所用
度不侈於輕費唯務祀賓客之奉則必致美焉晚年又與妻萬氏
崇其善財命僧誦經禱脩因果則其向善之心尤可佳也不幸感
疾舉家憂懼百治不効遂殁于正寢享年七十有六寔大宋元祐
四年十月十有三日也
公先娶范氏生男三人曰文曰慶曰言再娶萬氏生男二人曰澄
曰京曰先
公四年而卒庚先
公十七年而卒皆有子息今克家事者[illegible]也生女四人皆適
良族寔范氏出也男孫十有二人女孫十有三人曾孫男女九人
而後來者詎誌甚未可量也卜以五年十月十有八日歸葬于大
順鄉西族里[illegible]源之徐城坡塞距所居之東五十里也將葬其
孤言泣告於予曰[illegible]平生行爲無忝厥祖而言等懼無以永其
傳願得一言以[illegible]石於
公爲族子也義不敢辭敬紀其事而銘之銘曰
[illegible]昌壽　公其享全　子孫蕃衍　公何憾焉
積善之慶　宜永其傳　刻石紀墓　億萬斯年

012 宋故任夫人墓誌銘

葬年：北宋政和三年（1113年）七月十四日壬辰

尺寸：高69釐米，寬49.3釐米

宋故任夫人墓誌銘
姪登仕郎前充利州州學教授錢　持國　撰
宣德郎前充江州州學教授蔡　敦禮　書
承議郎監察御史武騎尉徐　禋　篆
夫人姓任氏故銀青光祿大夫國子祭酒兼監察御史諱化芝之女其先家蜀
郡曾大父諱光遠孟氏末建義歸　國逮事　太祖　太宗　真宗皇帝以武
幹稱累官金紫光祿大夫右武衛將軍至御史公勤勞王家其子孫連戚里姻
遂定籍東都夫人年十四歸我伯父侍禁贇秦國王謚忠懿諱俶之曾孫保静
軍觀察留後贈太尉宣惠公諱惟濟之孫尚書屯田郎中累贈太中大夫諱括
之子生二女而侍禁捐館蓋十有二年矣服除長兄痛其無嗣強之再行夫人
自防禦甚固時新吳胡氏族表數世義聲熟人耳目處士君用寶以貢事抵京
師人物偹整長兄見而奇之許夫人繼其室未幾摯幣来迎入其門奉祭祀賓
客肅然無膏粱色事其母如母愛其子如子保錢氏之稚孤嫁為士妻恩禮均
壹人不云異也後十有六年處士歿詔諸子以義以故族雖既別而獨能守先
人之基構於是知母道益隆喜誦浮屠書常推財發藥以先貧病大觀四年閏
八月乙卯以疾終享年七十有四及見兩世諸孫哭之者猶恨其短以政和三
年七月壬辰葬其縣之下龍原處士九子而少二女及深夫人出也婚對多名
胄士皆歆豔泌澗汲灘四女先卒深哀殞不克大事前期祔焉禮也其家人日
赴于錢氏且屬其償徐持来請銘夫人實持國世母也義不得泚泯謹銘曰
從於漢也就日望雲女於錢也佚氏王孫
何晝哭之無子乃受命于厥鼻強文姬以歸隱志弗渝于女荀
潤有顛而背有護兮意其行左浮丘而右洪崖兮當其壙

宋故任夫人墓誌銘

013 宋故晏公墓記

葬年：北宋宣和三年（1121年）十一月十一日

尺寸：高42釐米，寬35.8釐米

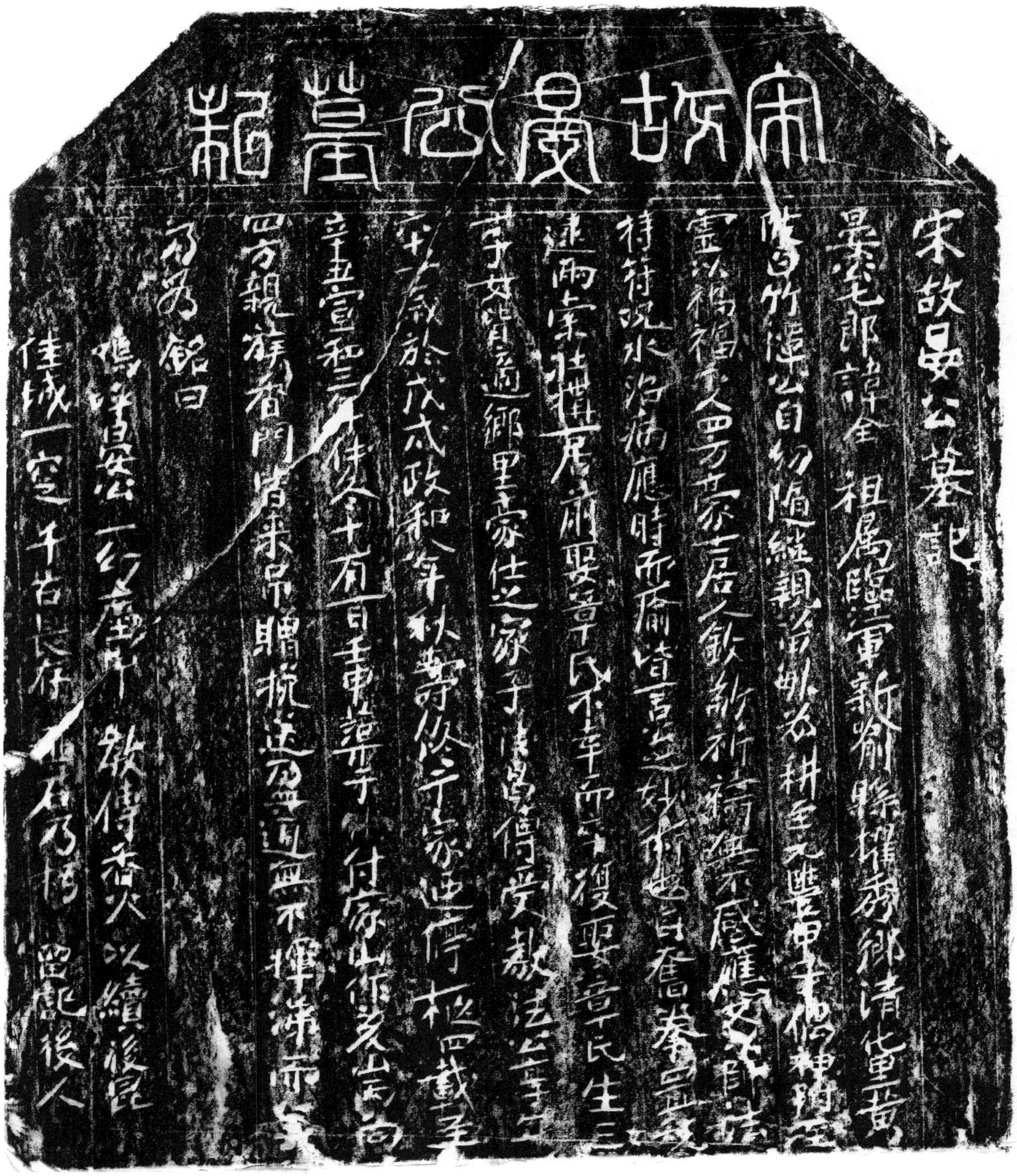

014 陳公佐墓銘

葬年：北宋宣和四年（1124年）十二月十九日乙巳　尺寸：高97.6釐米，寬60.3釐米

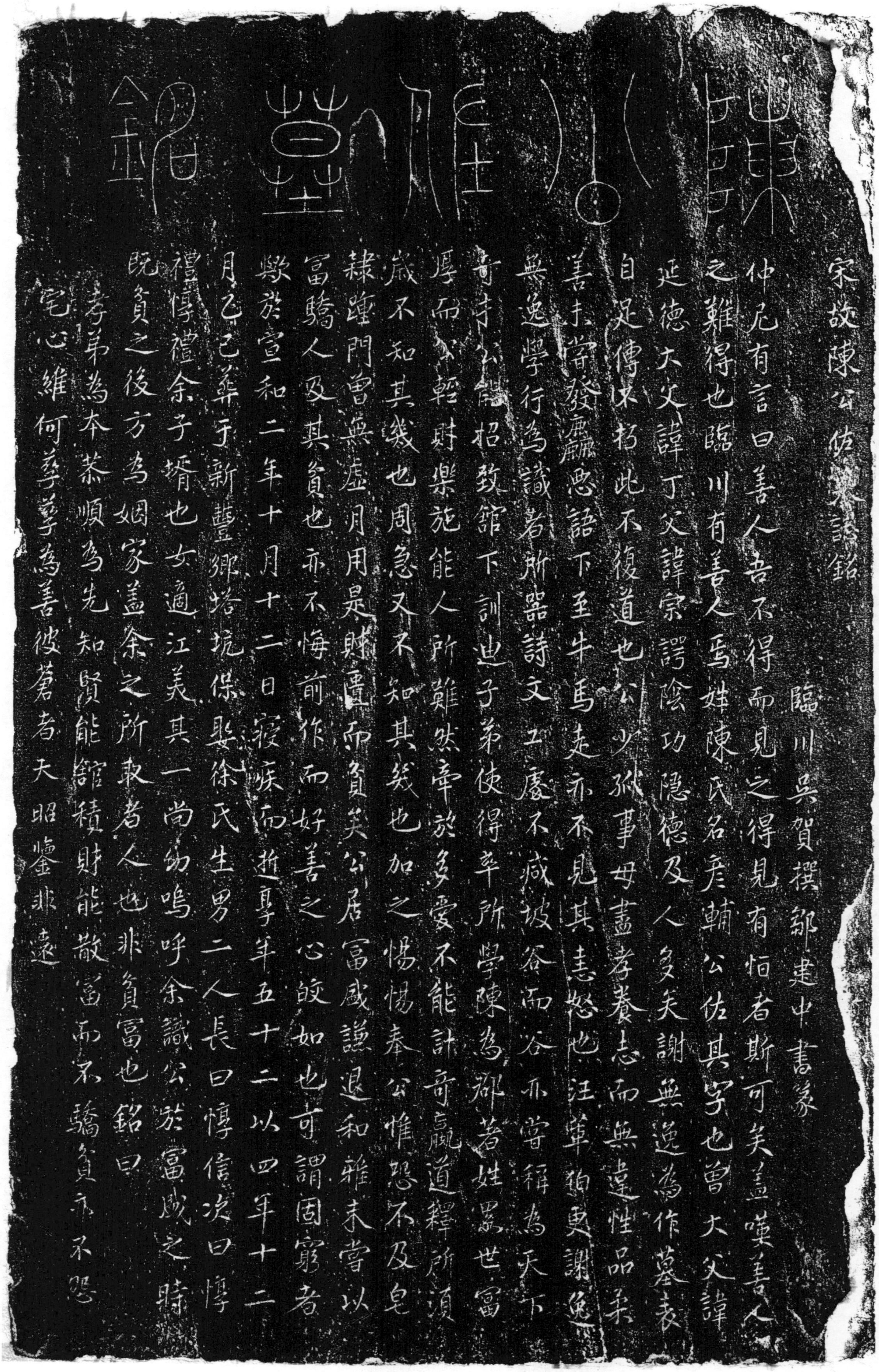
陳公佐墓銘
宋故陳公佐墓誌銘
臨川吳賀撰　鄒建中書篆
仲尼有言曰善人吾不得而見之得見有恒者斯可矣蓋嘆善人
之難得也臨川有善人焉姓陳氏名彥輔公佐其字也曾大父諱
延德大父諱丁父諱宗諤陰功隱德及人多矣謝無逸為作墓表
自足傳不朽此不復道也公少孤事母盡孝養志而無違性品柔
善未嘗發麤惡語下至牛馬走亦不見其恚怒也汪革狥更謝逸
無逸學行為識者所器詩文工麗不減披谷而谷亦嘗稱為天下
奇士公嘗招致館下訓迪子弟使得卒所學陳為鄉著姓累世富
厚而輕財樂施能人所難然幸於多愛不能計奇贏道釋所須
歲不知其幾也周急又不知其幾也加之惕惕奉公惟恐不及皂
隸踵門曾無虛月用是財匱而貧矣公居富盛謙退和雅未嘗以
富驕人及其貧也亦不悔前作而好善之心皎如也奇謂固窮者
歟於宣和二年十月十二日寢疾而逝享年五十二以四年十二
月乙巳葬于新豐鄉塔坑保娶徐氏生男二人長曰惇信次曰惇
禮惇禮余子婿也女適江美其一尚幼嗚呼余識公於富盛之時
既貧之後方為姻家蓋余之所敬者人也非貧富也銘曰
孝弟為本恭順為先知賢能館積財能散富而不驕貧亦不恐
宅心維何孳孳為善彼蒼者天昭鑒非遠

015　宋故江公墓銘

葬年：南宋建炎元年（1127年）十二月二十七日　尺寸：高57.7釐米，寬48.4釐米

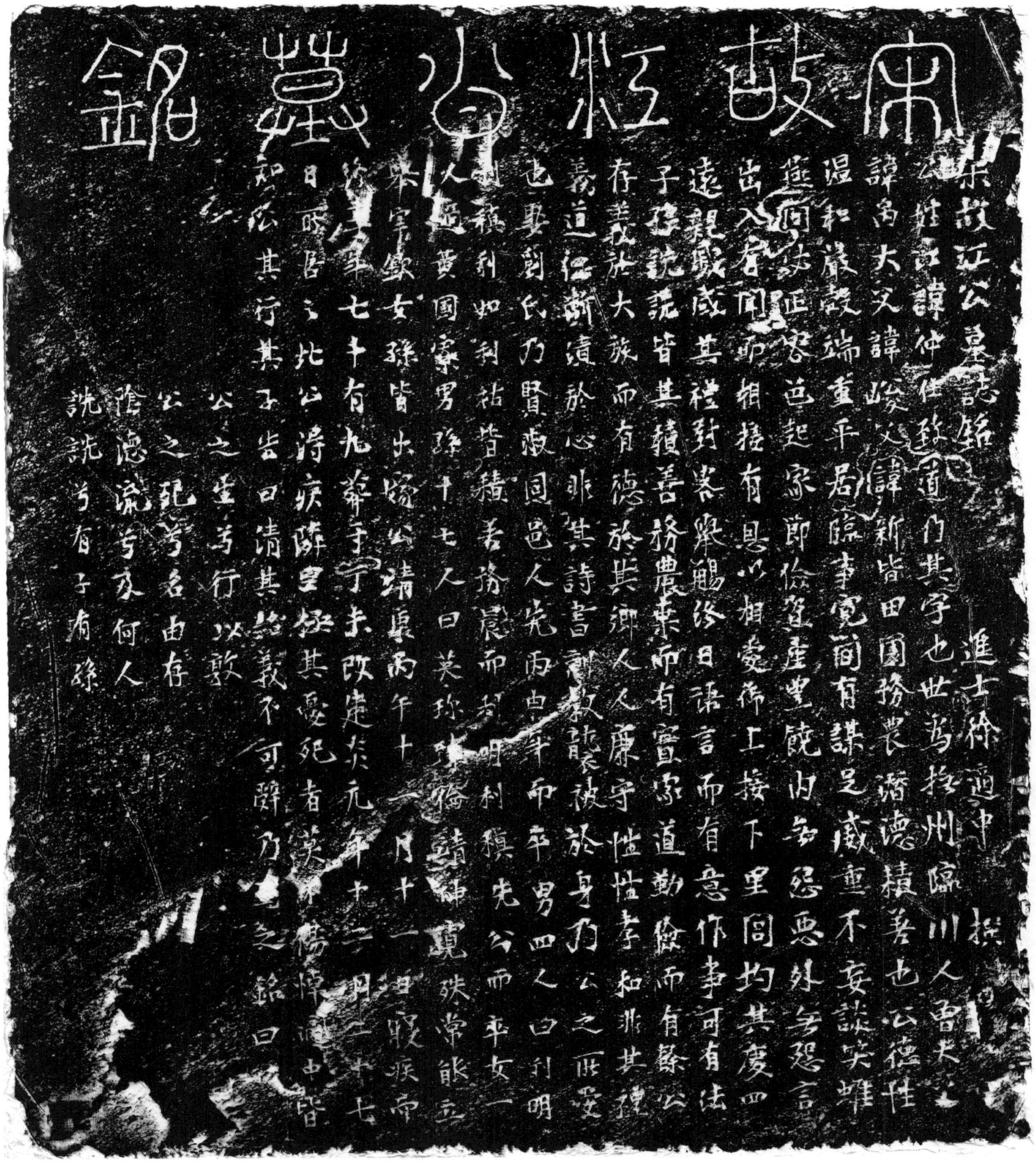
宋故江公墓銘

016 宋氏墓銘券

葬年：南宋紹興五年（1135年）十月二十三日

尺寸：高48.5釐米，寬42釐米

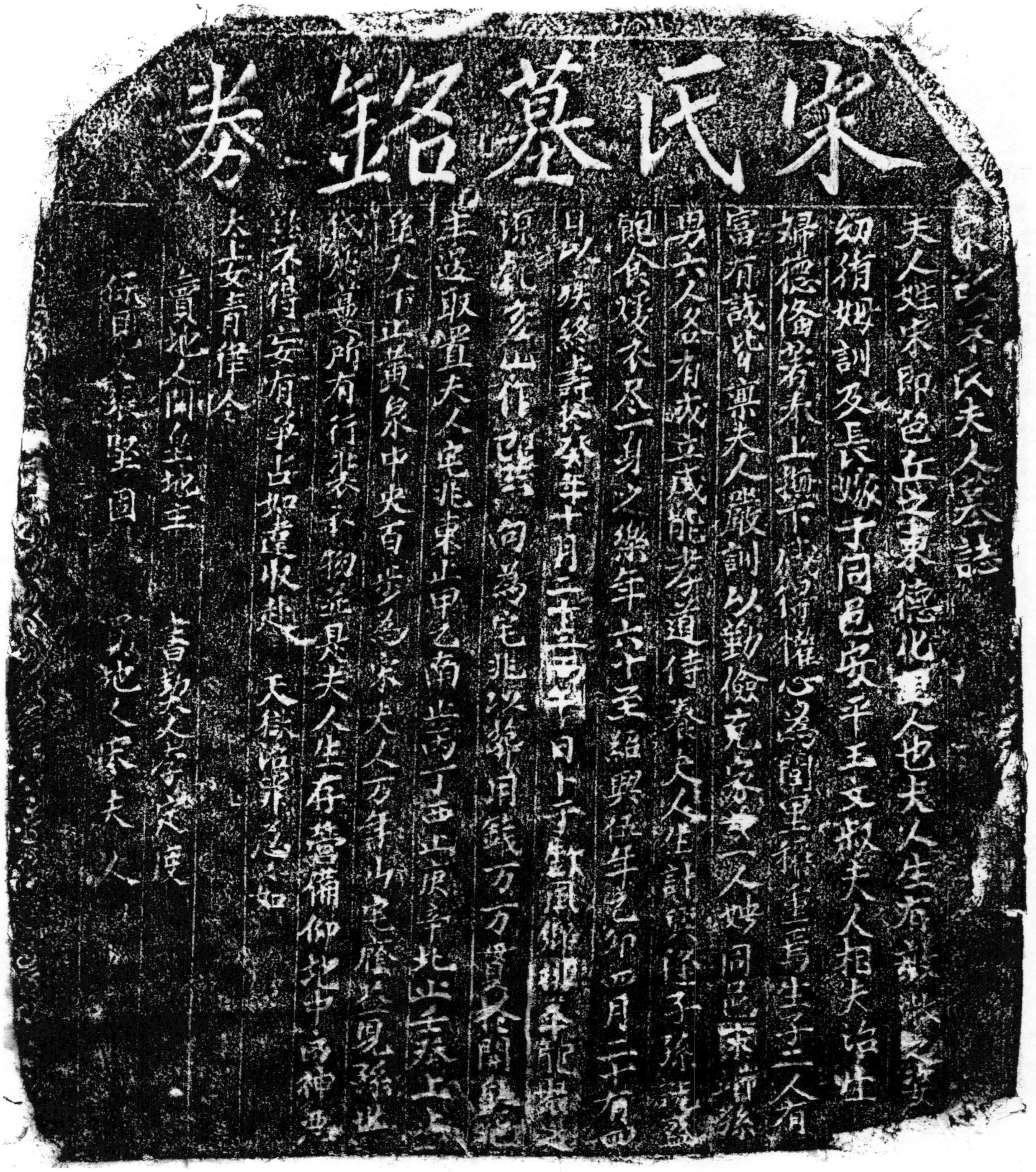
宋氏墓銘券

017 故胡公周氏墓誌

葬年：南宋紹興九年（1139年）十一月二十五日壬寅　尺寸：高55.6釐米，寬45釐米

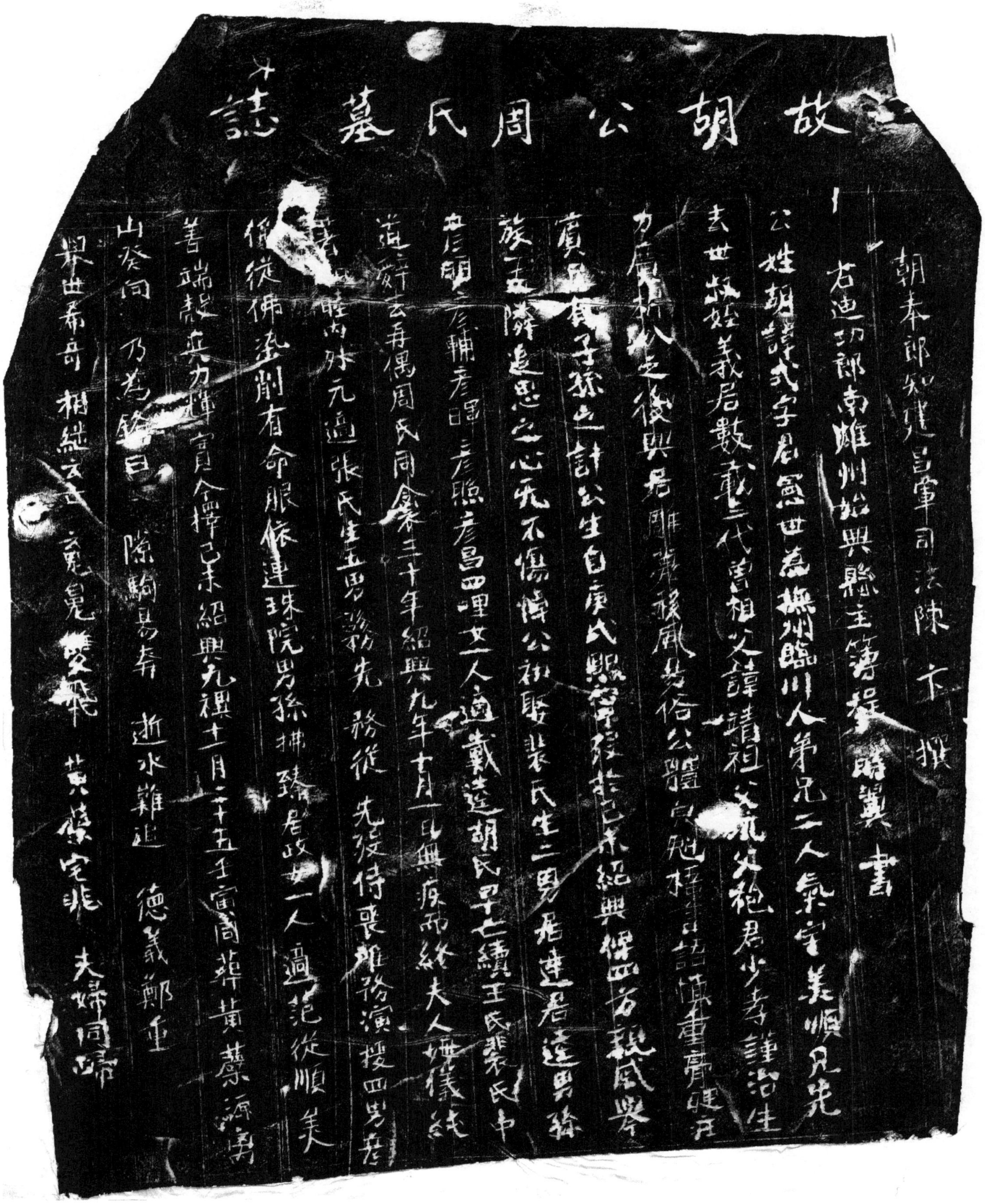

故胡公周氏墓誌

朝奉郎知建昌軍司法陳亣撰
右迪功郎南雄州始興縣主簿程時翼書
公姓胡諱式字君寵世為撫州臨川人弟兄二人氣宇美順兄先
去世叔姪義居數載三代曾祖父諱靖祖[illegible]父[illegible]君少年謹治生
力居約之後與君雖殊務風俗公體自魁梧言語慎重膺健[illegible]
實為[illegible]食子孫之計公生自庚戌熙寧[illegible]至己未紹興[illegible]親風擧
族黨鄰里追思之心无不傷悼公初娶裴氏生二男居連居達男孫
五彥胡彥輔彥曙彥聰彥昌四埋女二人適戴達胡氏早亡續王氏裴氏中
道辭去再偶周氏同衾三十年紹興九年十月一日無疾而終夫人婉儀純
善[illegible]睦內外无適張氏生五男勳先務從先後侍喪難務演授四男彥
僧從佛登削有命服依蓮珠院男孫拂臻居政女一人適范從順美
善端殻異力[illegible]實今擇己未紹興九禩十一月二十五壬寅同葬黃蘗源禺
山癸向乃為銘曰隙駒易奔逝水難追德義鄭重
舉世希奇相繼云亡寬[illegible]雙飛黃蘗宅兆夫婦同歸

018 宋故丁氏夫人墓記

葬年：南宋紹興二十二年（1152年）十二月二十二日壬午　尺寸：高39釐米，寬33釐米

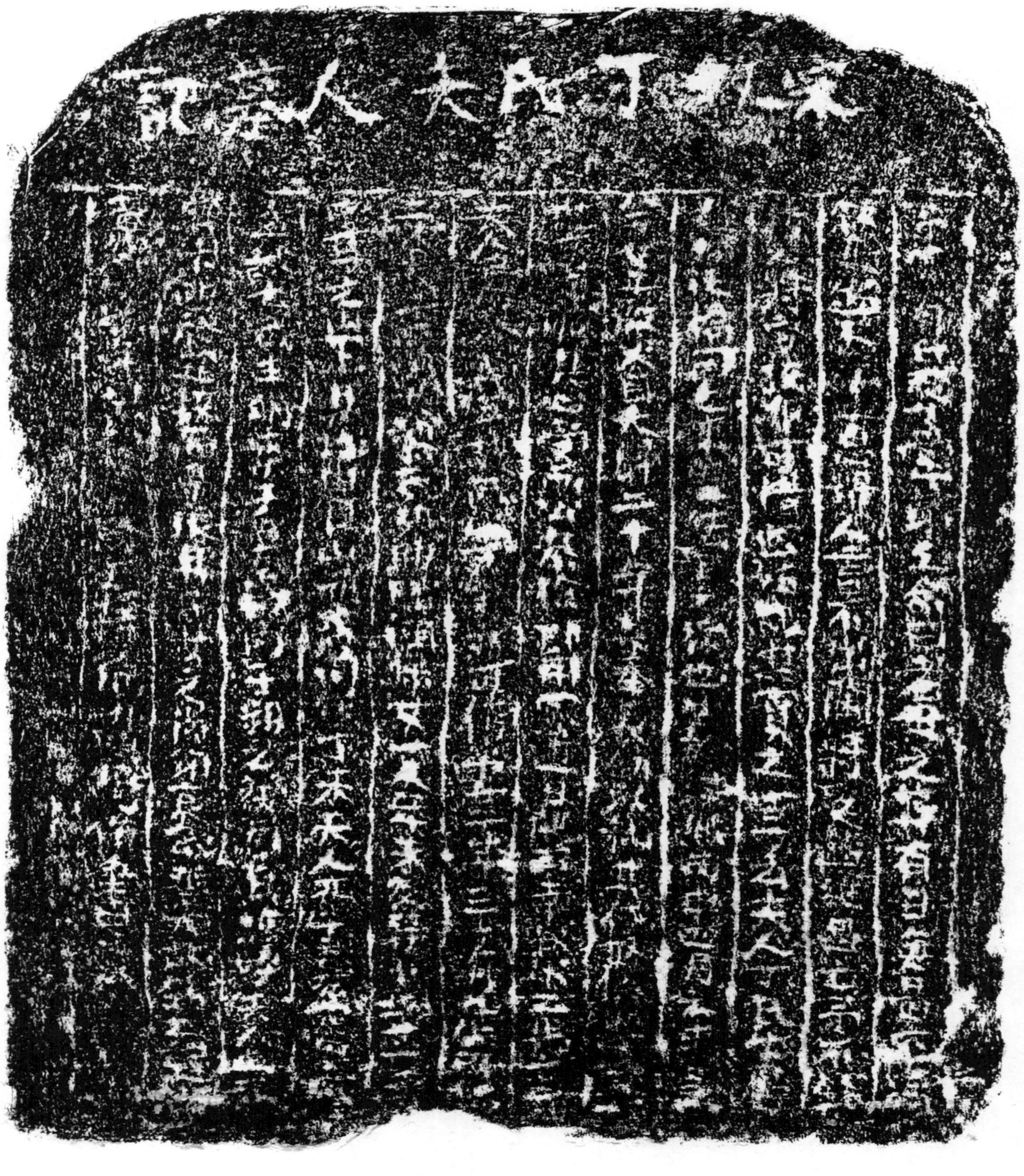

019 范璿妻安人梁氏誌

葬年：南宋紹興二十三年（1153年）閏十二月初一日　尺寸：高57.5釐米，寬50.1釐米

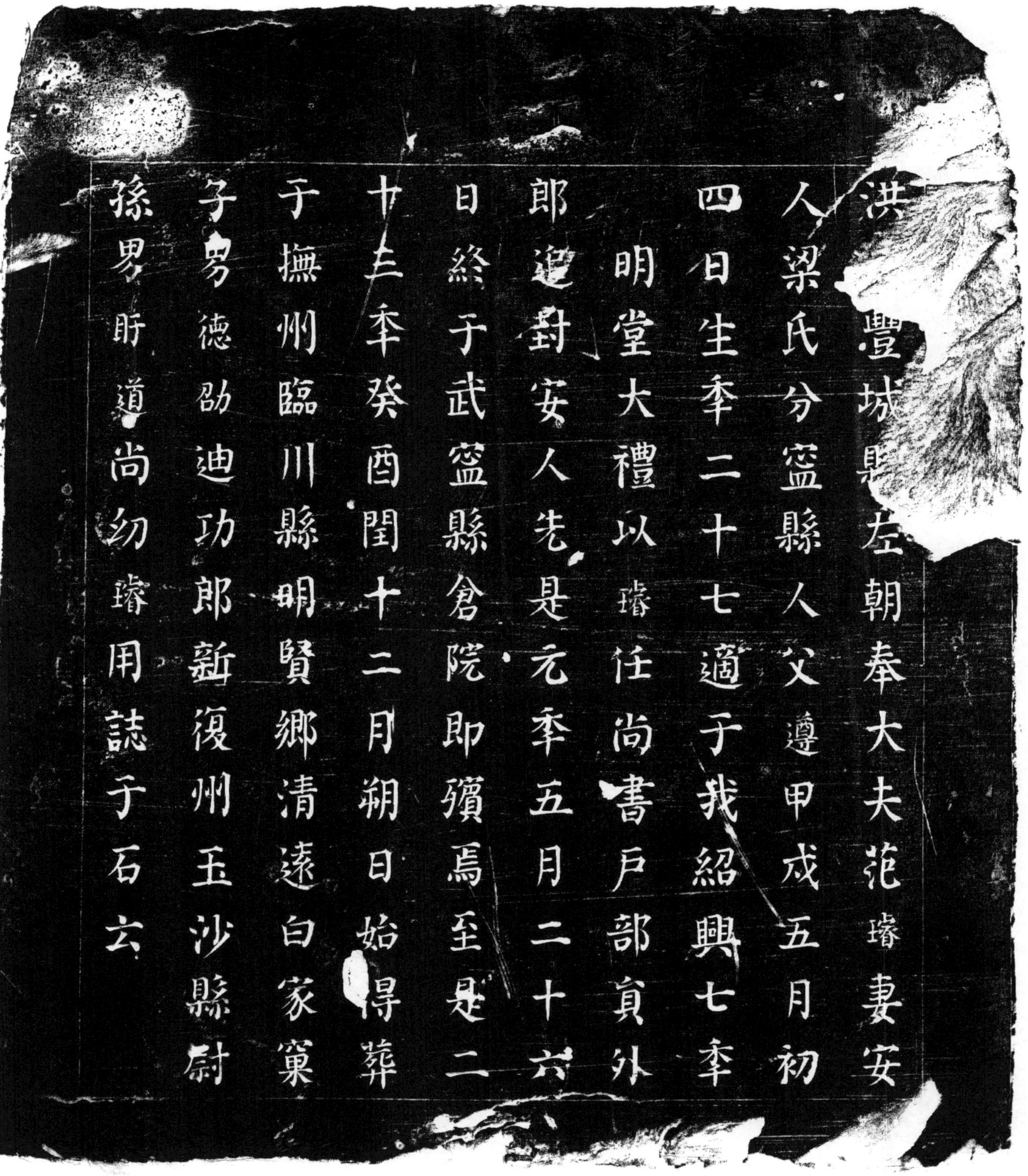
洪豐城縣左朝奉大夫范璿妻安
人梁氏分寧縣人父遵甲戌五月初
四日生年二十七適于我紹興七年
明堂大禮以璿任尚書戶部員外
郎追封安人先是元年五月二十六
日終于武寧縣倉院即殯焉至是二
十三年癸酉閏十二月朔日始得葬
于撫州臨川縣明賢鄉清遠白家窠
子男德劭迪功郎新復州玉沙縣尉
孫男旰道尚幼璿用誌于石云

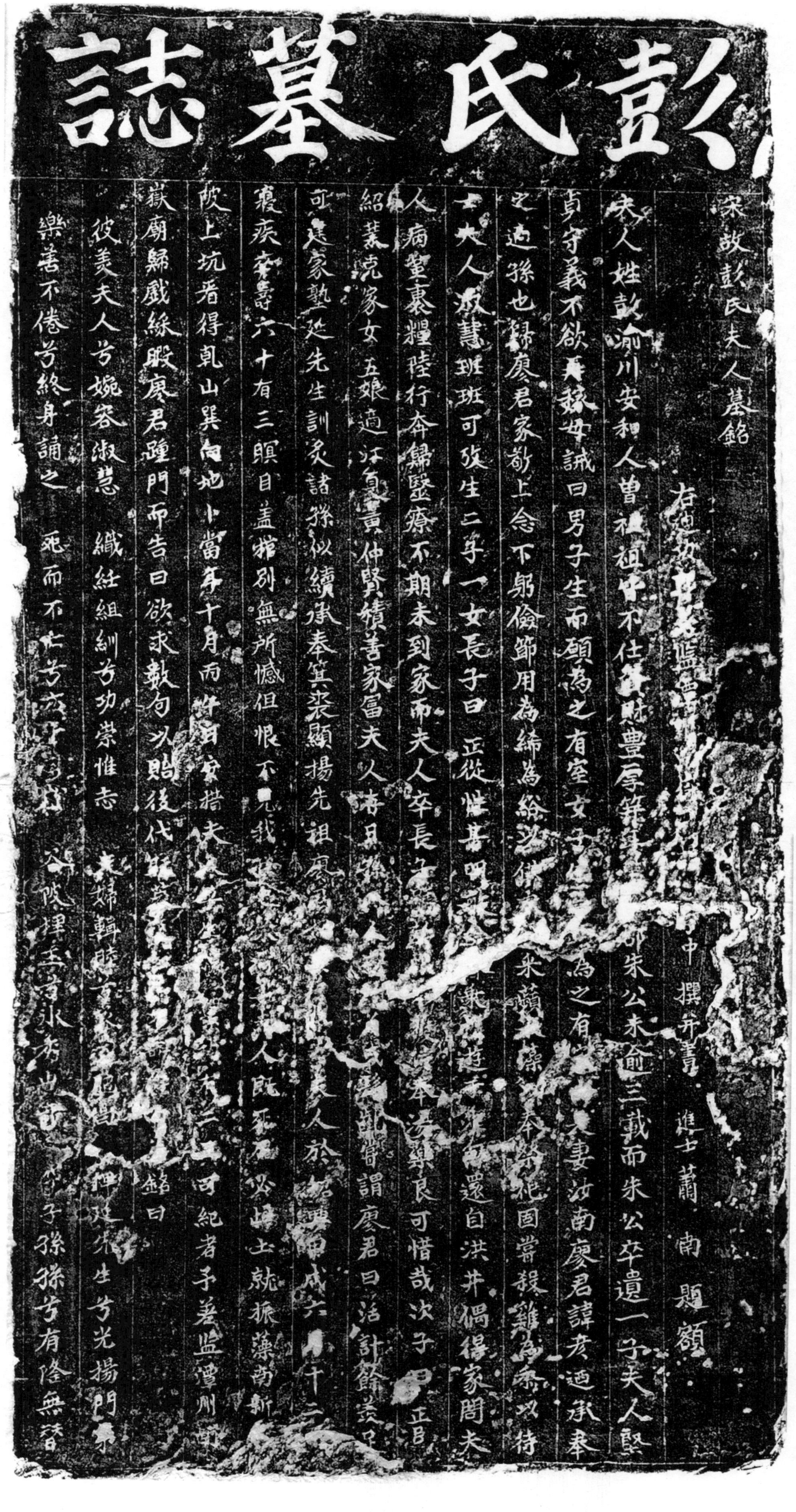
彭氏墓誌

020 彭氏墓誌

葬年：南宋紹興二十四年（1154年）十月二十七日丙午　尺寸：高74釐米，寬38釐米

021 宋黃氏墓

葬年：南宋紹興二十五年（1155年）九月十七日

尺寸：高75.1釐米，寬47.2釐米

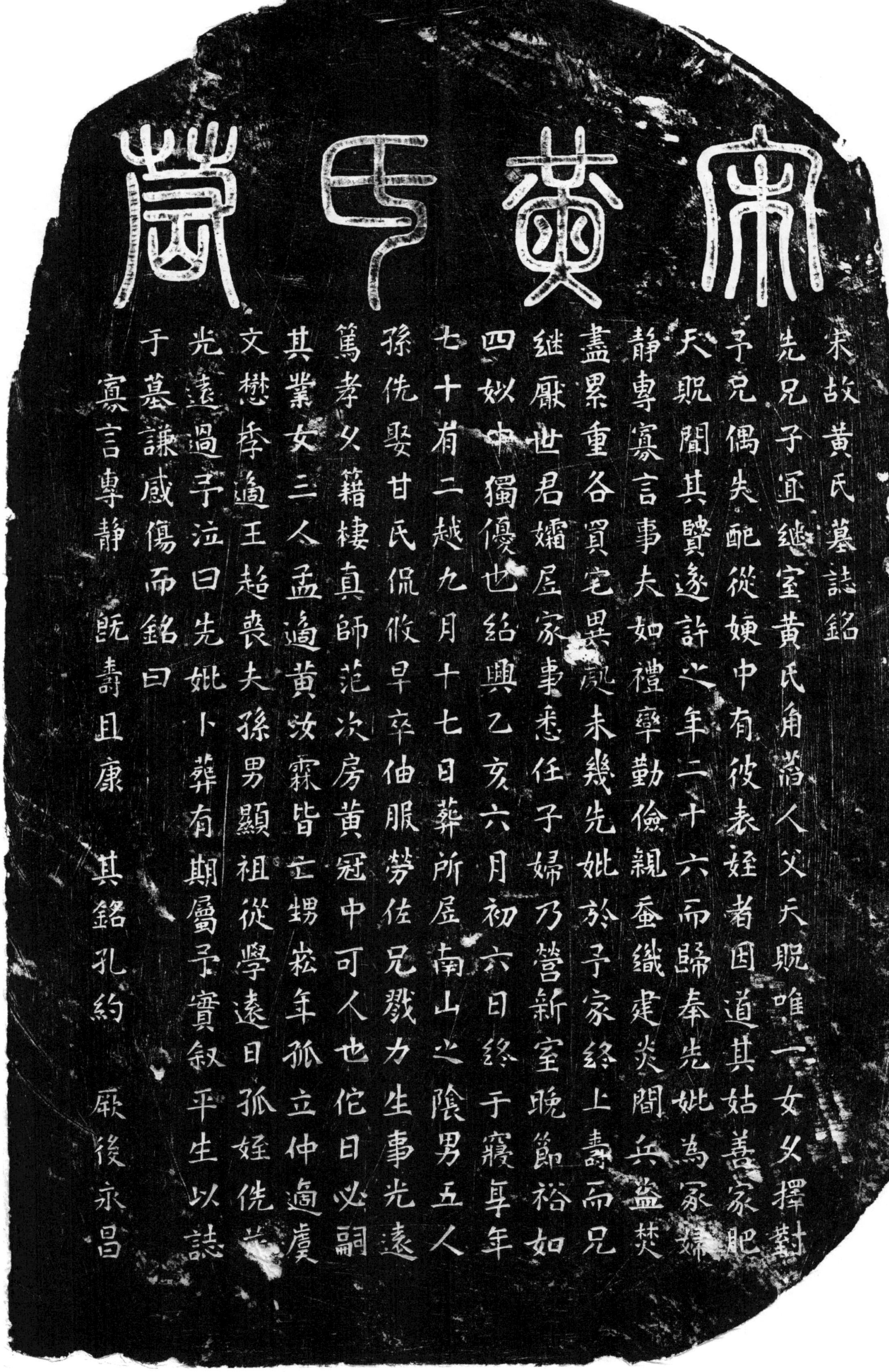
宋黃氏墓
宋故黃氏墓誌銘
先兄子洍繼室黃氏角蒿人父天賜唯一女父擇對
予兄偶失配從媒中有彼表姪者因道其姑善家肥
天賜聞其贒遂許之年二十六而歸奉先妣為冢婦
靜專寡言事夫如禮卑勤儉親蚕織建炎間兵盜焚
盡累重各買宅異處未幾先妣於予家終上壽而兄
繼厭世君孀居家事悉任子婦乃營新室晚節裕如
四姒中獨優也紹興乙亥六月初六日終于寢享年
七十有二越九月十七日葬所居南山之陰男五人
孫侁娶甘氏侃攸早卒伷服勞佐兄戮力生事光遠
篤孝父籍棲真師范次房黃冠中可人也佗日必嗣
其業女三人孟適黃汝霖皆亡甥崧年孤立仲適虞
文懋季適王超喪夫孫男顯祖從學遠日孤姪侁若
光遠過予泣曰先妣卜葬有期屬予實敘平生以誌
于墓謙感傷而銘曰
寡言專靜　既壽且康　其銘孔約　厥後永昌

022 故范居士墓誌

葬年：南宋乾道三年（1167年）十一月初八日壬申

尺寸：高56釐米，寬43.3釐米

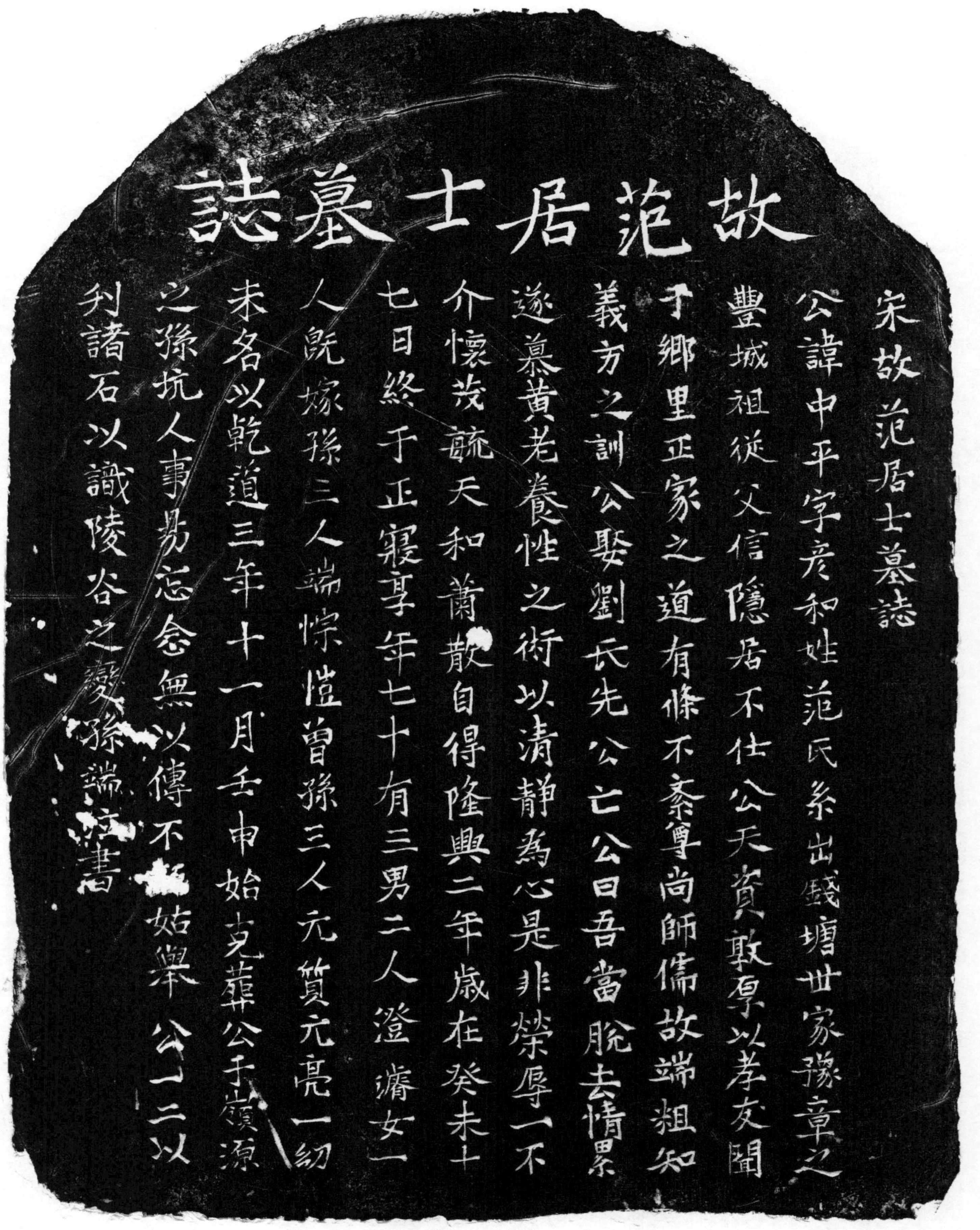

故范居士墓誌

宋故范居士墓誌

公諱中平字彥和姓范氏系出錢塘世家豫章之豐城祖從父信隱居不仕公天資敦厚以孝友聞于鄉里正家之道有條不紊尊尚師儒故端粗知義方之訓公娶劉氏先公亡公曰吾當脫去情累遂慕黃老養性之術以清靜為心是非榮辱一不介懷茂疏天和蕭散自得隆興二年歲在癸未十七日終于正寢享年七十有三男二人澄濬女一人既嫁孫三人端悰愷曾孫三人元質元亮一幼未名以乾道三年十一月壬申始克葬公于嶺源之孫抗人事易忘念無以傳不[illegible]姑舉公一二以刊諸石以識陵谷之變孫端[illegible]書

023 廖公墓誌

葬年：南宋乾道四年（1168年）十一月十五日　尺寸：高49釐米，寬30釐米

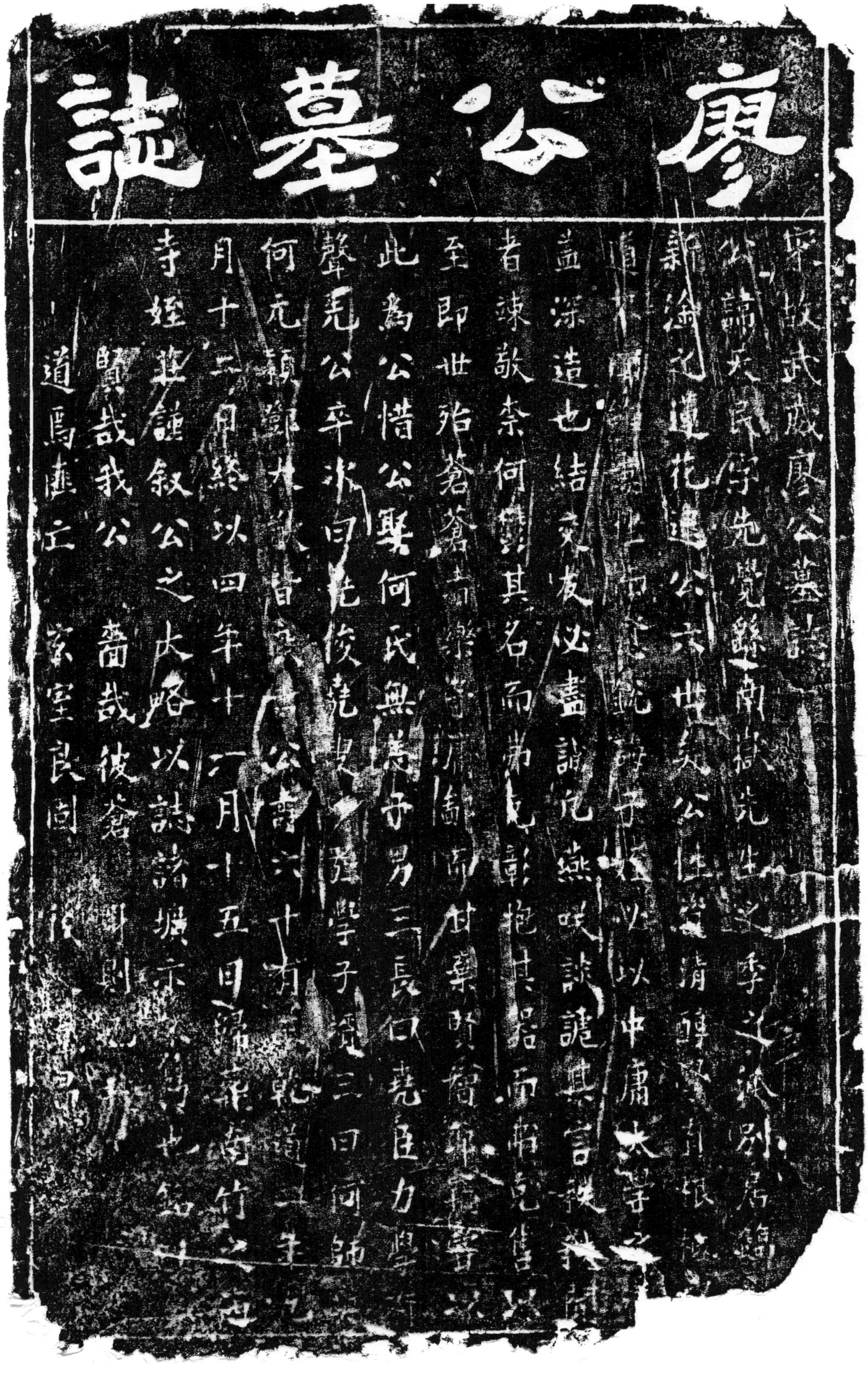
廖公墓誌

024 宋胡公墓

葬年：南宋乾道八年（1172年）十一月十九日甲申

尺寸：高67釐米，寬56.5釐米

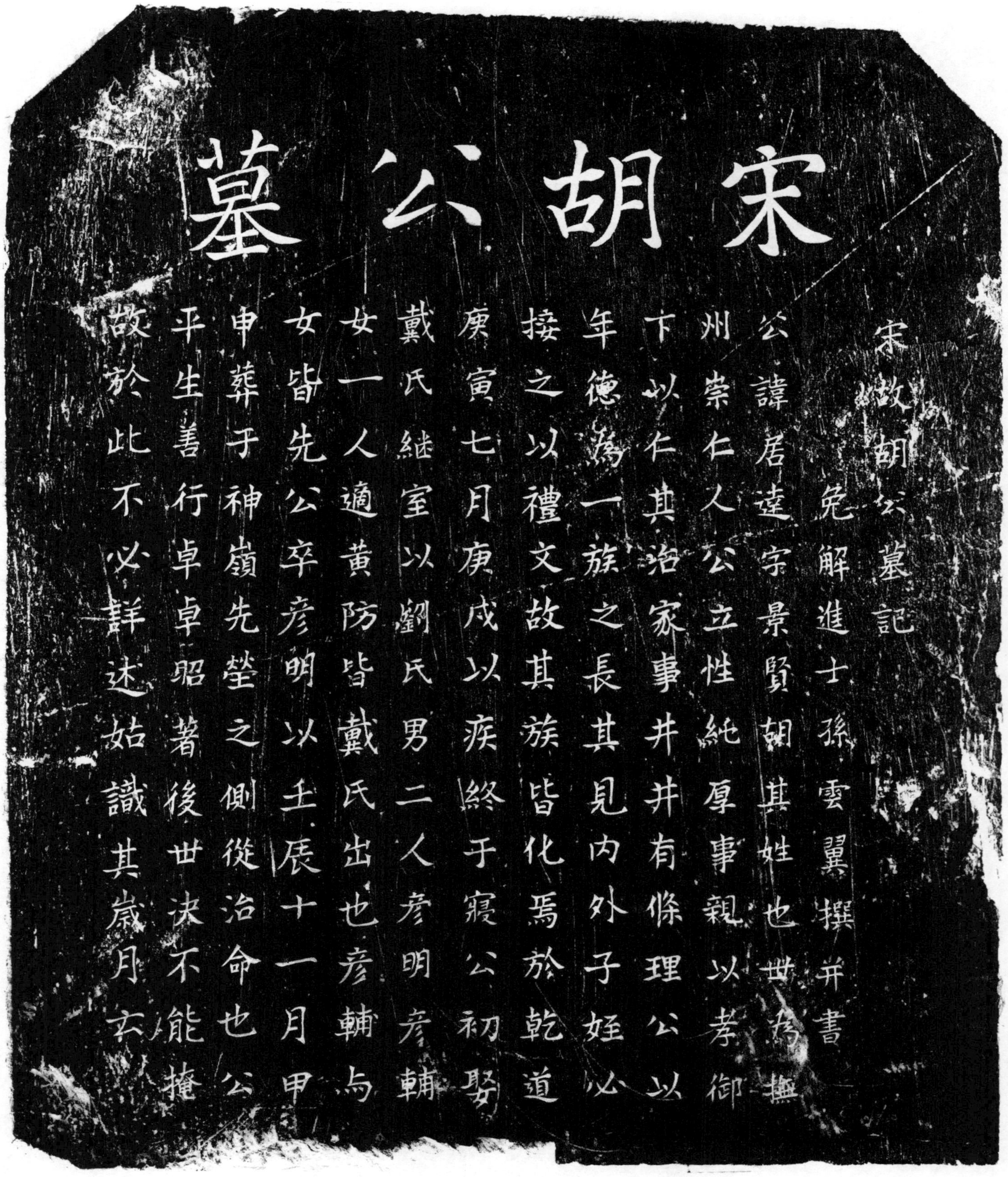
宋胡公墓
宋故胡公墓記
免解進士孫雲翼撰并書
公諱居達宗景賢胡其姓也世為撫
州崇仁人公立性純厚事親以孝御
下以仁其治家事井井有條理公以
年德為一族之長其見內外子姪必
接之以禮文故其族皆化焉乾道
庚寅七月庚戌以疾終于寢公初娶
戴氏繼室以劉氏男二人彥明彥輔
女一人適黃防皆戴氏出也彥輔与
女皆先公卒彥明以壬辰十一月甲
申葬于神嶺先塋之側從治命也公
平生善行卓卓昭著後世决不能掩
故於此不必詳述姑識其歲月云

025 宋故居士吳公墓記

葬年：南宋乾道八年（1172年）十一月十九日甲申　尺寸：高58.2釐米，寬43釐米

宋故居士吳公墓記

公諱民字元餘世居饒州安仁縣崇德鄉上連曾祖
諱夲祖諱祥考諱詔皆隱德不仕公生平天資和樂
操履端方自兒時人皆偉之曰此兒奇厖福艾異日
必大門戶自公考棄世兄弟守業日益不振繼以寇
攘生事日削公自分折以來早夜以思曰無墜我先
人基業所居當江浙水陸之衝泛滄江萬斛之舟得
年饑賤予之術由此資夲既而所植駸駸生産連阡
鉅萬家遂益饒惜乎天不假年偶嬰微恙終于家實
得年六十有五實乾道六年八月二十有七日娶黄
氏賢淑子男五人長曰光大次曰昕後公一年卒曰
珪曰光朝與其長篤行儒雅季子曰璋經明行修人
皆奇之女二人長適臨川進士陳堯道次適同郡進
士馮彝舉孫男十人舉昜昂昂昱景旦曦晅晟向學
女孫六人長適貴溪馮叔琮次適金谿洪璠俐業儒
餘尚幼曾孫男女三人以乾道八年十一月甲申葬
公于崇德鄉洪嵒之南龍潭原前期孤子長曰光大
以狀乞書平生大槩以鑱幽壙記其歲時予與公傾
蓋如故爲莫逆交知公行尤詳嗚呼推賢揚善固宜
有後公之慶流緜遠其有後也宜矣於是乎書乾道
八年壬辰九月二十七日右宣義郎致仕桂大節記

026 宋故三十八郎墓記

葬年：南宋淳熙八年（1181年）八月二十八日

尺寸：高42.2釐米，寬41.2釐米

宋故三十八郎墓記

027 宋魏公墓銘

葬年：南宋淳熙八年（1181年）九月十二日丁酉　尺寸：高50.9釐米，寬30.9釐米

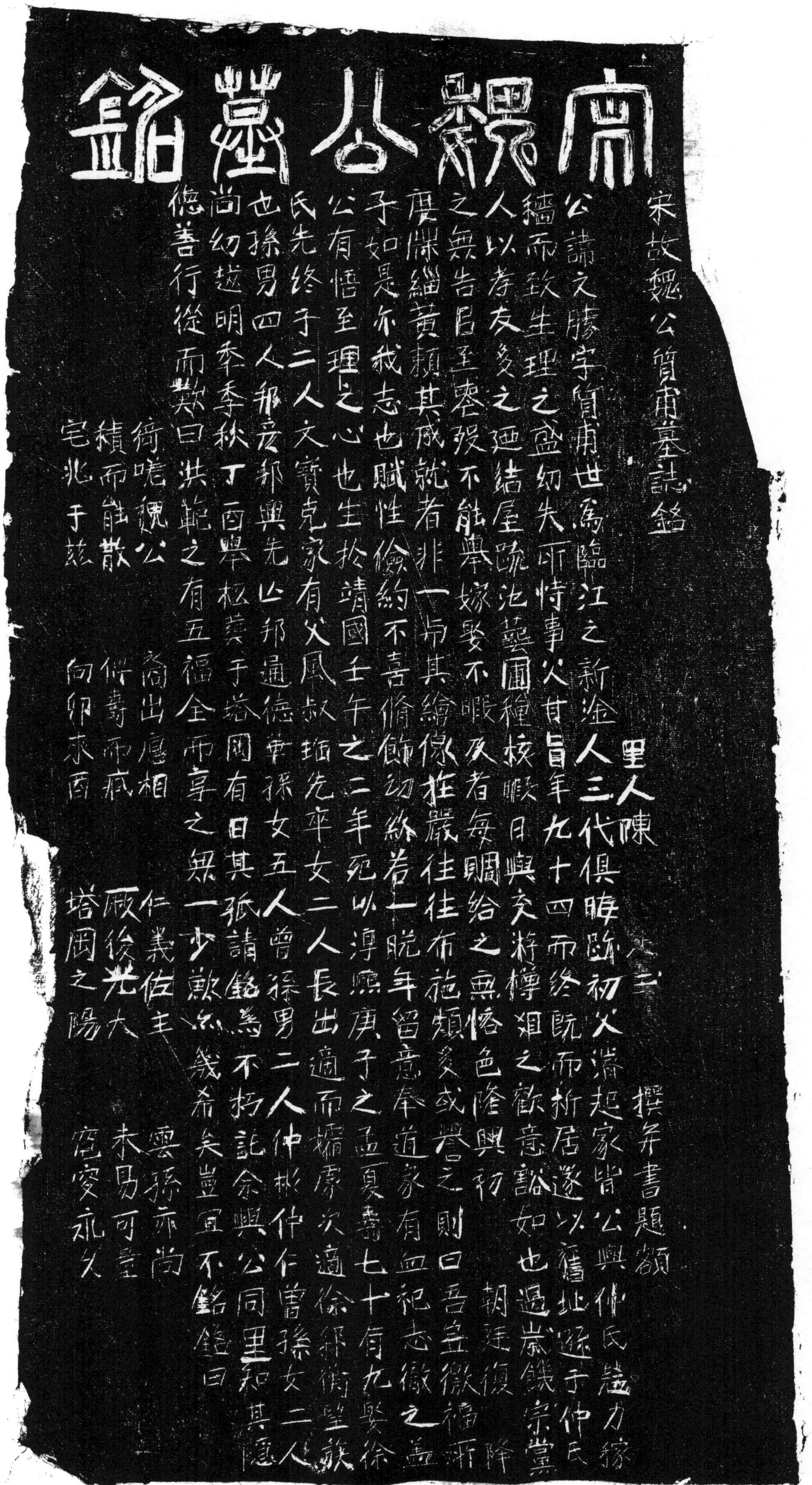

宋魏公墓銘

宋故魏公質甫墓誌銘

里人陳□撰并書題額

公諱之滕字質甫世為臨江之新淦人三代俱晦跡初父潜起家皆公與仲氏盡力稼穡而致生理之盛幼失所恃事父甘旨年九十四而終既而析居遂以舊址遜于仲氏人以孝友多之迺結屋疏池藝圃種核暇日與交游樽俎之歡意豁如也過歲饑宗黨之無告昌至寒殍不能舉嫁娶不暇及者每賙給之無悋色隆興初　朝廷復降度牒緇黄頼其成就者非一歸其繪像莊嚴往往布施頗多或譽之則曰吾豈徼福所子如是亦我志也賦性儉約不喜脩飾幼絲若一晚年留意奉道家有血祀志徼之盖公有悟至理之心也生於靖國壬午之二年死以淳熙庚子之孟夏壽七十有九娶徐氏先終子二人文寶克家有父風叔瑫先卒女二人長出適而壻康次適徐邦衛望族也孫男四人邦彥邦興先亡邦通德宗孫女五人曾孫男二人仲彬仲仟曾孫女二人尚幼茲明年季秋丁酉舉柩葬于塔岡有日其孤請銘為不朽託余與公同里知其隱德善行從而歎曰洪範之有五福全而享之無一少歉然幾希矣豈宜不銘銘曰

猗嗟魏公　裔出廬相　仁義佐主　雲孫亦尚

積而能散　假壽而祇　厥後光大　未易可量

宅兆于茲　向卯束酉　塔岡之陽　窀窆永久

028 先君四承事墓碣

葬年：南宋淳熙岁次星纪（八年，1181年）十一下丙　　尺寸：高32釐米，寬61釐米

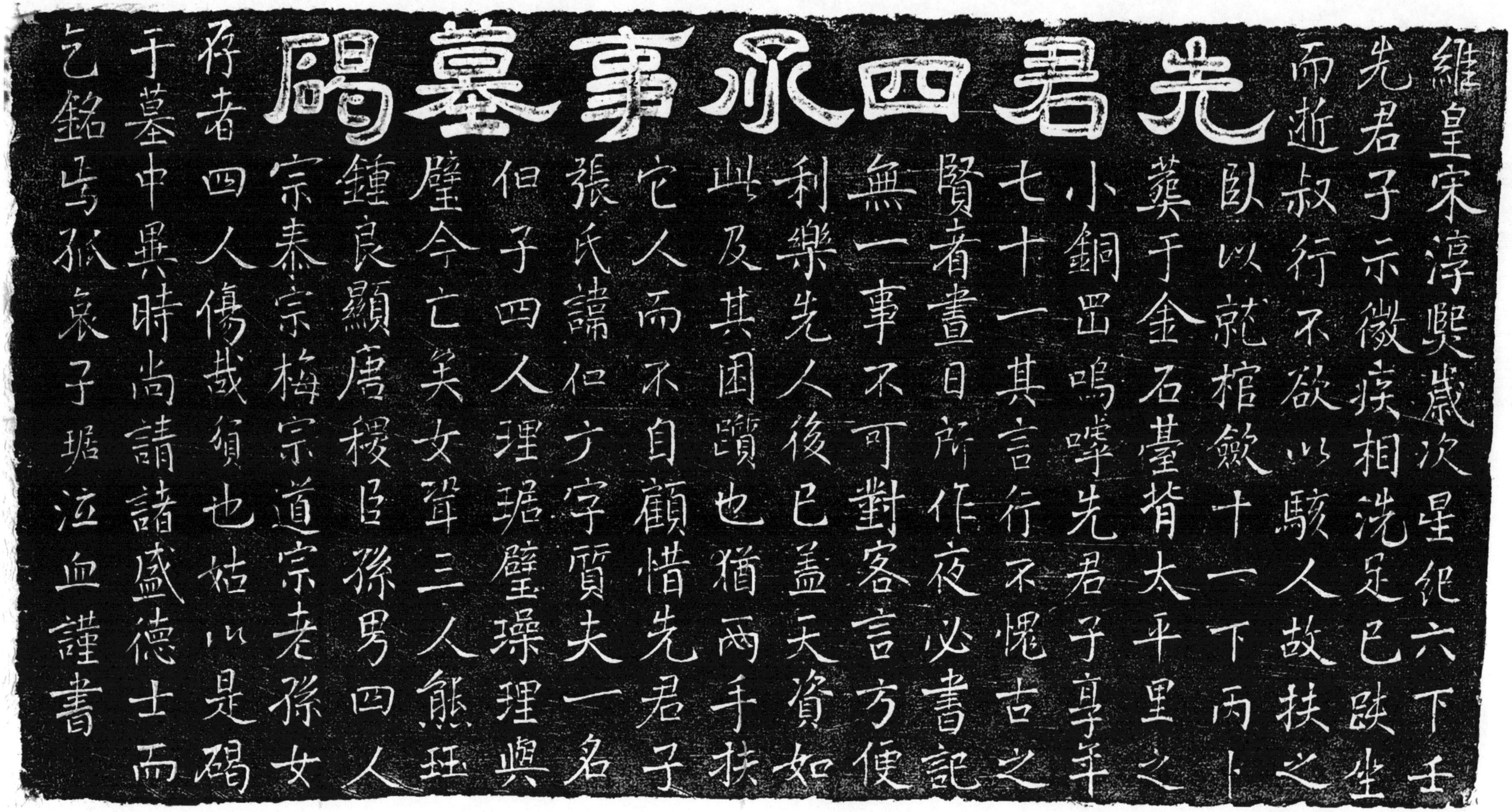
先君四承事墓碣
維皇宋淳熙歲次星紀六下壬
先君子示微疾相洗足已趺坐
而逝叔行不欲以駭人故扶之
臥以就棺斂十一下丙卜
葬于金石臺背太平里之
小銅田鳴嘷先君子享年
七十一其言行不愧古之
賢者晝日所作夜必書記
無一事不可對客言方便
利樂先人後己蓋天資如
此及其困躓也猶兩手扶
它人而不自顧惜先君子
張氏諱仁方字質夫一名
但子四人理琚璧璪理與
璧今亡矣女聟三人態珏
鍾良顯唐稷呂孫男四人
宗泰宗梅宗道宗老孫女
存者四人傷哉須也姑以是碣
于墓中異時尚請諸盛德士而
乞銘焉孤哀子琚泣血謹書

029 宋故張四一秀才壙記

葬年：南宋淳熙八年（1181年）季冬十二月十八日庚申　尺寸：高48釐米，寬53釐米

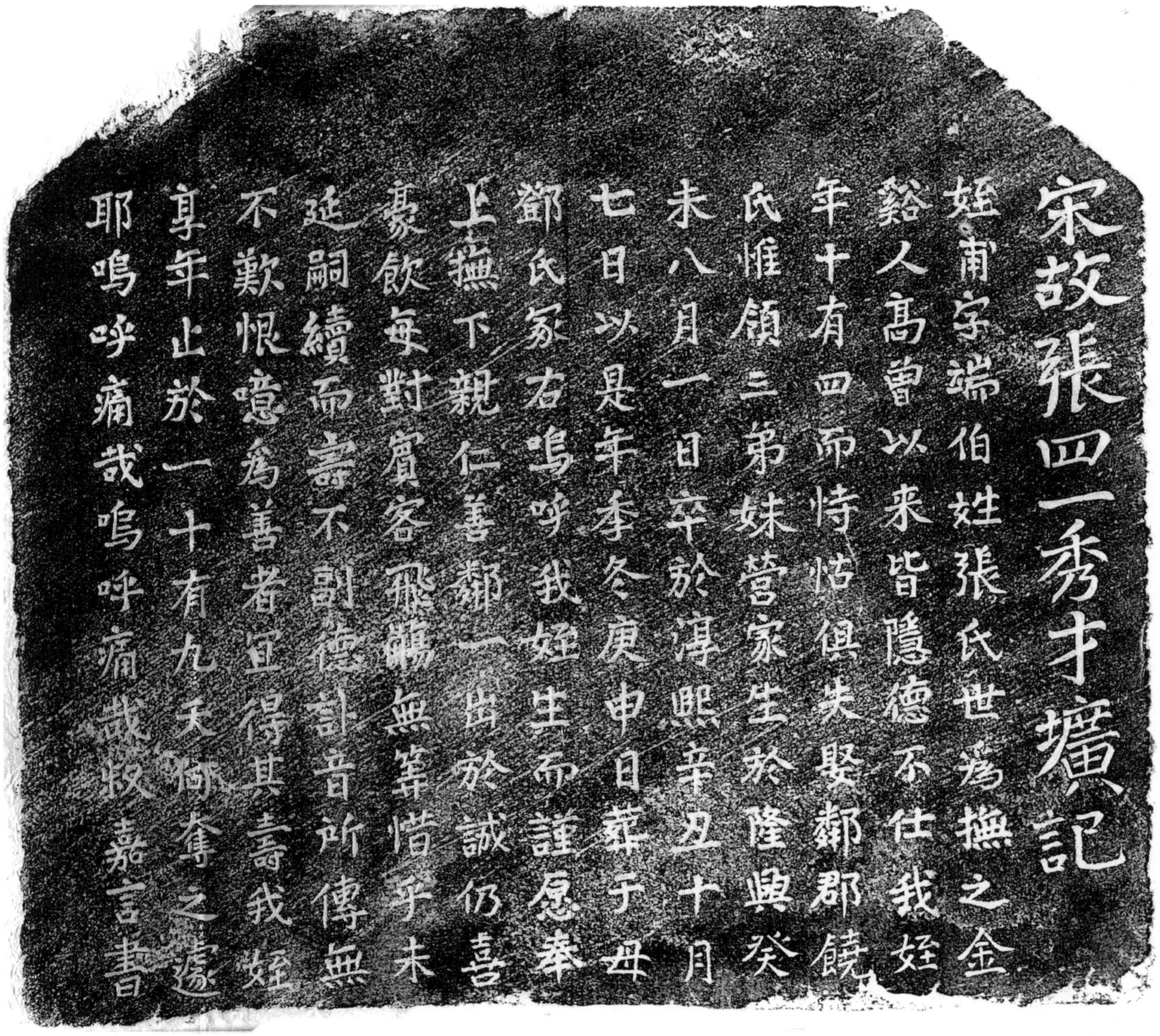

宋故張四一秀才壙記
姪甫字端伯姓張氏世為撫之金
谿人高曾以來皆隱德不仕我姪
年十有四而恃怙俱失娶鄭郡饒
氏惟領三弟妹營家生於隆興癸
未八月一日卒於淳熙辛丑十月
七日以是年季冬庚申日葬于毋
鄭氏家右嗚呼我姪生而謹愿奉
上撫下親仁善鄰一出於誠仍喜
豪飲每對賓客飛觴無算惜乎未
延嗣續而壽不副德訃音所傳無
不歎恨噫為善者宜得其壽我姪
享年止於一十有九天何奪之遽
耶嗚呼痛哉嗚呼痛哉叔嘉言書

030 宋故陳公墓銘

葬年：南宋淳熙九年（1182年）十月十八日　尺寸：高61.5釐米，寬34.5釐米

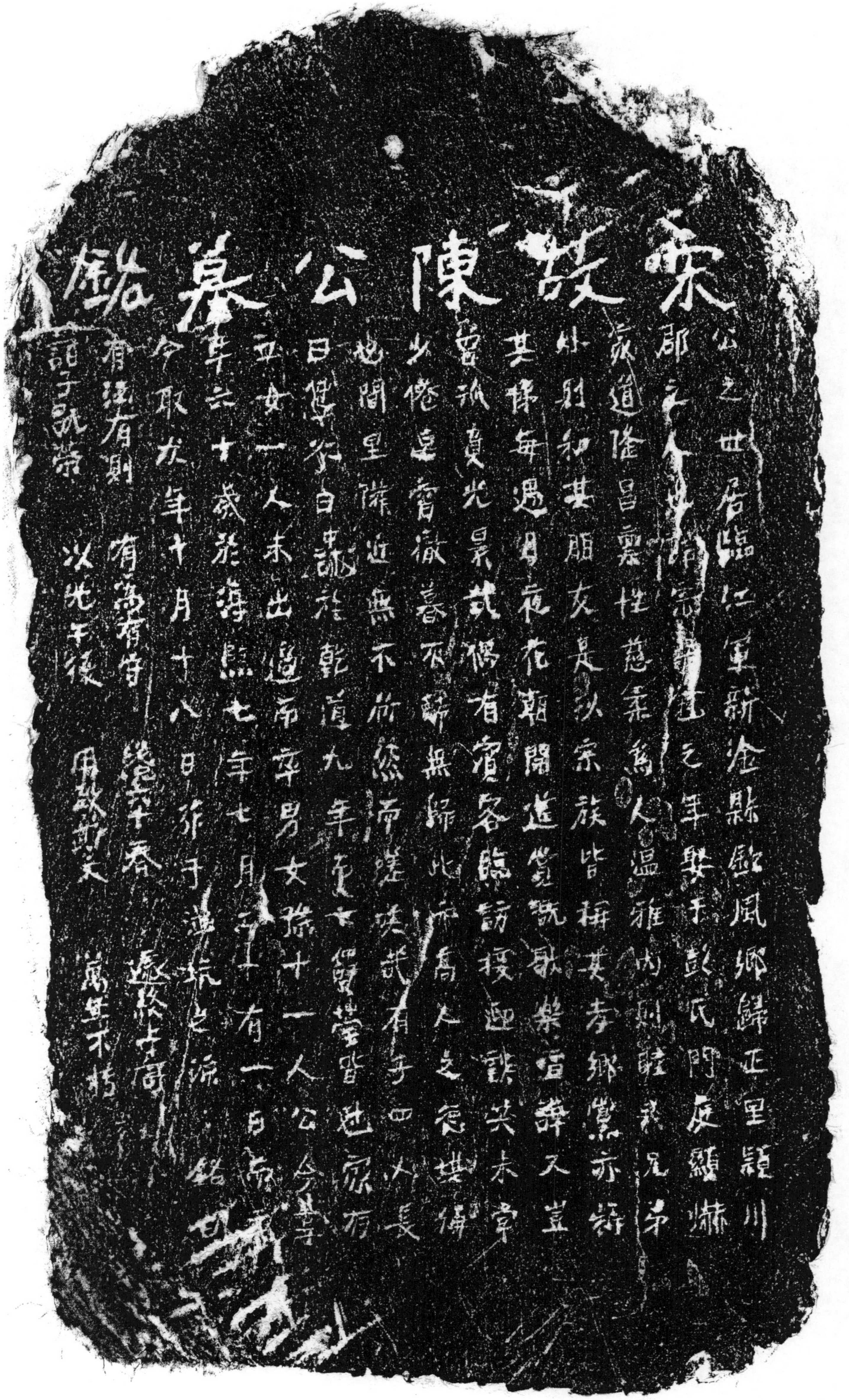

宋故陳公墓銘

公之世居臨江軍新淦縣歐風鄉歸正里潁川郡之人也[illegible]之年娶于彭氏門戶顯赫家道隆昌禀性慈柔爲人溫雅內則睦兄弟外則和其朋友是以宗族皆稱其孝鄉黨亦許其悌每遇月夜花朝閑適賞玩歌樂酒詩又豈曾孤負光景或偶有賓客臨訪接迎歡笑未嘗少倦是宜徹暮不歸無歸此而爲人之德[illegible]也閭里僻近無不欣然而嗟歎哉有子四人長日[illegible]誠於乾道九年先[illegible]皆[illegible]女一人未出適而卒男女孫十一人公今壽年六十歲於淳熙七年七月二十有一日而終今取次年十月十八日祔于漁坑之源銘曰

有德有則　有爲有守　幾此十春　遂終上壽

諸子既榮　以光于後　用勒斯文　萬年不朽

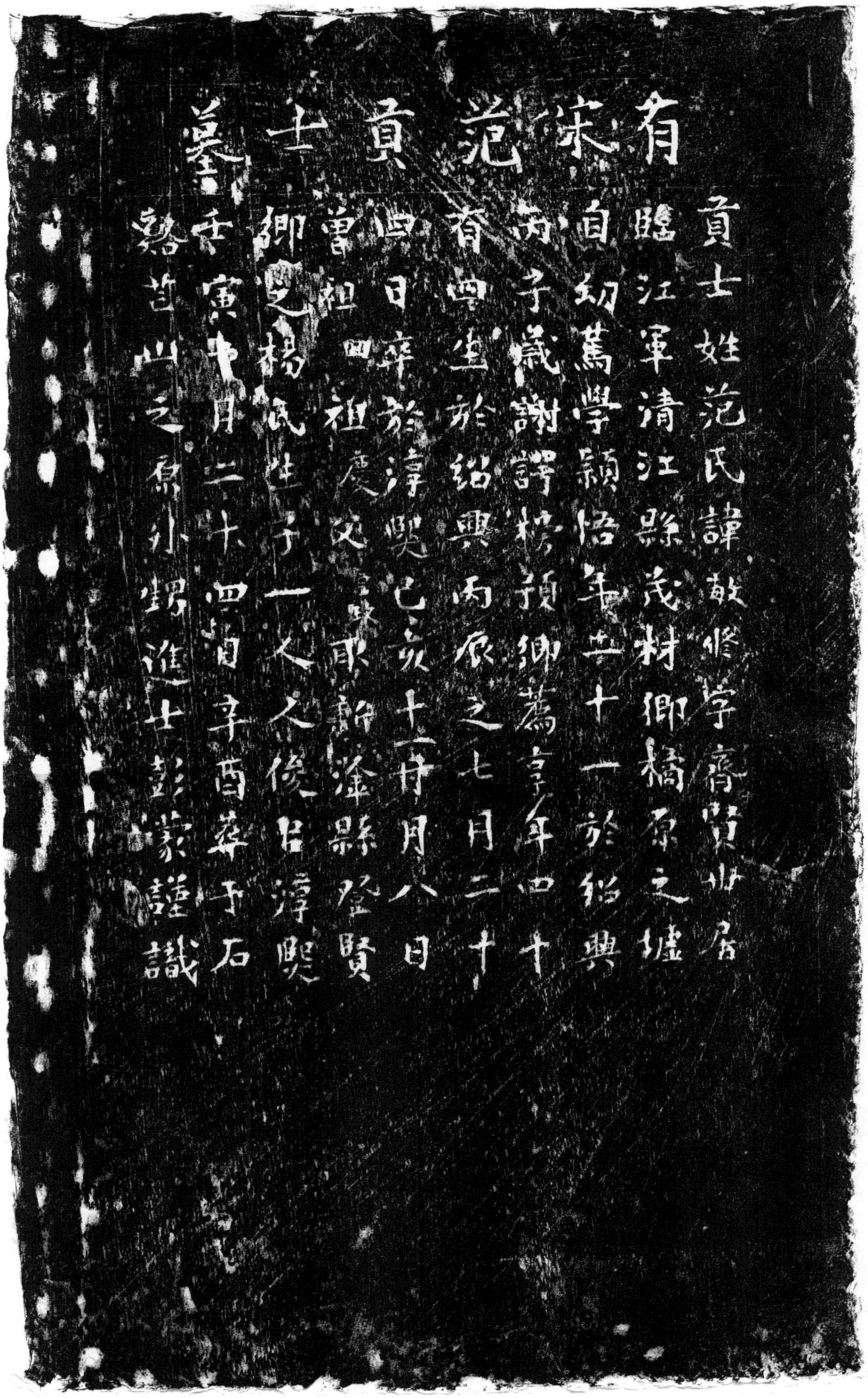
有宋范貢士墓
貢士姓范氏諱敏脩字齊賢世居
臨江軍清江縣茂材鄉橋原之墟
自幼篤學穎悟年二十一於紹興
丙子歲謝詳榜預鄉薦享年四十
有四生於紹興丙辰之七月二十
四日卒於淳熙己亥十二月八日
曾祖四祖慶父取新淦縣登賢
鄉之楊氏生子一人人俊占淳熙
壬寅十月二十四日辛酉葬于石
鷂岜山之原小婿進士彭蒙謹識

031　有宋范貢士墓

葬年：南宋淳熙九年（1182年）十月二十四日　尺寸：高50釐米，寬30.5釐米

032　故莊氏墓銘

葬年：南宋淳熙十三年（1186年）八月初十日甲申　尺寸：高71.5釐米，寬4.5釐米

故莊氏墓銘
宋故莊氏念八娘名昭
嬀撫州金谿人太舉之
寄女也生於紹興庚午
季夏丙寅年十有五歸
手橫源視能一生男一
汝賢尚少嬀卒於淳熙
乙巳仲秋庚午以丙午
仲秋甲申葬于曾源塘
天墩山盤龍窠汝賢書

033　饒氏墓碣

葬年：南宋淳熙十六年（1189年）十二月二十一日丙午　尺寸：高47釐米，寬38釐米

饒氏墓碣

亡室饒氏三十一娘其先南城晉千人高祖從居此
之金谿楓山祖諱華不仕父諱琛晃無意去室初
年閑婦訓蓋家儀父母深重之生十有九年而妻吾
委曲順適撫敬如賓余歲久不變吾出從遊晉貝顏子
動以遂天相湖治家尤勤且儉雖立乎聚珠五者之
列而不以衣服為恥青吾無感亲經歲不獲老力任
奉雖祖寡盜暑者而不少憚吾有疾亦如之今是以觀
識可謂賢婦矣夫何天不畀善而遽罹疾以淳熙生歲
紹興之丁丑卒於淳熙之己酉享年三十有三今以
卒之次月丙午卜葬于官莊其地艮山丁向丁來龍
爽自爽而辛乃子孫無窮之兆也男一人曰炎女二
人各尚幼蚤懼後來不知所藏故紀大略以傳不忘
亦云昔淳熙十六年十二月十五日孝夫張祀立石

034 宋故謝翁墓記

葬年： 南宋紹熙元年（1190年）八月二十日

尺寸： 高36.3釐米，寬34.4釐米

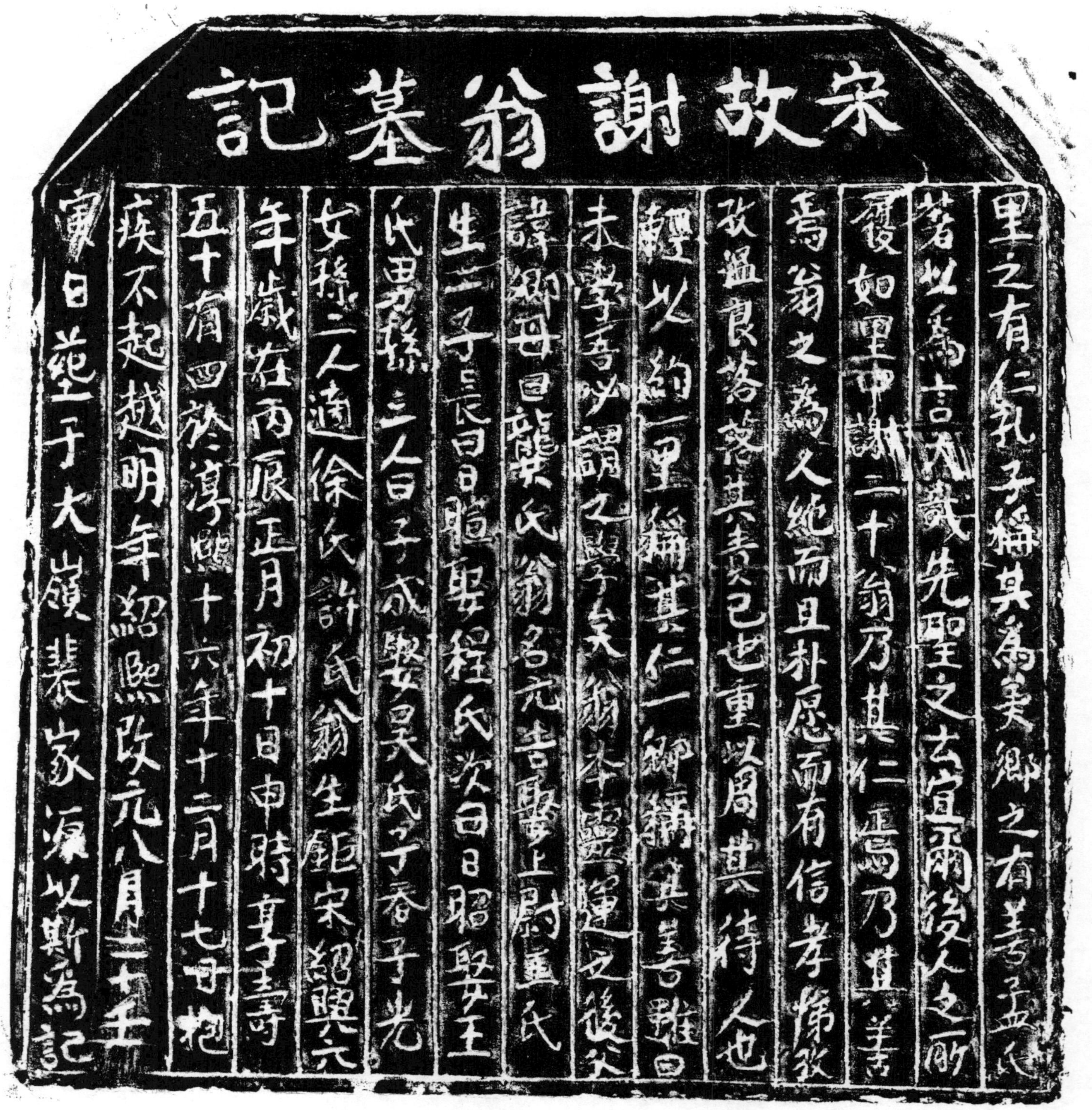
宋故謝翁墓記

里之有仁孔子稱其爲美鄉之有善孟氏
著以爲言凡識先聖之去宜爾後人之所
覆如里中謝二十翁乃其仁焉乃其善
焉翁之爲人純而且朴愿而有信孝悌敦
孜温良落落其責己也重以周其待人也
輕以約一里稱其仁一鄉稱其善雖曰
未學吾必謂之學矣翁本豐運之後父
諱鄉母曰龔氏翁名元吉娶上尉彭氏
生二子長曰日脩娶程氏次曰日昭娶王
氏男孫二人曰子成娶吴氏子春子光
女孫二人適徐氏許氏翁生鉅宋紹興六
年歲在丙辰正月初十日申時享壽
五十有四於淳熙十六年十二月十七日抱
疾不起越明年紹熙改元八月二十壬
寅日葬于大嶺裴家源以斯爲記

035 宋故甘氏墓記

葬年：南宋紹熙元年（1190年）九月二十一日

尺寸：高61.2釐米，寬51.8釐米

宋故甘氏墓記

宋故甘氏墓記

嚴進士思恭撰

甘點豫章豐城人也曾祖滋以來居富城

鄉之南坑家世力穡至點循服畎畝其爲

人純直故好勇鬬很樵夫野隸之常然而

點獨不爲至若生產作業則未嘗少怠以

故馴致家資用饒晚年抑以其子能事於

是遂享安閑當襏檏之餘亦可謂難得矣

卒于紹熙庚戌六月初三日享年七十有

四娶范氏生子二人長曰友諒次壯已

死孫男三人曰文訓曰文清曰文經女孫

一人嫁章氏曾孫二人未名以九月二十

一日葬于所居之西南隅前期其子再拜

泣血懇請數字以示將來予重其敢於是

俛爲之記云

王〻鐫

036 譚氏墓記

葬年：南宋紹熙二年（1191年）十月二十九日　尺寸：高62.7釐米，寬33.5釐米

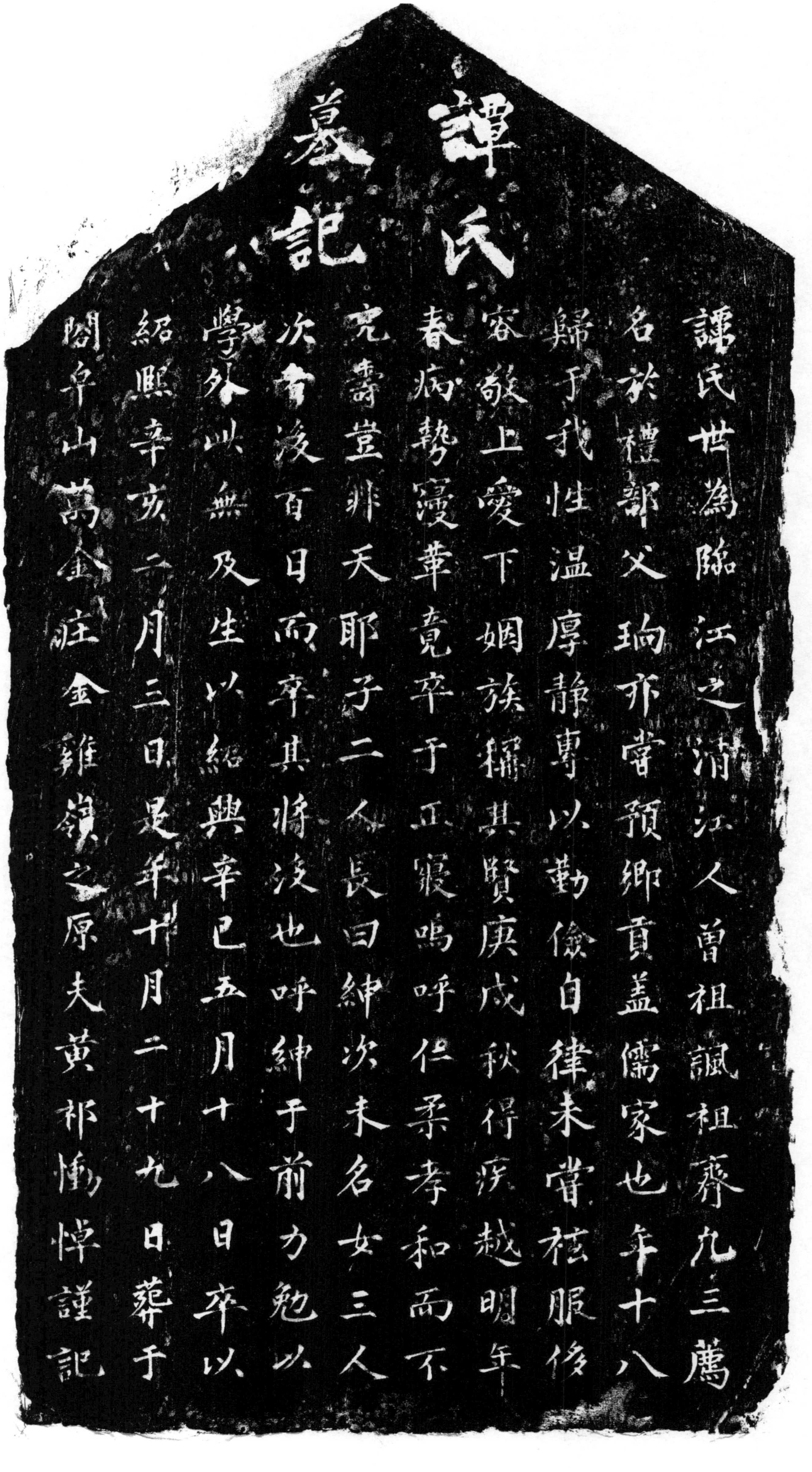
譚氏墓記
譚氏世為臨江之清江人曾祖諷祖齊九三薦
名於禮部父琦亦嘗預鄉貢蓋儒家也年十八
歸于我性温厚靜專以勤儉自律未嘗袪服侈
容敬上愛下姻族稱其賢庚戌秋得疾越明年
春病勢寖革竟卒于正寢嗚呼仁柔孝和而不
克壽豈非天耶子二人長曰紳次未名女三人
次者後百日而卒其將沒也呼紳于前力勉以
學外以無及生以紹興辛巳五月十八日卒以
紹熙辛亥二月三日是年十月二十九日葬于
閤皁山萬金莊金雞嶺之原夫黃邦憪悼謹記

037 宋故黄國華墓誌銘

葬年：南宋紹熙二年（1191年）十一月十五日庚申　尺寸：高52.4釐米，寬43.5釐米

宋故黄國華墓誌銘

038 湯氏夫人墓誌

葬年：南宋紹熙三年（1192年）七月　尺寸：高56.4釐米，寬39.5釐米

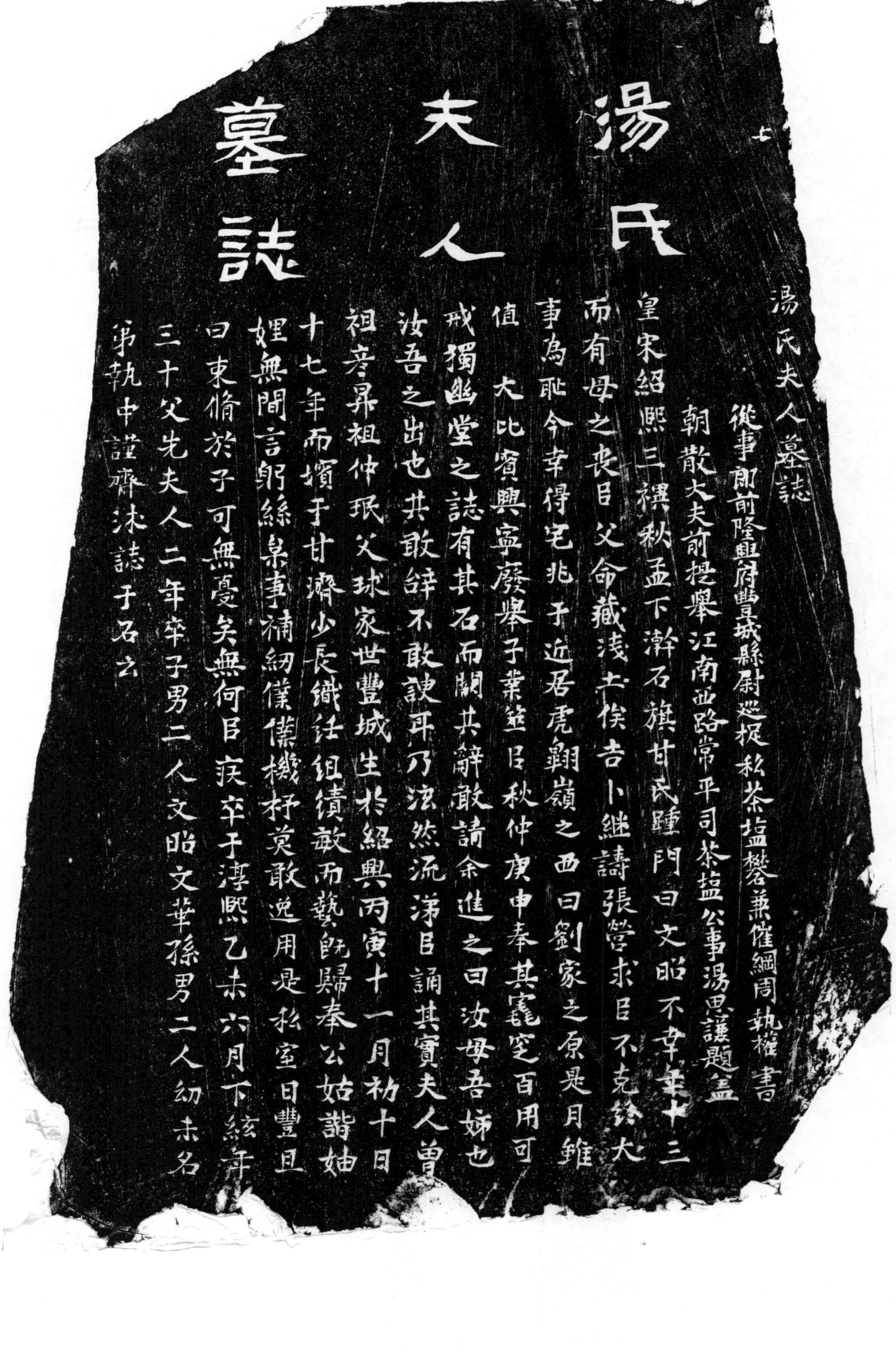

湯氏夫人墓誌

湯氏夫人墓誌

從事郎前隆興府豐城縣尉巡捉私茶塩礬兼催綱周執權書

朝散大夫前提舉江南西路常平司茶塩公事湯思讓題蓋

皇宋紹熙三禩秋孟下澣石旗甘氏鍾門曰文昭不幸年十三而有母之喪目父命藏淺土俟吉卜繼譸張營求目不克終大事為恥今幸得宅兆于近居虎翔嶺之西曰劉家之原是月雖值大比資興寧廢舉子業並目秋仲庚申奉其𥨊窆百用可戒獨幽堂之誌有其石而闕其辭敢請余進之曰汝母吾姊也汝吾之出也其敢辭不敢諛耳乃泫然流涕目誦其實夫人曾祖彥昇祖仲珉父球家世豐城生於紹興丙寅十一月初十日十七年而嬪于甘璘少長織紝組績敏而藝既歸奉公姑諧妯娌無間言躬絲枲事補紉縫儀機杼莫敢逸用是私室日豐且曰束脩於子可無憂矣無何目疾卒于淳熙乙未六月下絃年三十父先夫人二年卒子男二人文昭文華孫男二人幼未名弟執中謹齋沐誌于石云

039 宋故朱學諭墓銘

葬年：南宋紹熙三年（1192年）十二月二十二日　尺寸：高65.6釐米，寬48.7釐米

宋故朱學諭墓銘

040 宋故孺人周氏墓記

葬年：南宋紹熙四年（1193年）十二月二十三日　尺寸：高54.3釐米，寬51.4釐米

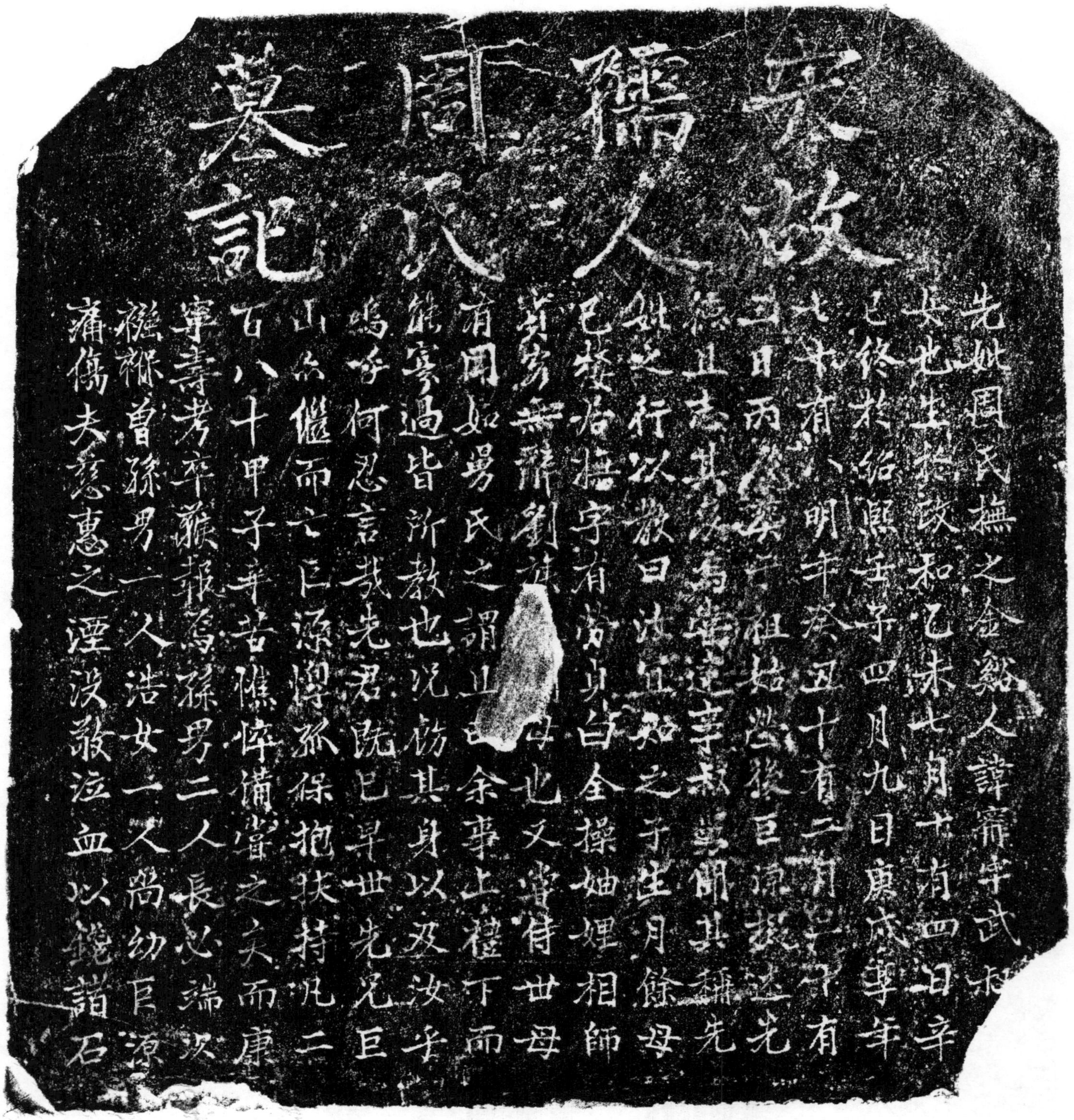

宋故孺人周氏墓記

先妣周氏撫之金谿人諱甯字武
女也生於政和乙未七月十有四日辛
巳終於紹熙壬子四月九日庚戌享年
七十有八明年癸丑十有二月廿三日有
三日丙午葬于祖姑恭後巨源敬述先
德且志其後為學述事叔舅聞其稱先
妣之行以激曰汝宜知之于生月餘母
已棄居擔字有尚貞白全操妯娌相師
賢窮無辭劉族母也又嘗侍世母
甯周如舅氏之謂且曰余事上禮下而
能寡過皆所教也況飭其身以及汝乎
嗚呼何忍言哉先君既早世先兄巨
山亦繼而亡巨源與孫保抱扶持凡二
百八十甲子辛苦艱悴備嘗之矣而康
寧壽考卒難報為孫男二人長必端次
繼梁曾孫男一人浩女一人尚幼巨源
痛傷夫慈惠之湮沒敬泣血以鑱諸石

041 宋夫人徐氏

葬年：南宋紹熙五年（1194年）正月二十三日

尺寸：高45釐米，寬39釐米

宋夫人徐氏

夫人徐氏其先豐城人諱為之女
生於宣和甲辰長適為撫郡崇仁
胡君諱珣字君美妻享年七十歲
於紹熙四年癸丑十二月十九日
以疾終有男四人如圭如晦如愚
如川女一人適同邑戴克寬孫男
楫樟棣梓椕杞枰琳柮梆樞皆知
書女孫三人曾孫男二人以次年
甲寅正月二十三日葬于宅隅數
步閭祖塋側乾亥山巽向土厚而
氣聚寶為夫人萬世不改之靈壤
子孫繩繩當見有光大者焉謹記

042 曾氏墓誌

葬年：南宋紹熙五年（1194年）十月初九日　尺寸：高45.5釐米，寬36.5釐米

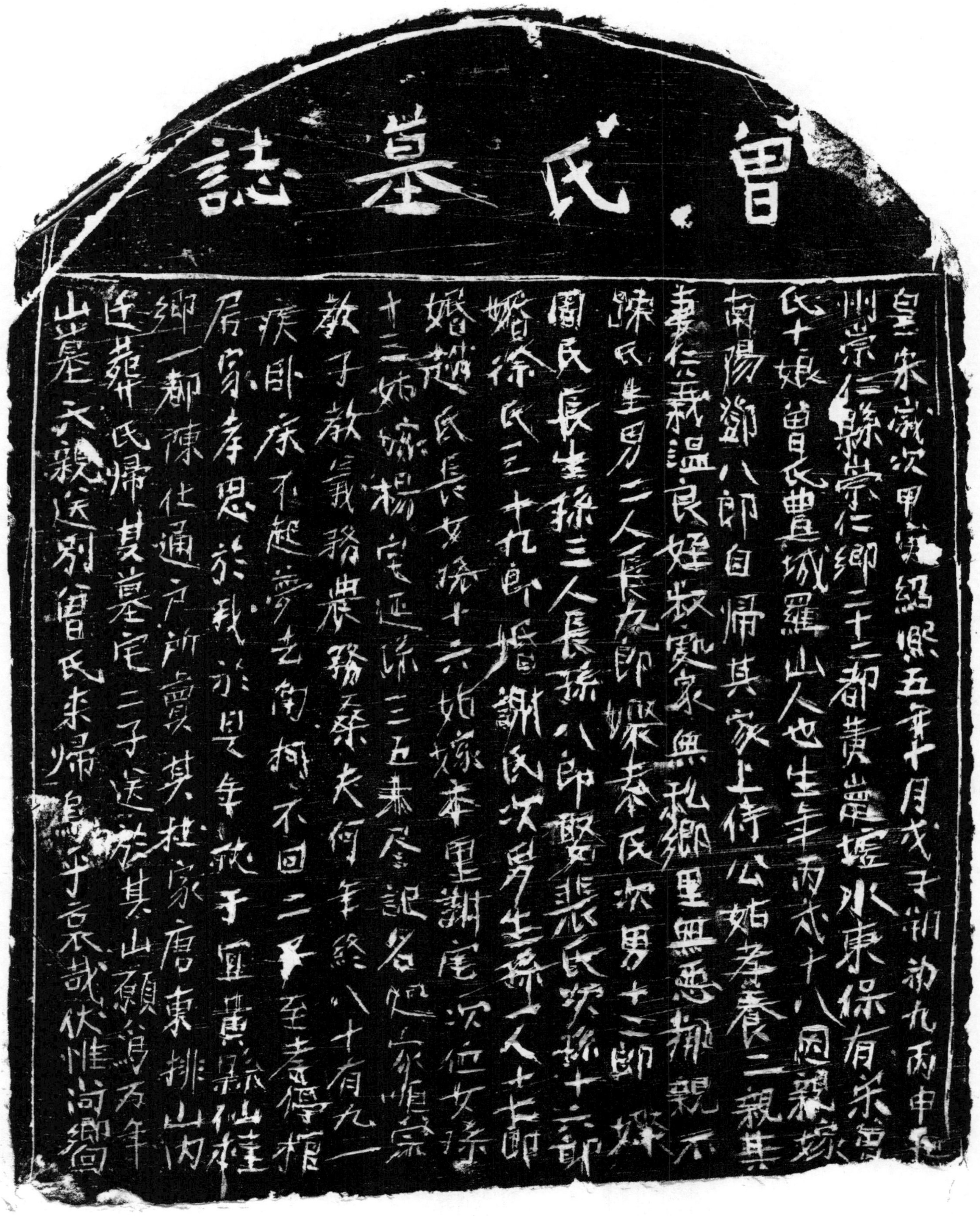
曾氏墓誌

043 宋故吴君之墓

葬年：南宋紹熙五年（1194年）閏十月初二日己未　尺寸：高66.5釐米，寬48釐米

宋故吴君之墓
君諱興宗字克繼撫之崇仁人曾祖日億祖中行以
儒術著稱於舍選間後以癸卯鄉貢晚該 特恩父
晰君幼警敏迨未冠篤志於學能自植立門户治田
園有條理故資產益倍於前奉偏親至孝方家道充
盈可適閑燕兩親乃先至于終君復連歲嬰疾竟
不起莫克盡其榮養良可恨也生於紹興之壬申
於紹熙之癸丑娶謝氏乃余弟從事郎袁州分宜縣
尉驥之女男一人大章以紹熙甲寅閏十月己未得
吉卜歸葬長安鄉開元里三石之陽其孫於余為姪
甥行前[illegible][illegible]門兩告余欲為紀其行實故併述歲月
以識于墓云 修職郎前特差監潭州南嶽廟謝峯書

044 故居士李公墓誌

葬年：南宋紹熙五年（1194年）閏十月十五日

尺寸：高59.7釐米，寬53.5釐米

故居士李公墓誌

045 有宋范君墓

葬年：南宋紹熙五年（1194年）十一月十五日壬寅　尺寸：高81釐米，寬53釐米

有宋范君墓
宋故范君德全墓誌銘
表戚江夏黄嘉言譔并書題
紹熙五年歲次甲寅夏六月丁酉范君德全以疾卒冬十一月壬寅其
兄伯氏大椿與諸孤奉其喪葬于所居東北隅之黄栢坡屬予銘其壙
予姻姑承信公彦之夫人也予與德全是爲從表行况其二子嘗從余
游義不得辭謹叙其實而書之君諱孝恭德全其字也家豐城世系見
於父静翁暈之碑妻孫氏同邑諱派宗強之次女子二人曰茂洪曰茂
實皆業儒女適崇仁進士戴鐘女孫一人君生於紹興之丁卯自少警
敏孝敬而謹愿蓋根於天性居鄉族侃侃誾誾温如也人有是非耳可
聞而口不出諸口待臧獲和易雖忤意亦未嘗臨以疾聲厲色故鄉鄰
愛而敬之平居頗以酒自娯或子弟侍側則脱略邊幅命與之俱飛觴
劇飲賡歌樂歡尤喜坡仙水調賓朋過從獻酬交錯愈酣而愈謹無墮
容無失然諾可謂特之以德者静翁晚歳有疾家人迎醫禱神百緒無
效德全仰天而泣刲股肉和藥以進翁翌日有瘳人謂孝感昭然不
誣也淳熙間母夫人何氏得奇疾危惙哉不容喘德全曰吾賤微雖不
足以動鑑知如此心何復刲右股以食母既而果安母壽增遐迄今享
康寧之福謂非天賞其子不可也不幸年止四十有八抱不及終養之
恨於泉壤予實感而哀之吁世固有闒茸而華尊險佷而耄耋德全生
平言德可仰而孝行尤著著見反弗克壽天欲其謂何於是爲之銘銘
曰　成善于身　致孝于親　天弗報以壽　其在乎嗣人

046 牧隱黃鶴之妻張氏墓誌

葬年：南宋紹熙五年（1194年）十二月二十三日辛酉　尺寸：高75.4釐米，寬44釐米

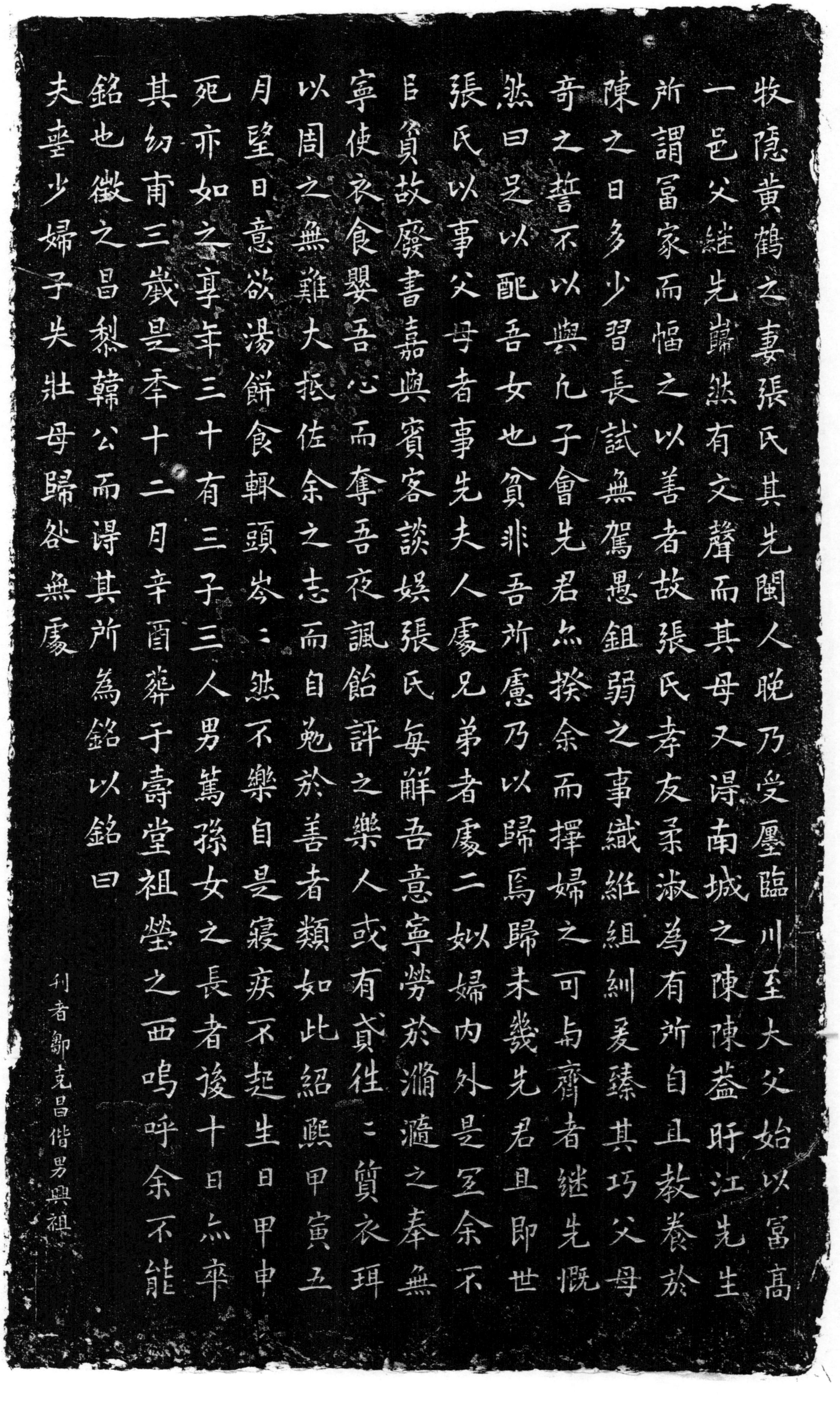
牧隱黃鶴之妻張氏其先閩人晚乃受廛臨川至大父始以富高
一邑父繼先巋然有文聲而其母又得南城之陳陳蓋盱江先生
所謂富家而幅之以善者故張氏孝友柔淑爲有所自且教養於
陳之日多少習長試無駕愚鉏弱之事織紝組紃爰臻其巧父母
奇之誓不以與凡子會先君亦揆余而擇婦之可與齊者繼先慨
然曰是以配吾女也貧非吾所慮乃以歸焉歸未幾先君且即世
張氏以事父母者事先夫人處兄弟者處二姒婦内外是宜余不
已貧故廢書嘉與賓客談娛張氏每鮮吾意寧勞於滫瀡之奉無
寧使衣食嬰吾心而奪吾夜諷餡評之樂人或有貳往往質衣珥
以周之無難大抵佐余之志而自勉於善者類如此紹熙甲寅五
月望日意欲湯餅食輙頭岑岑然不樂自是寢疾不起生日甲申
死亦如之享年三十有三子三人男篤孫女之長者後十日亦卒
其幼甫三歲是年十二月辛酉葬于壽堂祖塋之西嗚呼余不能
銘也徵之昌黎韓公而得其所爲銘以銘曰
夫喪少婦子失壯母歸咎無處
刊者鄒克昌偕男興祖

047 宋故張氏之碑

葬年：南宋慶元二年（1196年）十月十四日己未　**尺寸：**高41.5釐米，寬32釐米

宋故張氏之碑

本貫江南西路隆興府進賢縣崇信鄉馬道源永
安門社文彥達字明遠娶建武張寶之女張氏十四
娘命是己酉年正月二十二日申時生壽終六十有
八生子二人宗仁宗慶女五人長女適陳子成次女揚
彥琳三女萬有平先亡四女鄭忠佩五女于民極先亡
男孫三人女孫六人夫先亡張氏於慶元二年丙辰歲
正月十三日傾逝取是年十月丙午朔十四日己未葬
于次男住東名東坑其地窩山行龍寅艮山出面亥山
入丙作丙向巽水流甲盖張氏平生忠直稟性溫恭但
宗仁等不忘養育之恩遂作久長之記
歲次慶元二年十月　日孝男　宗仁　宗慶　立

048 宋曾氏孺人墓

葬年：南宋慶元二年（1196年）十一月初九日　尺寸：高47.6釐米，寬41.6釐米

宋曾氏孺人墓

先妣曾氏孺人墓記
曾氏世居隆興府之豐城寶爲著姓内外
有所矜式先妣自幼明敏祖諱謂父諱寬
皆隱德君子鍾愛焉早爲擇姻故年十九
歸于先君先君戴姓也仁表其諱也唐英
其字也賴内助君多凡奉上御下柔順慈
和雍雍怡怡人不見其喜愠宗族亦以是
推重時尚屬撫州臨川後置樂安縣乃相
次移籍今爲崇仁人不幸先君捐棄惟母
氏劬勞逾二十年撫諸孤尤力三男子曰
堯佐堯輔堯弼一女適臨川王舜塏孫十
人鍔鎮鋒鍾鑄鑰鈗鐔餘尚幼女孫一人
先妣生於靖康元年丙午卒於慶元元年
乙卯享壽七十以次年十一月九日甲申
卜葬于黄栢源之羅坑距家才二里嗚呼
襄事有期既失所恃矣恨天不假年而生
育之恩無由論報矣姑叙其姓氏年月以
誌於墓用詔後來云堯弼泣血謹書

049 夫人晏氏墓誌

葬年：南宋慶元三年（1197年）四月二十六日

尺寸：高57釐米，寬45.5釐米

夫人晏氏墓誌

夫人晏氏墓誌

夫人晏氏丞相楚國元獻公五世孫也丞相生祠部
郎中成裕祠部生朝請郎贈宣奉大夫紳朝請生奉
直大夫贈正奉大夫孝本奉直生朝請大夫震大夫
娶豫章徐侍郎琛之女生夫人夫人自幼婉淑父母
愛之踰笄猶未許人予既久喪伉儷方誰差所宜繼
者聞夫人賢遂聘之已不遠事皇姑歲時祀享賓客
夫人佐家婦治膳羞惟謹撫諸子如己出御婢妾有
恩處卑尊閒無不順適八年如一日內外無閒言者
夫人歸予時家君朝議公雖再刺郡然清白自將予
方業儒不暇問生事家務粗給飲食衣服不能有所
華好人皆以夫人生於貴族必不能甘而夫人處之
怡然比予調官姑蘇廩薄累重夫人力為節約均給
膳服各適所宜予切私喜內助得人不幸以疾終于
官舍享年三十有七女一人保保尚幼明年歸其柩
于臨川又明年命長男樣葬于霧方之原予之聘夫
人蓋淳熙之十五年其亡當慶元元年三月之十九
日其葬在三年四月之二十六日夫修職郎監平江
府江灣南蹌鹽場管押袋鹽黃紘誌　刊者盧炤

050 故洪公墓誌

葬年：南宋慶元四年（1198年）十月十八日　尺寸：高52釐米，寬44.5釐米

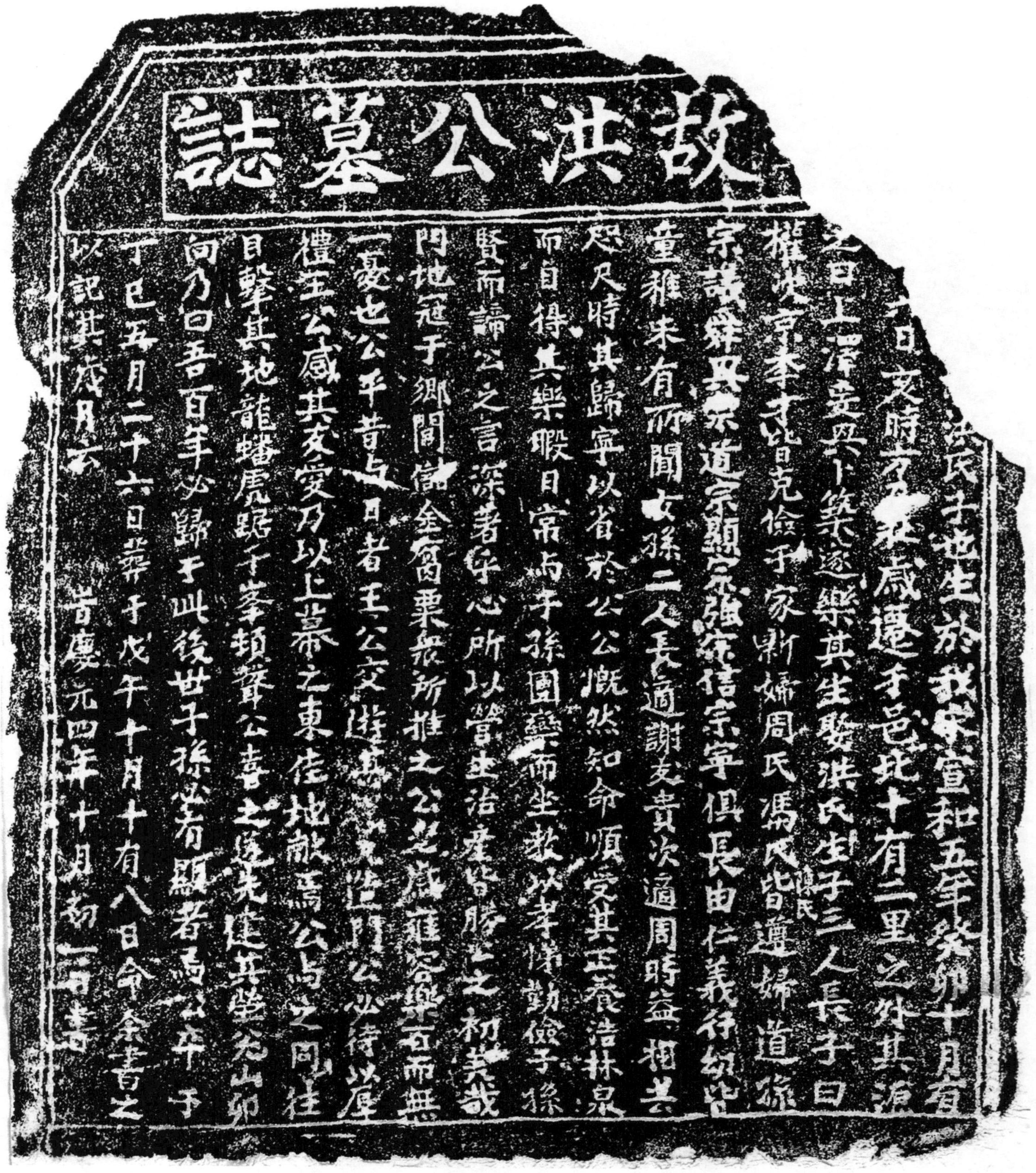
故洪公墓誌

051 先君及侄三傑墓誌

葬年：南宋慶元五年（1199年）十一月初九日丁酉　尺寸：高66釐米，寬45.7釐米

丙辰慶元二年十月先君第四男安節次子三傑疾病
或言祖墳不利其家乞攺先君柩於諸伯各從所請二
十五日奉其棺于江家塘園內權葬四日三傑卒今[illegible]
歲月之久諸孫々葬于社林塘北蕭家嶺山許三傑附
葬其右時已未慶元五年十有一月丁酉吉日孝男揭
俊德逢辰文淵泣血謹書

052 周氏夫人墓誌

夫人姓周南城縣南城鄉人也左從
州教授之女年二十二歸于
平鄉三異里盛縣丞仲子
居華族自父及兄至于姪凡
高科未嘗以貴驕人恬淡有
寒素事舅姑以禮待妯娌以
下以慈御奴婢以恕人莫不
其德生男二人皆業儒術長男
娶軍城鄧氏男孫一人曰鄧僧
孫二人長曰五娘次曰秀娘皆幼
男曰謨未娶女一人適鄉貢進士
俱卒夫人辛酉八月二十八
慶元六年四月九日以
年六十明年辛酉八月十九
葬于太平鄉小賴原銘曰
已以誠待下以恕
肥家于素

葬年：南宋嘉泰元年（1201年）八月十九日丙申　尺寸：高43釐米，寬47.5釐米

053 宋故揭君墓銘

葬年：南宋嘉泰元年（1201年）十一月二十五日壬申　尺寸：高56.3釐米，寬50.1釐米

宋故揭君墓銘

宋故揭敬夫墓誌銘

從兄　秀穎撰并書

余自幼及冠同學多揭氏子與敬夫弟尤相得相期以書鳴余既奇蹇未有聞敬夫乃以嘉泰辛酉二月二十九日死痛哉敬夫諱惟謹為人和易其學自出天性其文自成一家余固知敬夫抱負不錄錄以試輒不偶雖欲奔諸人人莫余信致成安疾親故深以為憂且無何得間親故更以為喜今竟以死聞得年止三十有五嗚呼止於斯而事出偶然皆當付諸冥冥中特親老子幼有可為敬夫恨娶聶氏有賢行生男一人曰和曾大父如鵬大父先同俱潛德弗耀父志修鄉里稱為善人今將以其年十一月壬申葬敬夫于舊居之東祖塋側前事和告余曰願有以銘吾父童子而知是固可尚況余與敬夫之相得哉遂為之銘銘曰

學則塵命則屯志不獲伸尚聞其嗣以人

此葬在坑四十五年後於淳祐伍年乙巳十一月二十九日改葬

054 宋灝墓誌

葬年：南宋開禧元年（1205年）十二月八日庚申

尺寸：高33釐米，寬33釐米

君姓宋名灝字必大世居臨江新淦斷金
鄉崇信里曾祖𤇆祖昕父汝能皆潛德弗
耀君生於乾道丁亥稟性慈祥律身廣謹
讓以待人寬以御下所居地名柘鄉屋字
汁麓先君尚書爲名其齋曰南塾曰北窻
篤意教子期以詩書廣業植桂于前名曰
桂坡品題者皆以竇氏五枝芳爲喻君奉
親孝事長敬母謝氏乃予姑孀居累年君
侍奉惟謹君娶先妣校正長女也男五人
曰飛鳳鷄富德女二人長許適進士陳堯
明次幼甲子四月二日君以疾終年三十
八諸孤以開禧乙丑十二月八日庚申奉
喪葬于同里大雍之竹原坎山午向離家
咫尺尔觀未通直郎簽官幕吏謝悅銘曰
死矣吉人　胡不眉壽　幸有子焉
克紹厥後　銘詔諸幽　眇無不朽

宋愚軒居士胡君墓銘

葬年：南宋嘉定元年（1208年）八月丙申　尺寸：高59.8釐米，寬40.5釐米

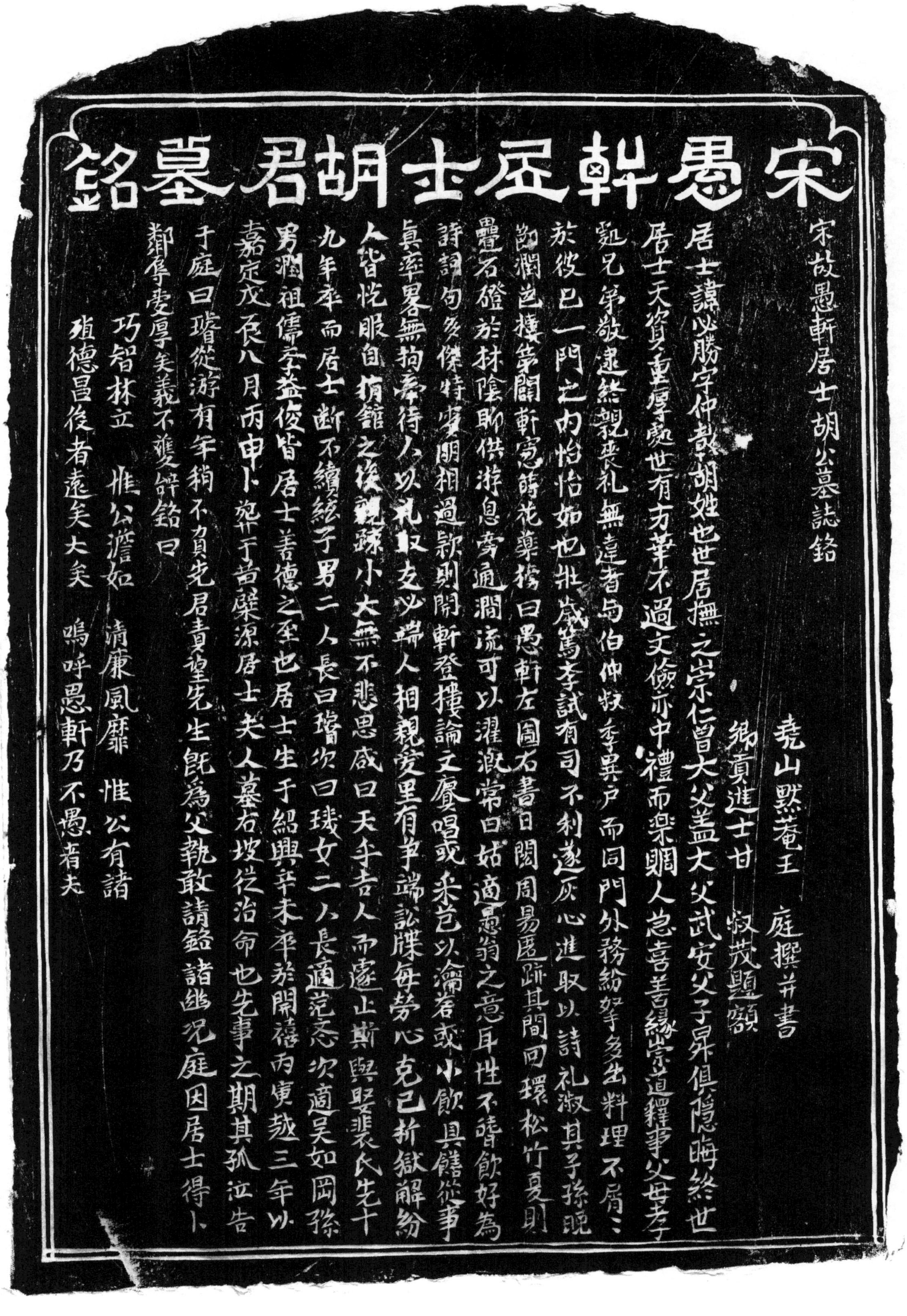

宋愚軒居士胡君墓銘

宋故愚軒居士胡公墓誌銘

堯山默菴王　庭撰并書

鄉貢進士甘　叔茂題額

居士諱必勝字仲哉胡姓也世居撫之崇仁曾大父盖大父武安父子昇俱隱晦終世

居士天資重厚處世有方華不過文儉亦中禮而樂賙人急喜善緣崇道釋事父母孝

處兄弟敬遂然親喪礼無違者與伯仲叔季異户而同門外務紛拏多出料理不屑〻

於彼已一門之內怡怡如也壯歲篤學試有司不利遂灰心進取以詩礼淑其子孫晚

即潤邑樓第闢軒窓蒔花藥榜曰愚軒左圖右書日閱周易匿跡其間回環松竹夏則

疊石磴於林陰聊供游息旁通澗流可以濯激常曰姑適愚翁之意耳性不善飲好為

詩詞句多傑特與朋相過款則開軒登樓論文賡唱或釆芑以瀹茗或小飲具饍從事

真率略無拘牽待人以礼取友必端人相親愛里有爭端訟牒每勞心克己折獄解紛

人皆悅服自捐館之後親疏小大無不悲思咸曰天乎吉人而遽止斯與娶裴氏先十

九年卒而居士斷不續絃子男二人長曰璿次曰璣女二人長適范忞次適吳如岡孫

男潤祖儒孝益俊皆居士善德之至也居士生于紹興辛未卒於開禧丙寅越三年以

嘉定戊辰八月丙申卜葬于苗磔源居士夫人墓右坡從治命也先事之期其孤泣告

于庭曰璿從游有年稍不負先居責望先生既為父執敢請銘諸幽況庭因居士得卜

鄰學受厚矣義不獲辭銘曰

巧智林立　惟公澹如　清廉風靡　惟公有諸

殖德昌後者遠矣大矣　嗚呼愚軒乃不愚者夫

056 嘉定殘碑

葬年：南宋嘉定五年（1212年）　尺寸：高54釐米，寬77.5釐米

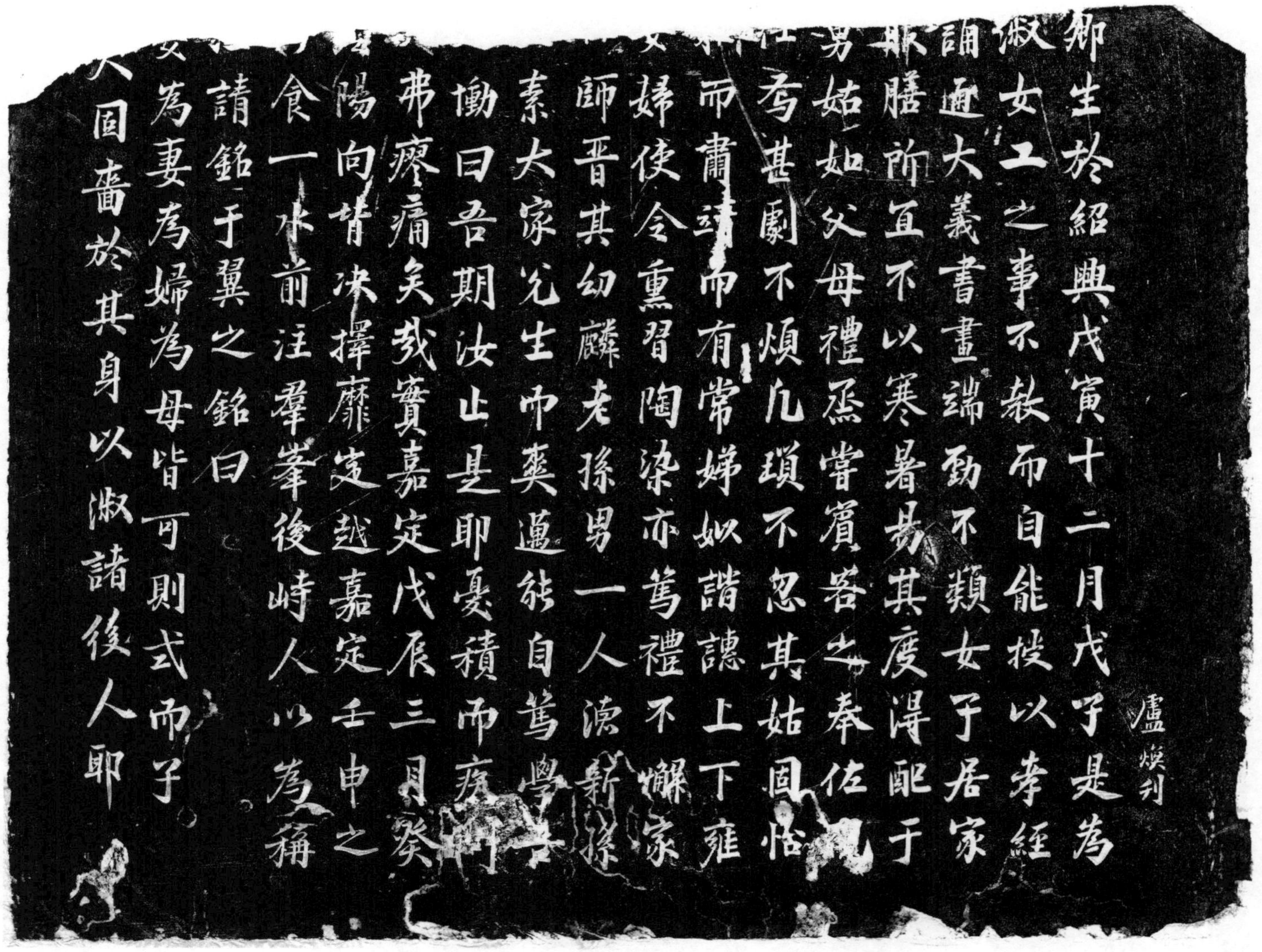
鄉生於紹興戊寅十二月戊子是為
盧煥刊
淑女工之事不敎而自能投以孝經
誦通大義書畫端勁不類女子居家
服膳所宜不以寒暑易其度得配于
舅姑如父母禮丞嘗賓客之奉佐
為甚劇不煩瓦瑣不忽其姑固恰
而肅𧨏而有常娣姒諧謔上下雍
婦使令熏習陶染亦篤禮不嬾家
師晉其幼嬭老孫男一人濟新孫
素大家兄生而爽邁能自篤學
慟曰吾期汝止是耶憂積而疾
弗瘳痛矣哉寶嘉定戊辰三月癸
陽向背決擇靡莚越嘉定壬申之
食一水前注羣峯後峙人以為稱
請銘于翼之銘曰
為妻為婦為母皆可則式而子
人固畜於其身以淑諸後人耶

057 宋故吴公之墓

葬年：南宋嘉定六年（1213年）十月二十四日庚申　尺寸：高52.5釐米，寬42.5釐米

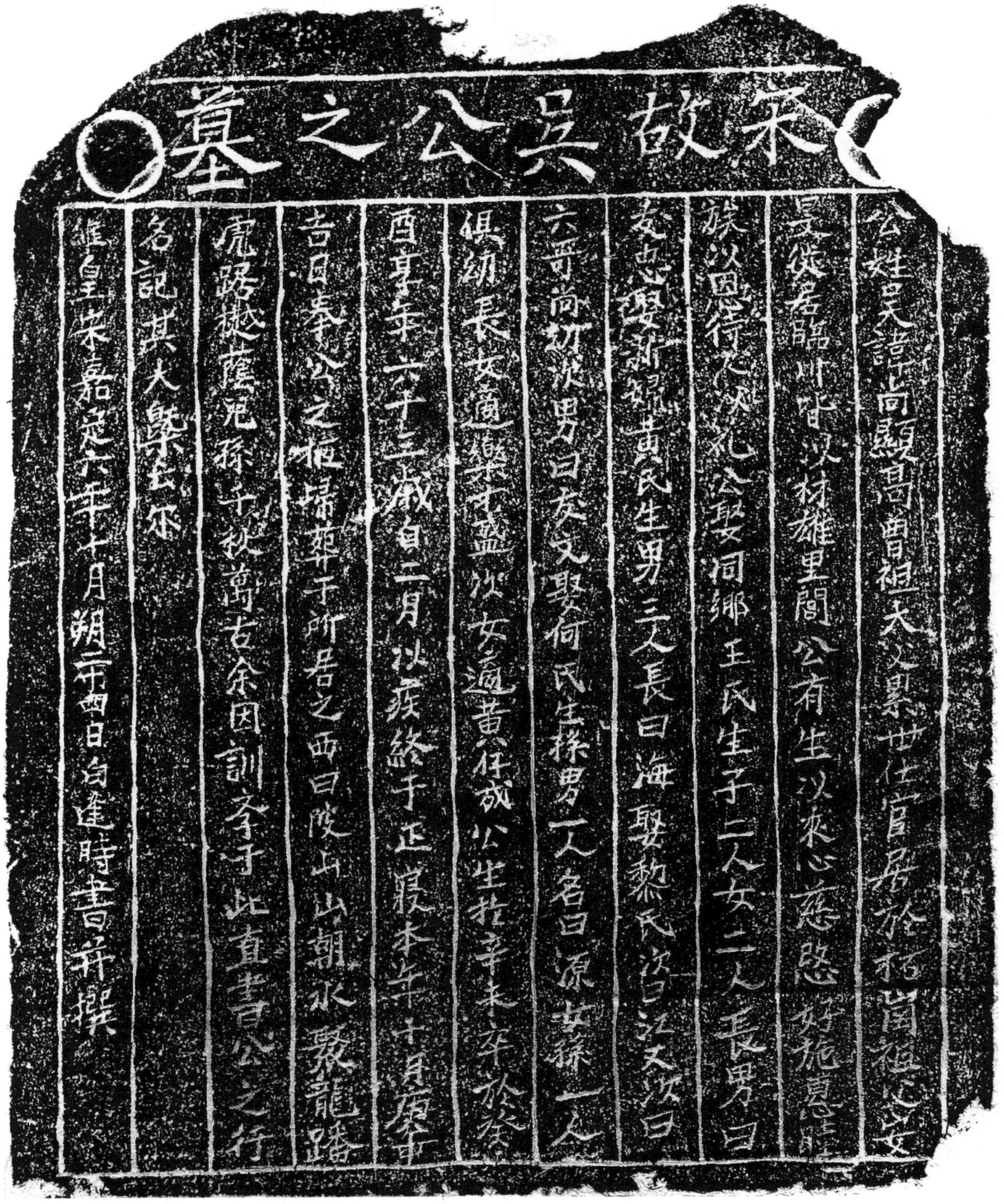

宋故吴公之墓
公姓吴諱[illegible]尚顯高曾祖大父累世仕官居於[illegible][illegible]祖[illegible][illegible]
吴溪居臨川皆以材雄里閭公有生以來心慈恩好施惠[illegible]
族以恩待之以礼公娶同鄉王氏生子二人女二人長男曰
友忠娶新[illegible]黄氏生男三人長曰海娶黎氏次曰江次曰
六哥尚切次男曰友文娶何氏生孫男一人名曰源女孫一人
俱幼長女適樂平盛以女適黄仔[illegible]公生於辛未卒於癸
酉享年六十三歲自二月以疾終于正寢本年十月庚申
吉日奉公之柩歸葬于所居之西曰陂山山朝水聚龍踏
虎踞樾蔭兒孫千秋萬古余因訓孝子此直書公之行
名記其大槩云爾
維皇宋嘉定六年十月朔二十四日自逢時書并撰

058　宋故叚公墓誌

葬年：南宋嘉定七年（1214年）十月二十八日己未　尺寸：高91釐米，寬47釐米

宋故叚公墓誌

有宋隱君子范壽卿諱龜年之夫人章氏以
嘉定乙亥九月庚申葬阮安坑卜吉謹昭告
開皇地主五土明王九宮神司守位龍將舍
法名儒豫章有秋屏居士范公德柔諱履隱
君考也旂山俊士章公正臣諱邦直夫人考
也壬寅隱君生癸卯夫人生文會忠信友謂
宜爲萬世昏二公唯諾紹興庚申遂歸于范
開國名勳爲著姓豐城查村尤盛富爲甲祖
太夫人孫氏在堂年過九十兵盜無寧歲居
士家子謹溫清甘旨隱君長孫躬理家務故
弟姪得不廢進學未幾爲簿尉令録倅守同
居仕達十有七八矣壬戌生女丁卯生男南
翔後名震庚午生男南金台名定癸酉仲冬
月幾望隱君不幸平生慈祥豈弟周急樂施
鄉人哀如失父季冬卜水東源蜈蚣山弟欽
州推官誌銘葬常寧知縣祖墳之首服除守
節勤儉事祖妣奉舅姑克盡婦道隆興改元
一女適周進士因禮二子學問秀穎並娶周
氏婚嫁畢人曰孟母也今五世孫已十人幼
未名惜不容盡書先乙酉生孫男行之台娶
孫提宮之次女丙戌孫女台適名士周召丁
亥孫女台適臨川郡開國男孤姪承節郎黃
大猷故知行實尤詳誌不溢美戊子女孫台
適仙胄甘南乾道庚寅二月庚戌居士去世
按陸先生碑以十月葬秦原夫人哀毀前期
庚戌致疾終上七葬率陂山今堤決水逆男
定孫行之立仁立義曾孫飛騰飛聲飛黃飛
鵬孟孫飛雄仲孫共奉靈柩埋玉千古去隱
君墓左山一嶺之陽高峯下宂戌乾向乙辰
先尚書時思揭亭銘刻仍足昭遠姑叙違闕
神其明昭右享之子孫經明行修世似祀之

059 章氏夫人墓誌

葬年：南宋嘉定八年（1215年）九月初四日庚申　尺寸：高48.5釐米，寬78.6釐米

060 有宋趙公十府君黄氏夫人壙誌

葬年：南宋嘉定九年（1216年）正月二十五日　尺寸：高50釐米，寬40.3釐米

061　宋徐氏墓誌銘

葬年：南宋嘉定九年（1216年）三月十九日　尺寸：高55.8釐米，寬45釐米

宋徐氏墓誌銘
孺人徐氏父四承事世居南城之廻原
興已卯歸于壘石雷氏婦道婦德兼全上
奉舅姑下撫子弟及于部曲盡其愛敬以
至族黨鄉閭無不稱其仁而賢者夫百乙
承事樂於接待孺人盡中饋之職未嘗有
倦容於是雷氏家聲由斯益著子孫業儒
雖功名未就而兆可見矣子謙辭孫大椿端
之瑞曾孫一人女孫長適進士江大同次適進
士江克明生於紹興已未卒于嘉定丙子享
年七十有八以是年三月十九壬申日坐
庚向甲葬于本源旆坑原夫命族弟克辭
進士冀明書其實而為之銘曰
人雖云亡兮德不可忘　天道好還兮此理之常
崇山秀嶺兮孺人永藏　子孫席蔭兮俾熾而昌

062 宋故鄒氏孺人墓碣

葬年：南宋嘉定九年（1216年）十二月十二日庚申　尺寸：高65.8釐米，寬45.7釐米

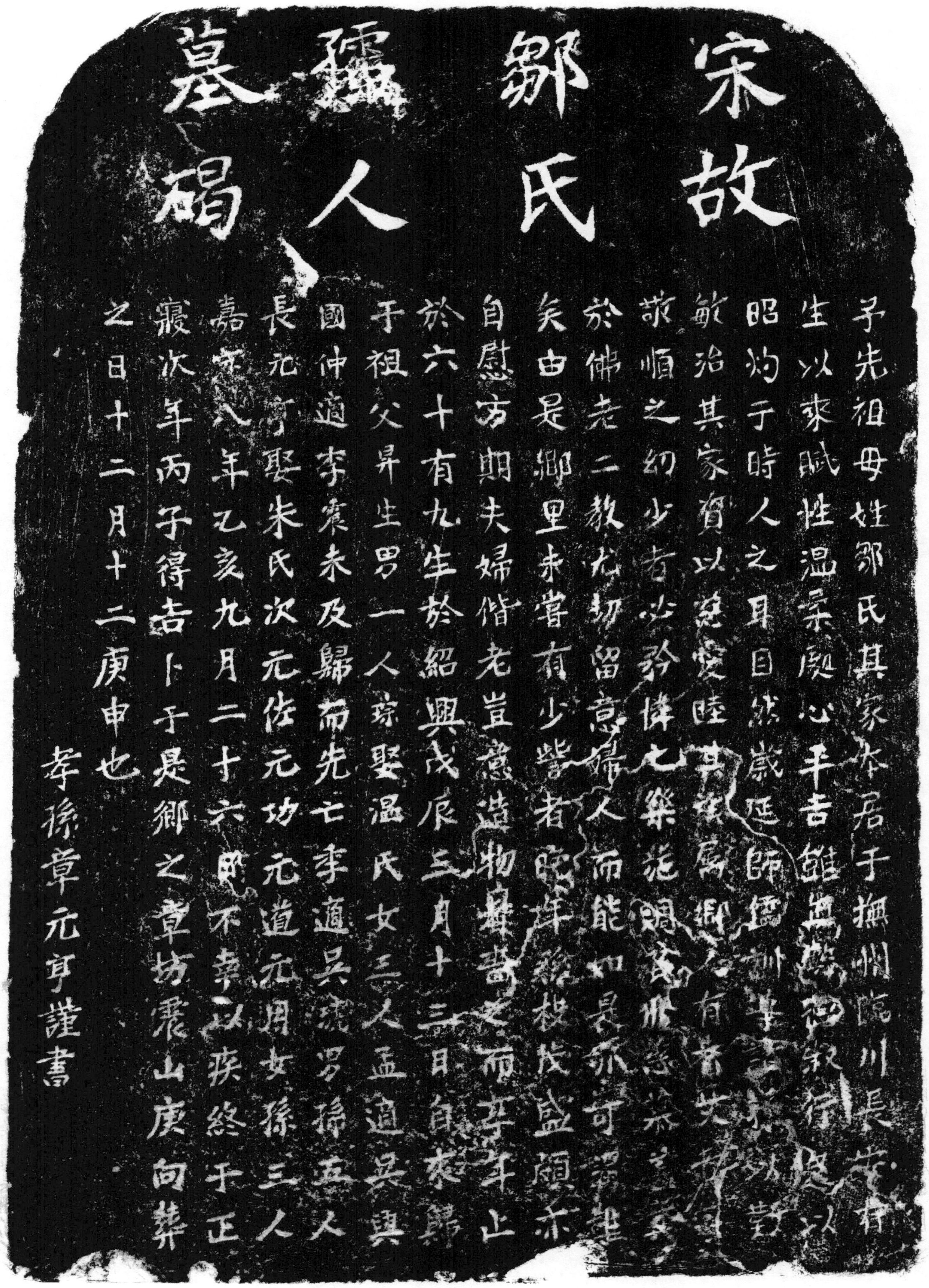
宋故鄒氏孺人墓碣
長元亨娶朱氏次元佐元坊元道元用女孫三人
嘉定八年乙亥九月二十六日不幸以疾終于正
寢次年丙子得吉卜于是鄉之章坊震山庚向葬
之日十二月十二庚申也
孝孫章元亨謹書

063 宋故李公宣教墓碣

葬年：嘉定十一年（1218年）五月十二日　尺寸：高44釐米，寬45釐米

先君諱嗣之字端卿臨
川人也生於紹興二十
宋故八年丙子卒於嘉定十
一年戊寅五月十二日
李公享年六十三歲娶王氏
不幸早亡生男煥新婦
宣教章氏男孫齊女孫卯娘
卜其宅兆得長樂鳥泥
墓碣坑曰震山辛向高阜葬
焉謹刻茲石用載不朽

064 宋故熊氏墓記

葬年：南宋嘉定十一年（1218年）　尺寸：高54釐米，寬33.5釐米

宋故熊氏墓記
宋故孫夫人熊氏墓記
豐城孫交季侔諱詒孫嘉定丁丑秋過余於西齋
曰先嬪熊氏丁堂君伯春女先季春三日以疾終
得年二十有九詒孫奉父母命將以明年正月乙
酉舁柩歸葬于長寧之進德原距外舅家一望而
近願得記以納諸幽幸毋靳也余問學之次知伯
春諱椿年娶黃氏先生夫人夫人風神端肅不忘
語笑弱歲失怙哀徹穹壤歷時既久介介不忘孫
憫二弟惟恐孤先望洎歸于季侔而婦道亦無缺
天不假年爲之柰何前此纔抱疾季侔與夫人弟
剛中亨中招醫禱祠所期以無恙朝差暮劇竟不
容料一旦起坐命其子福慶于前長吁而逝於戲
死生之理脫然如蛻第遺稚之惸惸也然方齠齓
已克奉几席異時必有以慰泉下之思大書表阡
少需而已茲故略叙歲月云鄉貢進士萬益之記

065 故監公三十二壙誌

葬年：南宋嘉定十二年（1219年）八月四日　尺寸：高53釐米，寬39.5釐米

066 宋故甘夫人墓記

葬年：南宋嘉定十三年（1220年）九月三十日丙辰　尺寸：高48釐米，寬38.4釐米

墓誌

宋故甘夫人墓記
夫人甘氏隆興豐邑人也曰鄒姓字子雄者夫人夫
也鄒籍占臨川里曰開邑夫人自歸于家婦德愈謹
相夫以勤儉至於增闢産業營創棟宇訓子以經生
理日盛皆其内助然也睦族愛鄰遇人待親因有不
善以故内外无間言嗚呼夫人之德如是也天胡不
憖遺而子雄死於加定戊寅十一月庚辰日既而子
執喪方月餘夫人亦夕疾寢忽以風恙僵仆更不可
療自此其逝矣夫人生於紹興癸酉伍月享年六十
有六以庚辰九月丙辰葬夫人於恩澤嶺下東之源
坡從吉卜也是日子雄亦窆于東坑相距一里耳子四
人曰仲明仲連仲章仲祥 新婦 王氏張氏翁氏張氏 男孫
五人梓洪源流五孫幼而未名 女孫一人幼名福娘
且以夫人居世子孫玉立生計裕如必継子雄而逝
天命之不可避也如此而生同室死相継葬其曰秦
蕭之鳳雷張之劍不能相離又如是也葬期于邇其
家諸孤哀曰敢請數字爲考妣記歲月蓋以手教於
其族夫人兩孫相從也義不獲辭故備真書之謹記

067 宋故朱公次韓墓銘

葬年：南宋嘉定十四年（1221年）建子月（十一月）初五日乙酉　尺寸：高79.5釐米，寬59.5釐米

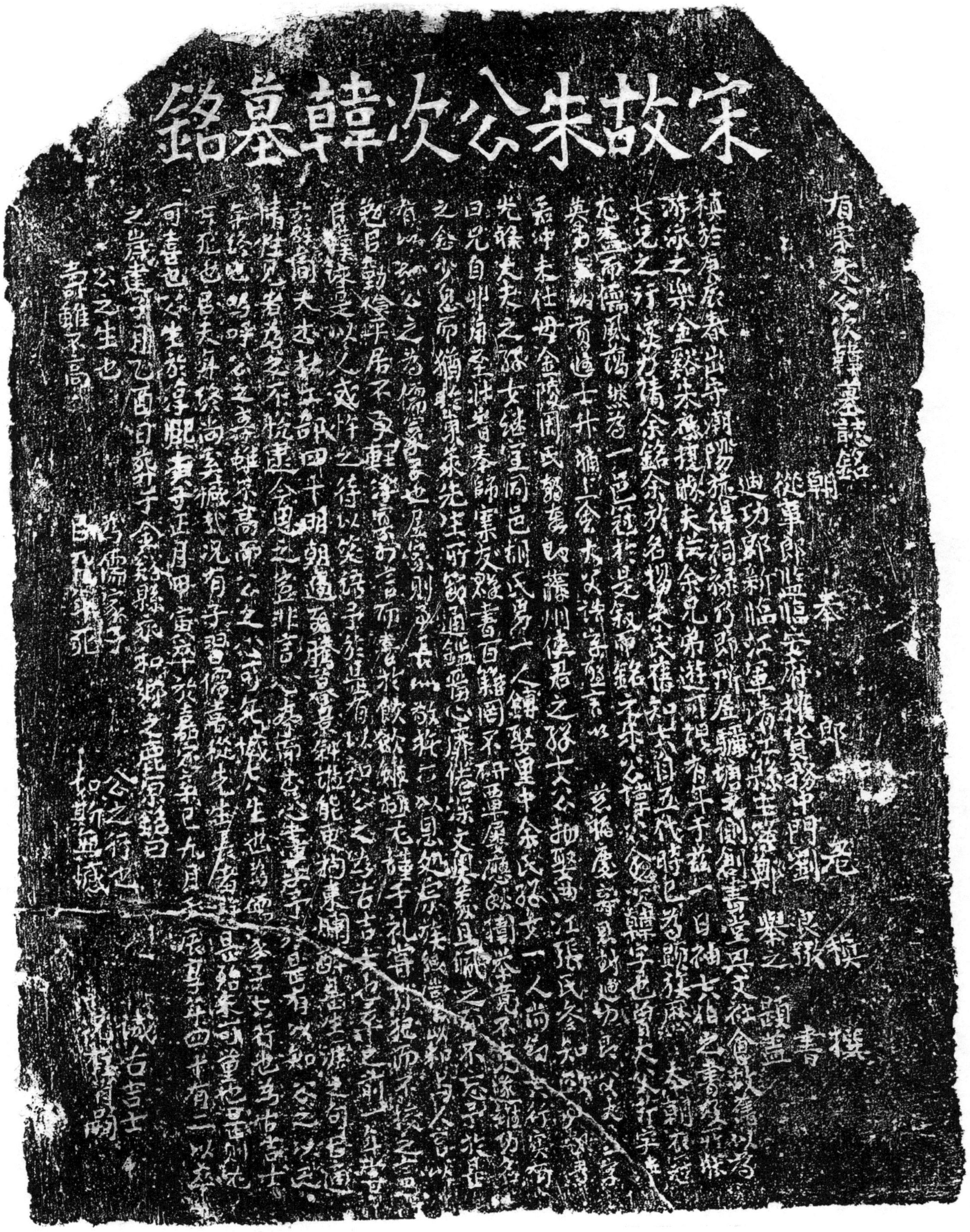
宋故朱公次韓墓銘

068 宋故六四居士墓記

葬年：南宋嘉定十四年（1221年）閏十二月初四日甲申

尺寸：高56.8釐米，寬42.7釐米

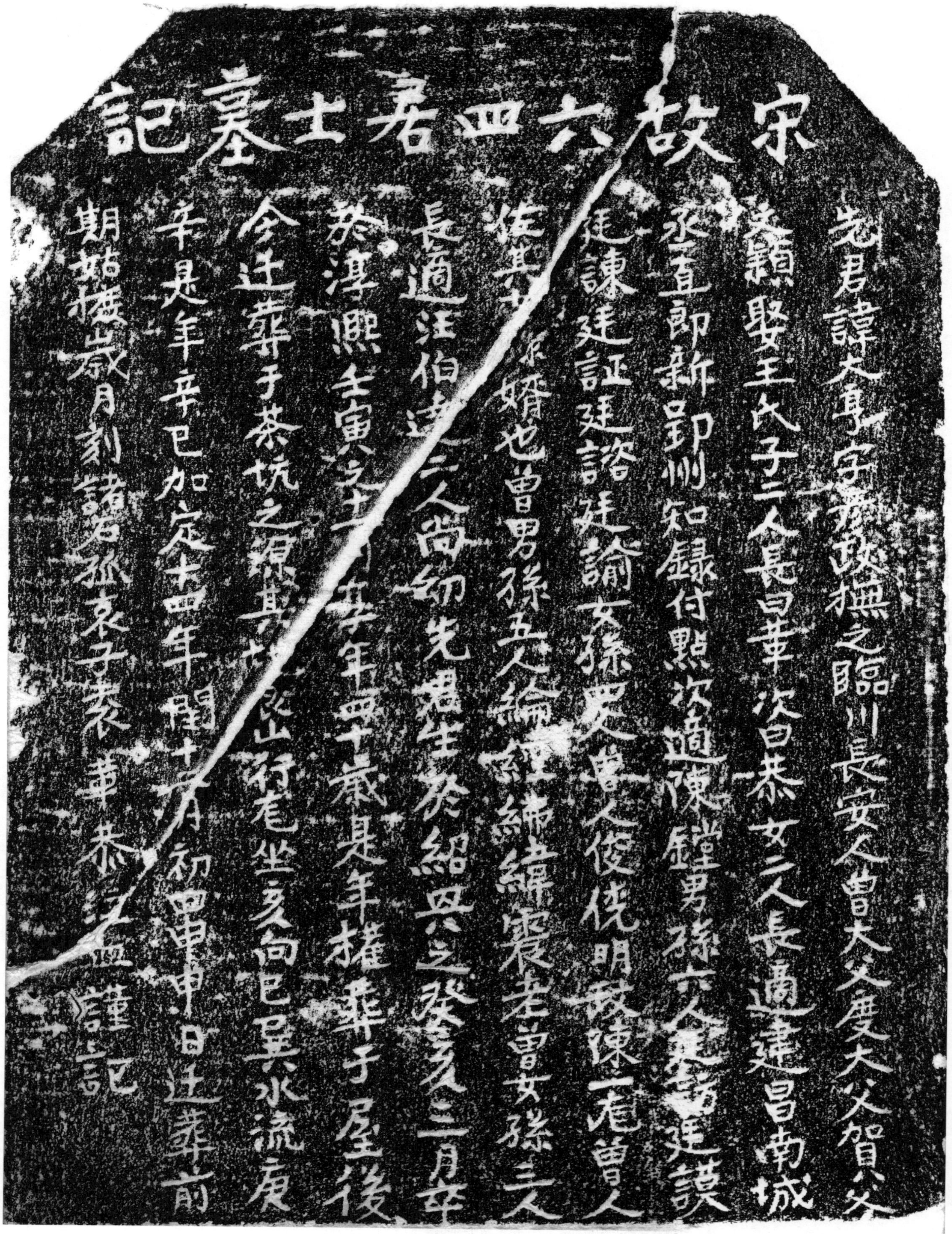

宋故六四居士墓記

先君諱大亨字[illegible]撫之臨川長安人曾大父慶大父賀父
穎娶王氏子三人長曰華次曰恭女二人長適建昌南城
丞直郎新郢州知錄付熙次適陳鍠男孫六人[illegible]廷謨
廷諫廷証廷諮廷諭女孫四[illegible]人俊俛明[illegible]陳一庵曾人
佐其[illegible]孫婿也曾男孫五人綸[illegible]綿緯震孝曾女孫三人
長適汪伯[illegible][illegible]二人尚幼先君生於紹興[illegible]之癸亥三月廿[illegible]
於淳熙壬寅之[illegible][illegible]享年四十七歲是年權葬于屋後
今迁葬于恭坑之源其[illegible]山行龍坐亥向巳巽水流庚
辛是年辛巳加定十四年閏十二月初四甲申日迁葬前
期姑撰歲月刻諸[illegible]孤哀子華恭[illegible]血謹記

069 宋宗姬墓記

葬年：南宋嘉定十六年（1223年）十二月二十八日丙申　尺寸：高57.2釐米，寬37.5釐米

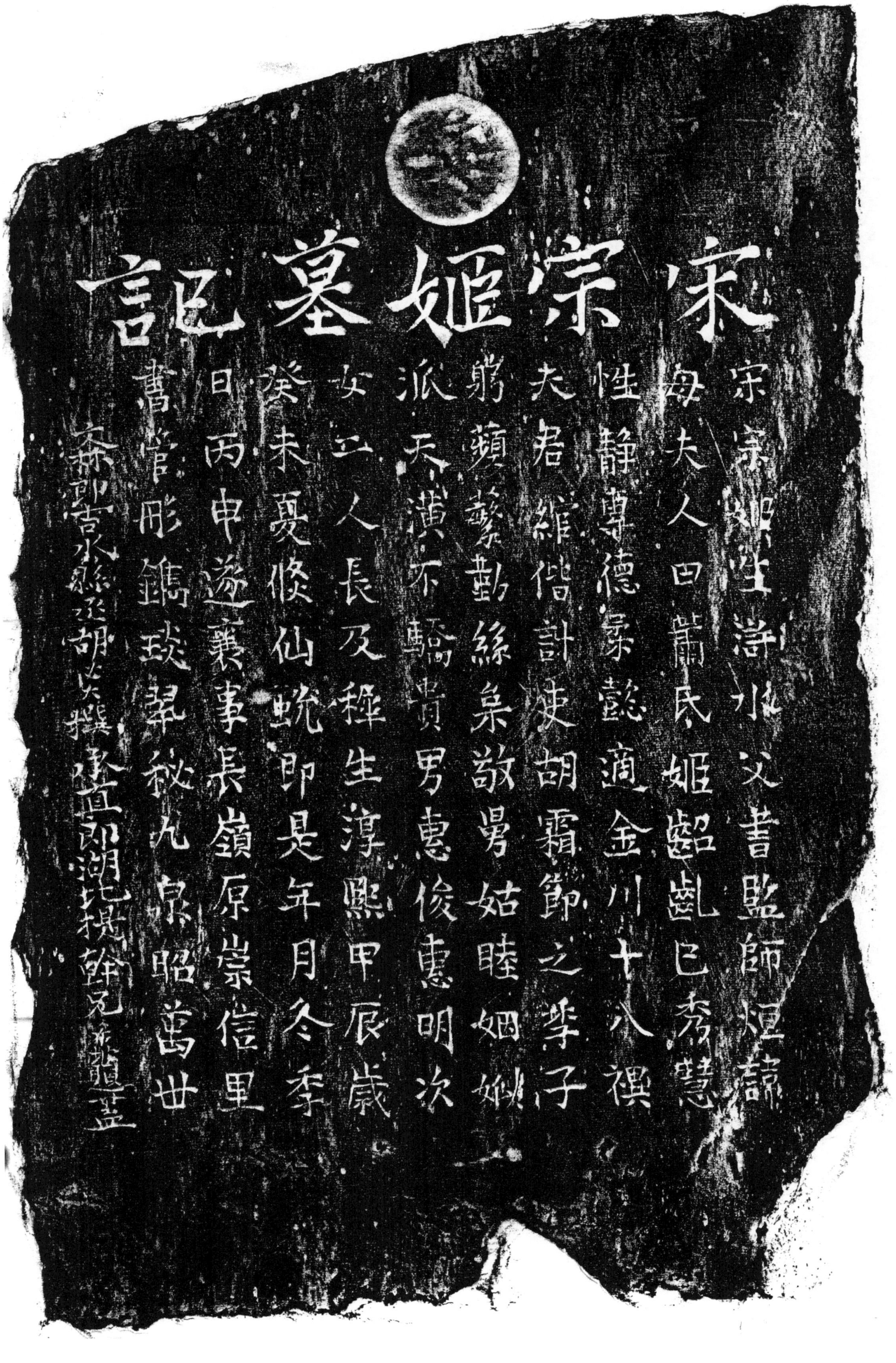

宋宗姬墓記

宋宗姬生淳水父書監師烜諒
母夫人曰蕭氏姬齠齓已秀慧
性靜尊德眾懿適金川十八禩
夫君維偕計吏胡霜節之季子
躬蘋蘩勤絲枲敬舅姑睦姻婭
派天潢不驕貴男惠俊惠明次
女二人長及筓生淳熙甲辰歲
癸未夏倏仙蛻即是年月冬季
日丙申遂襄事長嶺原崇信里
書管彤鐫瑤翠秘九泉昭萬世
齋郎吉水縣丞胡炎撰　承直郎湖北提幹兄[illegible]蓋

070 有宋朱解元墓誌

葬年：南宋寶慶元年（1225年）五月初一日辛酉

尺寸：高56.1釐米，寬49.7釐米

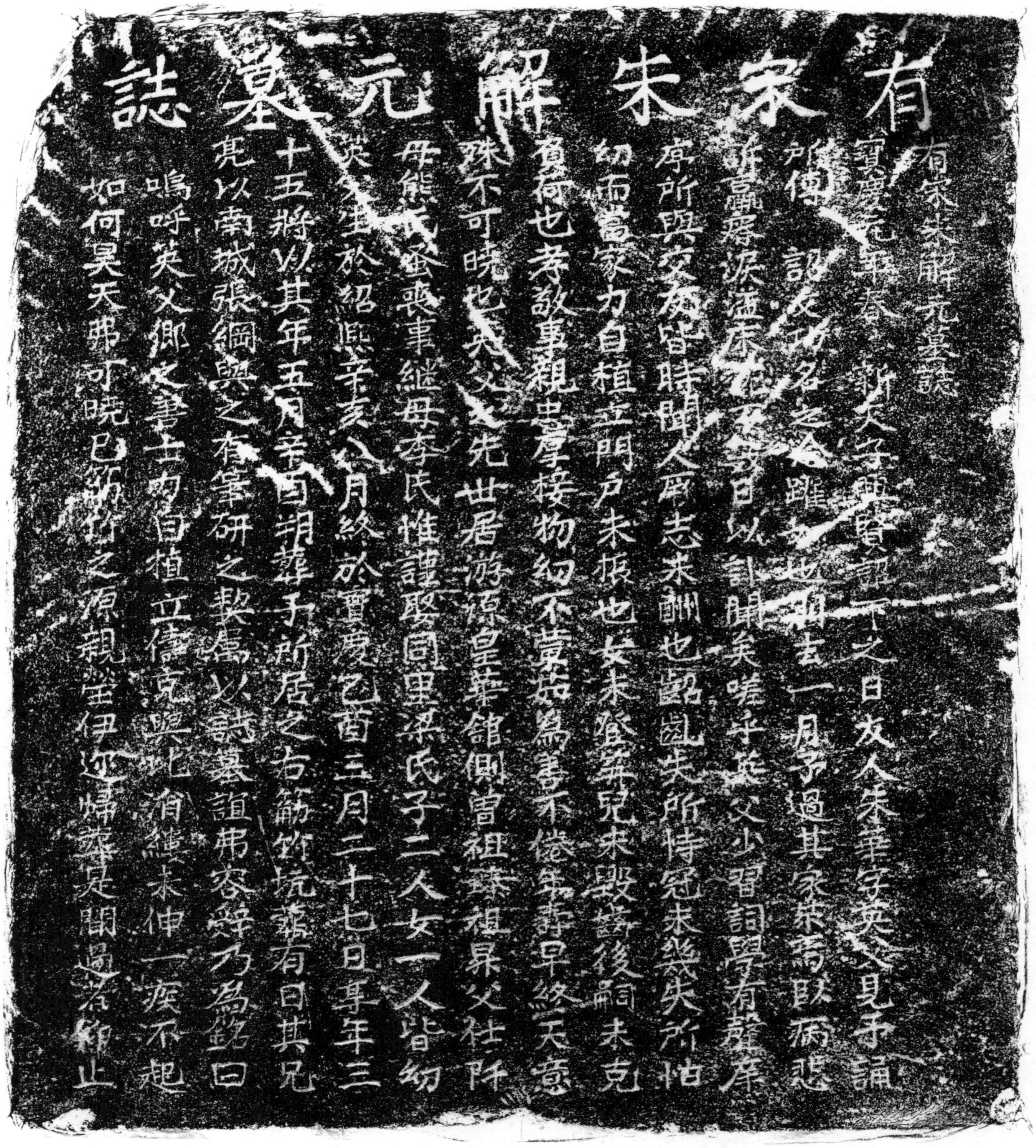
有宋朱解元墓誌

071 有宋龔君墓誌

葬年：南宋寶慶元年（1225年）九月初二日庚申　尺寸：高59.5釐米，寬43釐米

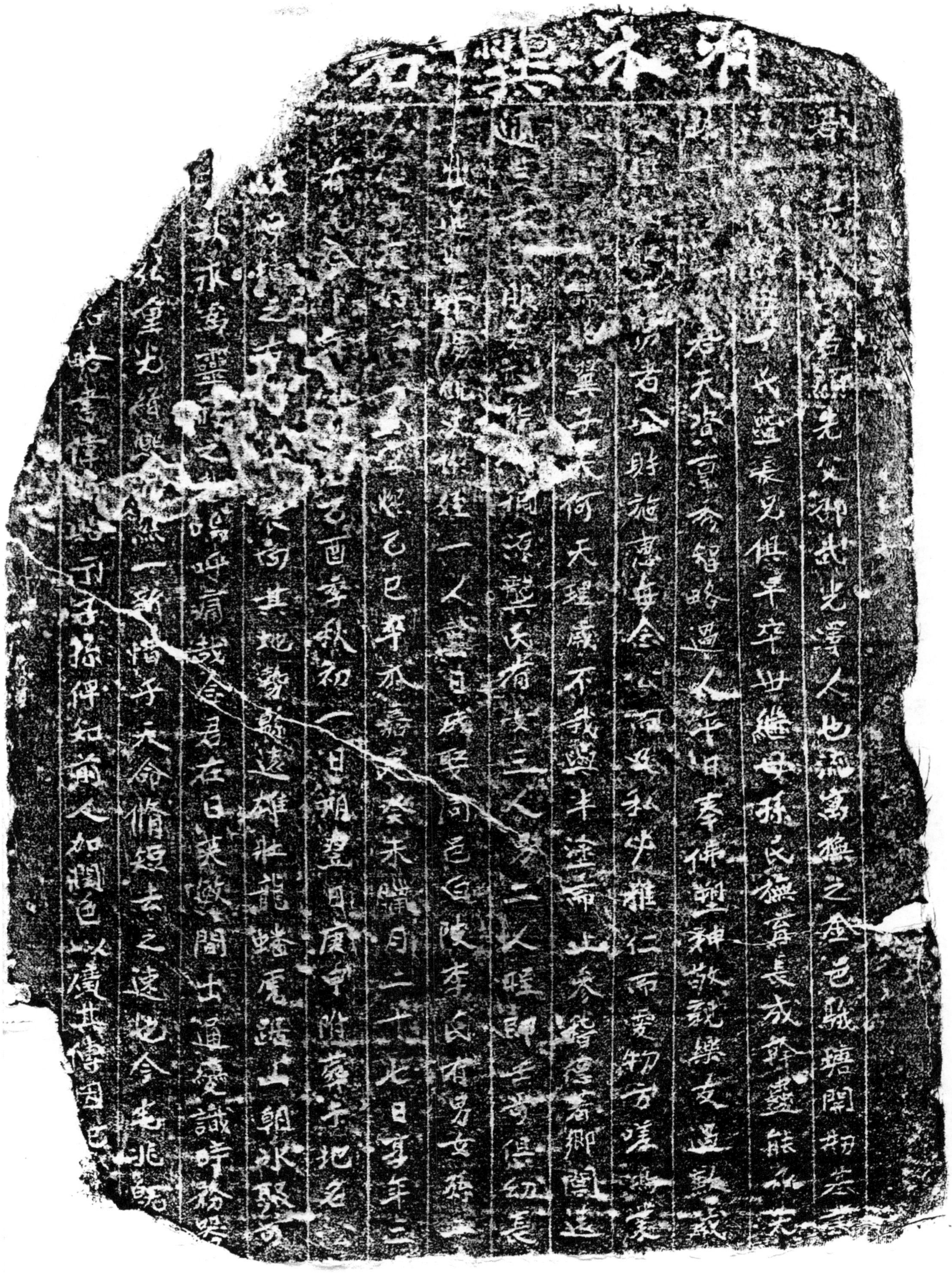

072 宋故鄭氏孺人墓記

葬年：南宋寶慶元年（1225年）十月二十六日甲寅　尺寸：高87.5釐米，寬67.6釐米

宋故鄭氏孺人墓記

宋故鄭氏孺人墓記
豫章豐城黄居正妻鄭氏名德芳字景和同邑鄭公諱炎
遠之季女生十歲而孤自幼多病母陳夫人拯療撫育備
極恩愛方克成人既長議所歸必擇名族甲申之春始歸
于我余居沈江距景和家僅逾半舍安否可以日聞陳夫
人亦深幸景和之得所安也居無幾何景和遽嬰微疾一
夕不起嗚呼惜哉其生以嘉泰辛酉臘月之己卯其卒以
寶慶乙酉孟秋之乙亥年纔二十有五女酉娘生甫七旬
有五日而景和卒景和天性恬淡無它嗜好女紅之外筆
墨自娯撫下有恩持身以儉人有忤己未嘗與較抑可謂
無愧於婦德矣夫其所賦如此固宜克享遐齡而遽止於
斯何上天福善之理於景和而獨嗇耶嗟夫人生壽夭固
有定數夢幻泡影四大本空在景和者無可憾者然母夫
人春秋既高餘二親亦皆鶴髮彼此方幸兒女緣畢可以
自怡而今也欣幸未幾轉爲愁悴歡愉方爾易以憂嗟初
謂百年與子偕老僅逾一歲遽爾西歸遺息呱呱方在襁
褓仰事俯育之責萃余一身在存没詎不與悲也耶居正
將以其年十月甲寅葬景和于長寧卿岐坑之原去家纔
五里而近喪之凡役必躬親之亦以厚其終也居正念景
和乍離慈蔭爲婦未久且不得年未有以著德焯勤姑述
卒葬歲月以納諸幽抑以寄余之悲云夫黄居正記

073 宋故夫人馮氏墓記

葬年：南宋寶慶三年（1227年）下元（十月）十五日辛酉　尺寸：高94.3釐米，寬60.9釐米

宋故夫人馮氏墓記
宋故夫人馮氏墓記
夫人馮氏同郡下陂之名族生於改元乾道四月初九日其先潛隱弗
仕而屋潤家世良善以故氣習温雅淳熙辛丑歸妃于中塘余叔朝任
諱進天性端重克謹婦道族長咸稱其賢故能成余叔慷慨好事之志
凡甲第器用鼎取一新賓朋過訪禮遇無間蓋中饋之勞靡勸内助之
力為多自室家既久生男輙殀迺懼年衰不復時有恐己罹於曰獨妨
夫陷於無後於是啓端謀置側室不圖衾裯之得人欲求嗣續以継世
余叔聞言猶有靳色諄複開諭俛順而從有曰在他人則必懷妬忌惟
夫人則念不及此前後所納閲三妹焉夫人能以禮相處恵及於下下
亦祗承惟謹靡敢恃寵初與次者久亦不化継而何氏天道昭格俾符
素心夫人鞠育甚於己出使余叔無終身之憂而有移山之志非夫人
之賢疇克臻此嘉定甲申十一月初九日不幸叔一疾不起夫人居喪
盡禮畢葬將禫而遽治風恙百藥弗能瘳寶慶丁亥二月初七日竟尔
捐舘享年六十有三子三人輪軫軾輪娶堰上李氏軫議羅山游氏皆
豪家也軾未媾女二人長以貞固守次適挏陂進士陳鎬孫男一人孫
女一人尚幼諸孤卜以是歳下元辛酉良日敬用安厝于源里官路之
山阪前期泣告余曰輪母夫人大事有時猶未有以識諸幽敢以是囑
炳忝姪末有是賢嬸其可以不才為解遂撫其行事述其大槩且遐想
婦有四德古人素備後世罕全如夫人行己有恥動静有法可不謂德
乎擇辭而説不厭於人不可謂不能言也不必顔色美麗工巧過人而
夫人之身盥滌塵纖服飾鮮明躬率蠶織潔齊酒食非有容與功而然
乎是無一可憾者庸併書而系之姪國學生羅炳百拜謹記并書

074 宋故韓夫人墓誌

葬年：南宋紹定二年（1229年）十一月初一日

尺寸：高68釐米，寬68釐米

宋故韓夫人墓誌
夫人荊州裔諱内順字正卿池州建德永豐鄉承信之孫
女也生於皇宋乾道癸巳八月四日亥時長爲先君
配幸以承先和以睦族不愆于儀克勤于家誠無愧
召南之夫人義易之家人也不幸無祿先君早世孀
居二十年惟撫諸孤剛弗移天冠昏教育閫閾劬勞
至於宅心家事尤井井有條人方期夫人壽享潘輿
無涯之樂天不假年遽奪之魄實丁亥三月念八日
也得壽五十有五子男六人達 邁 槎 峬 選 舉之 邁 選先
夫人卒槎 峬出繼高砂李舉之又繼邁後俱夫人親命
之嫌婦二長李右史之孫女次胡承信之孫女孫男
三人舉之 與之 亨之孫女二人卜地于里之當貴源來震出
乙向辛兼酉水源乾亥而流丙丁以己丑仲冬乙酉
奉柩以葬實遷先君同居焉達竊謂人子之於父母
生既未能揚姓名於上國以耀當時死又弗克紀事
實於石室以詔後世則異時子孫支分派别蕃衍盛
大又安所從考知慶源之遠乎謹泣血而誌諸石後
人其鑒諸紹定己丑歲十一月念一日男黄達謹誌

075　宋故鄒公墓誌

葬年：南宋紹定三年（1230年）閏二月十九日　尺寸：高61.4釐米，寬42.7釐米

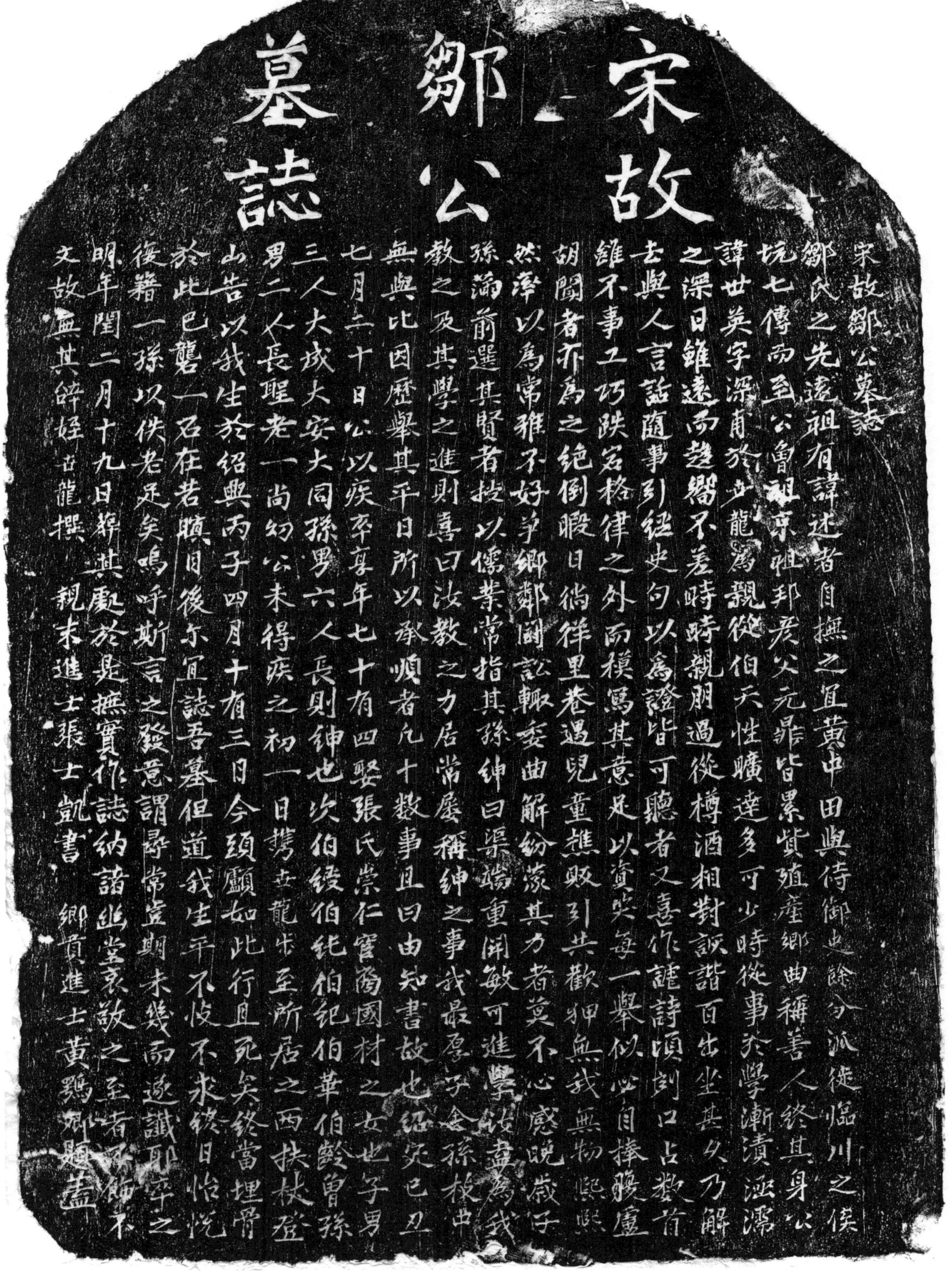

宋故鄒公墓誌

宋故鄒公墓誌

鄒氏之先遠祖有諱述者自撫之宜黄中田與侍御史餘分派徙臨川之侯
坑七傳而至公曾祖京祖邦彥父元鼎皆累貲殖產鄉曲稱善人終其身公
諱世英字深甫於安龍爲親從伯天性曠達多可少時從事於學漸漬涵濡
之深日雖遠而趨嚮不差時時親朋過從樽酒相對談諧百出坐其久乃解
去與人言話隨事引經史句以爲證皆可聽者又喜作謔詩頃刻口占數首
雖不事工巧跌宕格律之外而模寫其意足以資笑每一舉似必自捧腹盧
胡閭者亦爲之絕倒暇日徜徉里巷遇兒童樵販引共歡狎無我無物熙熙
然率以爲常雅不好爭鄉鄰鬩訟輒委曲解紛蒙其力者莫不心感晚歲子
孫滿前選其賢者授以儒業常指其孫紳曰是端重開敏可進學汝盡爲我
教之及其學之進則喜曰汝教之力居常慶稱紳之事我最厚子金孫椿中
無與比因歷舉其平日所以承順者凡十數事且曰由知書故也紹定己丑
七月二十日公以疾卒享年七十有四娶張氏崇仁宦裔國材之女也子男
三人大成大安大同孫男六人長則紳也次伯鍰伯紘伯紀伯華伯齡曾孫
男二人長理老一尚幼公未得疾之初一日携安龍步至所居之西扶杖登
山告以我生於紹興丙子四月十有三日今頹齡如此行且死矣終當埋骨
於此已舊一石在若曠目後尓宜誌吾墓但道我生平不伎不求終日怡悅
後藉一孫以佚老足矣嗚呼斯言之發意謂尋常豈期未幾而遂讖耶卒之
明年閏二月十九日葬其處於是撫實作誌納諸幽堂哀敬之至者不飾不
文故無其辭姪安龍撰　親末進士張士凱書　鄉貢進士黃鶚翔題蓋

076 宋故筠坡鄒公居士之墓

葬年：南宋紹定三年（1230年）五月二十三日甲寅　尺寸：高42釐米，寬33釐米

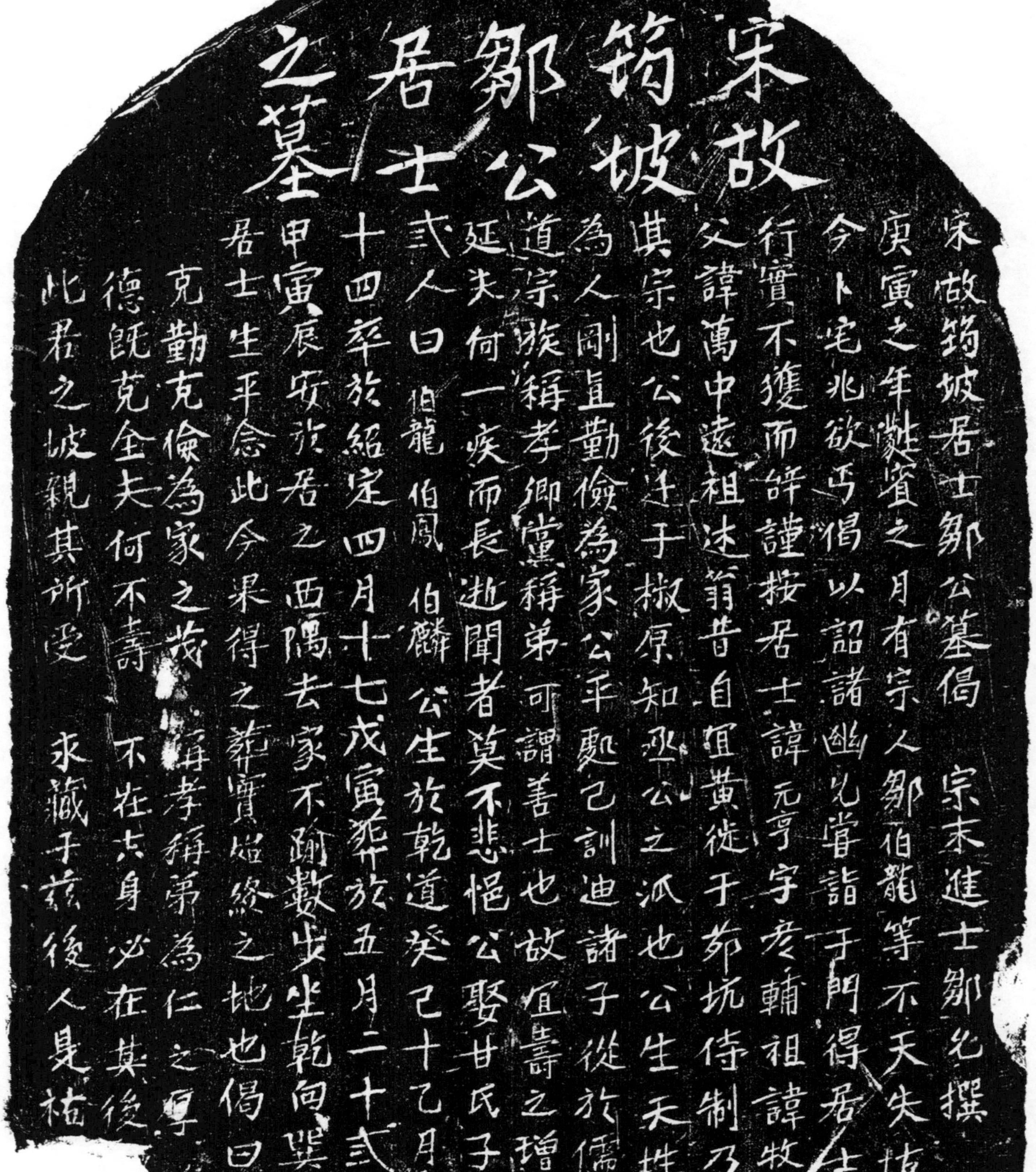
宋故筠坡鄒公居士之墓

宋故筠坡居士鄒公墓偈　宗末進士鄒允撰
庚寅之年蕤賓之月有宗人鄒伯龍等不天失怙
今卜宅兆欲丐偈以詔諸幽允嘗詣于門得居士
行實不獲而辭謹按居士諱元亨字彥輔祖諱牧
父諱萬中遠祖述翁昔自宜黃從于茆坑侍制乃
其宗也公後遷于椒原知丞公之派也公生天性
為人剛直勤儉為家公平處己訓迪諸子從於儒
道宗族稱孝鄉黨稱弟可謂善士也故宜壽之躋
延夫何一疾而長逝聞者莫不悲悒公娶甘氏子
貳人曰伯龍伯鳳伯麟公生於乾道癸巳十乙月
十四卒於紹定四月十七戊寅葬於五月二十貳
甲寅辰安於居之西隅去家不踰數步坐乾向巽
居士生平念此今果得之葬實始終之地也偈曰
克勤克儉為家之茂稱孝稱弟為仁之厚
德既克全夫何不壽不在其身必在其後
此君之坡親其所受永藏于茲後人是祐

077 先妣周氏壙記

葬年：南宋紹定三年（1230年）十月二十六日甲申　尺寸：高32釐米，寬32釐米

078 宋故楊公危氏墓記

葬年：南宋紹定五年（1232年）十月二十日丙申　尺寸：高63.6釐米，寬42釐米

宋故楊公危氏墓記
宋故楊公危氏墓記
楊氏世居臨川之西近銅陵曰楊坑公諱顯文字仲謨曾大父景淳大父保
元父諺皆隱德不耀公生而端愿方時俗習不尚浮靡則角武力非矜勢利
則争矯誣惟公雅乎不撓少亦從學不忘於道任家政尤蚤生理雖薄持守
惟謹甫及季年迺益田園增闢第舍貲業日以豐阜而公之舉錯愈不妄其
居鄉也質而不華直而不訐處家律己務先勤儉交朋談論若近簡朴然亦
未嘗見忤於人訓子孫以禮睦族黨以義有少失怙之姪公鞠養如己子既
成立爲之築廬授室以安其居人或告急賙貸靡靳其善德蓋若此公生於
乾道丁亥之八月丙卒於紹定辛卯之十二月享年六十有五娶危氏性吉
直而立心慈惠事長上接妯娌悉無間言孜孜內助殆與公相爲表裏後公
二年生先公三年卒子男一人仁政先是仁政幾冠時公嘗語之曰人生不
可無持身之道由是間使之懋其貲從事貿遷於淮甸荊湖間每一言旋輜
載必倍稱人孰不以爲公晚節優裕之一助而不知皆公燕謀之所致也孫
男二人士龍鳳哥女孫一人在室孤哀子將以壬辰十月丙申奉雙親之柩
合葬于所居後曰劉坑未窀穸仁政以狀致余求誌歲月余謂學識未該貫
於古文無能爲也豈足以辱然余與公家方七世之族而公乃余之伯其孤
則余之兄誼不可辭於是紀其實以發揮幽潜云　族姪楊應癸敬書

079 有宋雷三二承事墓誌

葬年：南宋紹定六年（1233年）九月二十日

尺寸：高65.5釐米，寬39.5釐米

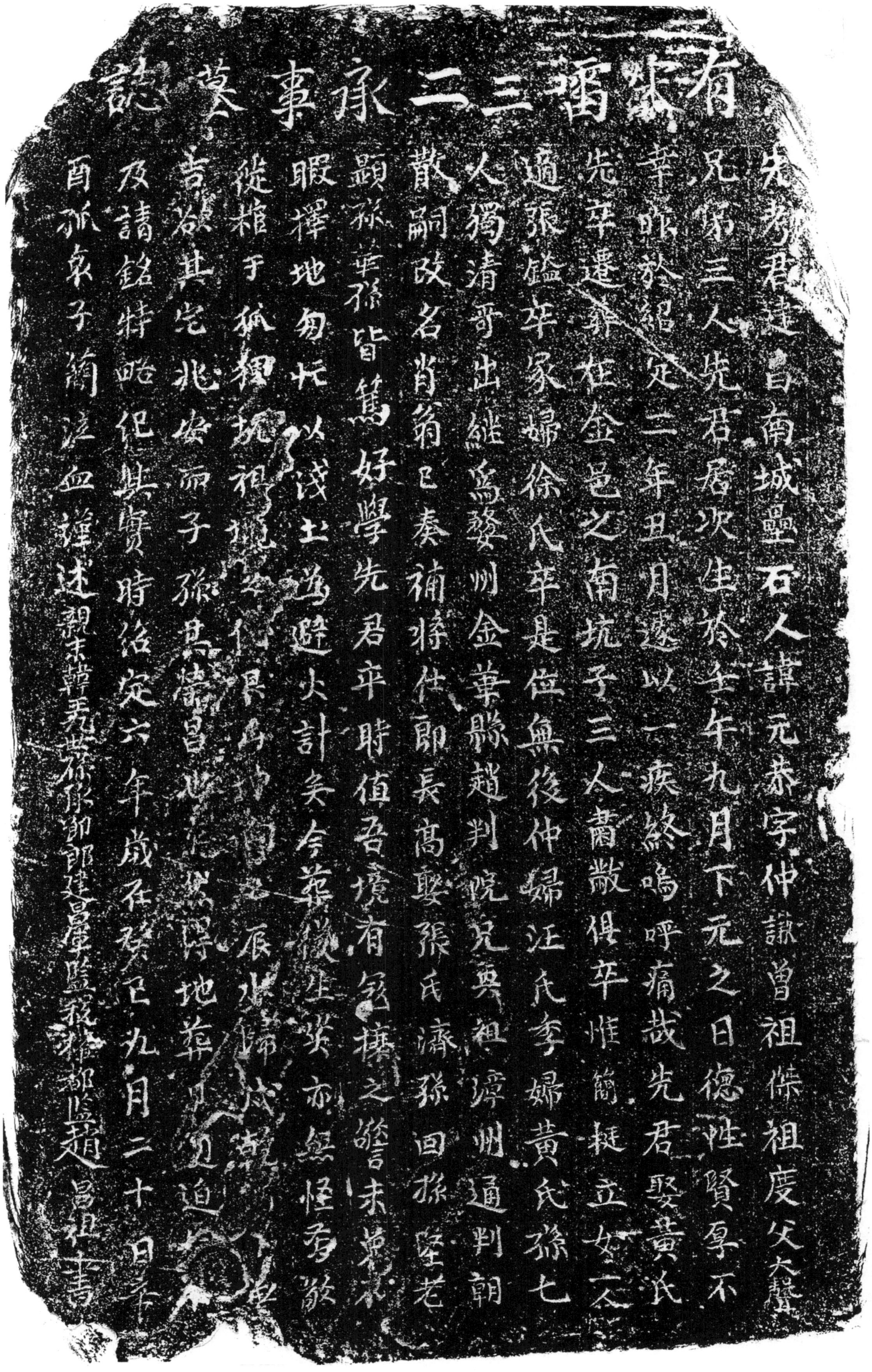

有宋雷三二承事墓誌

先考君建昌南城壘石人諱元恭字仲謙曾祖傑祖度父大聲
兄弟三人先君居次生於壬午九月下元之日德性賢厚不
幸昨於紹定二年丑月遂以一疾終嗚呼痛哉先君娶黄氏
先卒遷葬在金邑之南坑子三人嵩嶶俱卒惟簡挺立女一人
適張鑑卒家婦徐氏卒是位無後仲婦汪氏季婦黄氏孫七
人獨清哥出繼為婺州金華縣趙判院兄與祖潭州通判朝
散嗣改名肖翁已奏補將仕郎長高娶張氏滌孫回孫堅老
顯孫辛孫皆篤好學先君卒時值吾境有寇擾之警未葬求
暇擇地匆忙以淺土為避火計矣今葬後生災亦無怪者敬
從權于祇[illegible]展[illegible]歸[illegible]
吉宏其宅兆安而子孫其榮昌也[illegible]得地葬而迫[illegible]
及請銘特略紀其實時紹定六年歲在癸巳九月二十日孝
[illegible]孤哀子簡泣血謹述親末韓秀世孫承節郎建昌軍監稅兼都監趙昌祖書

080 夫人陳氏壙誌

葬年：南宋紹定六年（1233年）十月初一日壬申　尺寸：高58釐米，寬31.5釐米

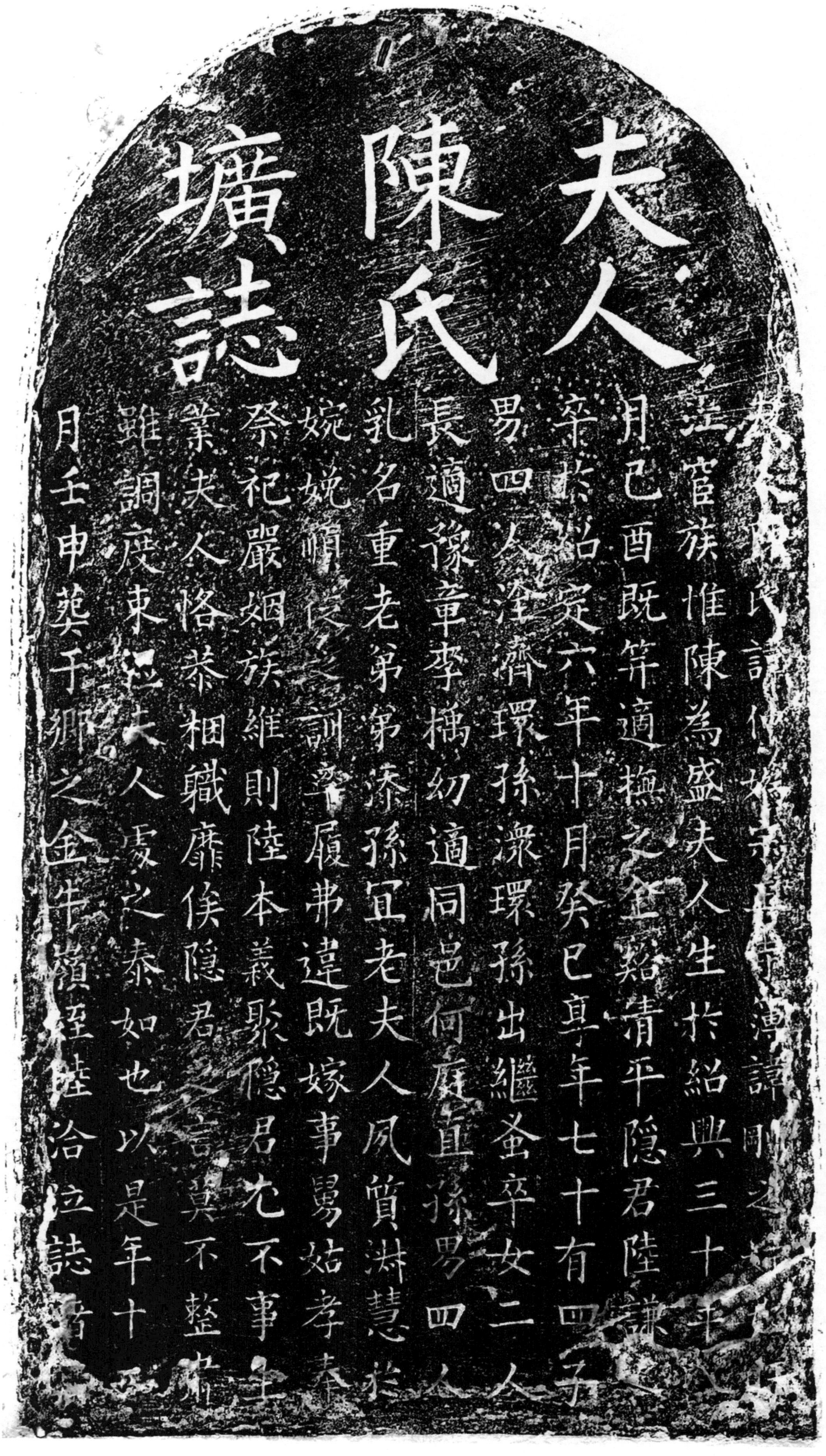
夫人陳氏壙誌

[illegible]陳氏諱[illegible]諱剛之[illegible]
泣宦族惟陳為盛夫人生於紹興三十年
月己酉既笄適撫之金谿青平隱君陸謙
卒於紹定六年十月癸巳享年七十有四子
男四人淦濟環孫濂環孫出繼蚤卒女二人
長適豫章李橋幼適同邑何庭直孫男四人
乳名重老弟弟濟孫宜老夫人夙質淑慧於
婉娩順從之訓率履弗違既嫁事舅姑孝奉
祭祀嚴姻族維則陸本義聚隱君尤不事生
業夫人恪恭梱職靡俟隱君之言莫不整[illegible]
雖調度東[illegible]夫人處之泰如也以是年十
月壬申葬于鄉之金牛嶺經陸洽泣誌[illegible]

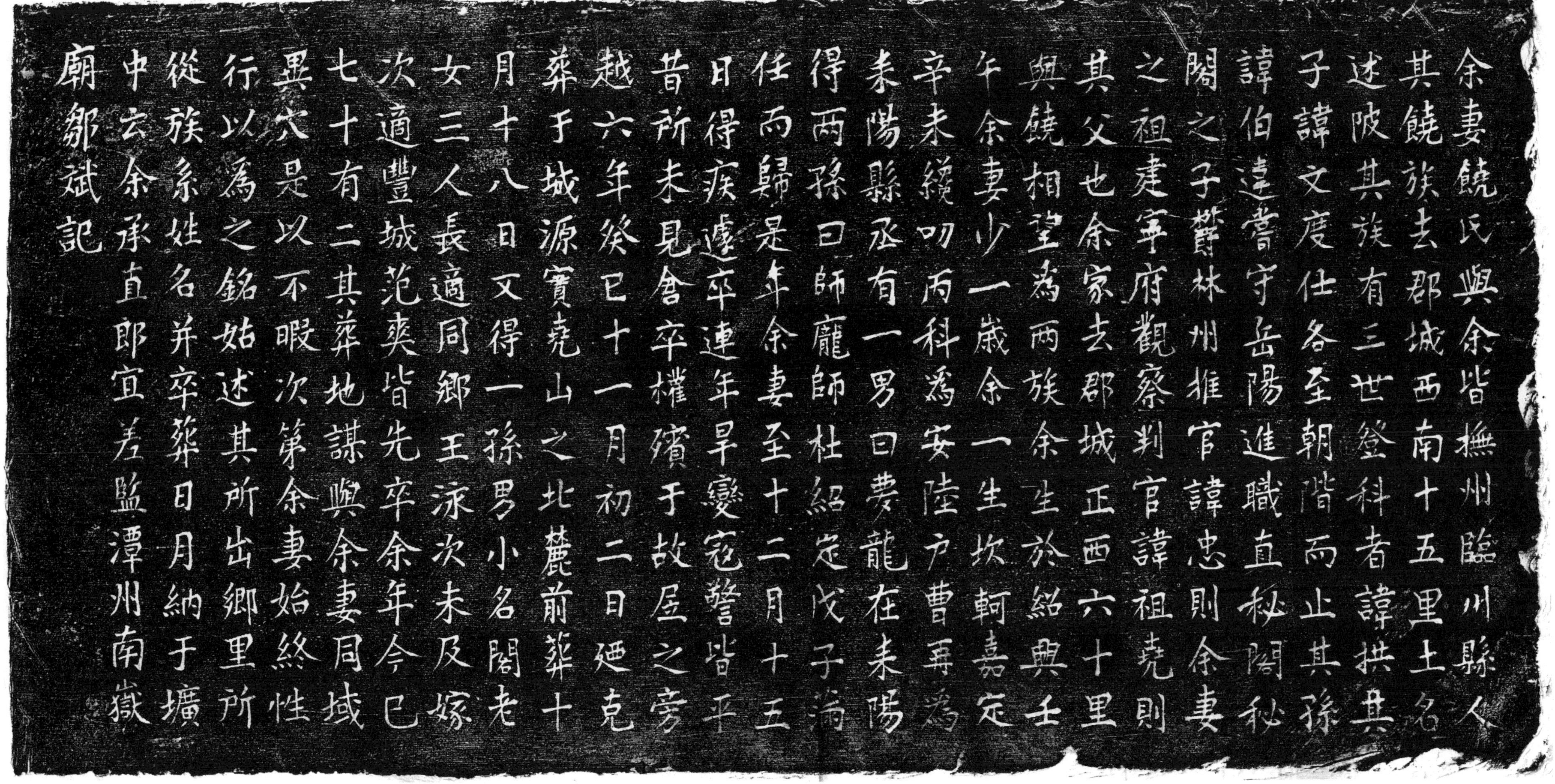
余妻饒氏與余皆撫州臨川縣人
其饒族去郡城西南十五里土名
述陂其族有三世登科者諱拱其
子諱文度仕各至朝階而止其孫
諱伯達嘗守岳陽進職直秘閣秘
閣之子欝林州推官諱忠則余妻
之祖建寧府觀察判官諱祖堯則
其父也余家去郡城正西六十里
與饒相望為兩族余生於紹興壬
午余妻少一歲余一生坎軻嘉定
辛未纔叨丙科為安陸户曹再為
耒陽縣丞有一男曰夢龍在耒陽
得兩孫曰師龐師杜紹定戊子滿
任而歸是年余妻至十二月十五
日得疾遽卒連年旱變寇警皆平
昔所未見倉卒權殯于故居之旁
越六年癸巳十一月初二日廼克
葬于城源寶堯山之北麓前葬十
月十八日又得一孫男小名閣老
女三人長適同鄉王泳次未及嫁
次適豐城范奭皆先卒余年今已
七十有二其葬地謀與余妻同域
異穴是以不暇次第余妻始終性
行以為之銘姑述其所出鄉里所
從族系姓名并卒葬日月納于壙
中云余承直郎宜差監潭州南嶽
廟鄒斌記

081 鄒斌妻饒氏墓誌

葬年：南宋紹定六年（1233年）十一月初二日　　尺寸：高34.3釐米，寬70.5釐米

082 宋故彭公迪功致政壙記

葬年： 南宋端平元年（1234年）九月二十五日　**尺寸：** 高72.5釐米，寬32.5釐米

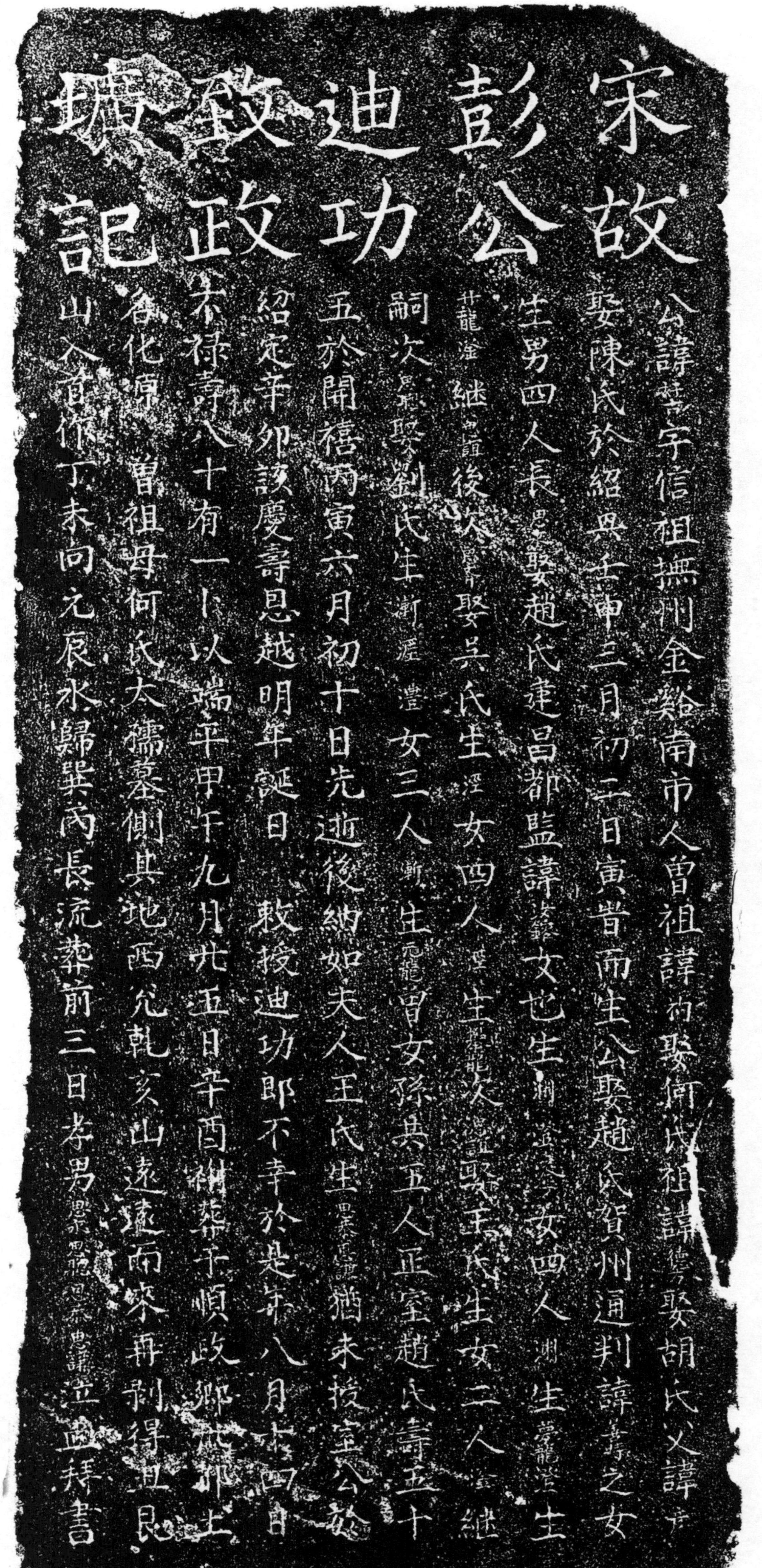
宋故彭公迪功致政壙記
公諱(桂高)字信祖撫州金谿南市人曾祖諱(彷)娶何氏祖諱(德秀)娶胡氏父諱(于)
娶陳氏於紹興壬申三月初二日寅時而生公娶趙氏賀州通判諱(彥)之女
生男四人長(思)娶趙氏建昌都監諱(汝鎔)女也生(淵)[illegible]女四人(淵)生(夢龍澄)生
(夢龍澄)繼(思謹)後次(思)娶吳氏生(涇)女四人(涇)生(夢龍)次(思謹)娶王氏生女二人(涇)繼
嗣次(思聰)娶劉氏生(漸涯)(澧)女三人(漸)生(元龍)曾女孫共五人正室趙氏壽五十
五於開禧丙寅六月初十日先逝後納如夫人王氏生(思恭思謙)猶未授室公於
紹定辛卯該慶壽恩越明年誕日敕授迪功郎不幸於是年八月十四日
奄然祿壽八十有一卜以端平甲午九月廿五日辛酉祔葬于順政鄉[illegible]都土
名化源曾祖母何氏太孺墓側其地西兌乾亥山遠遠而來再剝得丑艮
山入首作丁未向元辰水歸巽丙長流葬前三日孝男(思恭思聰思[illegible]思謙)泣血拜書

083 有宋孺人饒氏墓記

葬年：南宋端平改元（1234年）十一月二十五日　尺寸：高80.2釐米，寬59釐米

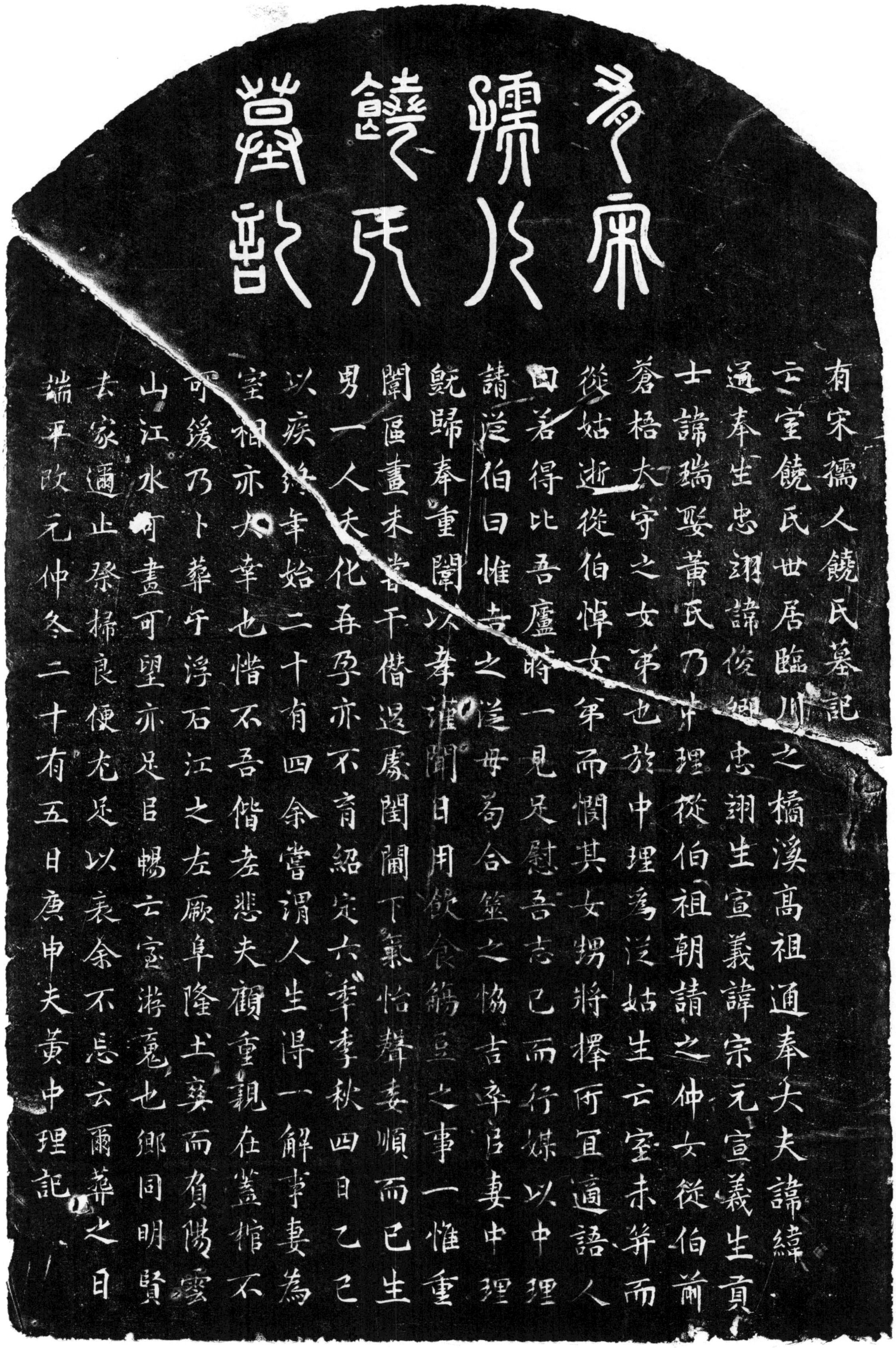

有宋孺人饒氏墓記

有宋孺人饒氏墓記
云室饒氏世居臨川之橘溪高祖通奉大夫諱緯
通奉生忠翊諱俊卿忠翊生宣義諱宗元宣義生貢
士諱瑞娶黃氏乃中理從伯祖朝請之仲女從伯前
蒼梧太守之女弟也於中理爲從姑生云室未笄而
從姑逝從伯悼女弟而憫其女甥將擇所宜適語人
曰若得比吾廬時一見足慰吾志已而行媒以中理
請從伯曰惟吉之從毋苟合筮之協吉卒爲妻中理
旣歸奉重闈以孝謹聞日用飲食觴豆之事一惟重
闈區畫未嘗干偕退處閨闥下氣怡聲妻順而已生
男一人夭化再孕亦不育紹定六年季秋四日乙巳
以疾終年始二十有四余嘗謂人生得一解事妻爲
室祖亦大幸也惜不吾偕老悲夫顧重親在蓋棺不
可緩乃卜葬于浮石江之左厥阜隆土爽而負陽雲
山江水可畫可望亦足自暢云室游寬也鄉同明賢
去家適止祭掃良便尤足以表余不忘云爾葬之日
端平改元仲冬二十有五日庚申夫黃中理記

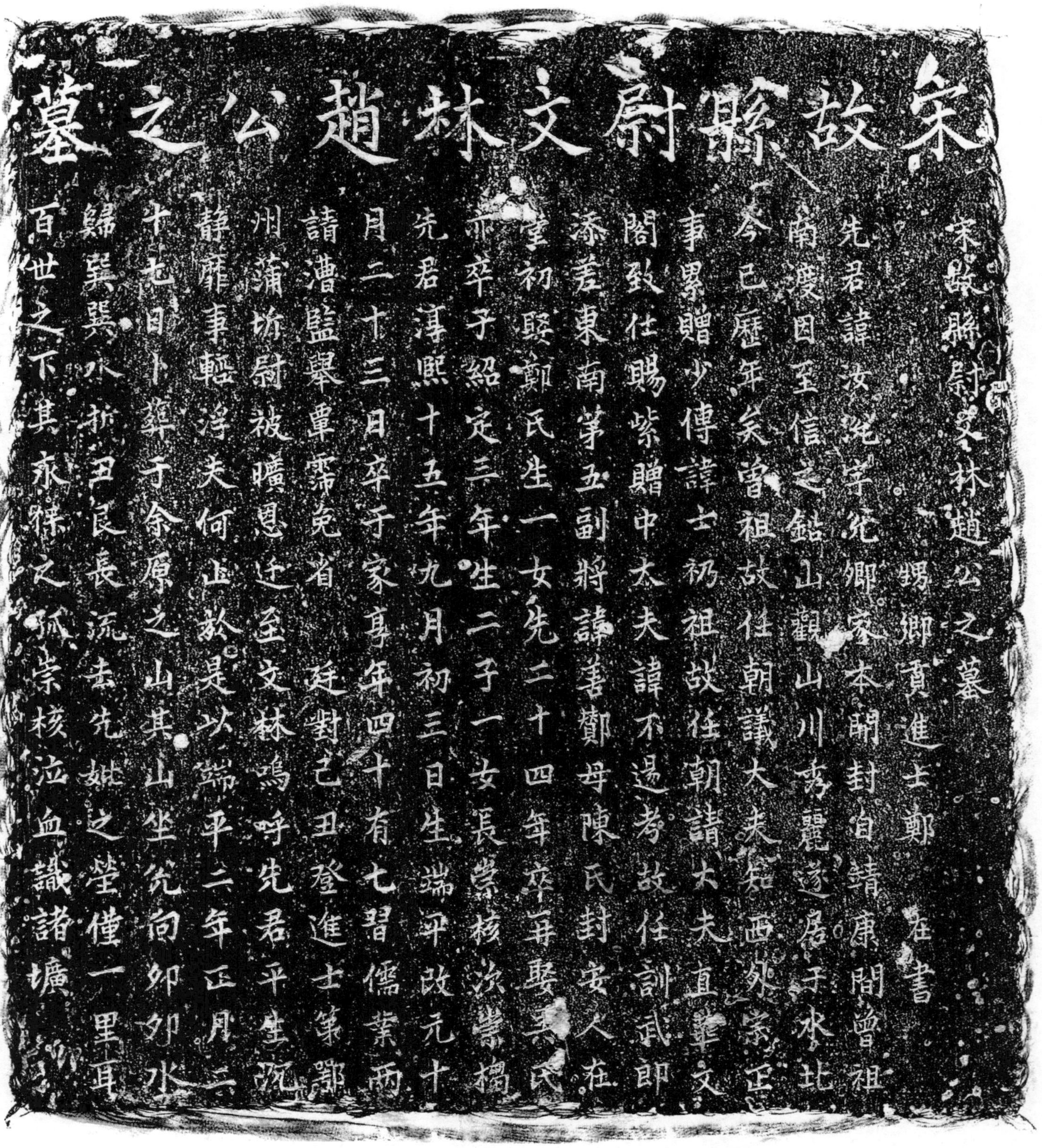

宋故縣尉文林趙公之墓

宋故縣尉文林趙公之墓
賜鄉貢進士鄭　在書
先君諱汝絖字絖卿家本開封自靖康間曾祖
南渡因至信之鉛山觀山川秀麗遂居于永北
今已歷年矣曾祖故任朝議大夫知西外宗正
事累贈少傅諱士礽祖故任朝請大夫直華文
閣致仕賜紫贈中太夫諱不逷考故任訓武郎
添差東南第五副將諱善鄭母陳氏封安人在
堂初娶鄭氏生一女先二十四年卒再娶吴氏
亦卒子紹定三年生二子一女長崇核次崇槁
先君淳熙十五年九月初三日生端平改元十
月二十三日卒于家享年四十有七習儒業兩
請漕監舉覃霈免省　廷對己丑登進士第鄧
州蒲圻尉被曠恩迁至文林嗚呼先君平生沉
靜靡事輕浮夫何止於是以端平二年正月二
十七日卜葬于余原之山其山坐兊向卯卯水
歸巽巽水折丑艮長流去先妣之塋僅一里耳
百世之下其永保之孤崇核泣血識諸壙

084 宋故縣尉文林趙公之墓

葬年：南宋端平二年（1235年）正月二十七日

尺寸：高65釐米，寬59釐米

085 羅氏十六娘墓誌

葬年：南宋端平二年（1235年）四月初十日

尺寸：高77.9釐米，寬32.3釐米

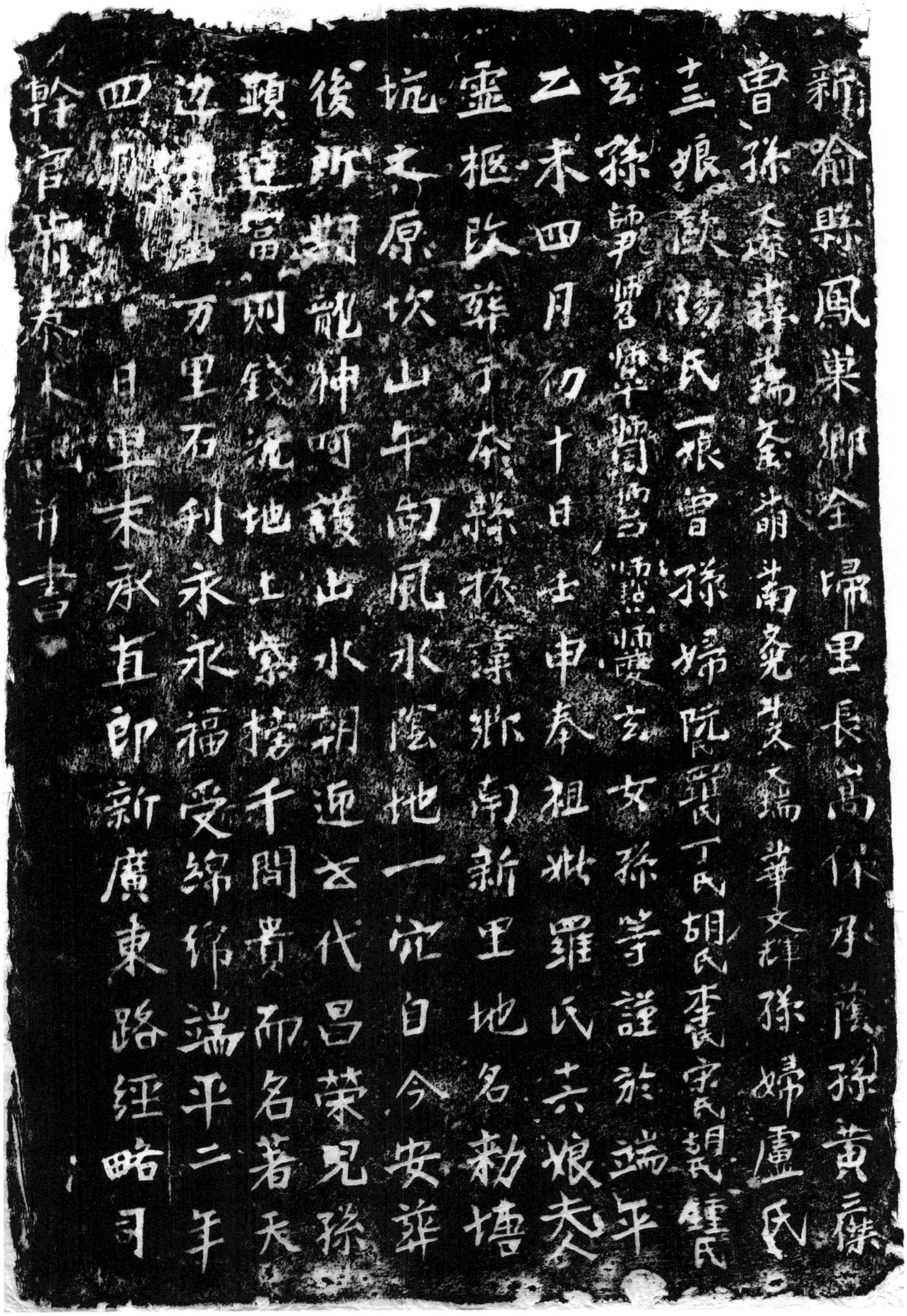

086 宋故姜氏孺人墓銘

葬年：南宋端平三年（1236年）正月二十六日

尺寸：高43.7釐米，寬32.2釐米

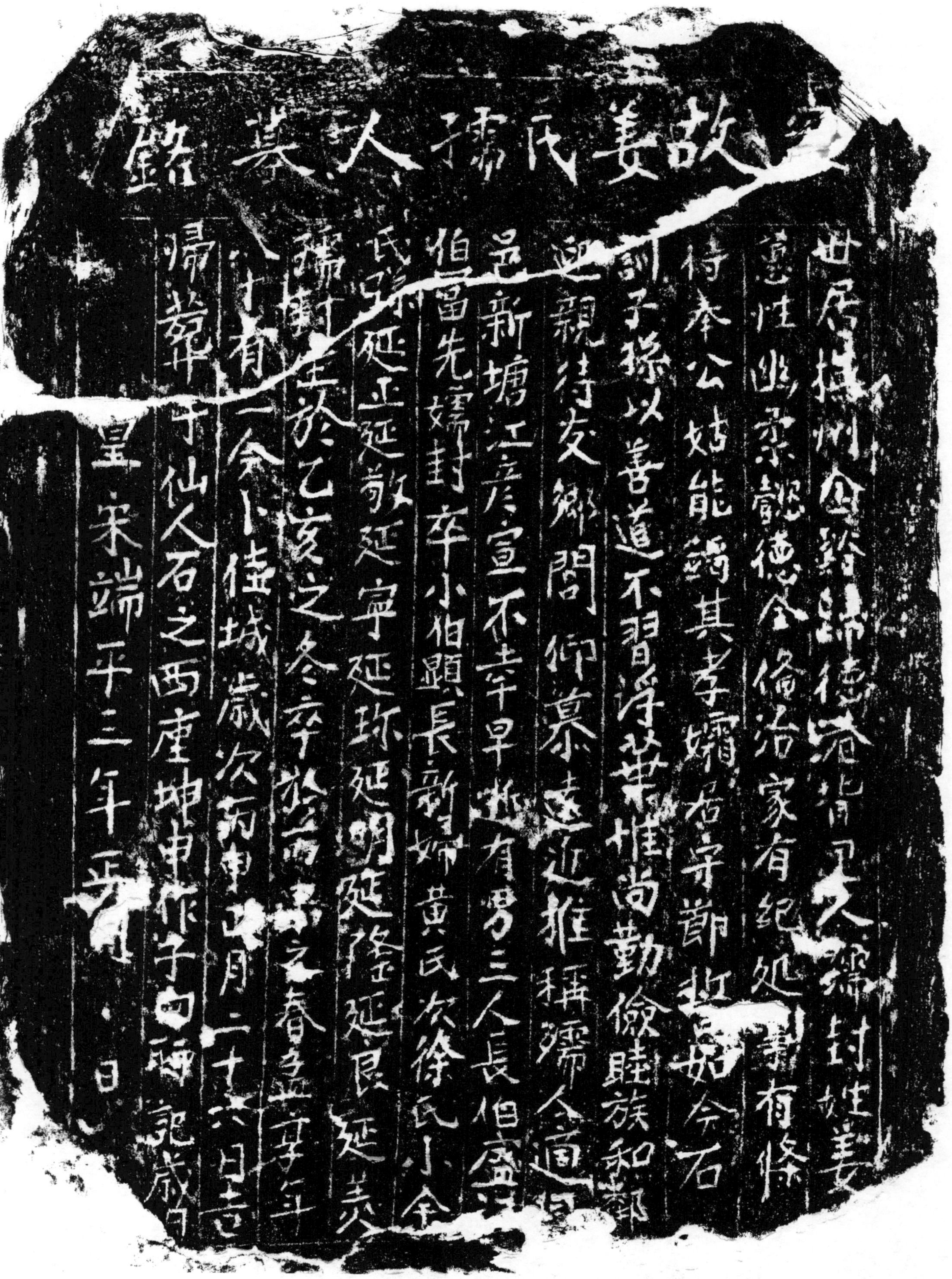

故姜氏孺人墓銘

世居撫州金谿歸德鄉□背□大孺封姓姜
蕙性幽柔懿德令儀治家有紀處事有條
侍奉公姑能竭其孝孀居守節□□如石
訓子孫以善道不習浮華惟尚勤儉睦族和鄰
迎親待友鄉閭仰慕遠近推稱孺人之道□
邑新塘江彥宣不幸早逝有男三人長伯盛娶
伯留先孺人封卒小伯顯長新婦黄氏次徐氏小令
氏孫延正延敬延寧延珎延明延隆延良延表
孺人生於乙亥之冬卒於丙申之春孟享年
八十有一今卜佳城歲次丙申正月二十六日吉
歸葬于仙人石之西庚坤申作子向丙龍成
皇宋端平三年正月□日

宋徐百二承務壙誌

葬年：南宋端平三年（1236年）十二月九日　尺寸：高78.5釐米，寬52.5釐米

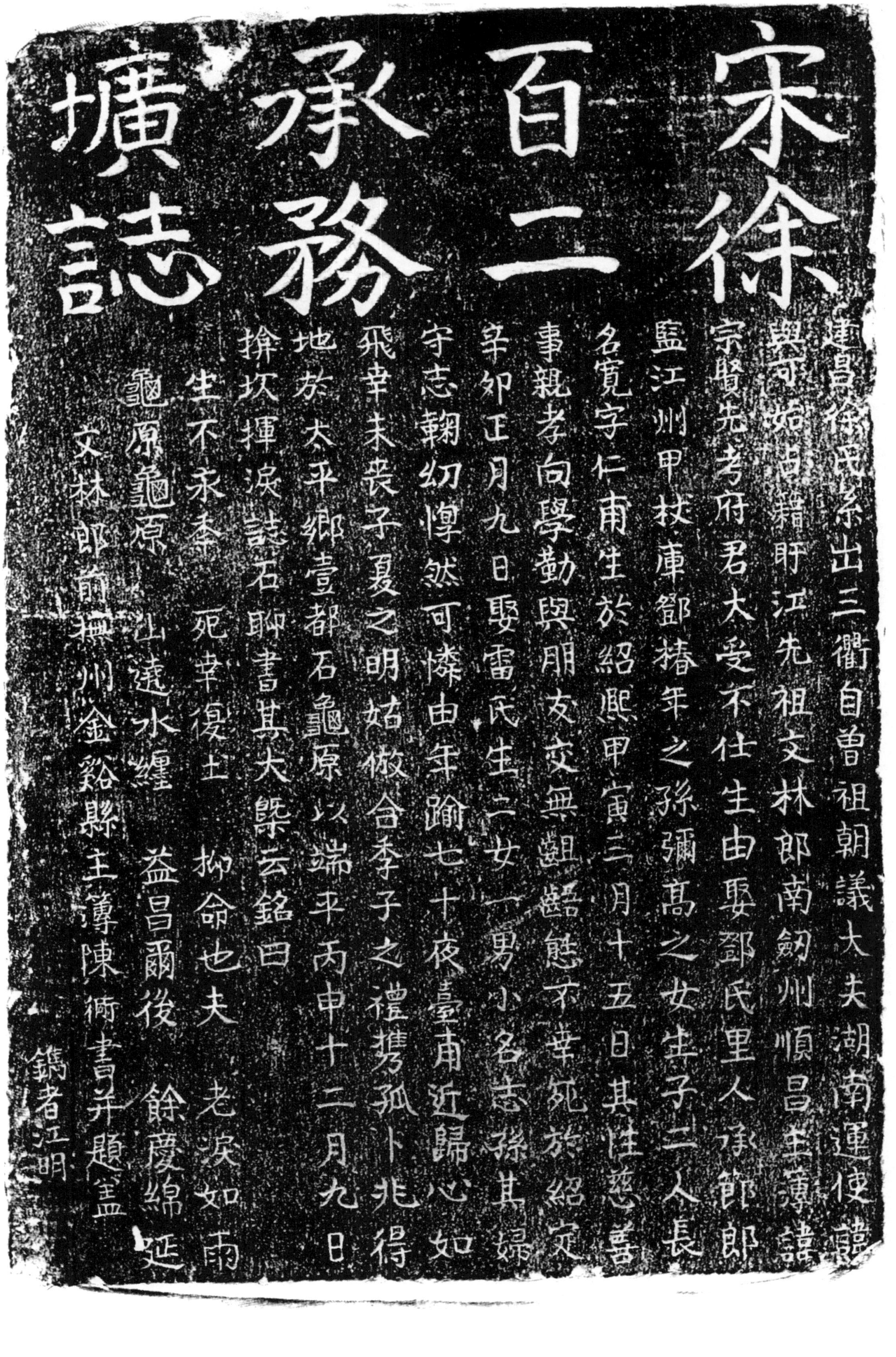
宋徐百二承務壙誌
建昌徐氏系出三衢自曾祖朝議大夫湖南運使諱
與可始占籍盱江先祖文林郎南劍州順昌主簿諱
宗賢先考府君太受不仕生由娶鄧氏里人承節郎
監江州甲杖庫鄧椿年之孫彌高之女生子二人長
名寬字仁甫生於紹熙甲寅三月十五日其性慈善
事親孝向學勤與朋友交無齟齬態不幸死於紹定
辛卯正月九日娶雷氏生二女一男小名志孫其婦
守志鞠幼惸然可憐由年踰七十夜臺甫近歸心如
飛幸未喪子夏之明姑倣合季子之禮携孤卜兆得
地於太平鄉壹都石龜原以端平丙申十二月九日
揜坎揮淚誌石聊書其大槩云銘曰
生不永秊　死幸復土　抑命也夫　老淚如雨
龜原龜原　山遠水纏　益昌爾後　餘慶綿延
文林郎前撫州金谿縣主簿陳衕書并題蓋
鐫者江明

088 宋故孺人徐氏墓誌

葬年：南宋嘉熙元年（1237年）九月二十四日

尺寸：高47.5釐米，寬32.5釐米

宋故孺人徐氏墓誌

089 宋故贛州會昌縣尉甘承節墓誌

葬年：南宋嘉熙元年（1237年）十二月二十五日壬寅　尺寸：高59釐米，寬46釐米

宋故贛州會昌縣尉甘承節墓誌

090 宋夫人饒氏壙記

葬年：南宋嘉熙二年（1238年）六月初六日

尺寸：高48釐米，寬45釐米

宋夫人饒氏壙記

夫人姓饒氏諱道清余妻[illegible]也建昌南城人曾祖諱璘承事郎祖諱
廷傑鄉貢進士父諱延祚南湯通守諱廷直之猶子世業儒學惟
忠惟孝夫人克循慈訓躬履懿淑淳熙丙午歸于撫之金谿黃公
諱鑑蓋平江教授諱彥遠之曾孫敦政迪功諱超之孫居士諱禹一之
子教授諱豫舍選參政和平江幕官雖微而詩書之味其仕者不之
道視昔有光躬祭祀禮賓姻婦人以善隨力周急內外上下罔不
欽慕取則焉夫人生平多懿行義方訓尤所加意常語子若孫從
師取友圖振家聲幸協志者鞭策馳騖乙酉詔[illegible]淵占待試魁
夫人勉以毋沮女尤鍾愛艱擇妃嘉定壬申思坦不才有以姓
未議者蒙以為可惠而妻之越二禩思坦偶與禮部選欲眷優者
相期遠大銘佩此意其可已耶謂有德必有壽端平乙未二月十
二日遽以微恙兒女環立恬逝略無挂礙享年六十有八嗚呼痛哉
子四人雋淵集衡女一人徽靜婦香氏夏氏陶氏孫男五人蘭蕙
衆泰益孫女二人長適進士何子淵次猶處呼夫人四子雋衡先
夫人卒淵哭所恃衡哀而亡何造物之忍耶集出繼同宗不離膝
下無異諸子茲卒孤姑勉終大事獲吉卜于所居上源之杉坑實
嘉熙戊戌六月六日也靈其宅於斯安於斯子孫奕世賴於斯
思坦宦職有嚴莫前臨穴揮淚百拜而為之記以納諸壙四月日
婿儒林郎建寧府録事參軍張 思坦記

091 松坡居士胡公墓銘

葬年：南宋嘉熙三年（1239年）十月二十五日　尺寸：高48.5釐米，寬29.7釐米

松坡居士胡公墓銘

092　故孺人張氏墓誌銘

葬年：南宋嘉熙三年（1239年）十一月初七日　尺寸：高53釐米，寬47釐米

故孺人張氏墓誌銘

孺人張姓諱淑靖世居盱江之圜圖曾祖宏泰州助教祖起父銖表權叔以儒爲稱首母童氏孺人生于嘉定癸亥四月二十九日幼年失恃有弟一人早慧早喪未喪之前孺人嘗與其弟過庭侍教厥弟方耳其言而孺人亦衷其訓權叔俾出適儒家正欲其氣味相投適有崇豁黄成子爲詩家俊流摘艷薰香月評最高生産作業不在人下權叔一聞柯斧之言慨然許可孺人自丁亥年歸成子家敬戒得諸七篇遠下得諸樛木夫夫婦婦而家道正又得諸易之家人惟其所習在此故其所爲亦不外此孺人若是權叔其賢矣哉其李有家未久而權叔之賢者又復不禄孺人又知愛其親豈不於斯乎不滿所幸女名端娘者既生於甲午之歲子名開詩者復生於丙申之年孺人喜其有子女可教日嘗親授誦書誨導不倦意圖儒業可以有傳而家聲可以克振也夫何有疾莫瘳而不得親見耶嘉熙已亥四月二十五日終于正寢是歲十一月初七日葬于所居之側祈官奇來歸朱及上香而成子契家誼厚忽有走价來命祈銘祈又昔荷孺人先丈權叔嘗有麗澤之益誼不獲遜故爲之銘曰

出自閥閱　有若秋潔　嬪于時流　不失家節
閨秀俊爽　令器豪傑　襄奉歸山　焉可磨滅

儒林郎前建寧府太寧縣勸農營田公事□祈撰

093 宋故夏君墓記

葬年：南宋嘉熙三年（1239年）十一月十九日　尺寸：高74.5釐米，寬49.3釐米

宋故夏君墓記

先君諱克誠字功懋姓夏氏世居豫章豐城之鐸原曾祖
考元吉祖考文炳先君其仲子也天性温粹容貌端莊
祖母汪氏年逾八袠承顏養志得其懽心睦族以和待人以
禮交朋以信事涉是非緘舌不語公門非户當徑役則不入
延師訓子闢產植桑旦旦不倦由是生理優裕每推其羨以
賙里鄰尤喜奉佛晨香夕燈翻誦貝葉寒暑不懈逮婚娉甫
畢宅宇奐然鼎新正冝永享遐齡庶俾元壽得盡子職夫何
天不慭遺遽奪其數之速耶嗚呼痛哉尚忍言哉 先君生
於淳熙丁未十一月十三日卒於端平丙申十一月十六日
得年五十娶范氏克勤内助先二十一年卒繼娶廿氏恪守
婦職子男一人元壽娶同邑吴氏女一人適臨川進士江德
仁孫男二人顯孫顯妹子女皆范氏所育元壽卜以嘉熙己
亥十一月十九日甲申奉柩附葬于鈴坑 高祖妣黄氏孺
人壙右其山來自南離轉于申庚坐兑向卯水流寅甲驗於
已往終然允臧尚惟 山神嚴加守護呵禁不祥俾亡寃安
妥子孫昌熾則春秋祭祀尒 神亦與享之元壽痛念
先君行己大槩不可泯没謹摭其實刻石以藏諸幽併告于
兹山之神孤子元壽泣血百拜謹書親末富春孫瑾填諱

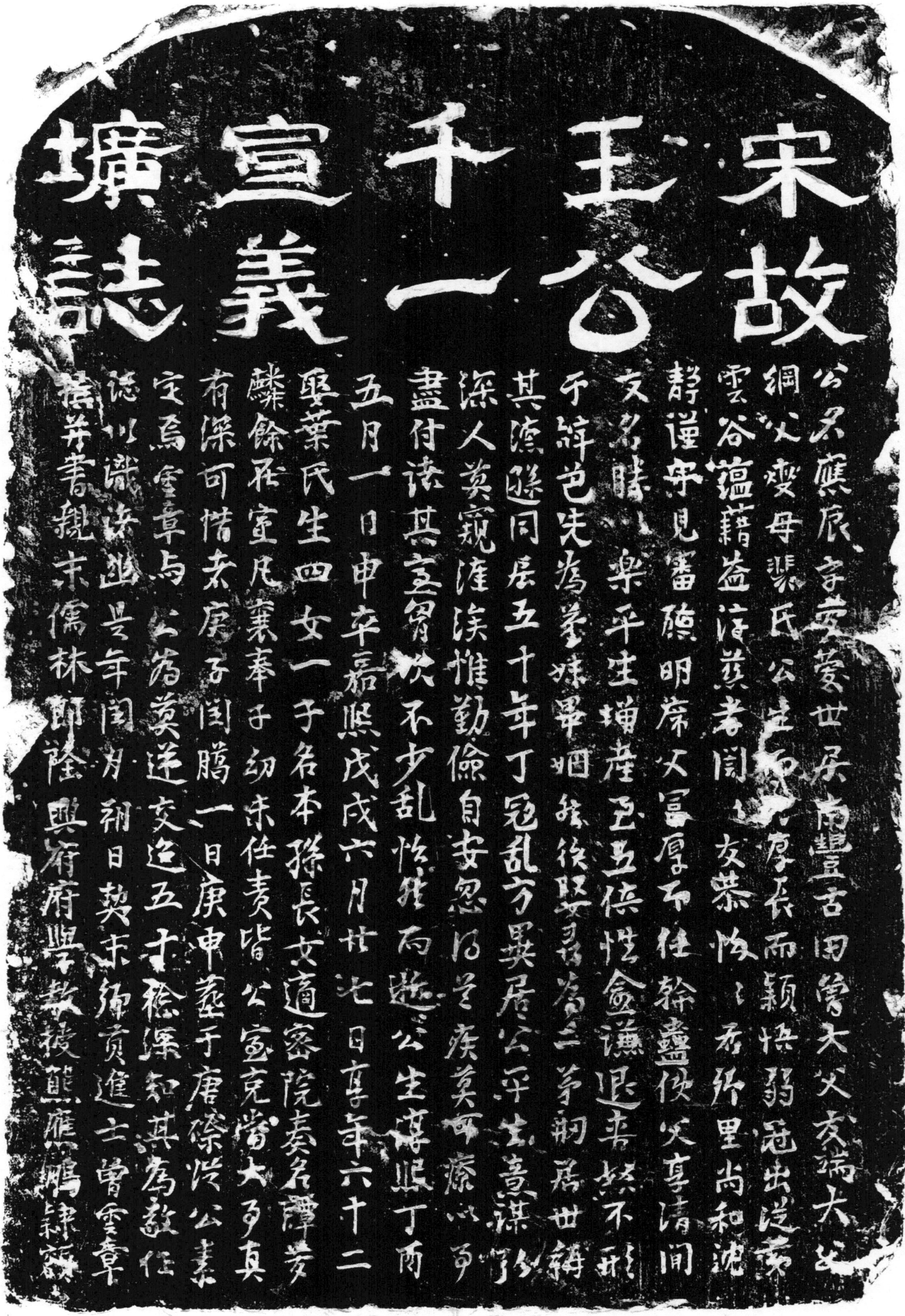
宋故王公千一宣義壙誌

094 宋故王公千一宣義壙誌

葬年：南宋嘉熙四年（1240年）閏十二月初一日　尺寸：高71.5釐米，寬48釐米

先考張六七助教墓誌

葬年：南宋嘉熙四年（1240年）閏十二月二十六日乙酉　尺寸：高47釐米，寬41.2釐米

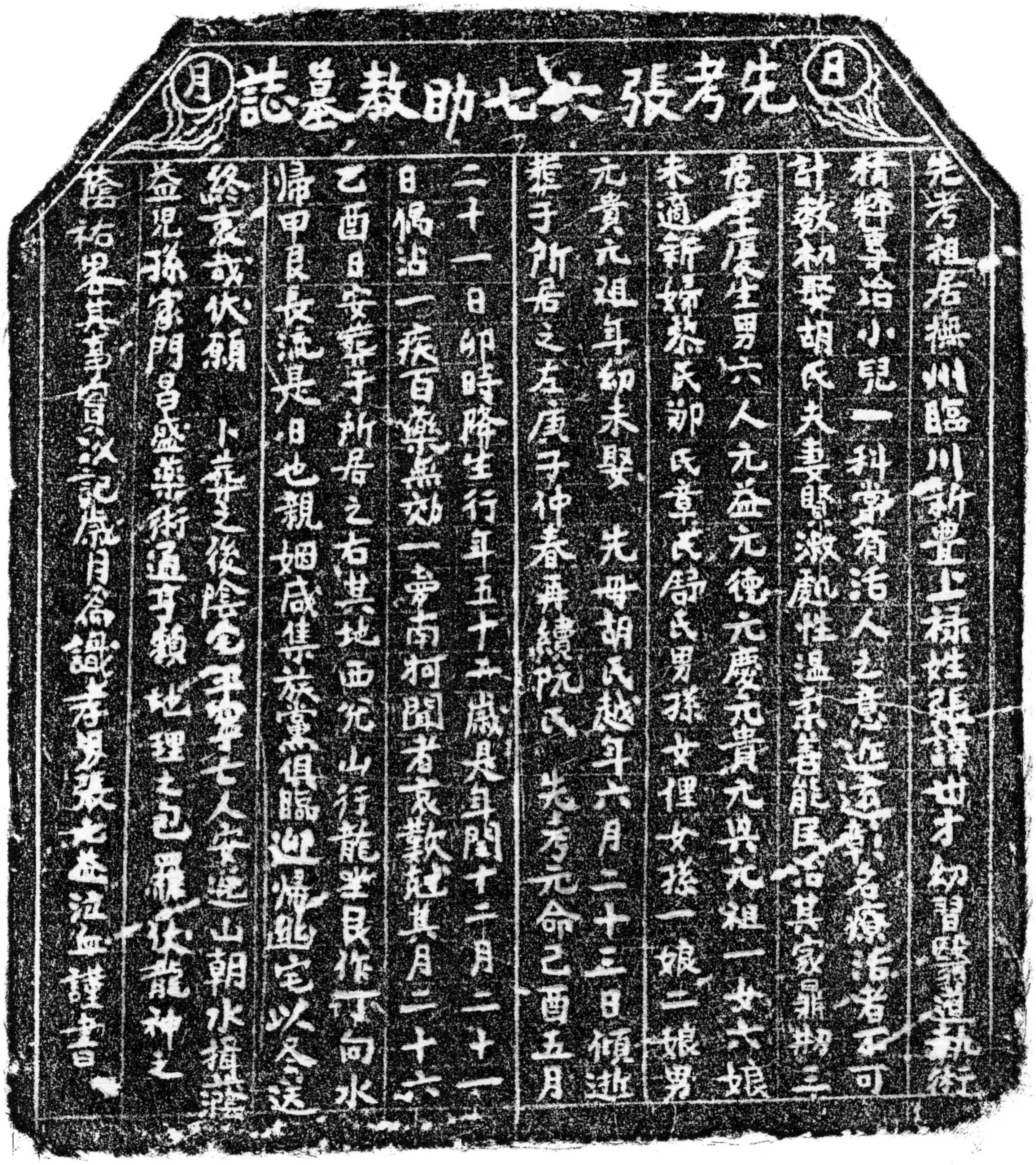
日
先考張六七助教墓誌
月
先考祖居撫州臨川新豐上禄姓張諱世才幼習醫道執術
精[illegible]專治小兒一科常有活人之意近遠有名療活者不可
計數初娶胡氏夫妻賢淑勵性溫柔善能医治其家鼎[illegible]三
[illegible]生度生男六人元益元德元慶元貴元興元祖一女六娘
未適新婦蔡氏鄧氏章氏歸氏男孫女俚女孫一娘二娘男
元貴元祖年幼未娶　先母胡氏越年六月二十三日傾逝
葬于所居之左庚子仲春再續阮氏　先考元命己酉五月
二十一日卯時降生行年五十二歲是年閏十二月二十一
日偶沾一疾百藥無効一旁南柯聞者哀歎越其月二十六
乙酉日安葬于所居之右其地西兑山行龍坐艮作[illegible]向水
歸甲艮長流是日也親姻咸集族黨俱臨迎[illegible]宅以[illegible]送
終哀哉伏願　卜葬之後陰宅[illegible]七人安逸山朝水揖[illegible]
益兒孫家門昌盛藥術通亨顯　地理之包羅伏龍神之
蔭祐畧其事實以記歲月爾識孝男張元益泣血謹書

096 改葬皇考居士蕭公皇妣孺人李氏壙記

葬年：南宋淳祐元年（1241年）七月二十日丙午

尺寸：高59.5釐米，寬50釐米

097 宋陳敬甫壙記

葬年：南宋淳祐二年（1242年）十一月二十八日丙午　尺寸：高60釐米，寬38釐米

壙記
宋陳敬甫壙記
君諱楼字敬甫姓陳氏族出績溪始祖君益嘗游饒之
樂平愛白羊岡之勝因家焉積書滿屋里稱爲處士生
也田郎中汶爲汝爲生太理寺丞嶠嶠四世而邑是爲
君曾祖子南一生君之考績好善篤教自君弱冠所命
拔書編謁鄉先生以文假成君承父志鋭意講劝詞君
屢挫氣不少衰家人生産作業往往不屑意遂好爲君
喪始躬家事然歲招佳士以訓子聞從益友而論文嘗
親過從輒擺落塵勞致德問業猶劝劝焉冀先志之以
伸也不幸於嘉熙庚子十二月丙辰以微疾終壽四十
有四君嘗閱五行書知其年之不壽每欲修人事以祈
天命不畢遂也娶安仁祝氏從事郎福州海口監場
擇之女與男允正允升允文允武二女長爲韓之誠妻
次幼淳祐壬寅十一月丙午葬于本里東岡君有女兄
歸伯玉通仕郎伯玉請君復行俾書壙石伯玉不得辭
文林郎前福建路常平司幹辦公事李伯玉記

098 簡氏夫人壙記

葬年：南宋淳祐二年（1242年）十二月十二日庚申　尺寸：高38釐米，寬38.5釐米

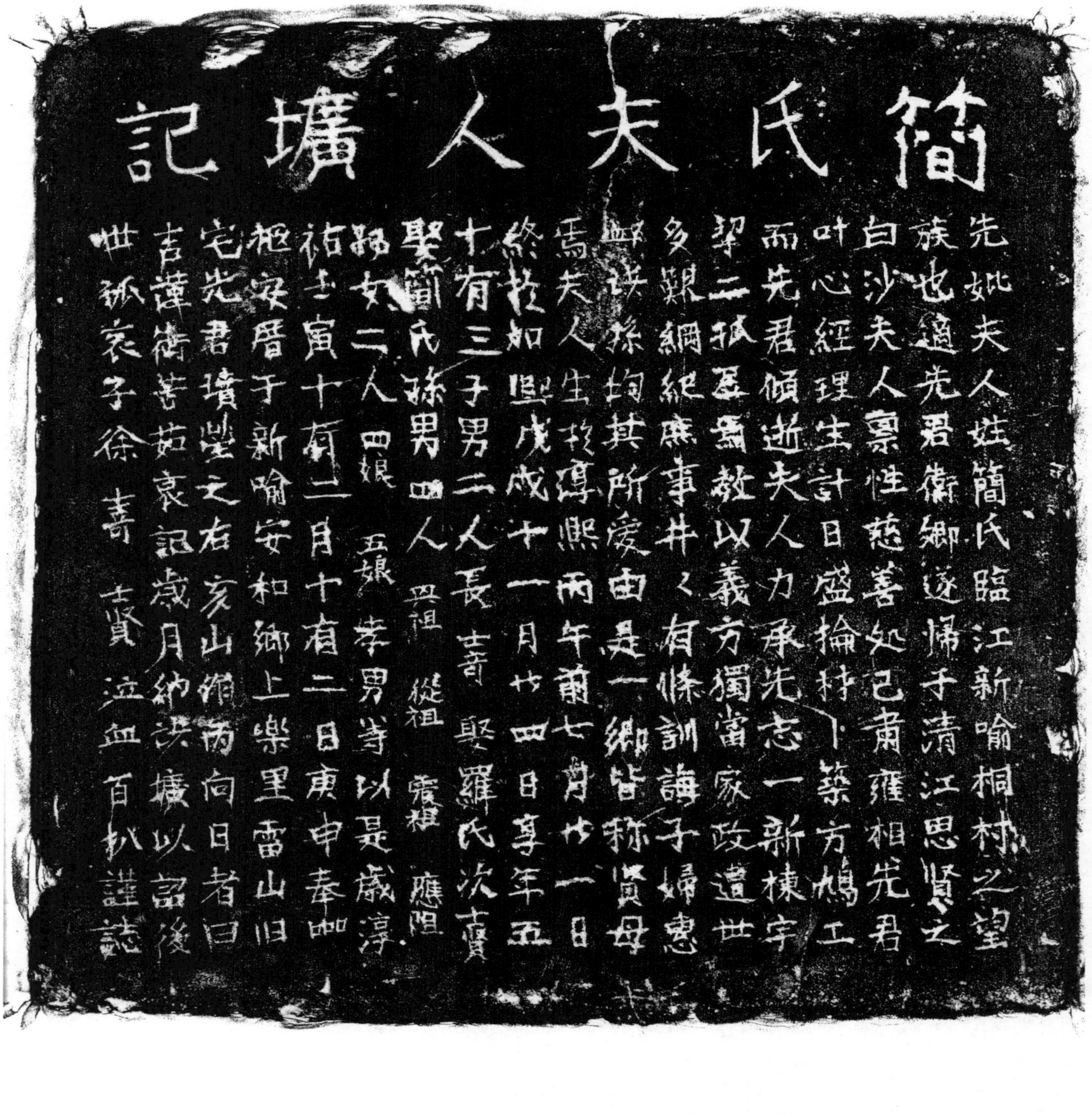
簡氏夫人壙記

099 故黃公墓誌銘

葬年：南宋淳祐三年（1243年）九月十七日壬申　尺寸：高56.3釐米，寬49釐米

故黃公墓誌銘

諱汝宰式伯建昌南城人也曾大父先世承詣
故任大父諮先將仕郎致仕大父宰尹贊德帶仕公
先娶同鄉李氏生男一人曰士顯再娶坊郭李氏生
女二人長曰二娘適同邑白琢進士次曰四娘
適同邑厚原徐琮先公二年而卒孫二人長曰大中
次曰大正曾孫一人長適同邑羅田進士李舜臣公
少時勵志詩書黌冀庠序中亞榜而罷焉辭名蹤
以起矣至晚年竟不得遂其志公質朴古人寬厚長
者一念篤志義方以詩書訓子孫而家務子公必親
之推忠慶子孫之季一鄉皆曰功名顯達將不在其
身而在其子孫矣公生於乾道之癸巳卒於淳祐之
癸卯享年七十有一得吉卜于所居之後其孤以九
月十七日壬申奉柩以葬泣而請誌其實義不容辭
故毋辭爲之銘曰
惟山之[illegible]　公生而[illegible]　惟山之巔　公窆而処
水繞山朝　龍蟠虎踞　[illegible]而昌　以永以[illegible]

100 宋故曾氏夫人墓誌銘

葬年：南宋淳祐三年（1243年）十一月三十日壬申　尺寸：高64.6釐米，寬46釐米

宋故曾氏夫人墓誌銘
宋故曾氏夫人墓誌銘　姪鄉貢進士大同撰并書
撫城之西六十里爲兎水山山之東一里爲俠坑余鄒氏一
族環居其間循東而南不一里爲查林則曾之族居焉地相
近故鄒曾爲世姻余伯母曾氏父諱如龍而伯母生於乾道
元年乙酉五月甫踰笄年而早奉欽戒之命淑質天成舉動
中禮盥櫛巾帨之奉蘋蘩蘊藻之祀皆不待勉強而能之其
處己也敬長慈幼其克家也勤力儉用其待遇宗族鄉里尤
極恩意雖臧獲婦女皆以和柔仁厚稱之婦德如此可謂無
少愧矣余伯父諱世隆字從甫性素和靜不以事物撓其心
蒔花種竹把酒自娛雍雍于于終始如一然卜築而工役辦
閫門食指幾二百數而家用益饒子孫滿前不加督過而無
敢跌蕩繩墨皆内助之力使然也淳祐癸卯之夏始預營合
葬之地於所居之畔未幾而伯母果以其冬十月庚子卒享
年七十有九十一月壬申遂葬其處從所願也男三人大
明大任大祥長二男先卒孫男四人可大安仁可立可久孫
女一人適曾必取曾孫男三人有榮榮孫華孫女三人前期
伯父言曰汝其銘諸於是敬銘之曰
于家之傍　于穴而藏　土潤兮木茂　世世兮流芳

101 故曾公六五承事壙記

葬年：南宋淳祐三年（1243年）十一月三十日壬申　尺寸：高49釐米，寬42釐米

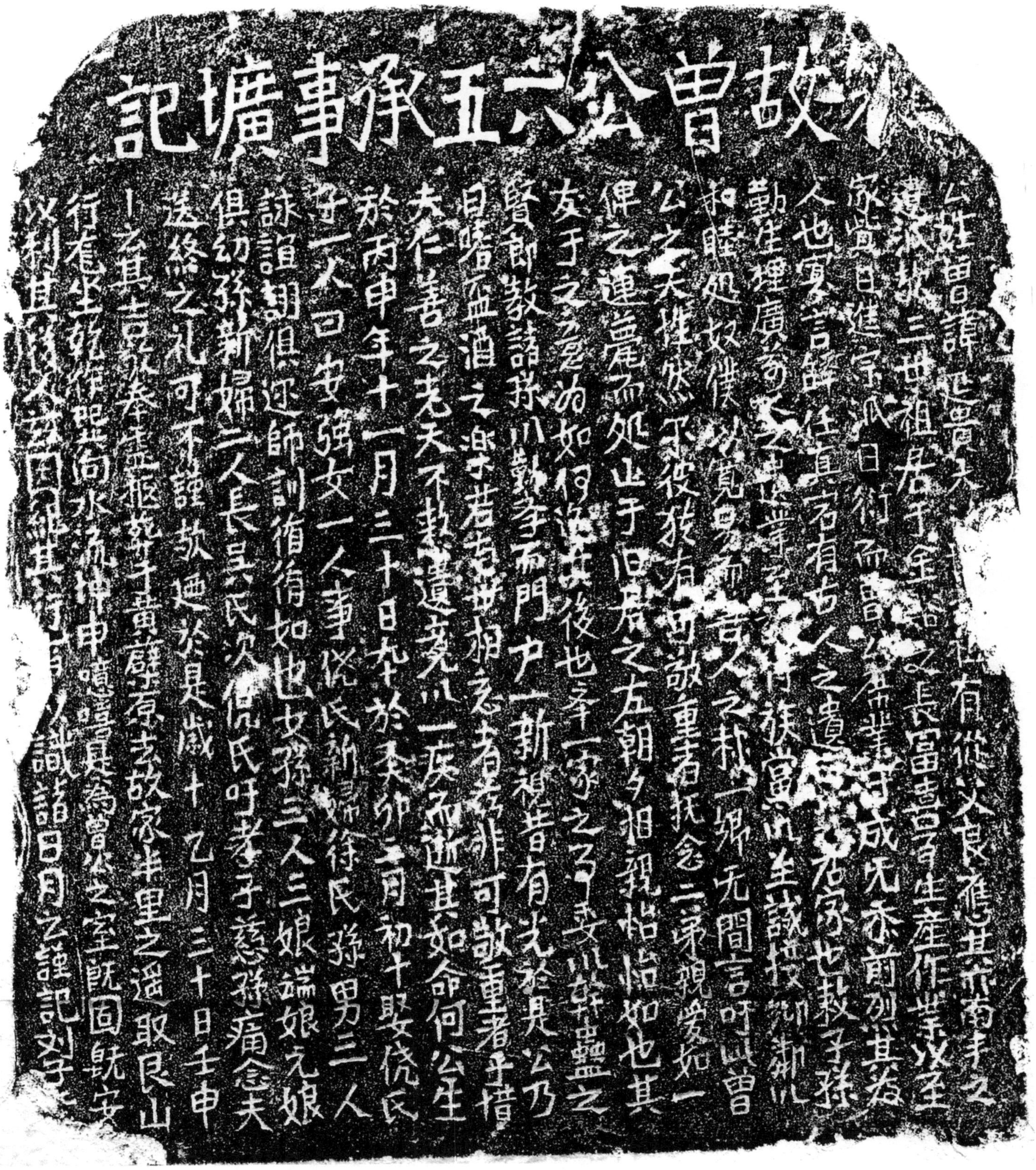
故曾公六五承事壙記

102 宋故鄒公居士墓銘

葬年：南宋淳祐七年（1247年）十二月二十六日　尺寸：高46.5釐米，寬39.2釐米

宋故鄒公居士墓銘

宋故鄒公居士墓銘
公諱世隆字從甫姓鄒氏始祖自宜黃中田從居
臨川銅山之西十五里曰侯坑曾祖京祖邦彥父
元珪俱隱德不仕公生於乾道乙酉七月二十八
日卒於淳祐丙午四月十日娶曾氏子男三人大
明大任大祥而大明大任皆先公卒孫男四人可
大安仁可立可久女一人適同里曾必取曾孫男
三人有榮華孫明孫女二人尚幼嗚呼人生天地
間既有此身則身有此事一爲事物之所驅迫心
爲之累其能一日安閑者鮮矣波波百年塵勞萬
狀忽焉與草木俱腐可哀也哉若公者則不然居
有宅遊有圃耕有田環其左右以花以木果可摘
秫可釀優游終老不是不非不利不害族里嚮仰
子孫森立葬地葬具無一不預辦集而非容心力
以爲之而後至於此也亦可以無憾矣丁未歲十
二月二十六日遂與曾氏合葬所居之左方老姪
鄉貢進士大同爲之銘銘曰
心地寬閑　天分不慳　付之忘言
萬古青山

103 宋故甘氏孺人墓記

葬年：南宋淳祐八年（1248年）十二月二十三日丙申　尺寸：高74.9釐米，寬46.9釐米

宋故甘氏孺人墓記
余生六十有九履平夷涉險阻心力百條而鬢未霜人多以是見稱吁孰知使
余寛和而致此者有内助以成之也孺人柔順其性勤儉其德工不事組繡言
不効簧鼓方其歸余先妣已捐館每以不及奉姑爲恨越二十餘年先君倦理
家付余兄弟孺人主中饋巾櫛箕箒蘋蘩籩盥族黨妯娌下至臧獲無不曲盡
恩義内外翕然稱賢余性素好山水每遇佳勝處樂於覽遊遊必晚歸或至夜
分孺人猶燃炬互幼觴酒豆肉必温以俟且笑且言問余勞者再四自孺人去
世余扙屨如故而歸入其室四顧悄然鼎虀盂冰徬徨久之長吁就枕而已嗚
呼慘哉自是余鬢霜矣孺人姓甘氏世居臨川明賢鄉之雙溪曾祖祖考俱著
賢德父必蕟今徙居南康軍生於紹熙元年庚戌卒於淳祐之甲辰年五十有
五子男一人君輔女一人適豊城范岩孫男二人端孫戊孫俱幼卜以八年戊
申十二月丙申附葬於盡安鄉之詹家窠余所建生基之左異時夫婦同穴雖
死猶生也是山艮山來龍震山入穴坐甲向庚水流庚辛今葬于此惟仗左右
前後之神呵護不祥庶生榮死安以克永世春秋祭祀神其預享先儒有言婦
人無外事不當銘故於其葬也自紀歲月以示不朽亦以告爾神云前葬四日
夫臨川曾少裕記

104 有宋亡室干氏壙記

葬年：南宋淳祐九年（1249年）二月初十日　尺寸：高52.5釐米，寬37釐米

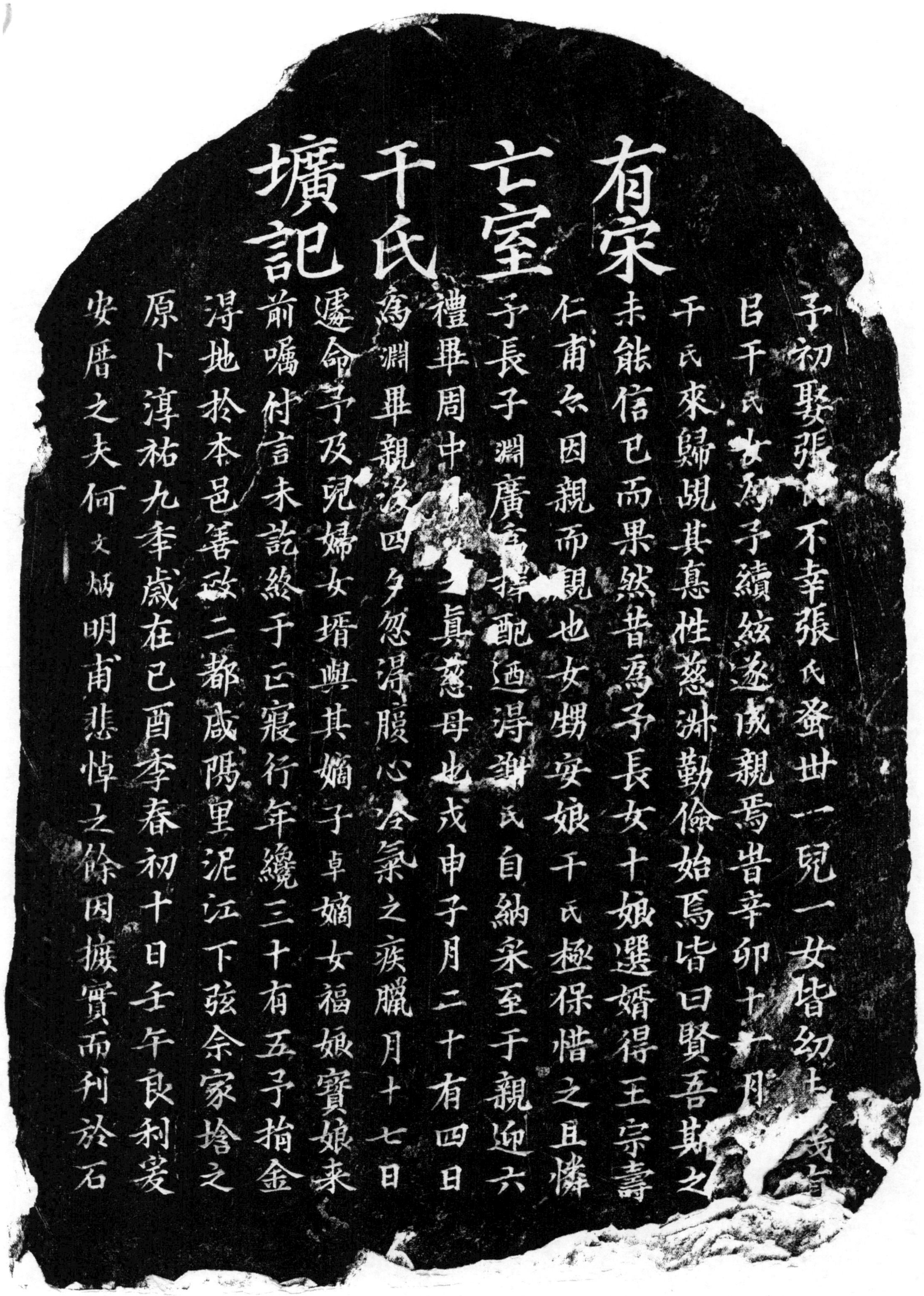

有宋亡室干氏壙記

予初娶張氏不幸張氏蚤世一兒一女皆幼未幾方
呂干氏女爲予續絃遂成親焉昔辛卯十一月
干氏來歸覘其惪性慈淑勤儉始焉皆曰賢吾斯之
未能信巳而果然昔爲予長女十娘選婿得王宗壽
仁甫亦因親而覘也女甥安娘干氏極保惜之且憐
予長子淵廣審擇配迺得謝氏自納采至于親迎六
禮畢周中[illegible]眞慈母也戊申子月二十有四日
爲淵畢親後四夕忽得腹心冷氣之疾臘月十七日
遷命予及兒婦女壻與其嫡子卓嫡女福娘寶娘來
前囑付言未訖終于正寢行年纔三十有五子揩金
得地於本邑善政二都咸隅里泥江下弦余家塋之
原卜淳祐九年歲在己酉季春初十日壬午良利窆
安厝之夫何文炳明甫悲悼之餘因擬實而刊於石

105 宋故翁氏孺人壙記

葬年：南宋淳祐九年（1249年）八月二十日　尺寸：高66.5釐米，寬35.3釐米

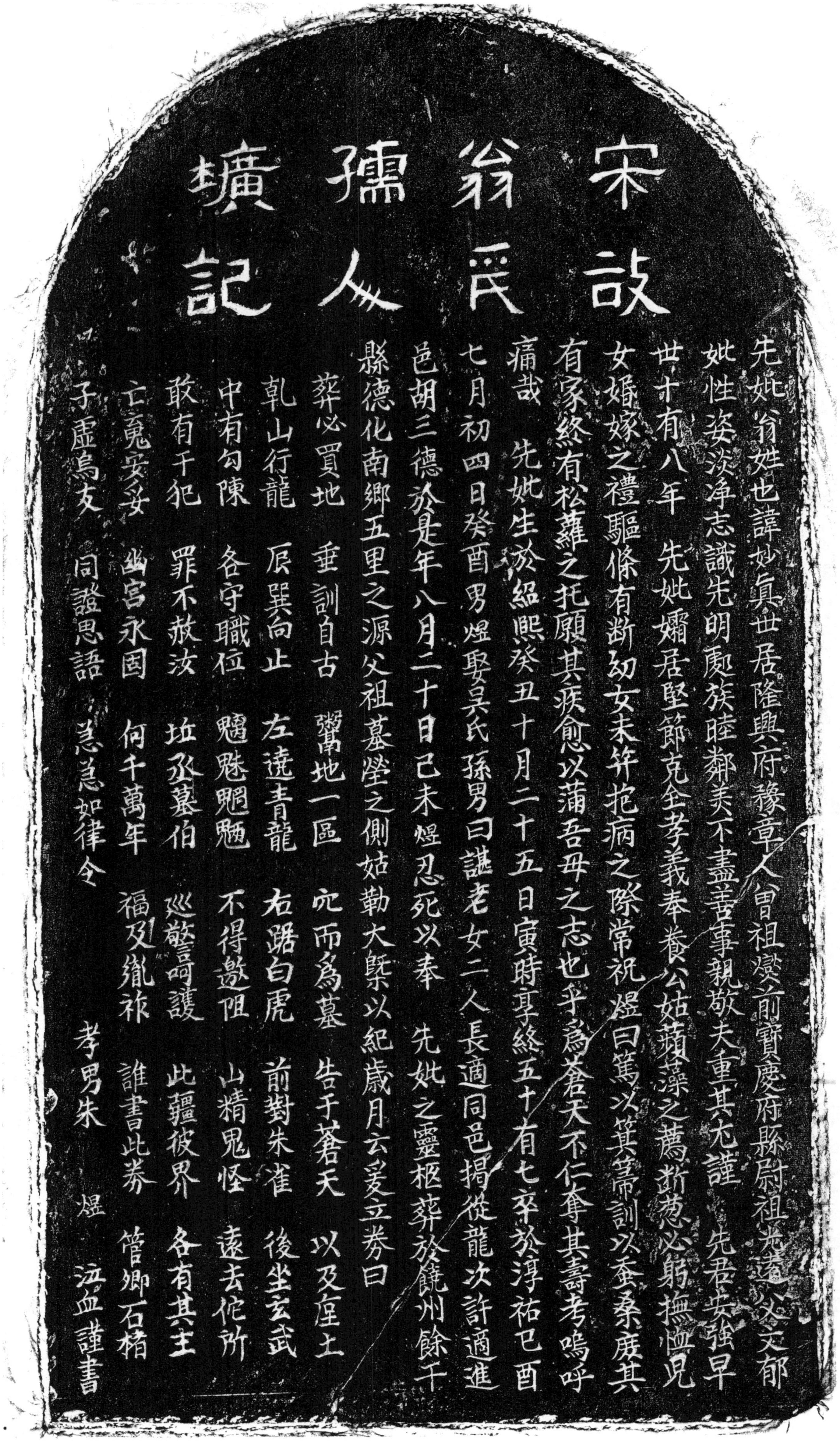

宋故翁氏孺人壙記

先妣翁姓也諱妙真世居隆興府豫章人曾祖燮前寶慶府縣尉祖光遠父文郁
妣性姿淡淨志識先明戚族睦鄰美不盡善事親敬夫重其尤謹 先君安強早
世才有八年 先妣孀居堅節克全孝義奉養公姑蘋藻之薦斯慈必躬撫恤兒
女婚嫁之禮驅條有斷幼女未笄抱病之際常祝煜曰篤以箕帚訓以蠶桑庶其
有家終有松蘿之托願其疾愈以蒲吾毋之志也乎為蒼天不仁奪其壽考嗚呼
痛哉 先妣生於紹熙癸丑十月二十五日寅時享終五十有七卒於淳祐己酉
七月初四日癸酉男煜娶吳氏孫男曰謹老女二人長適同邑揭從龍次許適進
邑胡三德於是年八月二十日己未煜忍死以奉 先妣之靈柩葬於饒州餘干
縣德化南鄉五里之源父祖墓塋之側姑勒大槩以紀歲月云爰立券曰
葬必買地 垂訓自古 彌地一區 穴而為墓 告于蒼天 以及后土
乾山行龍 辰巽向止 左遶青龍 右踞白虎 前對朱雀 後坐玄武
中有勾陳 各守職位 魑魅魍魎 不得邀阻 山精鬼怪 遠去佗所
敢有干犯 罪不赦汝 坵丞墓伯 巡警呵護 此疆彼界 各有其主
亡魂安妥 幽宮永固 何千萬年 福及纔袮 誰書此券 管鄉石楷
子虛烏友 同證思語 急急如律令 孝男朱 煜 泣血謹書

106 宋故曾氏孺人墓記

葬年：南宋淳祐九年（1249年）十一月十七日甲申　尺寸：高84.5釐米，寬53.5釐米

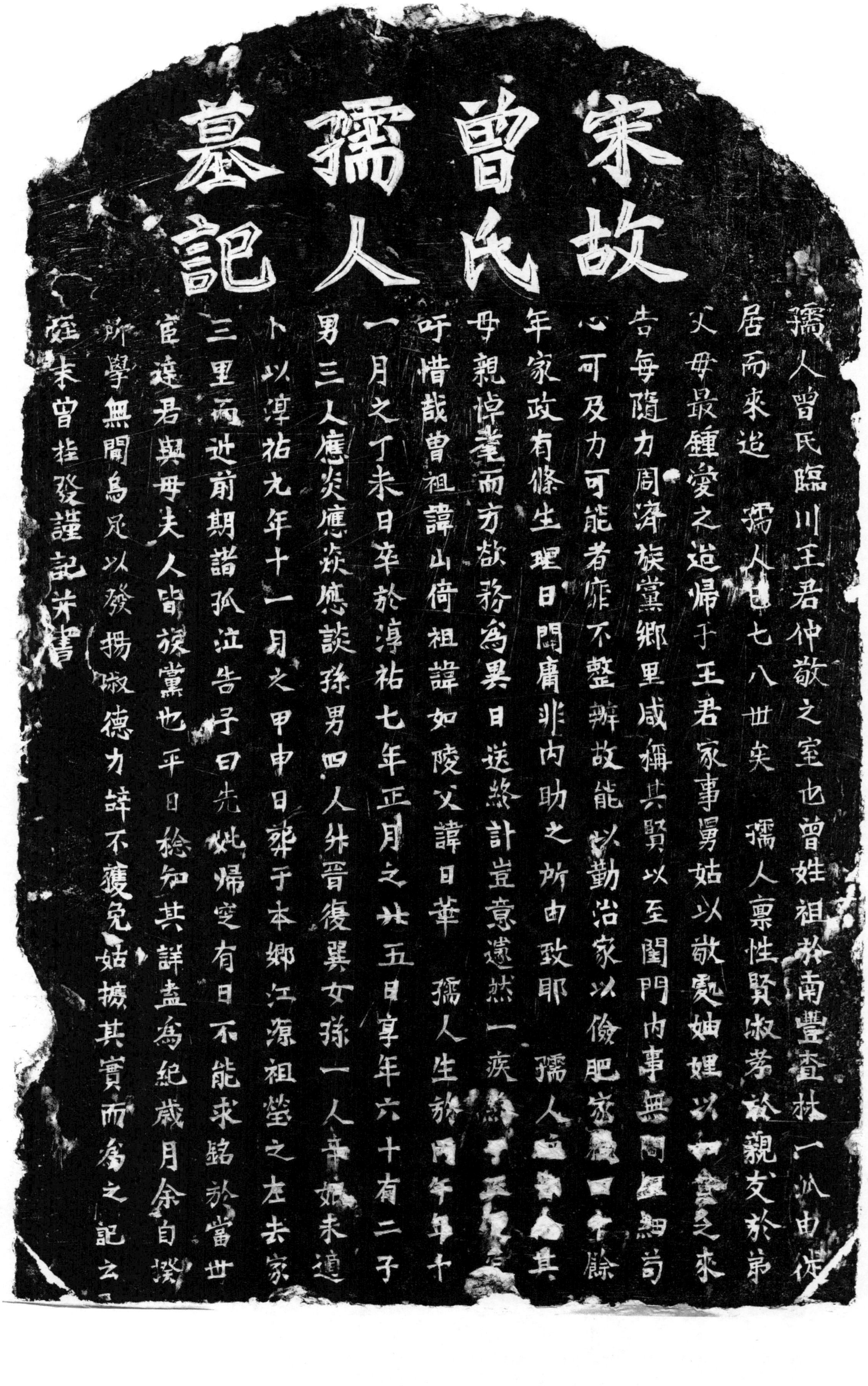

宋故曾氏孺人墓記

孺人曾氏臨川王君仲敬之室也曾姓祖於南豐查林一派由從
居而來迨 孺人已七八世矣 孺人稟性賢淑孝於親友於弟
父母最鍾愛之迨歸于王君家事舅姑以敬處妯娌以[illegible][illegible]之來
告每隨力周濟族黨鄉里咸稱其賢以至閨門內事無[illegible][illegible]細苟
心可及力可能者靡不整辦故能以勤治家以儉肥家[illegible][illegible][illegible]餘
年家政有條生理日閙庸非內助之所由致耶 孺人[illegible][illegible][illegible]其
母親悼耄而方欲務為異日送終計豈意遽然一疾[illegible][illegible][illegible][illegible][illegible]
吁惜哉曾祖諱山倚祖諱如陵父諱日華 孺人生於[illegible]午年十
一月之丁未日卒於淳祐七年正月之廿五日享年六十有二子
男三人應炎應淡應談孫男四人升晉復巽女孫一人[illegible][illegible]未適
卜以淳祐九年十一月之甲申日葬于本鄉江源祖塋之左去家
三里而近前期諸孤泣告子曰先妣歸窆有日不能求銘於當世
宦達君與母夫人皆族黨也平日稔知其詳盡為紀歲月余自揆
所學無聞烏足以發揚淑德力辭不獲免姑摭其實而為之記云[illegible]
姪末曾桂發謹記并書

107　宋故丘公夫婦墓記

葬年：南宋淳祐九年（1249年）十二月二十三日　尺寸：高73.5釐米，寬47.5釐米

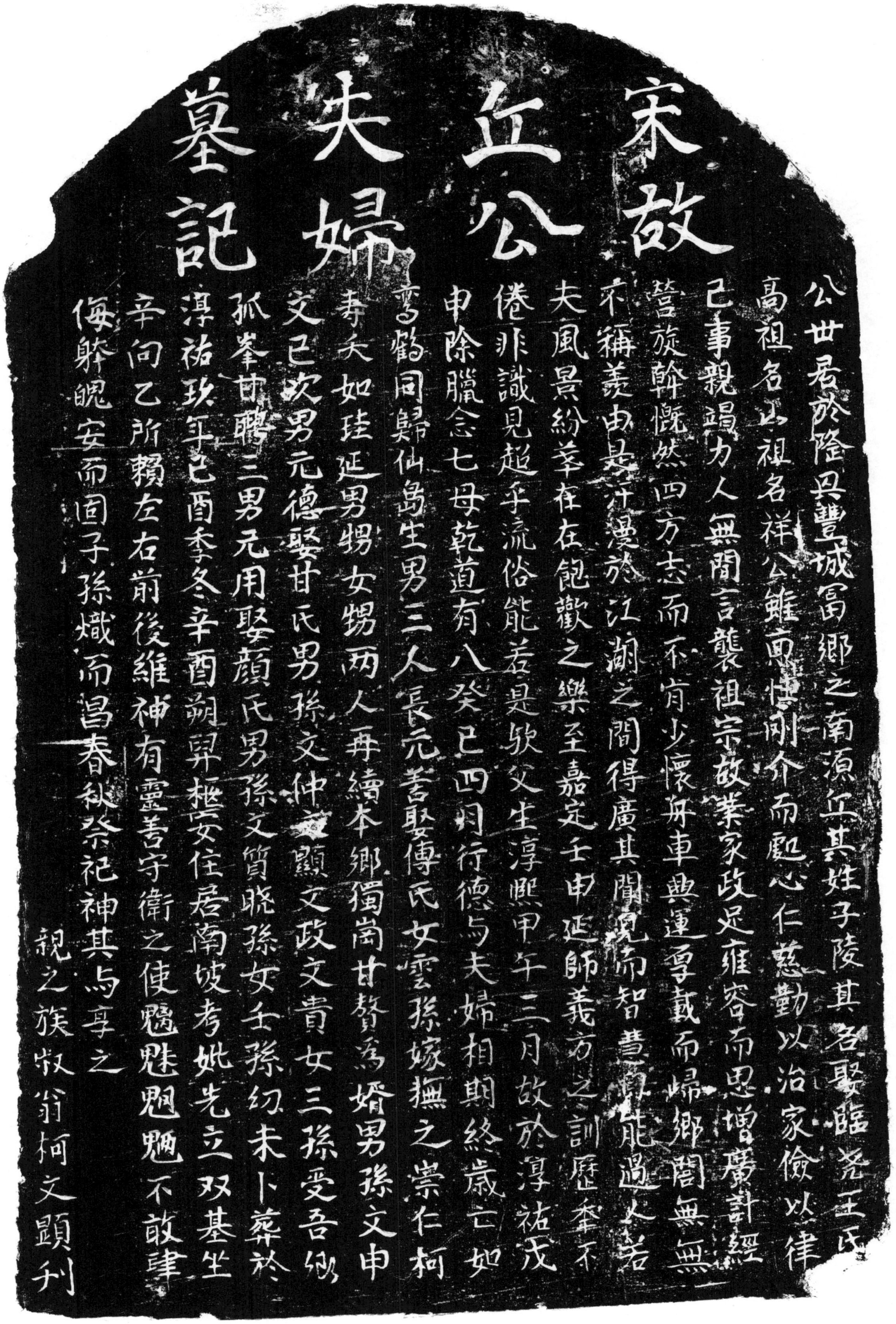

宋故丘公夫婦墓記

公世居於隆興豐城富鄉之南源丘其姓子陵其名娶臨川王氏
高祖名山祖名祥公雖更性剛介而處心仁慈勤以治家儉以律
已事親竭力人無間言襲祖宗故業家政足維容而思增廣計經
營旋幹慨然四方志而不肯少懷舟車與運尋載而歸鄉閭無無
不稱羨由是汗漫於江湖之間得廣其聞見而智慧□能過人若
夫風景紛華在飽歡之樂至嘉定壬申延師義方之訓歷年不
倦非識見超乎流俗能若是歟丈生淳熙甲午三月故於淳祐戊
申除臘念七母乾道有八癸巳四月行德与夫婦相期終歲亡如
鸞鶴同歸仙島生男三人長元善娶傅氏女雲孫嫁撫之崇仁柯
壽夫如珪延男錫女錫兩人再續本鄉獨崗甘贊爲婿男孫文申
文已次男元德娶甘氏男孫文仲文顯文政文貴女三孫受吾鄉
孤峯甘聘三男元用娶顏氏男孫文質曉孫女壬孫幼未卜葬於
淳祐玖年己酉季冬辛酉朔舁櫬安住居南坡考妣先立双基坐
辛向乙所賴左右前後維神有靈善守衛之使魑魅魍魎不敢肆
侮幹晛安而固子孫熾而昌春秋祭祀神其与享之
親之族叔翁柯文顯刊

108　宋徐八七宣義墓誌銘

葬年：南宋淳祐十年（1250年）正月十九日乙酉　尺寸：高59釐米，寬50.5釐米

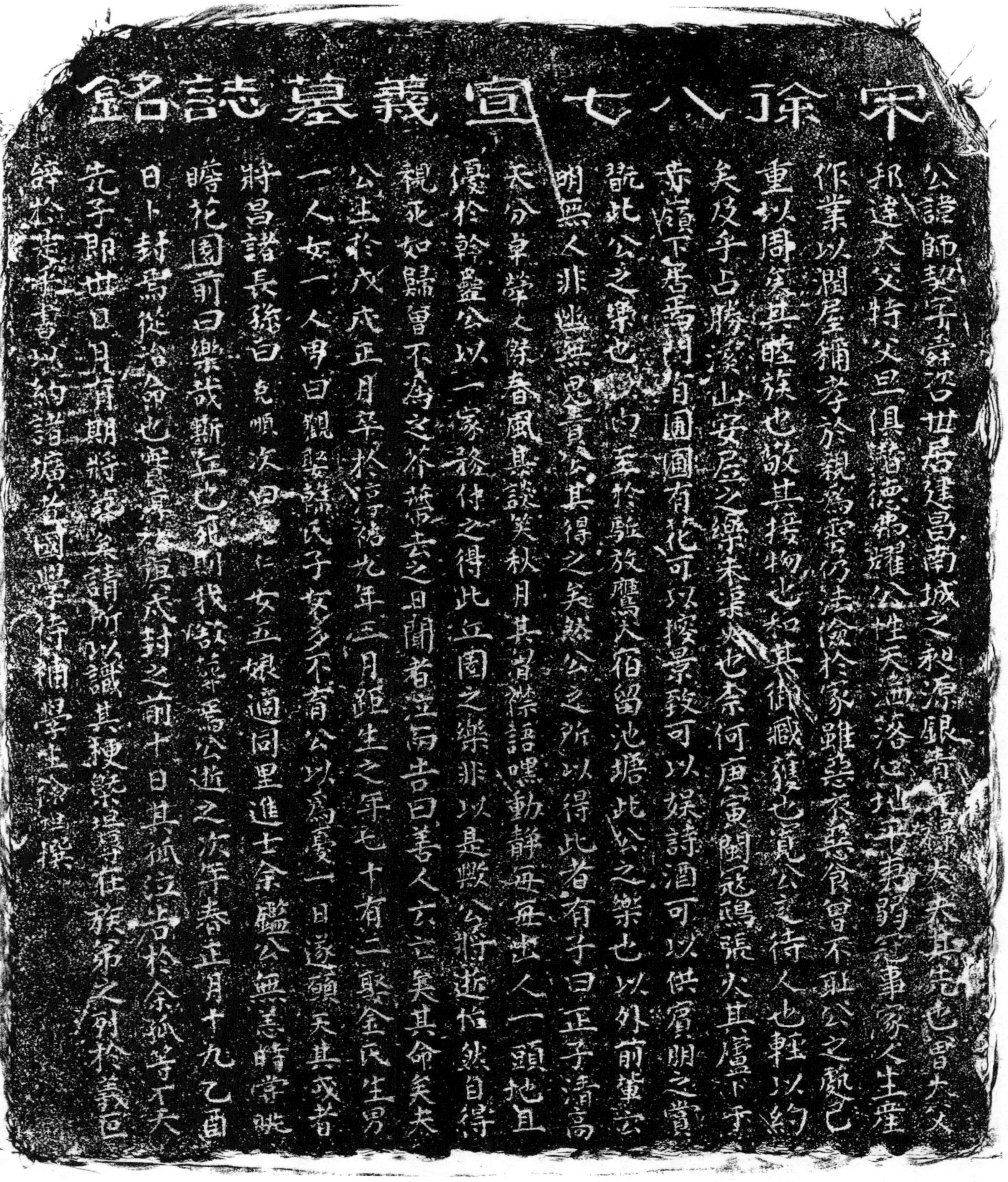
宋徐八七宣義墓誌銘

109 宋故張公層壹承事壙記

葬年：南宋淳祐十年（1250年）八月二十八日辛酉　尺寸：高52.5釐米，寬42釐米

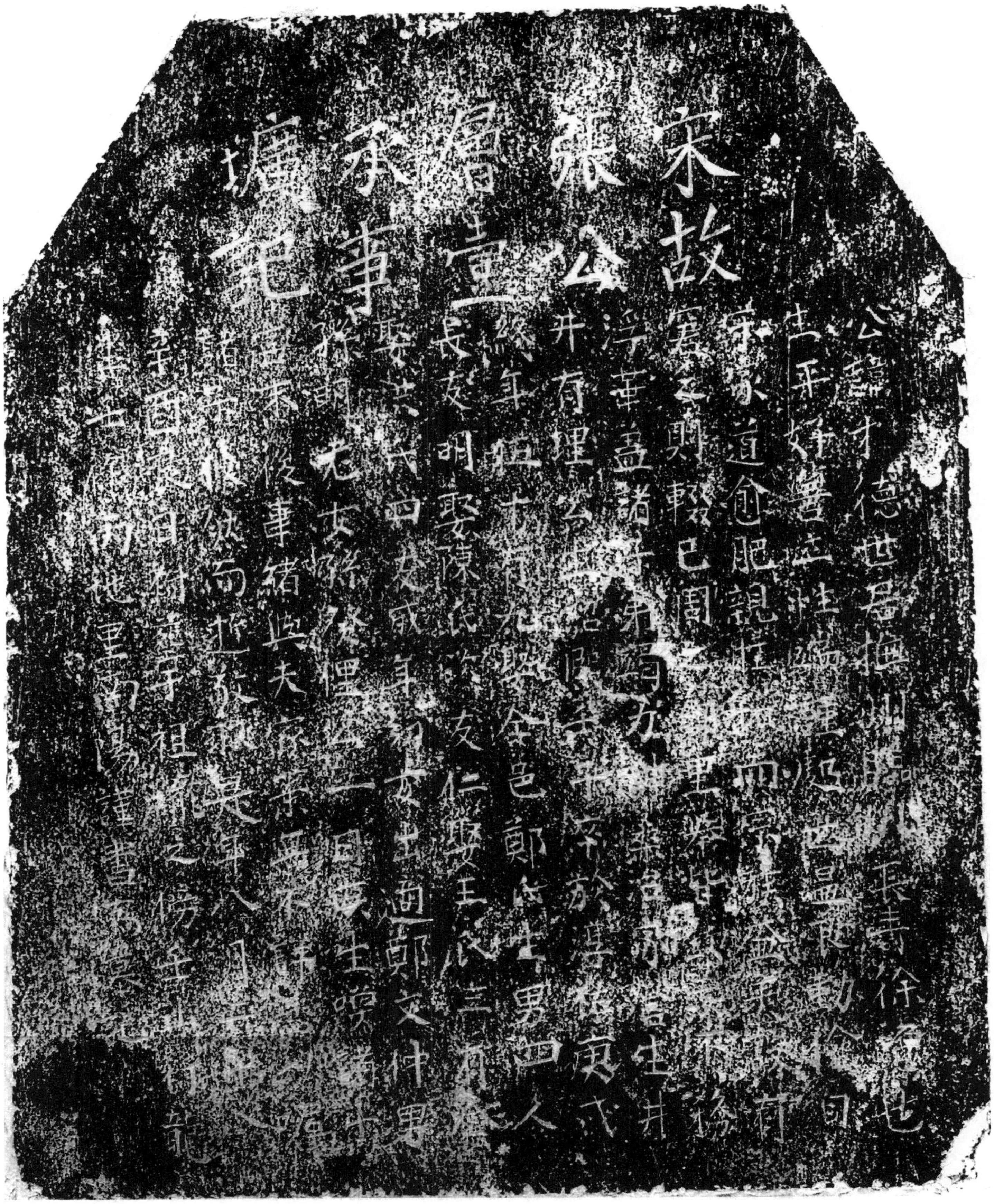
宋故張公層壹承事壙記

110 宋故傅公墓記

葬年：南宋淳祐十年（1250年）九月二十一日甲申　尺寸：高64.2釐米，寬43釐米

宋故傅公墓記
宋故先君傅公墓記
先君諱文柄世居撫之崇仁禮賢鄉之井坑曾祖侗祖恍父俞
潛德不曜俱力本以勤儉致富唯 先君克紹先業生理日廣
賦性醇厚間居詔子而語曰汝等勿事後靡習學習耕宜加勤
篤以廣前規我所願也里閈歲有少歉頗有餘粟不俟假貸而
周急之晚歲崇奉釋書修西方淨土人也不幸一旦遘嬰微疾
奄逾月不起于正寢聞者莫不流涕悽慘而傷悼焉 先君生
於紹熙壬子之七月卒於淳祐庚戌之上秋享年五十有九娶
章氏生子二人長汝舟娶何氏次汝楫娶胡氏孫男二人子祥
子政皆髫齔今卜是年九月甲申良利得陰源之地而安厝之
坐丑艮向坤未山環水遶必能滋溢後人孤子汝舟汝楫不敢
求記于識者泣血再拜謹書其大槩藏歲月于壙云

111 宋故擬贈孺人婁氏墓記

葬年：南宋淳祐十一年（1251年）閏十月二十八日甲申　尺寸：高29.8釐米，寬29.8釐米

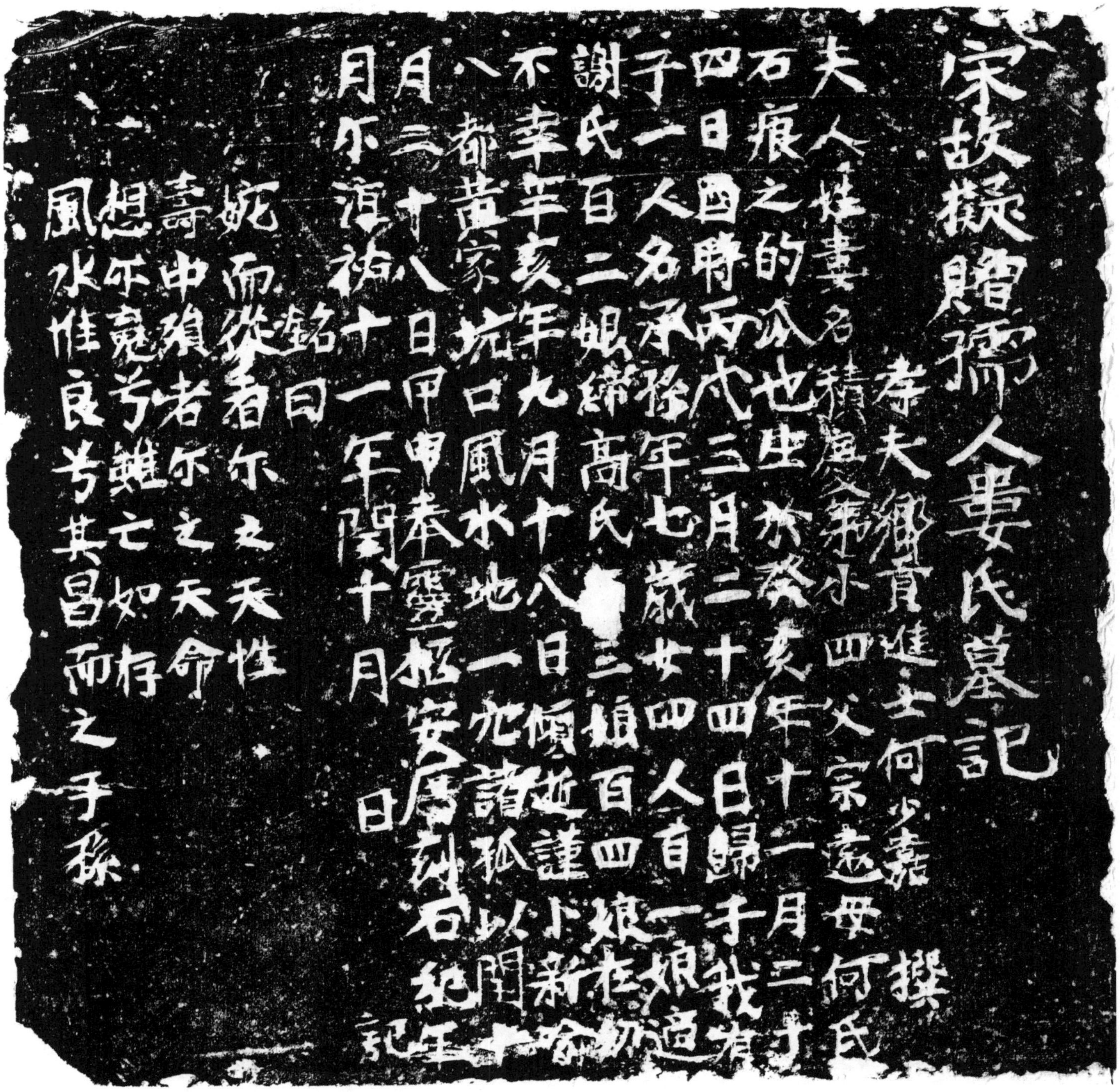

112 故男弌新壙記

葬年：南宋淳祐十一年（1252年）十二月　尺寸：高63釐米，寬33.5釐米

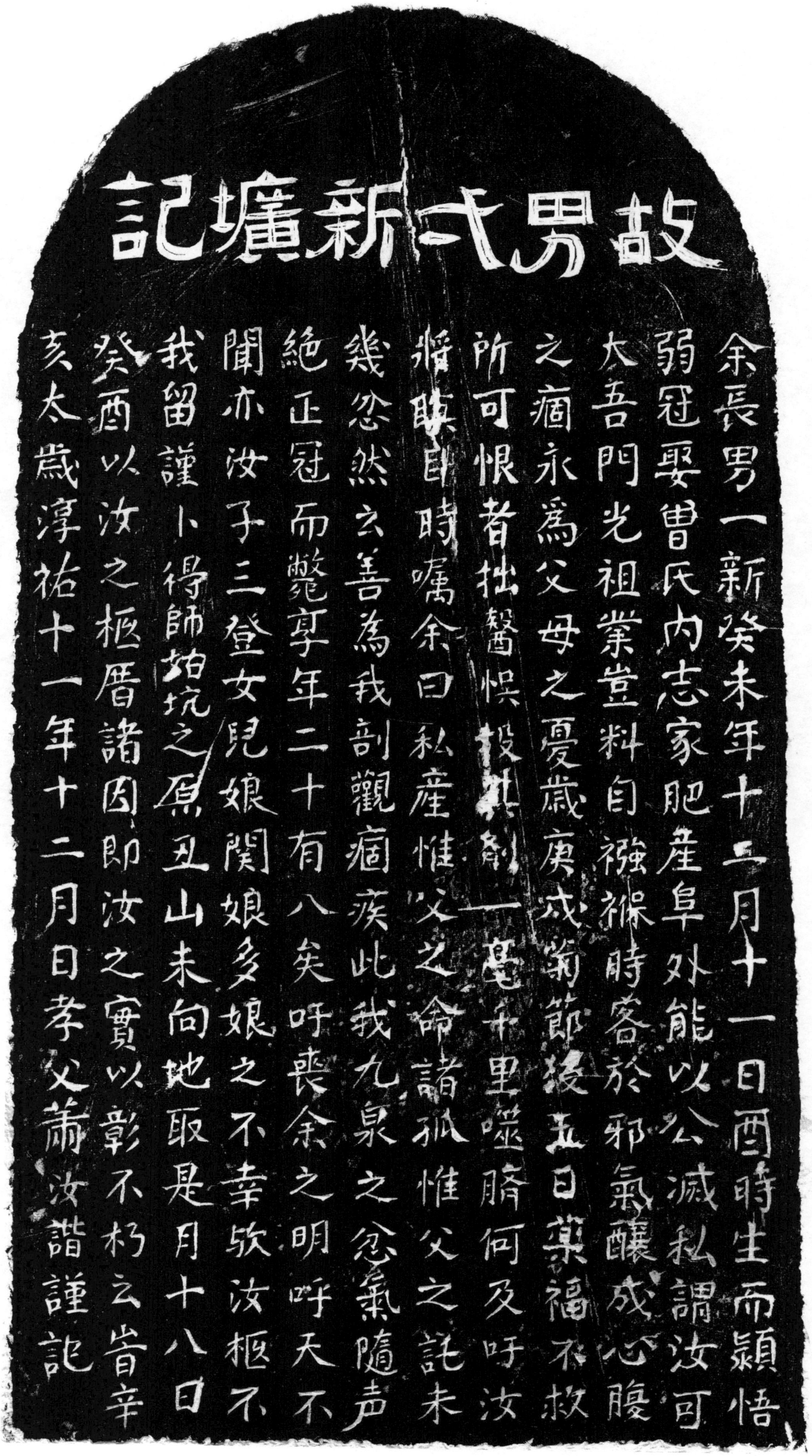

故男弌新壙記

余長男一新癸未年十二月十一日酉時生而穎悟
弱冠娶曾氏内志家肥產阜外能以公滅私謂汝可
大吾門光祖業豈料自強禄時客於邪氣釀成心腹
之痼永為父母之憂歲庚戌菊節後五日藥福不救
所可恨者拙醫悮投其劑一毫千里噬臍何及吁汝
將瞑目時囑余曰私產惟父之命諸孤惟父之託未
幾忿然云善為我剖觀痼疾此我九泉之忿氣隨声
絕正冠而斃享年二十有八矣吁喪余之明吁天不
聞亦汝子三登女兒娘閏娘多娘之不幸欤汝柩不
我留謹卜得師姑坑之原丑山未向地取是月十八日
癸酉以汝之柩厝諸因即汝之實以彰不朽云旹辛
亥太歲淳祐十一年十二月日孝父蕭汝諧謹記

113 宋新淦聶公四十二承事壙記

葬年：南宋淳祐十二年（1252年）十一月初四日甲申　尺寸：高69.3釐米，寬38.8釐米

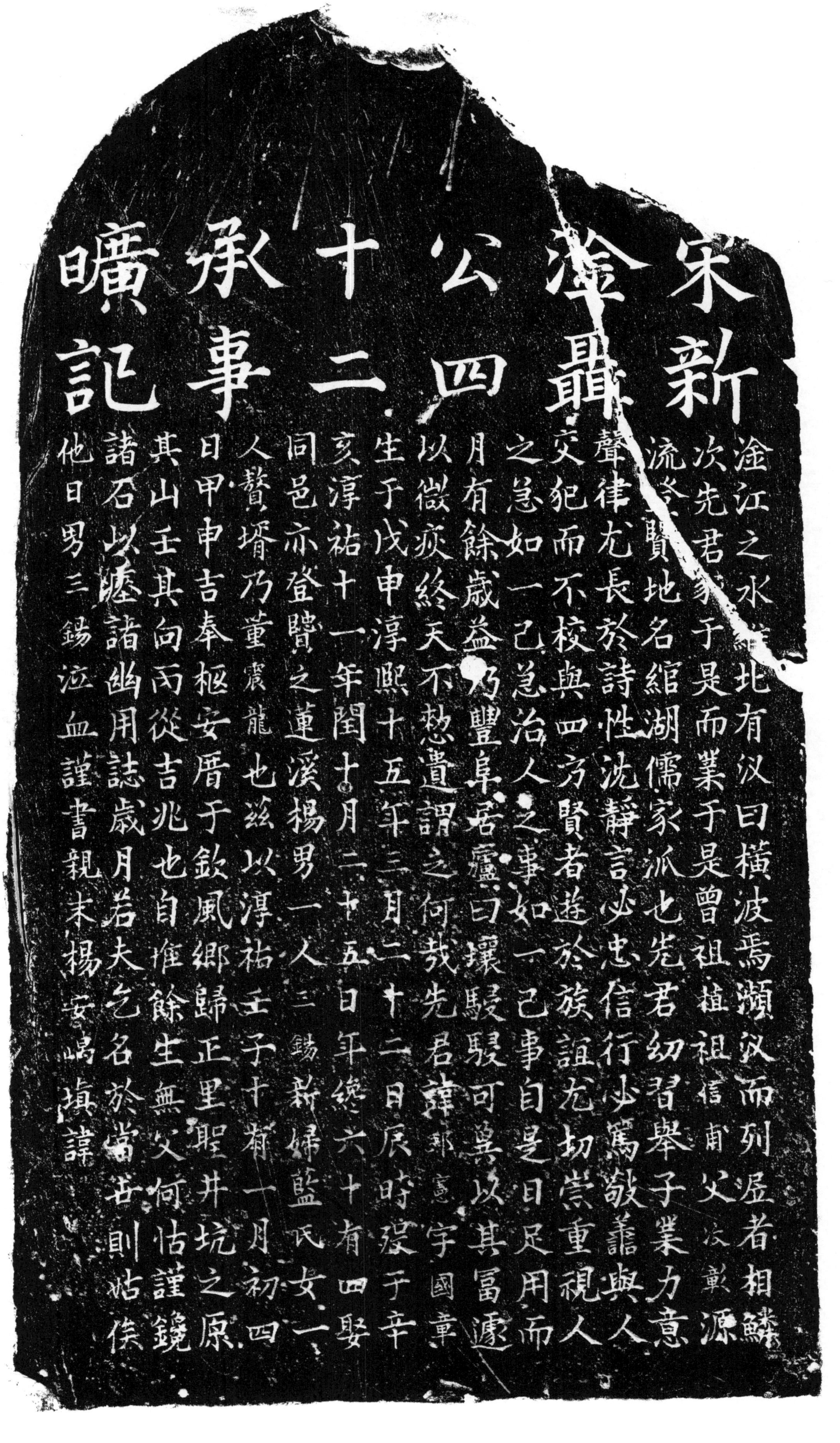
宋新淦聶公四十二承事壙記

淦江之水[illegible]北有汊曰橫波焉瀕汊而列居者相鱗
次先君家于是而業于是曾祖植祖信甫父汝彰源
流登賢地名綰湖儒家派也先君幼習舉子業力意
聲律尤長於詩性沈靜言必忠信行必篤敬善與人
交犯而不校與四方賢者遊於族誼尤切嘗重視人
之急如一己急治人之事如一己事自是日足用而
月有餘歲益乃豐阜居廬曰擐駸駸可異以其富遽
以儆疾終天不憖遺謂之何哉先君諱邦憲字國章
生于戊申淳熙十五年三月二十二日辰時殁于辛
亥淳祐十一年閏十月二十五日年總六十有四娶
同邑亦登贇之蓮溪楊男一人三錫新婦藍氏女一
人贅壻乃董震龍也茲以淳祐壬子十有一月初四
日甲申吉奉柩安厝于欽風鄉歸正里聖井坑之原
其山壬其向丙從吉兆也自惟餘生無父何怙謹鏡
諸石以瘞諸幽用誌歲月若夫乞名於當世則姑俟
他日男三錫泣血謹書親末楊安嵎填諱

114 故江細式宣教墓銘

葬年：南宋淳祐十二年（1252年）十二月二十八日　尺寸：高49.6釐米，寬44.3釐米

115 宋故傅公信甫壙記

葬年：南宋寶祐元年（1253年）七月三十日丙午　尺寸：高59釐米，寬35釐米

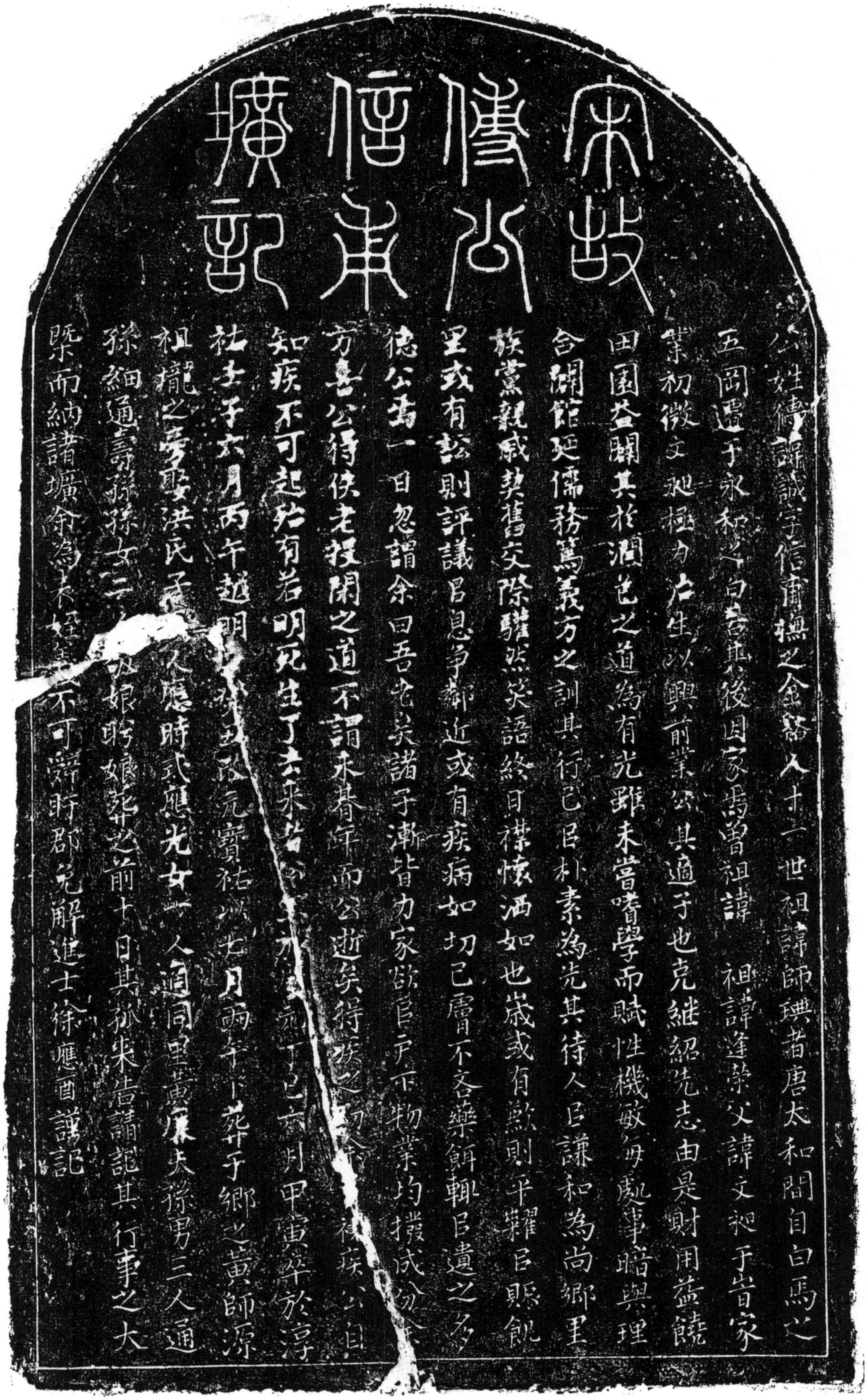
宋故傅公信甫壙記

116 有宋歐氏六娘壙記

葬年：南宋寶祐元年（1253年）十月二十八日

尺寸：高53.2釐米，寬47.3釐米

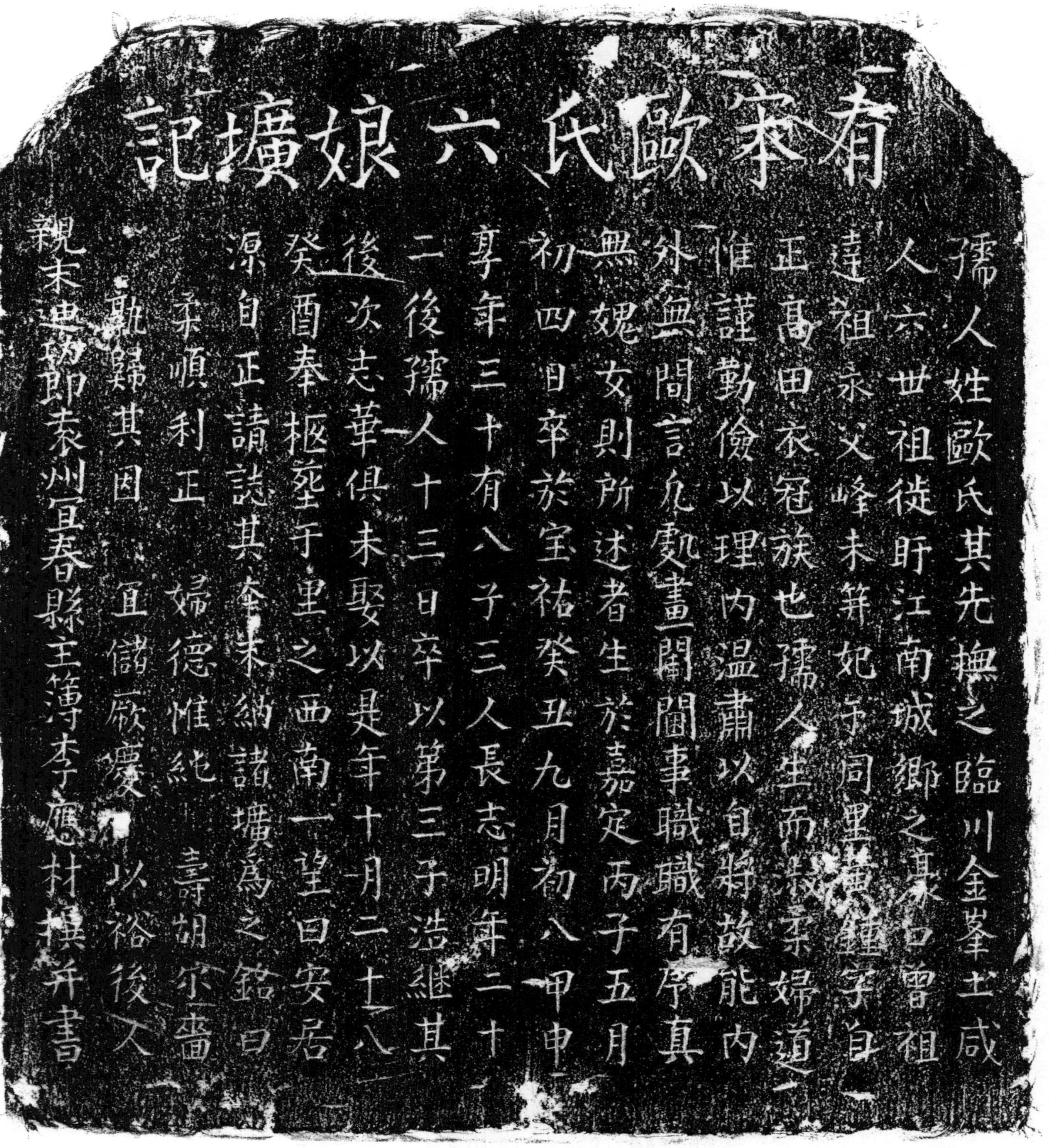

有宋歐氏六娘壙記

孺人姓歐氏其先撫之臨川金峯土咸
人六世祖徙盱江南城鄉之東曰曾祖
達祖永父峰未笄妃于同里黄鍾字自
正高田衣冠族也孺人生而淑柔婦道
惟謹勤儉以理内温肅以自將故能内
外無間言允勲畫闈閫事職職有序真
無媿女則所述者生於嘉定丙子五月
初四日卒於寶祐癸丑九月初八甲申
享年三十有八子三人長志明年二十
二後孺人十三日卒以第三子浩繼其
後次志華俱未娶以是年十月二十八
癸酉奉柩葬于里之西南一望曰安居
源自正請誌其奉朱納諸壙爲之銘曰
柔順利正 婦德惟純 壽胡不齒
孰歸其因 宜儲厥慶 以裕後人
親末迪功郎袁州宜春縣主簿李應材撰并書

117 有宋熊君墓誌

葬年：南宋寶祐二年（1254年）十一月二十二日　尺寸：高57釐米，寬42.5釐米

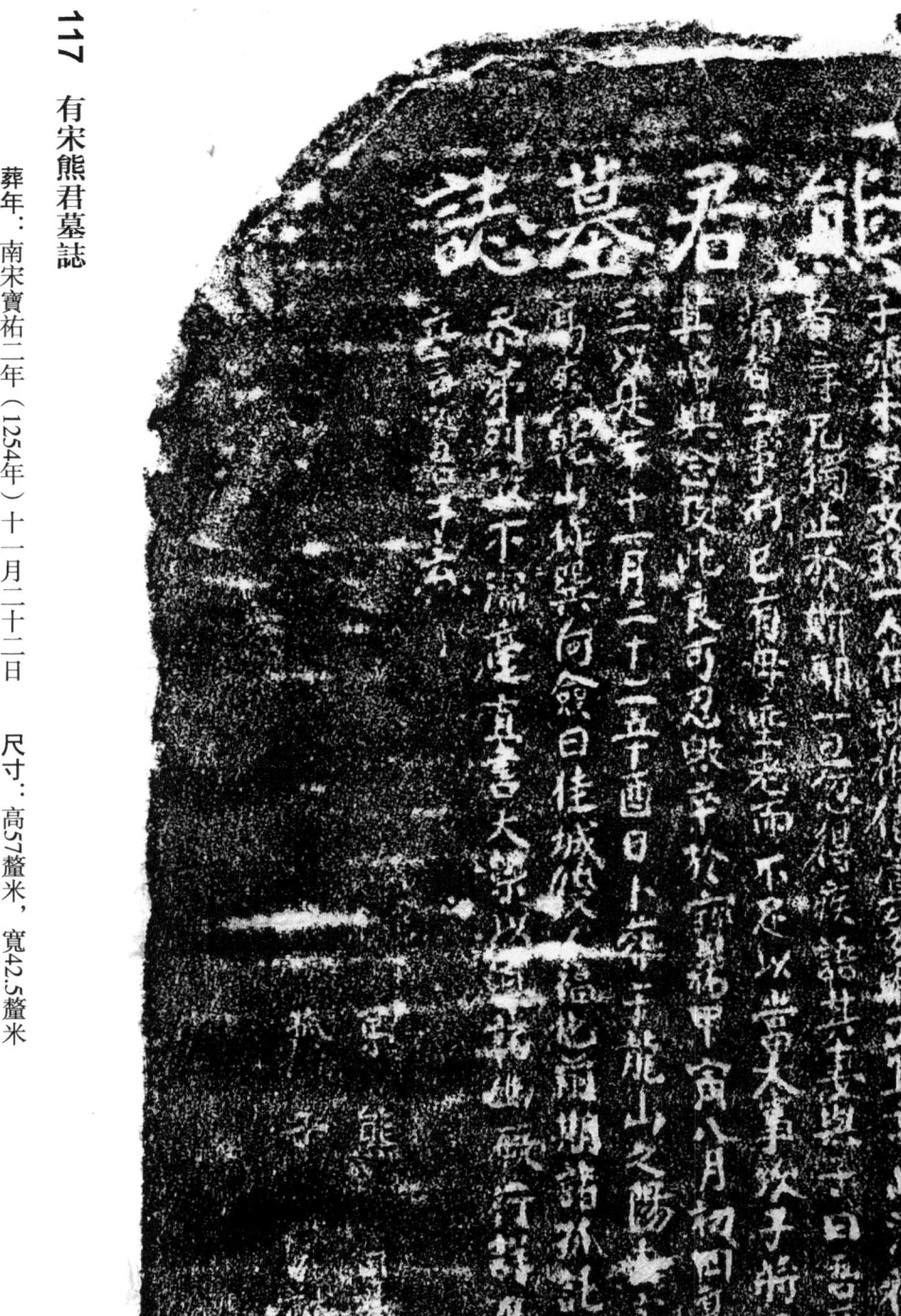

有宋熊君墓誌

有宋章公五承事墓

葬年：南宋寶祐二年（1254年）十二月初四日壬申　尺寸：高51釐米，寬33釐米

有宋章公五承事墓

公諱□字□貴和撫之崇仁侯屬人也曾祖有通
祖□肇父德懋娶樂氏男一人著取李氏女三
人長適咸□吳次適營裏柯幼息女猶稚女孫
三人長長景福次景祿三説九俱未出室公少明
經期進取繼失怙特裁志治生同兄羲居植本
蹈基雖分析猶未析焉失何兄亦先逝特立自
爲齊家睦親以禮以義交隣待友以仁以信加
以勤儉自將增光廿年一介不妄取予焉鄉人
以詭詐避役而喪産惟公以公正執役而全璧
公之兄雖先世而幸有孤遺之孫元老稚褓中
撫字長成延師訓導既歸其青氊故物而又爲
之冠婚特趙氏猶未大歸有不滿焉公生於淳
熙壬寅卒於淳祐之壬子享年七十有一得吉
卜於本里謝家坑之方山作巽山乾向嵩甲寅
十二月初四日壬申歸窆日也契姪上官應祥
謹書

119 故孺人盧氏銘

葬年：南宋寶祐三年（1255年）九月初三日　尺寸：高44.3釐米，寬40.8釐米

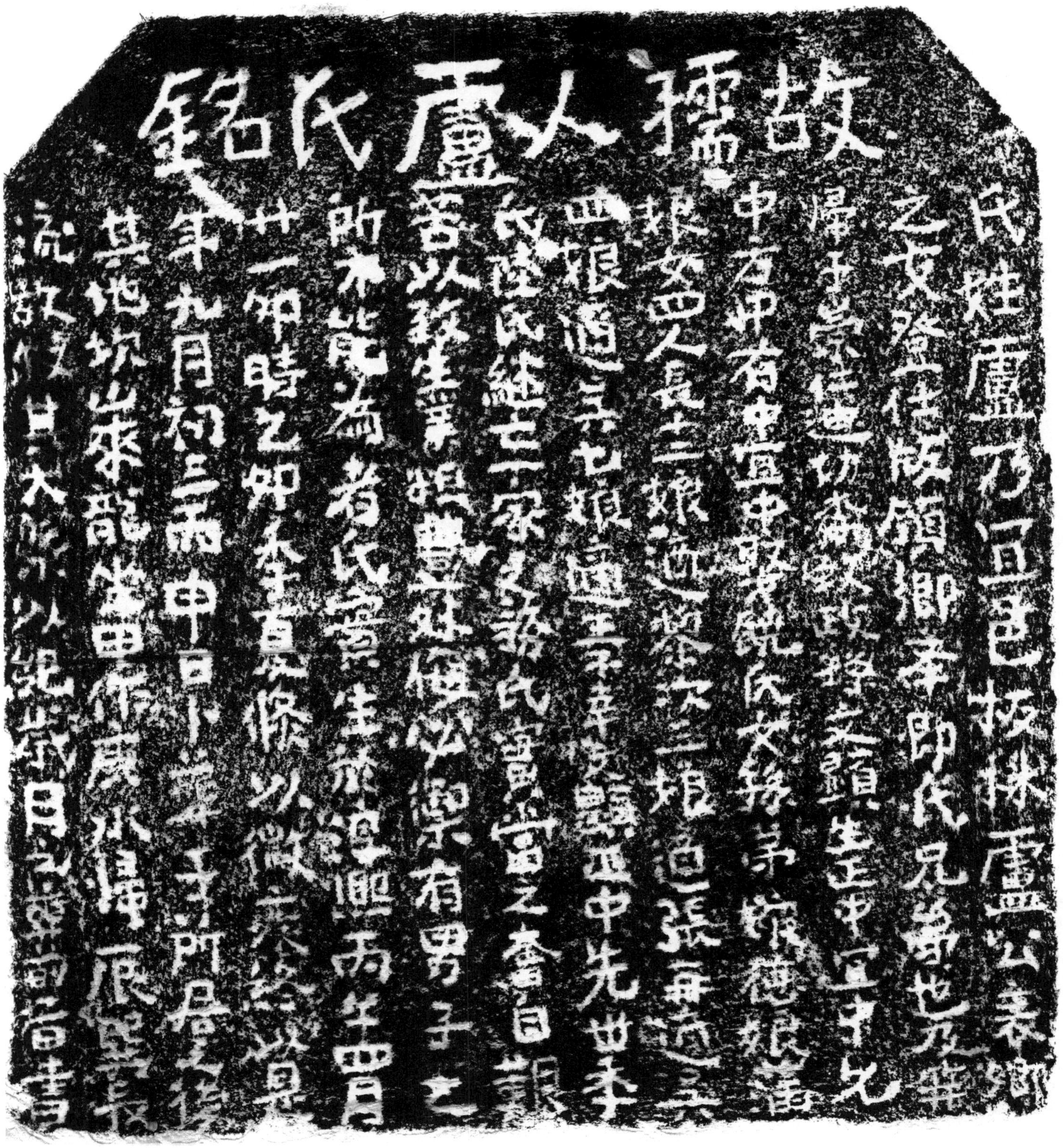

120　宋曾居士墓記

葬年：南宋寶祐三年（1255年）十一月二十七日庚申　尺寸：高74釐米，寬49釐米

宋曾居士墓記

居士姓曾氏諱文煥字堯卿撫之臨川人曾大父有
序大父山衛父邦昌俱潛德不耀始祖演自南豐徙
居臨川查林逮七世居士性端慤少志于學從雲莊
李公遊手不釋卷以早失怙恃為家務所奪莫能竟
其業奉慈母黄氏以孝聞晚節以樽酒自娛優游養
志淳祐庚戌正月丁丑一疾終于正寢生於慶元庚
申六月甲寅享年五十有一娶同邑吳氏生男二人
瑜瓏女一人適同邑鄒鼎先卒孫男二人林德孫女
孫二人尚幼以寶祐乙卯十一月庚申葬于羊鵠坡
之陽并券以告山之神曰公之宅兆宅于此山環而
水顧恐有魑魅魍魎或敢侵陵尔神其呵護春秋祀
享尔神其與姪瑢為書其歲月并券以藏諸墓

121 宋故洪氏孺人墓記

葬年：南宋寶祐三年（1255年）十二月二十一日甲申　尺寸：高65.5釐米，寬37釐米

122 有宋張公童氏壙記

葬年：南宋寶祐五年（1257年）八月初二日甲申　尺寸：高57.8釐米，寬48釐米

有宋張公童氏壙記
先君諱汝能字思明先世居饒之德興從撫之金谿曾祖德脩
祖翊不仕父公靜勑授迪功郎致仕母董氏慶元丁巳祖父從
居臨川崇德鄉明年公乃生娶盱江童氏將仕郎榮祖之女寶
祐甲寅祖父卽世先妣相繼而亡先君方抱終天之恨復重以
鼓盆之戚憂患熏心以至卧疾不起嗚呼痛哉先君生於慶元
戊午十一月二十六日卒於寶祐乙卯十一月初二日享年五
十有八先妣生於慶元乙卯三月十九日卒於寶祐甲寅十二
月二十八日享年六十男泰孫女萬四娘適進士吳秀實
將以丁巳八月甲申奉二親柩合葬于凌雲山下之東原召兆
謹識以詔諸幽孤哀子張泰孫泣血書壻吳秀實填諱

123　兆二宣教壙記

葬年：南宋寶祐五年（1257年）十二月二十二日　尺寸：高44.5釐米，寬33釐米

兆二宣教壙記

124 故蔡公承事墓記

葬年：南宋寶祐六年（1258年）二月二十六日

尺寸：高51釐米，寬32釐米

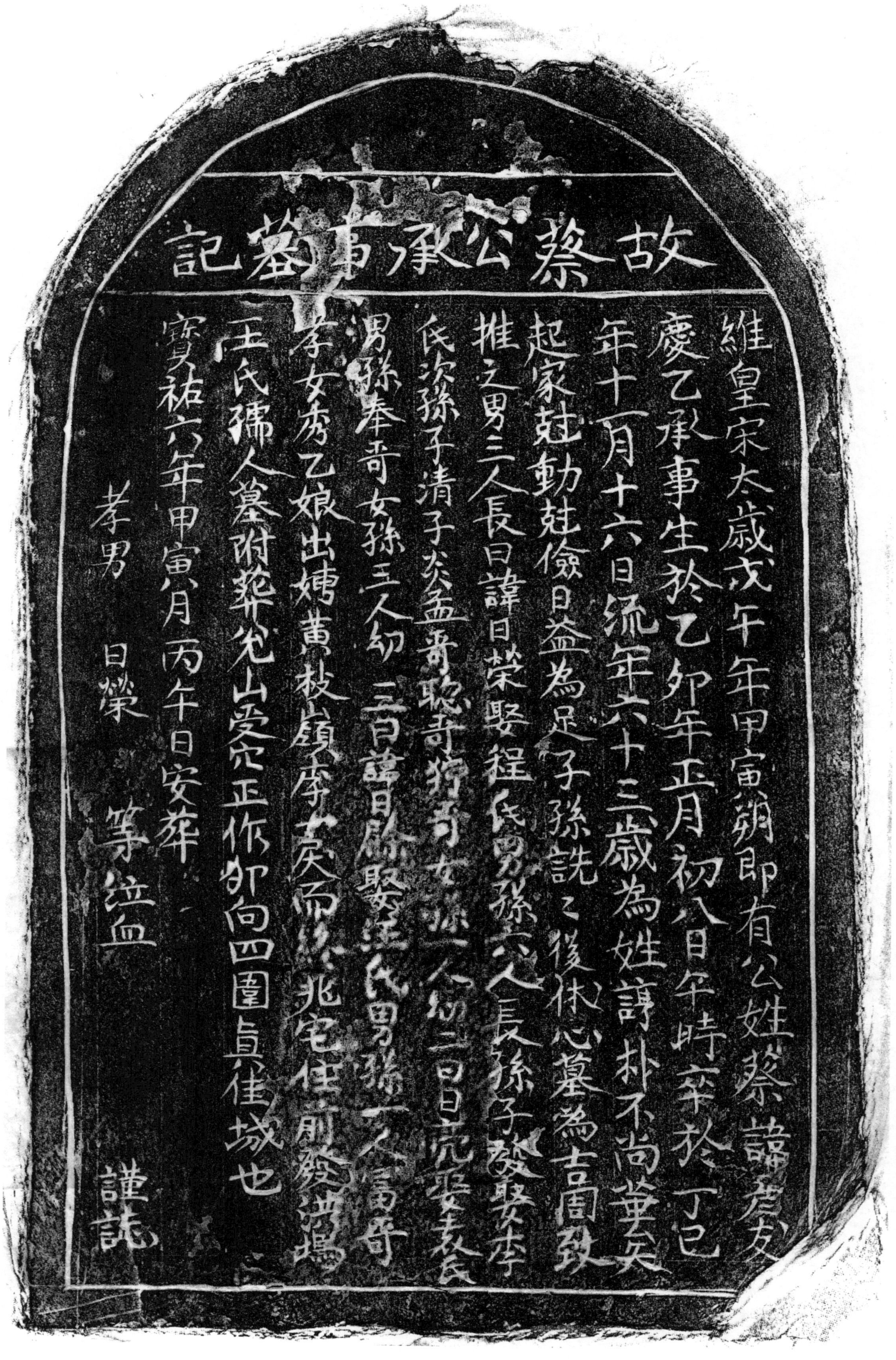

故蔡公承事墓記

維皇宋太歲戊午年甲寅朔即有公姓蔡諱彥友
慶乙承事生於乙卯年正月初八日午時卒於丁巳
年十一月十六日享年六十三歲為姓諱朴不尚華矣
起家勤儉日益為足子孫詵詵之後依心墓為吉閭致
推之男三人長曰諱曰榮娶程氏男孫六人長孫子發娶李
氏次孫子清子炎孟哥聰哥狗哥女孫一人幼二曰日荒娶袁長
男孫奉哥女孫三人幼 三曰諱日脩娶江氏男孫一人富哥
孝女秀乙娘出嫁黃枚嶺李十七而終兆宅往前發洪鳩
王氏孺人墓附葬兇山受穴正作卯向四圍真佳城也
寶祐六年甲寅月丙午日安葬
孝男 曰榮 等泣血 謹誌

125 有宋徐氏孺人壙記

葬年：南宋寶祐六年（1258年）六月十九日丁酉　尺寸：高63釐米，寬48釐米

有宋徐氏孺人壙記

孺人姓徐氏諱孟昭字淑明曾祖汝賢祖雲
從父大成俱潛德弗耀世居饒之洎水大睦
里妣氏夙有淑質動遵家訓歸于先君劉公
知監海其事尊以孝其相夫以道其待人以
恕其肅閨門以禮其奉祭祀以敬其處娣姒
以和以故閫則正家道興靡所不盡其至他
如賙恤貧乏施予緇黃經始屋廬勤工絲枲
又不可以枚舉自先君謝世妣氏經理家事
扶植門戶訓誨孤穉期玉于成諸孤亦致力
燈窗將有以遂其顯揚之志天胡奪吾母之
遽耶嗚呼痛哉妣氏生於淳熙辛丑四月十
二日殁於寶祐癸丑十月九日子男二人祁
監沅江稅妣氏未葬而卒郁習進士業女三
人長適浮梁長薌黃崧次適同邑張炎次適
浮梁斛溪朱陛先妣氏卒孫五人松孫梅孫
杞孫桂孫椿孫女孫五人寶祐戊午六月十
有九日丁酉奉柩窆于番陽里仁鄉赤土崗
今姑撫其大槩而誌諸壙若夫阡表又當丐
銘於立言之君子孤哀子郁泣血百拜謹書

126 宋故吳公承事墓誌

葬年：南宋開慶元年（1259年）九月初五日丙午

尺寸：高54.4釐米，寬51.4釐米

宋故吳公承事墓誌

公諱淵世居撫之崇仁邑南二十餘里曰下吳
曾祖爾祖贊父總皆稱鄉里善人妣唐氏公幼
端慤長甚良畏善治生理凡事鎮以和勞上下
安之迁居浮源去故家二里而近築室及垣墉
必謹凡姻朋相過必餉具留款急難有請隨力
周速得者皆踰望外前娶黎氏子男二人長望
次巖皆先公數年卒推次男生二孫彥美寶公
鞠育顧復備了畢冠昏事今皆且立矣繼室鄒
氏尚尔在堂公生於淳熙壬寅四月二十一日
卒於開慶己未正月十一日享年七十有七二
孫承重服治喪以是年九月初五日丙午葬公
于長安鄉之澤源其地坐辛向乙乃生前所卜
也諸孫屬余爲文以誌其墓余親且契義弗敢
辭姑序其大槩以納諸壙云　姻家姪楊奇撰

127　宋故李氏夫人壙記

葬年：南宋景定三年（1262年）正月初三日庚申　尺寸：高51釐米，寬39.5釐米

宋故李氏夫人壙記

宋故李氏夫人壙記

有宋景定辛酉歲豫章豐城大順鄉之管場甘氏之子益
以宜室夫人李氏喪葬于臨川明賢鄉乾騰山之孫公坑
謹刻石脩藏之且以告此山之神維夫人世居臨川之棠
步大父時發父宗榮夫人生而溫淑父母愛之長擇所宜
歸以寶祐癸丑歲歸于我其奉姑執婦道惟謹其處妯娌
雖同居無間言內外周旋長幼輯睦而家道裕如也謂宜
與之偕老奉親鞠幼以了此生而夫又蚤得腰足疾起止
惟艱傴僂而茍活者二三載終以此疾弗捄堂有偏親室
有孤兒嗚呼痛哉夫人生於端平甲午十一月之十五日
卒於景定庚申十一月之初四日得年二十有七男一人
乳名賤孫夫人既瞑目外家內族俱謂少喪宜即葬予以
夫人有子不擇地無以妥夫人靈無以為子孫計也越一
年迺得今卜坐丑癸向未丁山環水曲自謂吉藏以是年
九月一日庚申既舉棺入深而坐向未利從權宜也復以
明年壬戌正月初三日庚申遷定正向蓋局於陰陽家者
流而徼福於幽明之異路也歲月不可不書夫甘益書以識

128 宋黃孺人壙記

葬年：南宋景定四年（1263年）十一月初八日甲申　尺寸：高58.1釐米，寬46釐米

宋黃孺人壙記

129 宋故孔公春二宣教壙記

葬年：南宋景定四年（1263年）十二月十四日庚申　尺寸：高48.5釐米，寬48.5釐米

宋故孔公春二宣教壙記
先君諱汝明字彰叔撫之金谿人也曾大
父彬大父汝紹父貴爲皆潛德弗仕先君娶
薛氏子七人之仁娶吳氏之佐娶薛氏
之倬之偉之休薦孫薦第女孫富娘先
君生於己卯八月十五日卒於癸亥六
月十八日享年四十有五今以是歲臘
月十四庚申忍死奉柩葬于同里之淳
塘源坐壬向丙未暇請銘于賢達姑識
歲月納諸壙云孤子之仁等泣血謹書
眷末待省進士蕭酉奮填諱

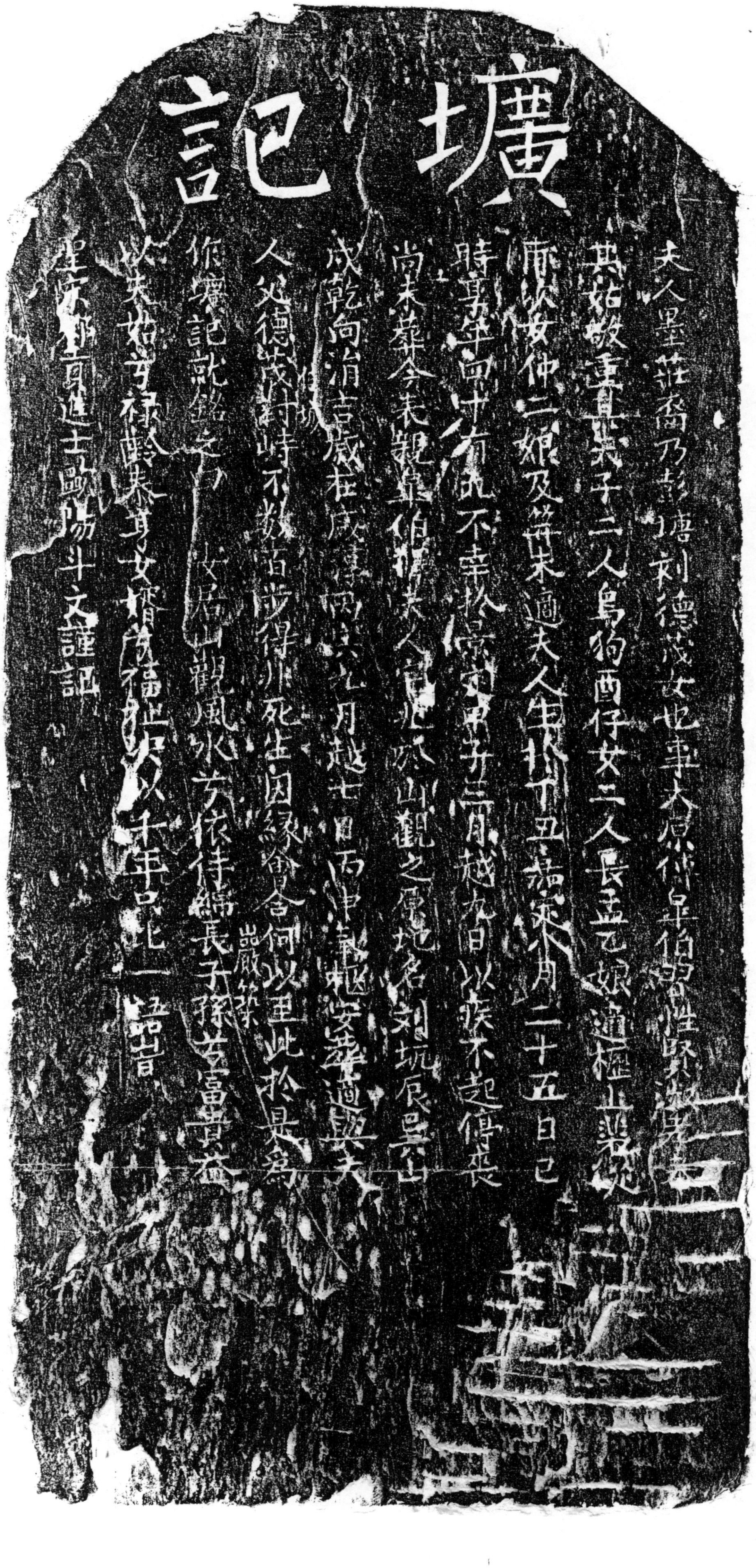
壙記

130 劉氏壙記

葬年：南宋咸淳二年（1266年）九月初七日

尺寸：高60釐米，寬28.7釐米

131 圓宋曇囦龢尚塔銘

葬年：南宋咸淳二年（1266年）十二月初一日　尺寸：高84釐米，寬44.5釐米

圓宋曇囦龢尚塔銘

132 先君西平小六評事墓誌

葬年：南宋咸淳二年（1266年）十二月初八日

尺寸：高46.5釐米，寬39.2釐米

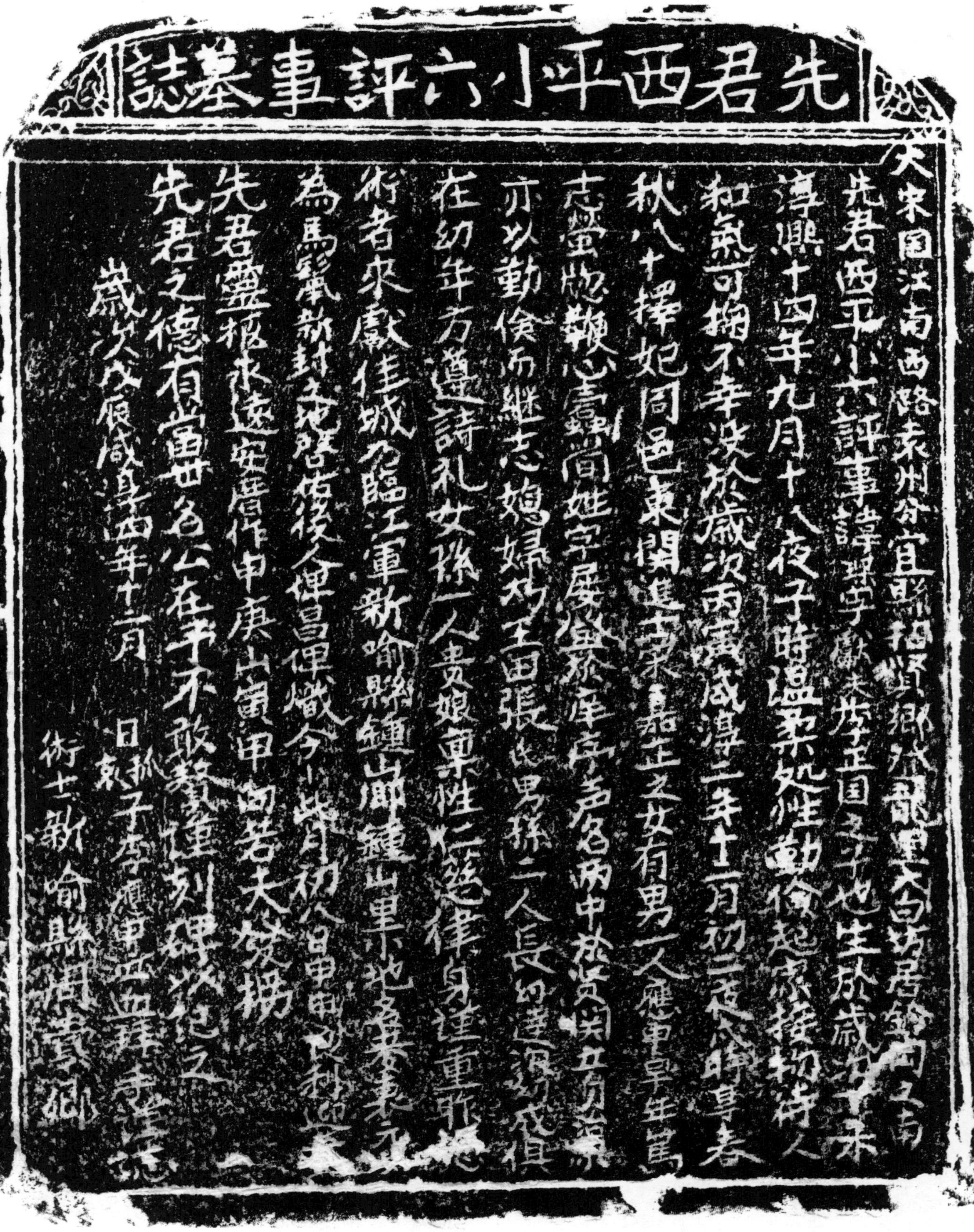
先君西平小六評事墓誌

133 宋故王氏孺人墓誌

葬年：南宋咸淳二年（1266年）　尺寸：高51釐米，寬35釐米

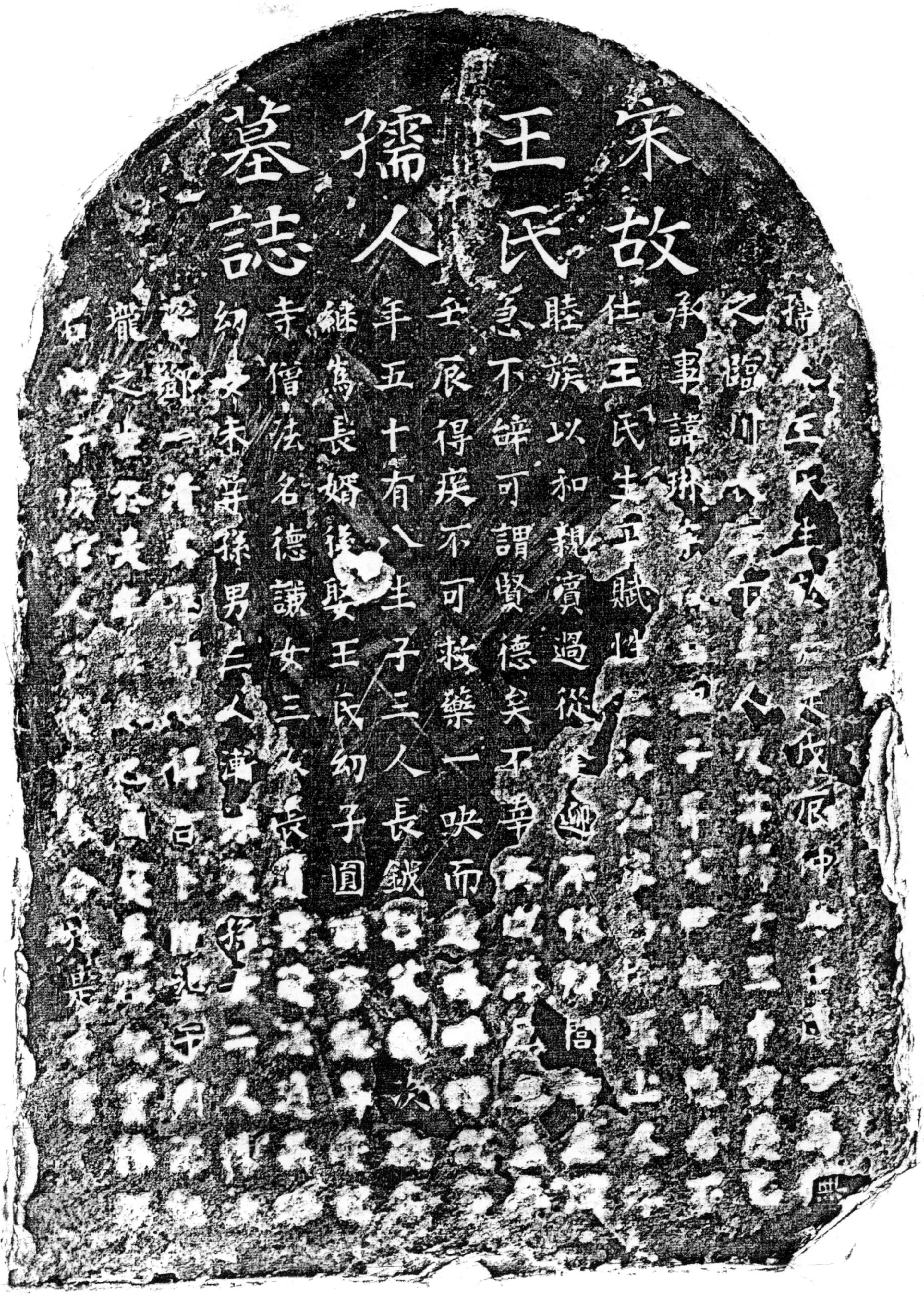

134 宋孺人龔氏壙記

葬年：南宋咸淳三年（1267年）二月二十六日

尺寸：高60.3釐米，寬46.1釐米

宋孺人龔氏壙記

孺人姓龔氏世居高陵小男子可之愛女也可無子有女不
嫁凡子乃心龜筮從然後與孟孫盟質交未親而□可之治命於
其兄曰某女六五娘已許適白千昏某兄其爲某涓吉成禮吾目
瞑矣以寶祐戊午冬歸于我從治命也孺人性雅淡女工婉慧
事□姑孝遇娣息執匜櫛尤敬嘗勉余曰君宜力學成立毋負
先君期給身之望信有在矣十年富對遂頑充生天其謂何嗚
呼畜於身者後必昌孝於上者終必報孺人幼失怙恃長無兄
弟直雅慧孝藝能勉□以正不遺其先命何如其專而□止於
斯君奚備短之理宜不可詰異室同穴之義正自無涯而況十
年之久耶哀哉孺人生於乙巳正月之初八於今年正月初九
辛亥享年二十有三曾祖諱支明隱德不耀祖諱淵韜有文聲屢
充□貢　泮宮前庠士則之父諱立□子可其字也母故張氏
其以今月甲申日葬于里之皇澤其地亥山巳向癸水正潮歸
庚辛□流□規卜葬以永祀事於□時月納□□云咸淳三年
二月二十有六日夫期服眷孟孫泣書

135　宜春京橋人墓誌

葬年：南宋咸淳三年（1267年）十一月二十日

尺寸：高26.5釐米，寬35釐米

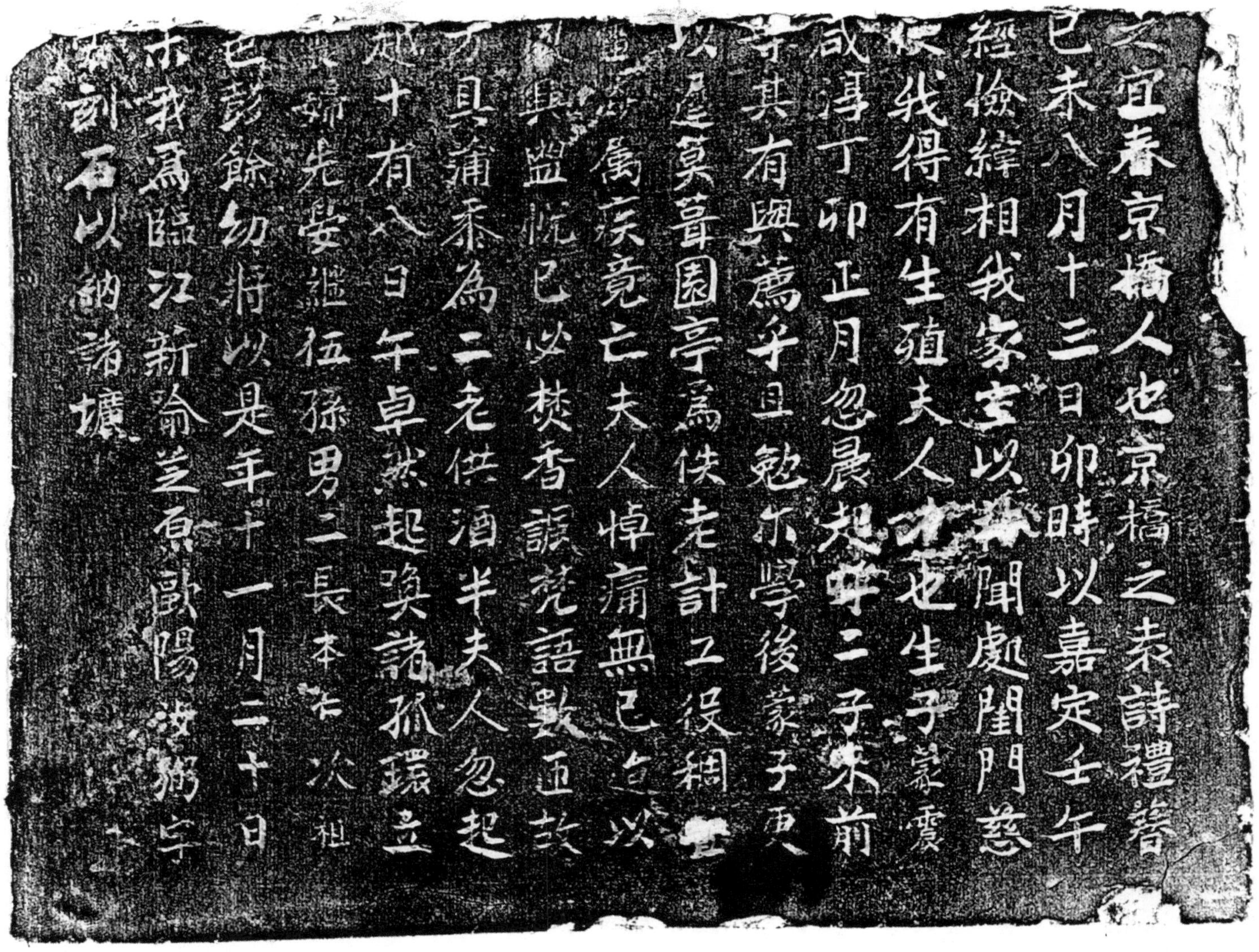

之宜春京橋人也京橋之表詩禮簪
己未八月十三日卯時以嘉定壬午
經儉緯相我家室以[illegible]聞處閨門慈
[illegible]我得有生殖夫人[illegible]也生子蒙震
咸淳丁卯正月忽晨起[illegible]二子來前
尋其有與薦乎且勉爾學後蒙子更
以是莫葺園亭爲佚老計工役稠[illegible]
[illegible][illegible]屬疾竟亡夫人悼痛無已旦以
[illegible]與盥櫛已必焚香誦梵語數迺故
乃具蒲黍爲二老供酒半夫人忽起
越十有八日午卓然起喚諸孫環立
[illegible]婦先嬰[illegible]伍孫男二長本老次祖
已彭餘幼將以是年十一月二十日
示我爲臨江新喻芝原歐陽[illegible][illegible]字
[illegible]訓石以納諸壙

136 故敖君墓壙記

葬年：南宋咸淳三年（1267年）十二月初八日庚申　尺寸：高45釐米，寬38.3釐米

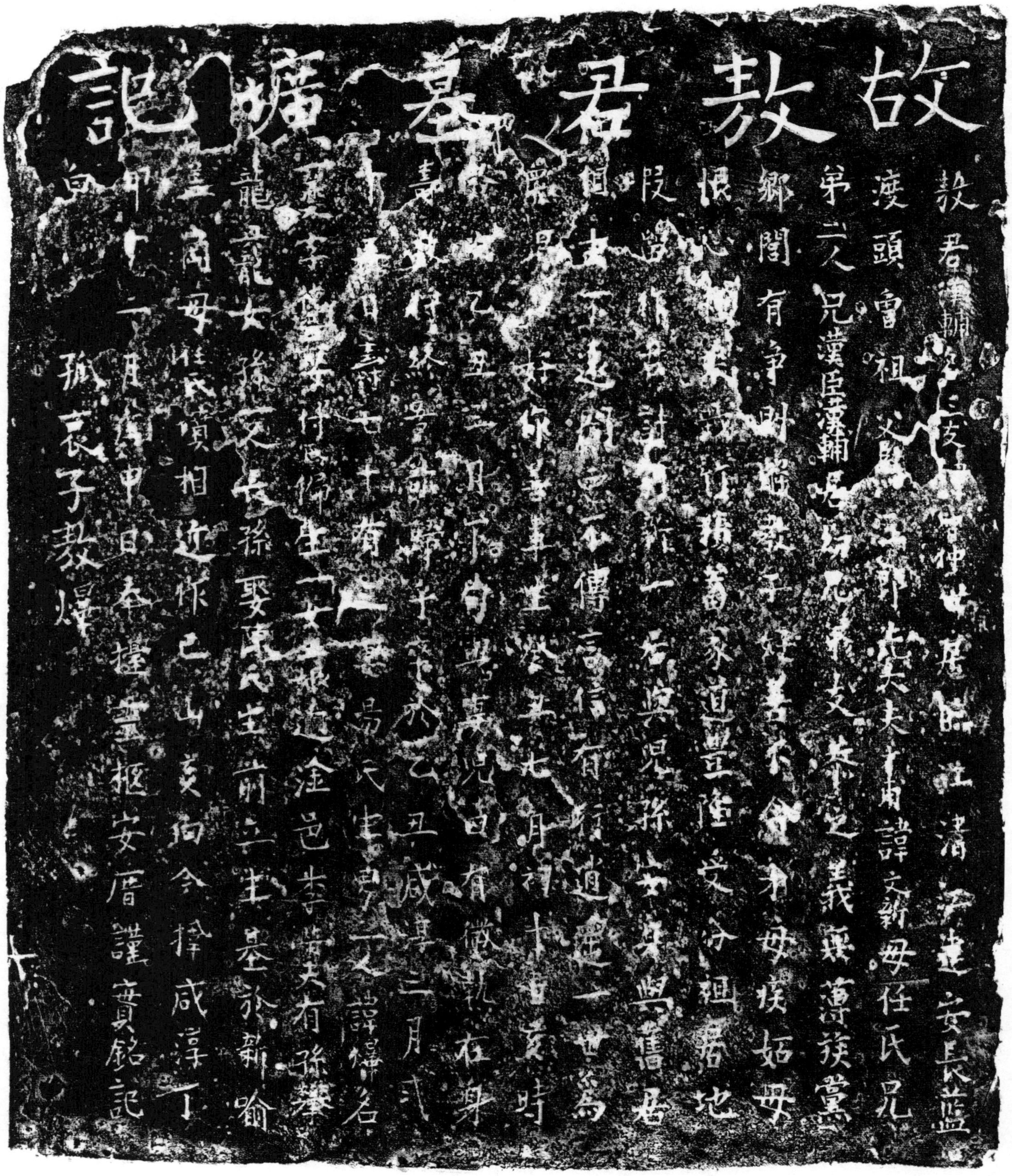
故敖君墓壙記

137　宋故吴氏夫人墓記

葬年：南宋咸淳四年（1268年）三月二十八日　尺寸：高62.5釐米，寬47.5釐米

宋故吴氏夫人墓記

138 先師管轄戴君壙記

葬年：南宋咸淳四年（1268年）八月二十七日丙午　尺寸：高51.5釐米，寬31釐米

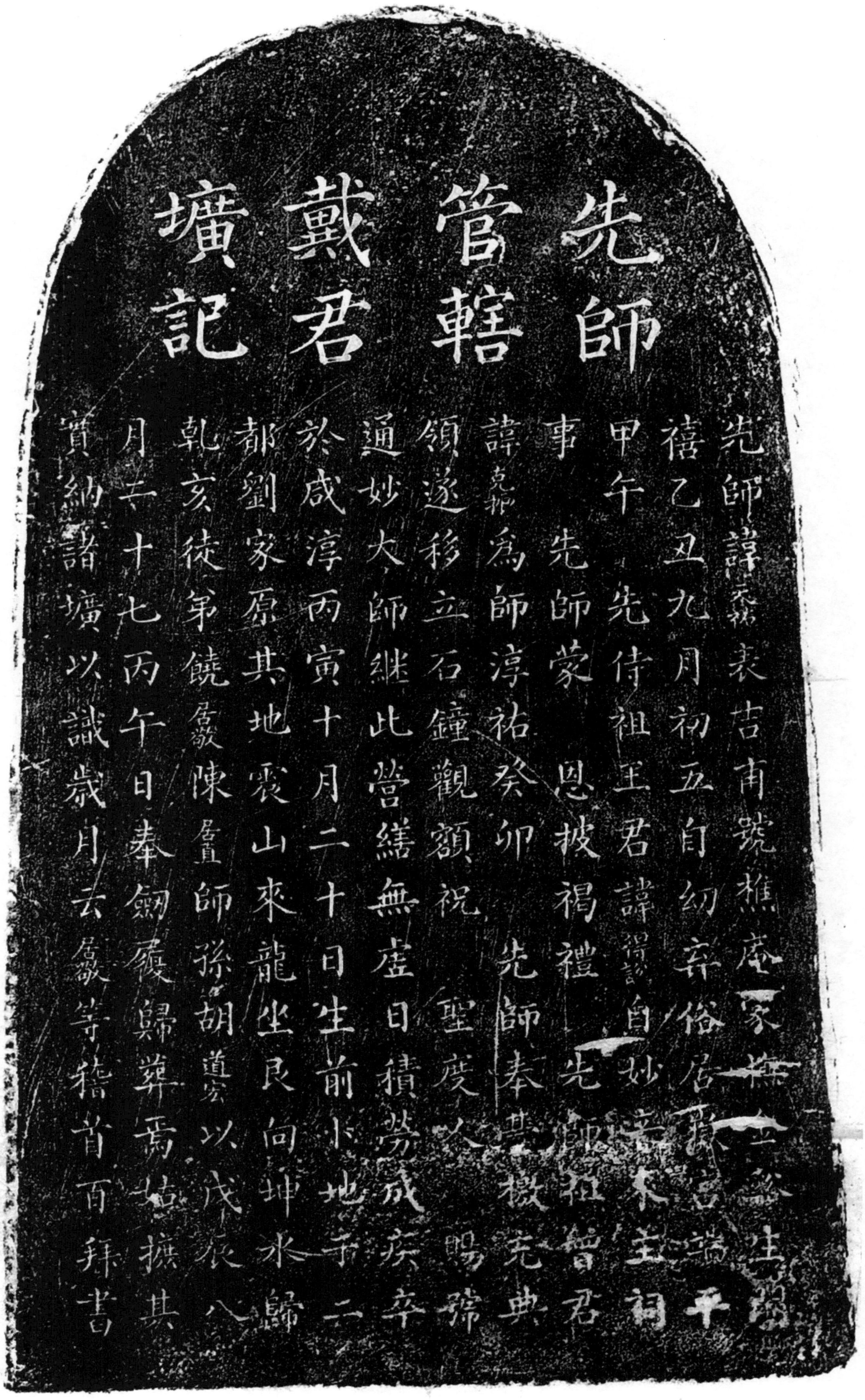

先師管轄戴君壙記

先師諱淼表吉甫號樵庵家[illegible]生[illegible]
禧乙丑九月初五自幼弃俗居[illegible]端平
甲午先侍祖王君諱得詔自妙[illegible]主祠
事先師蒙恩披褐禮先師祖曾君
諱克柳為師淳祐癸卯先師奉其檄充典
領遂移立石鐘觀額祝聖慶又賜號
通妙大師繼此營繕無虛日積勞成疾卒
於咸淳丙寅十月二十日生前卜地于二
都劉家原其地震山來龍坐艮向坤水歸
乾亥徒弟饒居敬陳居直師孫胡道宏以戊辰八
月二十七丙午日奉劒履歸葬焉[illegible]擴其
實納諸壙以識歲月云居敬等稽首百拜書

139 曾氏孺人壙記

葬年：南宋咸淳六年（1270年）三月癸酉　尺寸：高58.3釐米，寬43.5釐米

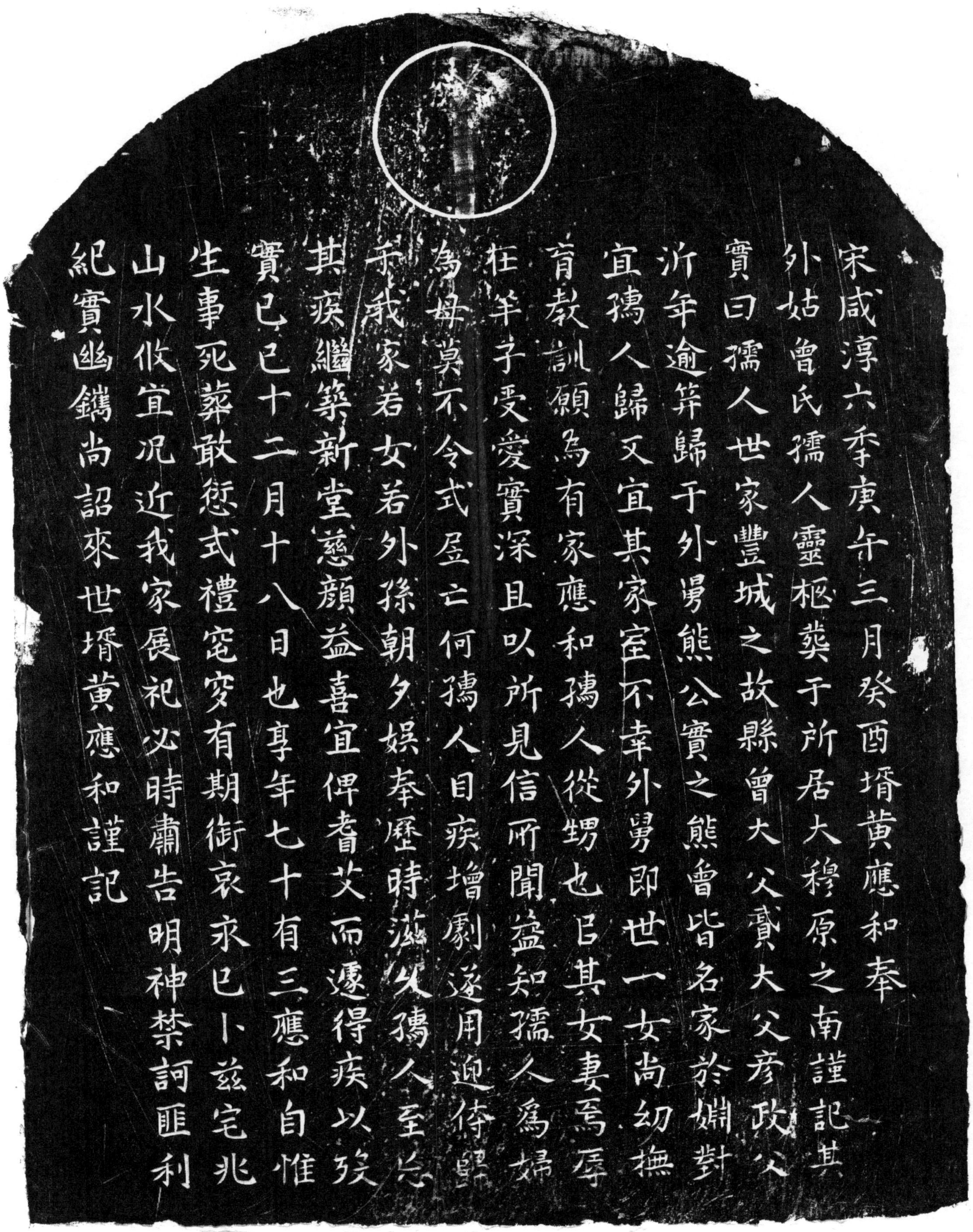

宋咸淳六秊庚午三月癸酉壻黄應和奉
外姑曾氏孺人靈柩葬于所居大穆原之南謹記其
實曰孺人世家豐城之故縣曾大父賁大父彥政父
沂年逾笄歸于外舅熊公實之熊曾皆名家於姻對
宜孺人歸又宜其家室不幸外舅即世一女尚幼撫
育教訓頗爲有家應和孺人從甥也已其女妻焉辱
在半子受愛實深且以所見信所聞益知孺人爲婦
爲母莫不令式居亡何孺人目疾增劇遂用迎侍歸
于我家若女若外孫朝夕娛奉歷時滋久孺人至忘
其疾繼築新堂慈顏益喜宜俾耆艾而遽得疾以歿
實已十二月十八日也享年七十有三應和自惟
生事死葬敢愆式禮窀穸有期銜哀永已卜茲宅兆
山水攸宜况近我家展祀必時肅告明神禁訶匪利
紀實幽鐫尚詔來世壻黄應和謹記

140 故夫人周氏壙記

葬年：南宋咸淳七年（1271年）八月十一日　尺寸：高38釐米，寬38.5釐米

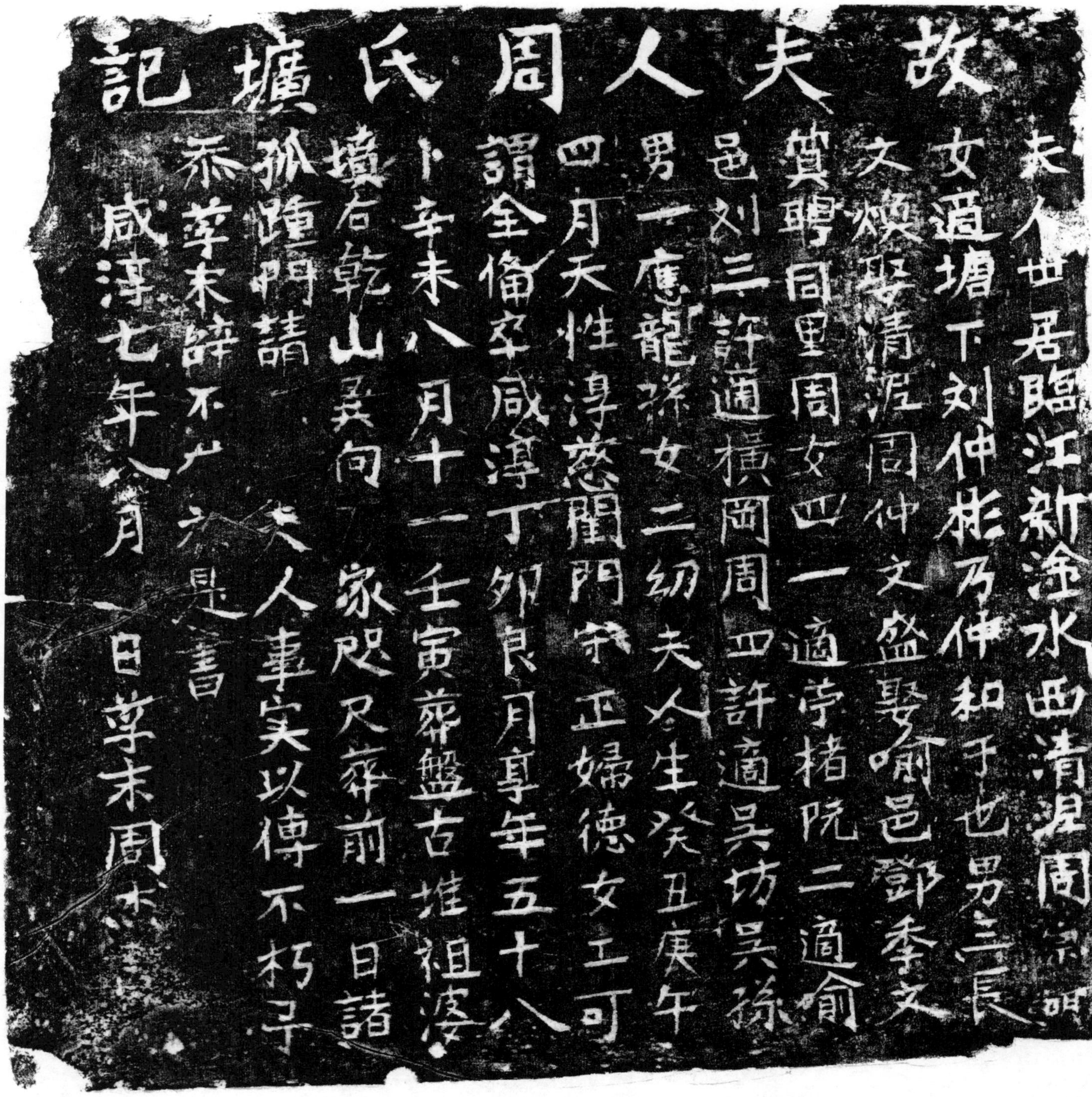
故夫人周氏壙記
夫人世居臨江新淦水西清溪周宗明
女適塘下刘仲彬乃仲和子也男三長
文煥娶清溪周仲文盛娶喻邑鄧季文
質聘同里周女四一適亭楮阬二適俞
邑刘三許適横岡周四許適吳坊吳孫
男一應龍孫女二幼夫人生癸丑庚午
四月天性淳慈閨門和正婦德女工可
謂全備卒咸淳丁卯良月享年五十八
卜辛未八月十一壬寅葬盤古堆祖婆
壙右乾山巽向　家咫尺葬前一日諸
孤踵門請　夫人事实以傳不朽予
忝孶末辭不[illegible]為是書
咸淳七年八月　日孶末周[illegible]

141 宋故朝奉程公墓誌銘

葬年：南宋咸淳七年（1271年）十二月十六日　尺寸：高32釐米，寬41.2釐米

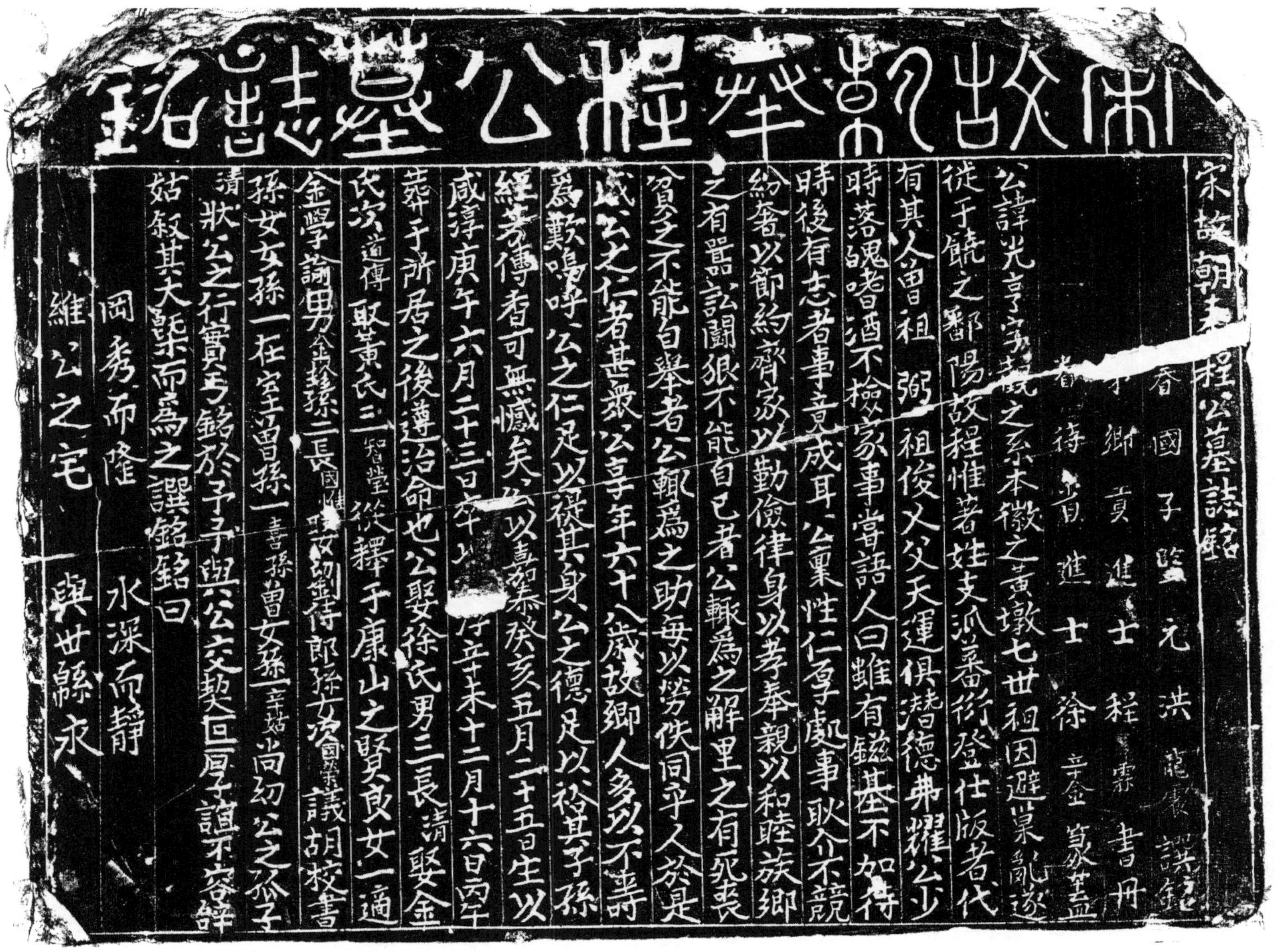
宋故朝奉程公墓誌銘
宋故朝奉程公墓誌銘
國子監元洪龍袤撰銘
鄉貢進士程霖書丹
進士徐辛金篆蓋
公諱光亨之系本徽之黃墩七世祖因避巢亂遂
從于饒之鄱陽故程惟著姓支派蕃衍登仕版者代
有其人曾祖弼祖俊父天運俱潛德弗耀公少
時落魄嗜酒不撿家事嘗語人曰雖有鎡基不如待
時後有志者事竟成耳公稟性仁厚處事耿介不競
紛奢以節約齊家以勤儉律身以孝奉親以和睦族鄉
之有嚚訟鬭狠不能自已者公輒為之解里之有死喪
貧乏不能自舉者公輒為之助每以勞佚同乎人於是
哉公之仁者甚衆公享年六十八歲故鄉人多以不壽
為歎嗚呼公之仁足以從其身公之德足以裕其子孫
經若傳者可無憾矣公以嘉泰癸亥五月二十五日生以
咸淳庚午六月二十三日卒以辛未十二月十六日丙午
葬于所居之後遵治命也公娶徐氏男三長清娶金
氏次道傳娶黃氏三智堂從釋于康山之賢良女一適
孫女女孫一在室曾孫一壽孫曾女孫一辛姑尚幼公之孫子
清狀公之行實丐銘於予予與公交契亘厚子誼不容辭
姑敘其大槩而為之撰銘銘曰
岡秀而隆　水深而靜
維公之宅　與世緜永

142 宋故寄菴馮君居士壙誌

葬年：南宋咸淳八年（1272年）五月十五日壬申　尺寸：高62.5釐米，寬38.6釐米

宋故寄菴馮君居士壙誌

143 瑞娘墓誌

葬年：南宋咸淳八年（1272年）九月二十七日壬午　尺寸：高58.3釐米，寬4釐米

宋咸淳八年壬申九月壬午豊城峼坡黄應
和克葬女子瑞娘于長寧鄉大穆之原裏因
記其畧曰黄氏自高祖貢士諱瓊徙居大穆
曾祖諱奕祖諱驪傳家詩禮奕葉流光同堂
比棟殆數百指瑞娘生於寶祐丁巳正月辛
卯夙有淑質幼習教訓女工敏而埶少長静
專不妄言笑事余及其母能下氣怡色如不
及今年春得疾日事醫弗瘉疾甚猶能自力
蓋惟恐或傷父母之懷也不幸四月甲午卒
僅得年十有六而已余與妻哭之傷心焉其
葬在家之南數百步北距外祖母曾夫人墳
纔數丈枕寅趾申陰陽家曰宜嗚呼天乎何
為厚是懿德而不永其年耶窀穸有日痛恨
無窮鐫石埋詞以列幽宮父黄應和記

144 故母親舒氏壙記

葬年：南宋咸淳九年（1273年）二月初九日壬辰　尺寸：高46.5釐米，寬27.5釐米

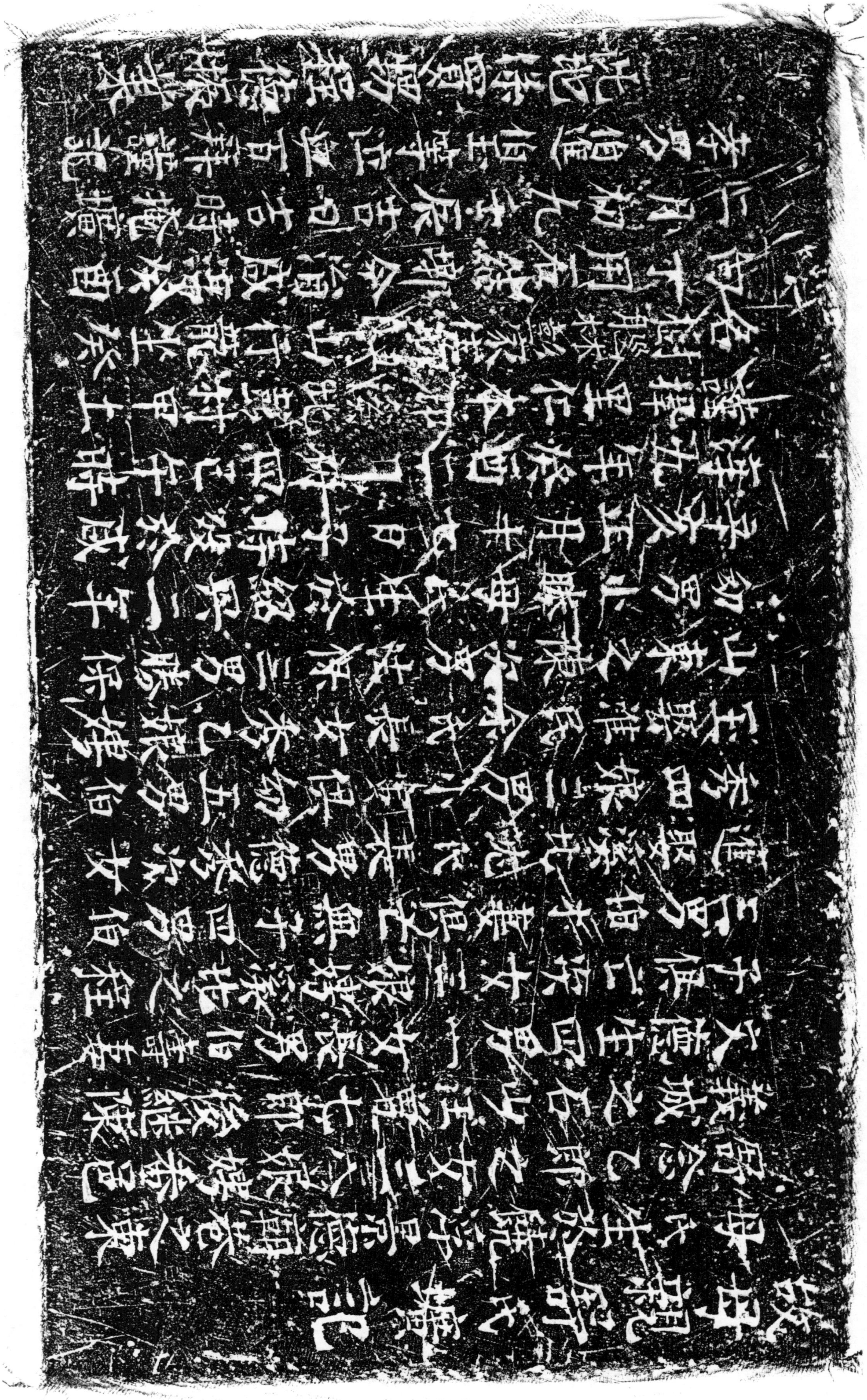

145 戴復墓記

葬年：南宋咸淳九年（1273年）十一月十八日　尺寸：高72.5釐米，寬50.5釐米

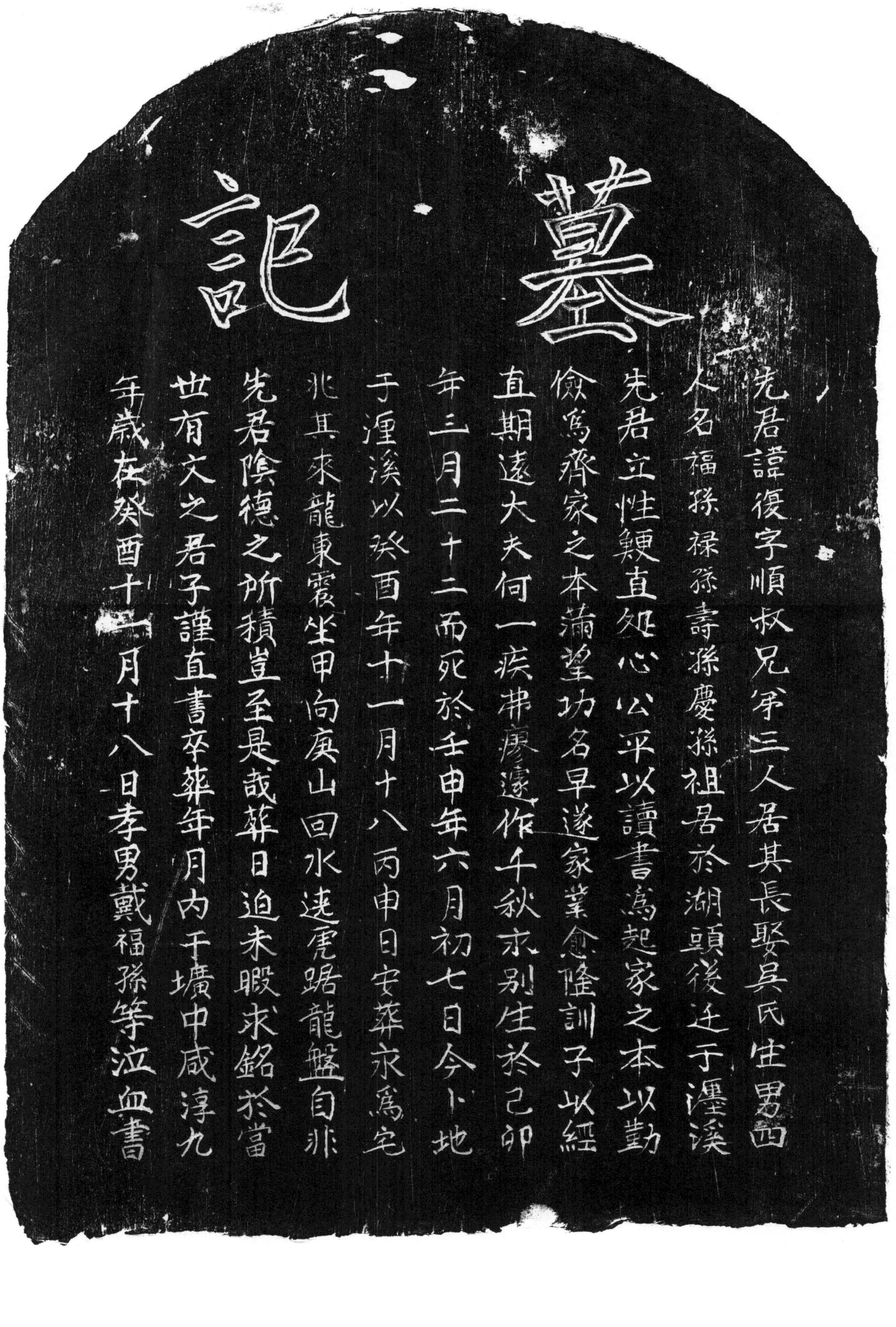
墓記
先君諱復字順叔兄弟三人居其長娶吳氏生男四
人名福孫祿孫壽孫慶孫祖居於湖頭後迁于潭溪
先君立性鯁直処心公平以讀書爲起家之本以勤
儉爲齊家之本蒲望功名早遂家業愈隆訓子以經
直期遠大夫何一疾弗瘳遽作千秋永别生於己卯
年三月二十二而死於壬申年六月初七日今卜地
于潭溪以癸酉年十一月十八丙申日安葬永爲宅
兆其來龍東震坐甲向庚山回水遶虎踞龍盤自非
先君陰德之所積豈至是哉葬日迫未暇求銘於當
世有文之君子謹直書卒葬年月内于壙中咸淳九
年歲在癸酉十一月十八日孝男戴福孫等泣血書

146　宋故端八宣教墓誌

葬年：南宋咸淳十年（1274年）正月十九日丁酉　尺寸：高59.5釐米，寬32.5釐米

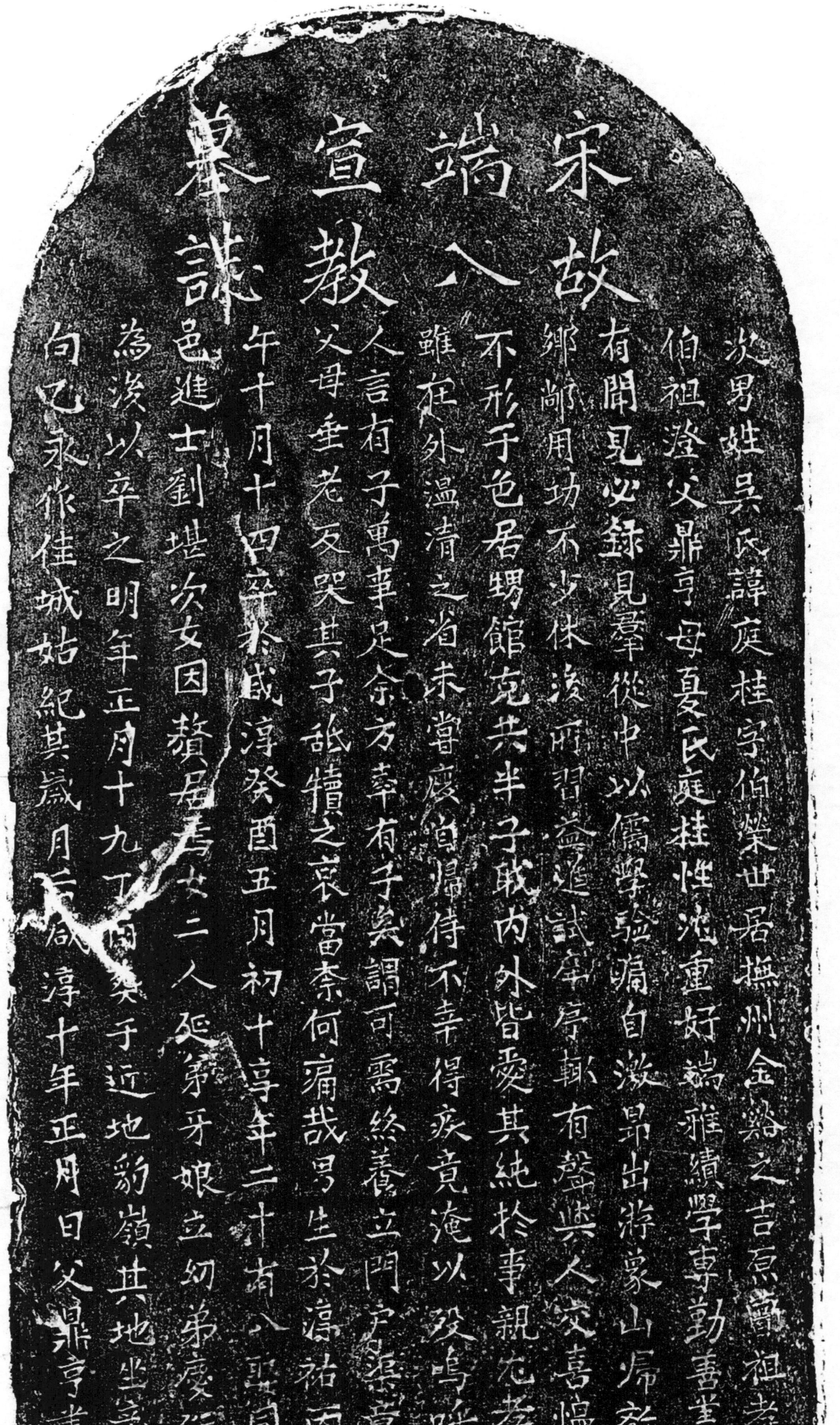

宋故端八宣教墓誌

次男姓吳氏諱庭桂字伯榮世居撫州金谿之吉原曾祖考
伯祖澄父鼎亨母夏氏庭桂性沈重好端雅續學專勤晝書
有聞見必錄見羣從中以儒學驗顯自激昂出游象山歸務
鄉鄰用功不少休後所習益進試庠序輒有聲與人交喜愠
不形于色居甥館克共半子職內外皆愛其純於事親尤孝
雖在外溫凊之省未嘗廢偶歸侍不幸得疾竟淹以殁嗚呼
人言有子萬事足余方幸有子矣謂可需終養立門户慰意
父母垂老反哭其子舐犢之哀當奈何痛哉男生於淳祐丙
午十月十四卒於咸淳癸酉五月初十享年二十有八娶同
邑進士劉堪次女因贅居焉女二人延第牙娘立幼弟慶衍
為後以卒之明年正月十九丁酉葬于近地豹嶺其地坐辛
向乙永作佳城姑紀其歲月云咸淳十年正月日父鼎亨書

147　有宋李公富三宣義壙記

葬年：南宋咸淳十年（1274年）十月初七日己酉　尺寸：高62.8釐米，寬32釐米

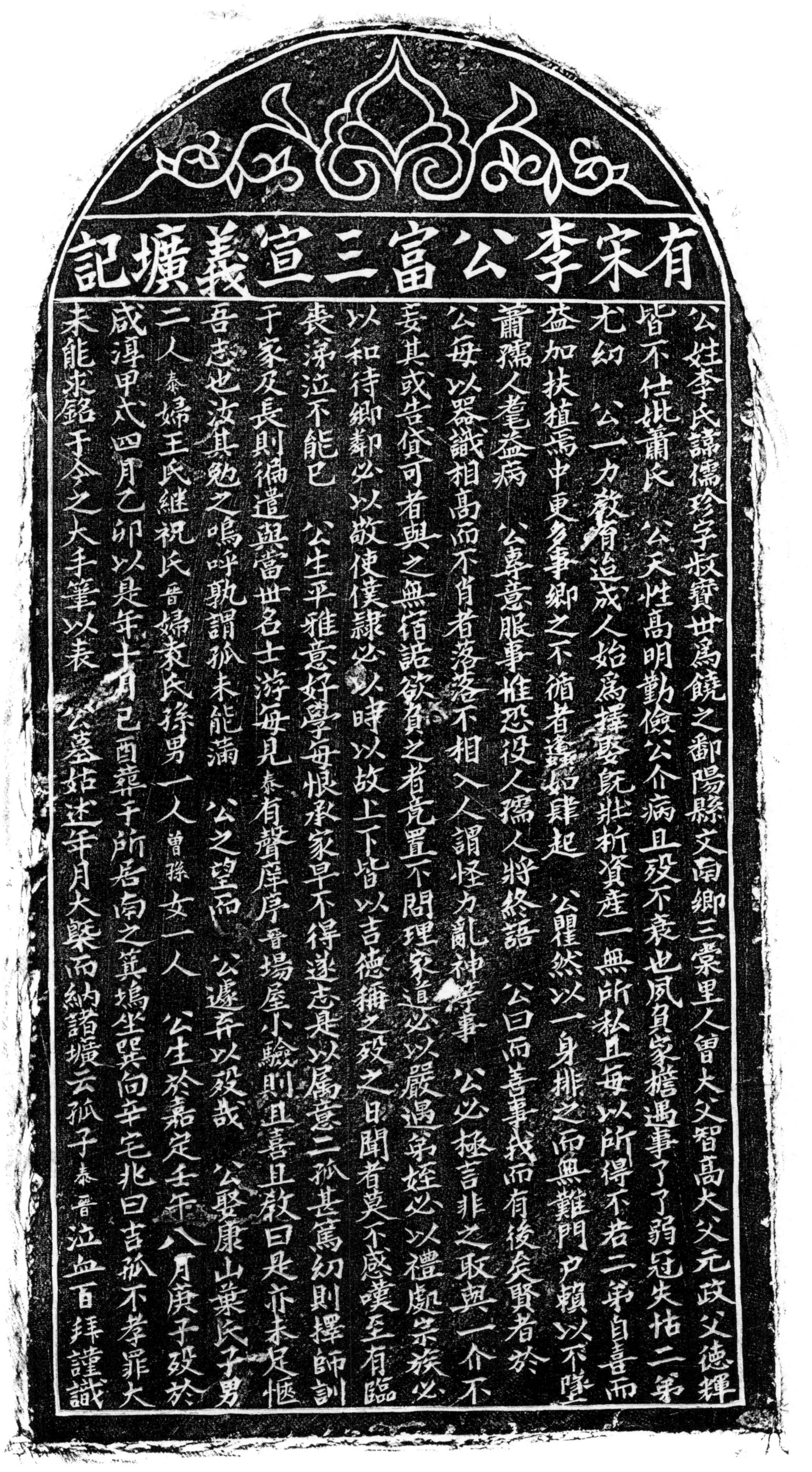

有宋李公富三宣義壙記

公姓李氏諱儒珍字叔寶世爲饒之鄱陽縣文南鄉三棠里人曾大父智高大父元政父德輝
皆不仕妣蕭氏 公天性高明勤儉公介病且歿不衰世夙負家擔遇事了了弱冠失怙二弟
尤幼 公一力教育迨成人始爲擇娶既壯析資產一無所私且每以所得不若二弟自喜而
益加扶植焉中更多事鄉之不循者遂始肆起 公瞿然以一身排之而無難門戶賴以不墜
蕭孺人耄益病 公專意服事惟恐役人孺人將終語 公曰而善事我而有後矣賢者於
公每以器識相高而不肖者落落不相入人謂怪力亂神等事 公必極言非之取與一介不
妄其或告貸可者與之無宿諾欲負之者竟置不問理家道必以嚴遇弟姪必以禮處宗族必
以和待鄉鄰必以敬使僕隸必以時以故上下皆以吉德稱之歿之日聞者莫不感嘆至有臨
喪涕泣不能已 公生平雅意好學每恨承家早不得遂志是以屬意二孤甚篤幼則擇師訓
于家及長則徧遣與當世名士游每見泰有聲庠序晉場屋小驗則且喜且教曰是亦未足愜
吾志也汝其勉之嗚呼孰謂孤未能滿 公之望而 公遽弃以歿哉 公娶康山葉氏子男
二人泰婦王氏繼祝氏晉婦袁氏孫男一人曾孫女一人 公生於嘉定壬午八月庚子歿於
咸淳甲戌四月乙卯以是年十月己酉葬于所居南之箕塢坐巽向辛宅兆曰吉孤不孝罪大
未能求銘于今之大手筆以表 公墓姑述年月大槩而納諸壙云孤子泰晉泣血百拜謹識

148 宋故張氏墓記

葬年：南宋德祐元年（1275年）九月十七日甲申

尺寸：高56.5釐米，寬31.5釐米

宋故張氏墓記

149 宋故吴上舍孺人朱氏墓誌銘

葬年：南宋德祐二年（1276年）二月初六日　尺寸：高58.5釐米，寬39釐米

宋故吳上舍孺人朱氏墓誌銘

150　趙氏郡主壙記

葬年：南宋景炎元年（1276年）十月十二日癸酉　尺寸：高80釐米，寬60釐米

趙氏郡主壙記
先妣趙氏孟一郡主生於紹定癸巳歲八月十七日
辰時　曾祖汝試　祖崇歡從事郎　父必標迪功
郎宜春縣簿　母胡氏世寓臨川述陂以壬子年十
二月歸于　先君歲在丁卯　先君即世延瑞及女
弟俱髫齓　妣孀居守志撫育二孤恩愛至孚遭
値時变載罹寒暑膺疾膏肓巫藥弗瘳旺於四月十
二日奄然長逝擗踊痛哭摧殞肺肝日居月諸喪葬
有制乃相地于家山之羅塘坐庚面甲諏卜允臧㝎
爲　先妣郡主安宅將以是月奉柩歸窆延瑞哀毁
無文姑識歲月以藏諸壙悲夫　先妣在日尤鍾愛
女弟幼娘許嫁趙友㢟已撥田壹千把訖今奉外
祖判簿命諧婚礼延瑞再特撥己田貳阡把以充女
弟閨房匕箸之助靈其鑒茲延瑞娶西館林氏女一
人幼娘太歲丙子十月己亥十有二日癸酉克葬孤
哀子余延瑞泣血謹書

151

故黄念二孺人張氏壙記

葬年：南宋景炎二年（1277年）八月二十八日乙酉　　尺寸：高56.4釐米，寬50.3釐米

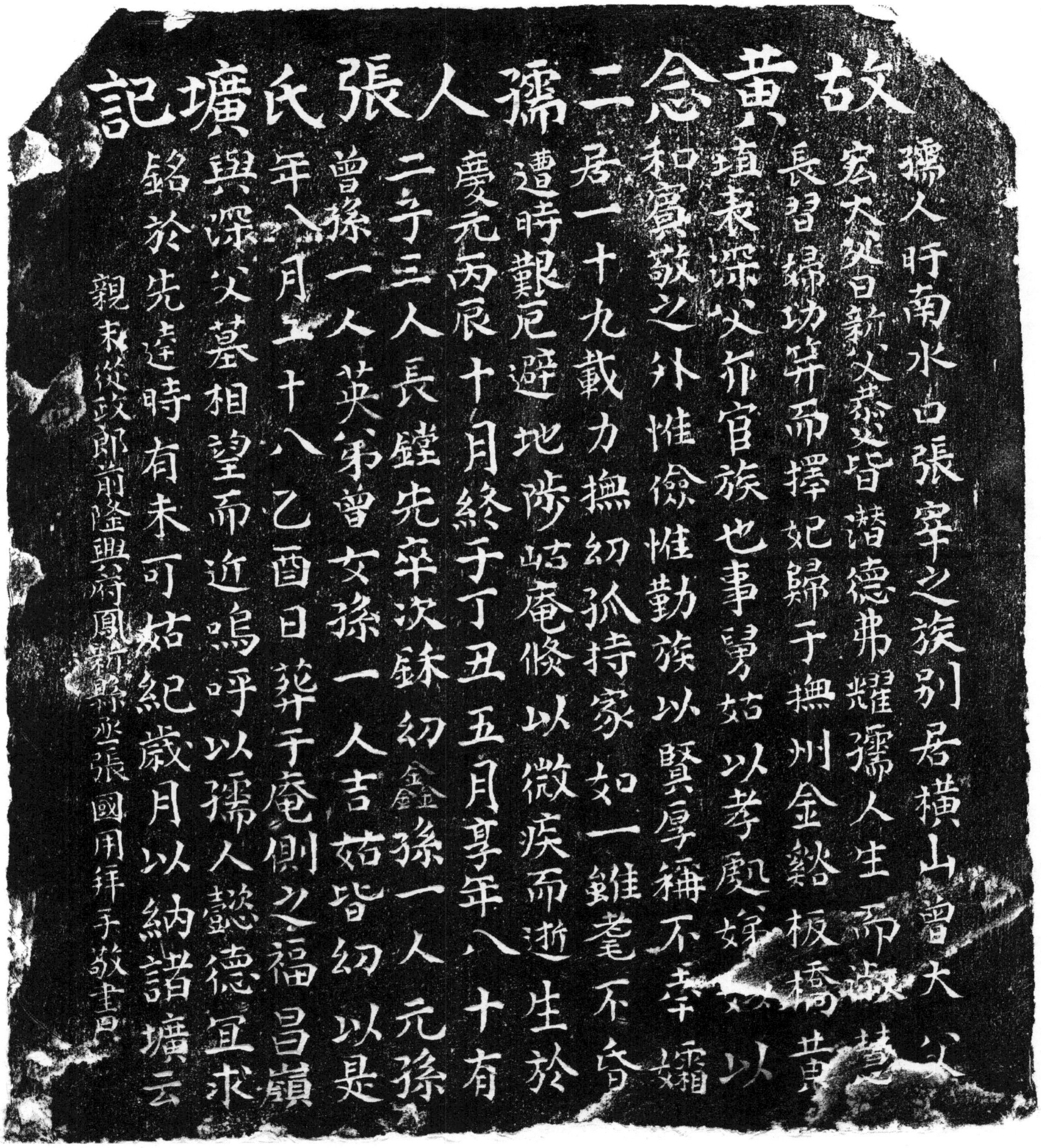
故黄念二孺人張氏壙記
孺人盱南水口張宰之族別居横山曾大父
宏大父晉日新父焱廷皆潛德弗耀孺人生而淑慧
長習婦功笄而擇妃歸于撫州金谿板橋黄
垍表深父亦官族也事舅姑以孝處娣姒以
和賓敬之外惟儉惟勤族以賢厚稱不幸孀
居一十九載力撫幼孤持家如一雖耄不昏
遭時艱厄避地傍岵庵倏以微疾而逝生於
慶元丙辰十月終于丁丑五月享年八十有
二子三人長鏜先卒次鉌幼鎣孫一人元孫
曾孫一人英第曾女孫一人吉姑皆幼以是
年八月二十八乙酉日葬于庵側之福昌嶺
與深父墓相望而近嗚呼以孺人懿德宜求
銘於先達時有未可姑紀歲月以納諸壙云
親末從政郎前隆興府奉新縣丞張國用拜手敬書

152　劉氏墓碣

葬年：南宋景炎二年（1277年）九月二十八日　尺寸：高60.3釐米，寬33釐米

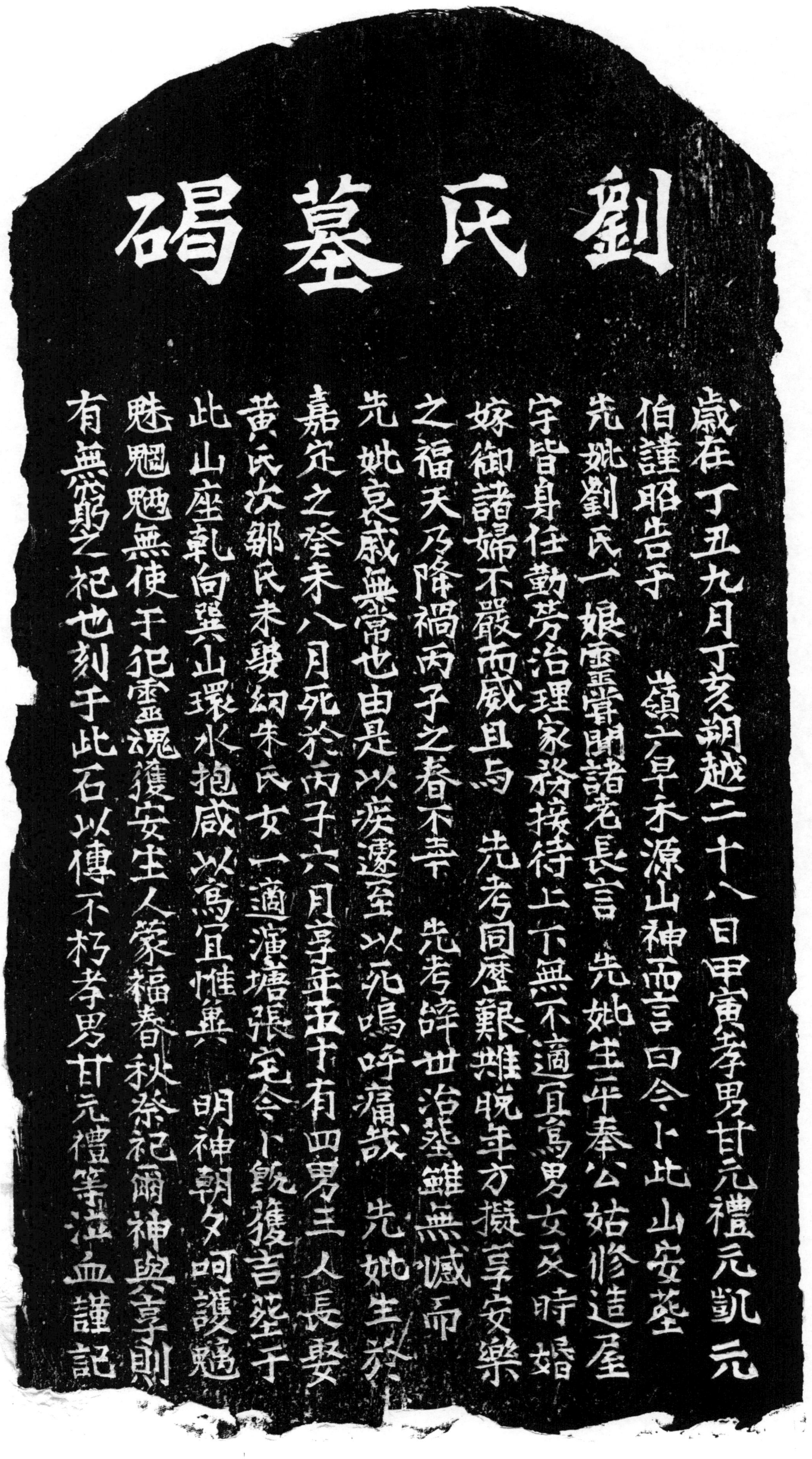

劉氏墓碣

歲在丁丑九月丁亥朔越二十八日甲寅孝男甘元禮元凱元
伯謹昭告于　嶺下旱禾源山神而言曰今卜此山安塋
先妣劉氏一娘靈曾聞諸老長言　先妣生平奉公姑修造屋
宇皆身任勤劳治理家務接待上下無不適宜爲男女及時婚
嫁御諸婦不嚴而威且与　先考同歷艱難晚年方擬享安樂
之福天乃降禍丙子之春不幸　先考辭世治塋雖無憾而
先妣哀戚無常也由是以疾遂至以死嗚呼痛哉　先妣生於
嘉定之癸未八月死於丙子六月享年五十有四男三人長娶
黄氏次娶邵氏未娶幼朱氏女一適演塘張宅今卜既獲吉塋于
此山座乾向巽山環水抱咸以爲宜惟冀　明神朝夕呵護魑
魅魍魎無使干犯靈魂獲安生人蒙福春秋祭祀爾神與享則
有無窮之祀也刻于此石以傳不朽孝男甘元禮等泣血謹記

153　耿氏孺人墓誌

葬年：南宋景炎三年（1278年）五月二十日壬寅　尺寸：高78釐米，寬41釐米

耿氏孺人墓誌
先妣諱道真字德叔姓耿氏其先京東沂州人當寶元康定間忠憲公名傳仕
于西帥任公福幕下任公兵敗衆論歸罪忠憲及得忠憲血衣與嘗諫任公書
忠憲心事始白朝廷嘉之遂賜今謚其四世孫隨高宗南渡占籍四明六世孫
由四明宰饒之樂平解印還至信之貴溪壯其邑之勝遂爲貴溪人祖壽之父
伯昌世篤義方貢于鄉隷于國子者科不乏 先妣以嘉熙戊戌歸我 先君
綜理家務應酬賓饋不懈益虔 先君少負英聲四方朋友踵門無虛日迨仕于
鄱梁轉仕乎番禺臺郡爭相前席得以優游於文學政事之間而無媿者 先妣
之助爲多其待諸子教養一一□黨親舊有所稱貸應惟恐後或折券弗吝不
幸先君即世時事日非家道□異諸孤極力支撑幸不至居人下者以有吾母
在也尚望兵燹弭息吾道生意漸復而吾母乃棄諸孤而去嗚呼痛哉生于嘉
定甲子十一月乙丑卒于今之戊寅三月甲申年七十有五子四安孫宏孫寓
孫褒孫宏孫先卒女三人長適貴溪進士薛周雅次適同邑進士周孟性皆先
卒隨歸安閒氏適同里進士傅俊民孫八人奉祖壽祖繩祖法祖同祖開祖其
戣祖出繼同邑上官氏榮祖出繼貴溪馮氏女孫四人瑞娘綠娘妹娘繼娘以
是年五月壬寅日附葬于白馬鄉霞塘原祖壠之側孤哀子傅安孫泣血拜書
外甥國學進士縣學直學羅岳填諱

154　故孺人左氏墓誌

葬年：南宋祥興元年（1278年）十一月十七日丙申　尺寸：高41釐米，寬37釐米

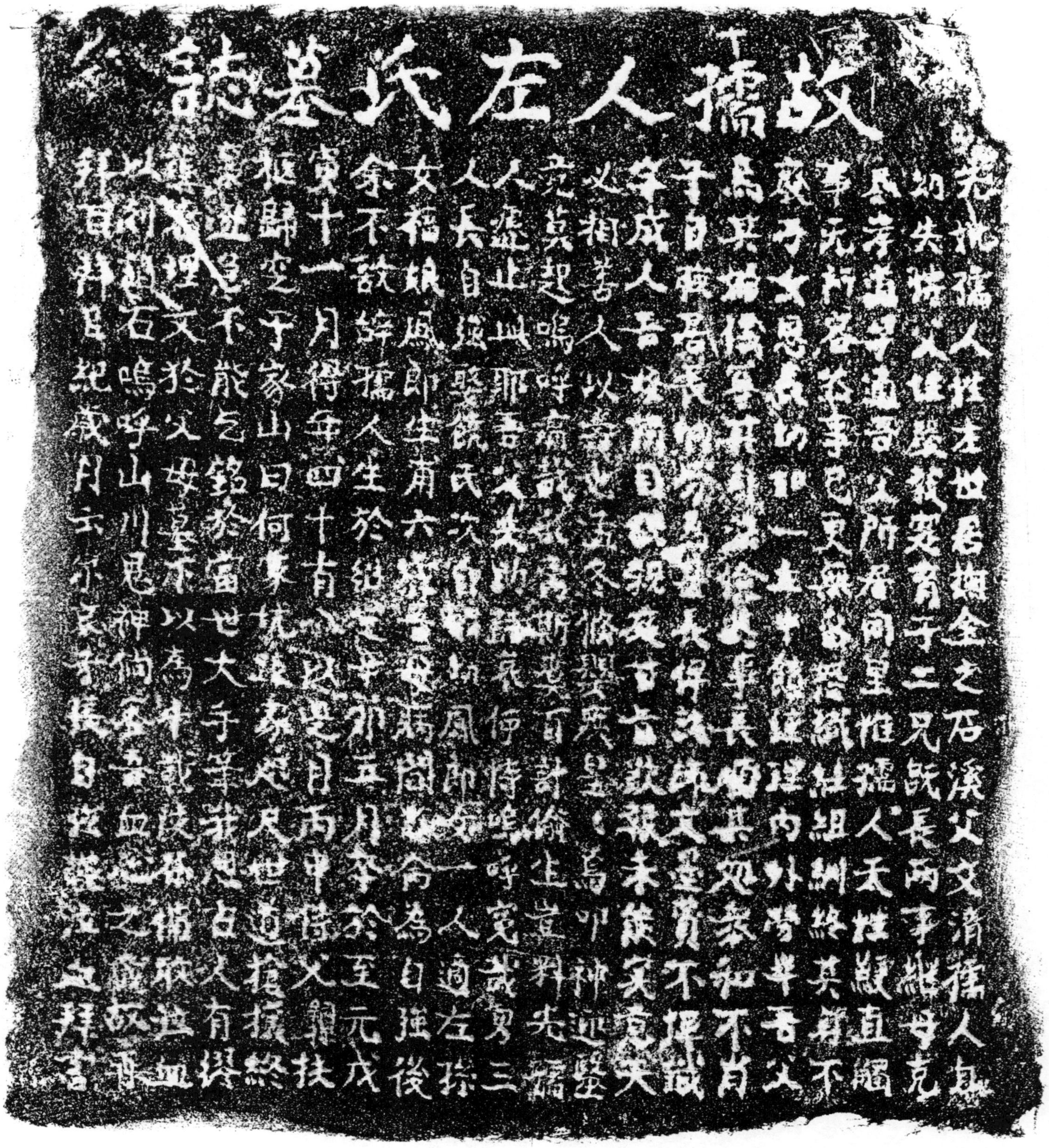
故孺人左氏墓誌

155 故李君竹坡宣義墓誌銘

葬年：南宋祥興元年（1278年）十二月初六日　尺寸：高76釐米，寬56.5釐米

故李君竹坡宣義墓誌銘

故李君竹坡宣義墓誌銘

鄉末前迪功郎徐[illegible]撰

承議郎授受總管見任隆興府豐城縣管儒官胡[illegible]書

奉議郎新除江東饒州通判兼知州事萬[illegible]篆

李君諱惟一字季淳號竹坡家世豫章豐城白洲里人也[illegible]後好恬淡不慕浮華愛快樂不事憂慼與人交則眞實而無妄與物接則[illegible]私急難則賙人以財飢荒則濟人以粟賓師詔後於禮尤隆宗族稱其孝悌[illegible]黨稱其仁賢汎應曲當動靜語默純乎純者也早歲游場屋志不遂壯則留意陰陽術數之學得其玄綱有功於富家巨室多矣一觀姚雪坡之造化則曰癸丑春必登上第一論馬平泉之氣數則曰甲辰春必策巍科未幾其言果驗神哉李君之術也至如楊曾二仙輩猶能上掐其肩挾斯學遊江湖見諸用如影響貧可使富賤可使貴特反掌耳宇宙間所以起敬而起慕者恨覩星鳳之不先也故竹坡題扁雪坡書之於其先竹坡序跋平泉述之於其後此皆實迹殆非虛談由是而名日高譽日廣學術日益精矣晚歲倦於遠遊顧自有丘園之可樂退而靜處勤稱梁楨桃李治龜宅其所以詒厥孫謀綽綽然有餘裕聘書不到戶行李不出門君非愁然忘情於世者安乎其天也由是而業日增屋日潤家道日益隆矣君曾祖諱從周字子文大父諱廷字彥邦父諱鑑字明叔俱隱德弗耀君娶邑庠甘氏通節軒司戶之後有賢德克相于內得助者多矣子二人箕裘世業不失其傳始以儒名次以術名又其次則以肯堂肯穫名伯曰秀實先娶同里周氏續金坊江氏仲曰秀賢娶安沙游氏皆名族女一人曰眞孃適危上舍逢泰居同邑之清溪孫三人長逢原篤志青雲留心黃卷不碌碌於卑下猶夫子之有後也締市居丘氏次逢吉幼逢變皆有天姿之可進未婚君生於嘉泰甲子歲五月二十八夜亥時不幸於咸淳甲戌年八月二十一日午時匆疾而仙矣享壽七十有一諸孤忍死終喪越五載乃始克葬一日其子茂夫過予泣告曰先子生平自決擇得吉地于阜吳城山之陽俟身後於彼而居焉吾兄弟今遵治命也以是歲戊寅十二月己卯朔越六日甲申襄奉于茲遂請予以記之予不容辭也姑爲之誌而銘曰　同里人李[illegible]鐫

雲山蒼蒼　江水泱泱　竹坡之藏　悠然允臧

綿綿延延兮百世其昌　螽斯繩繩兮爲祖宗之光

156 宋揭氏夫人墓誌銘

葬年：南宋　尺寸：高108釐米，寬66釐米

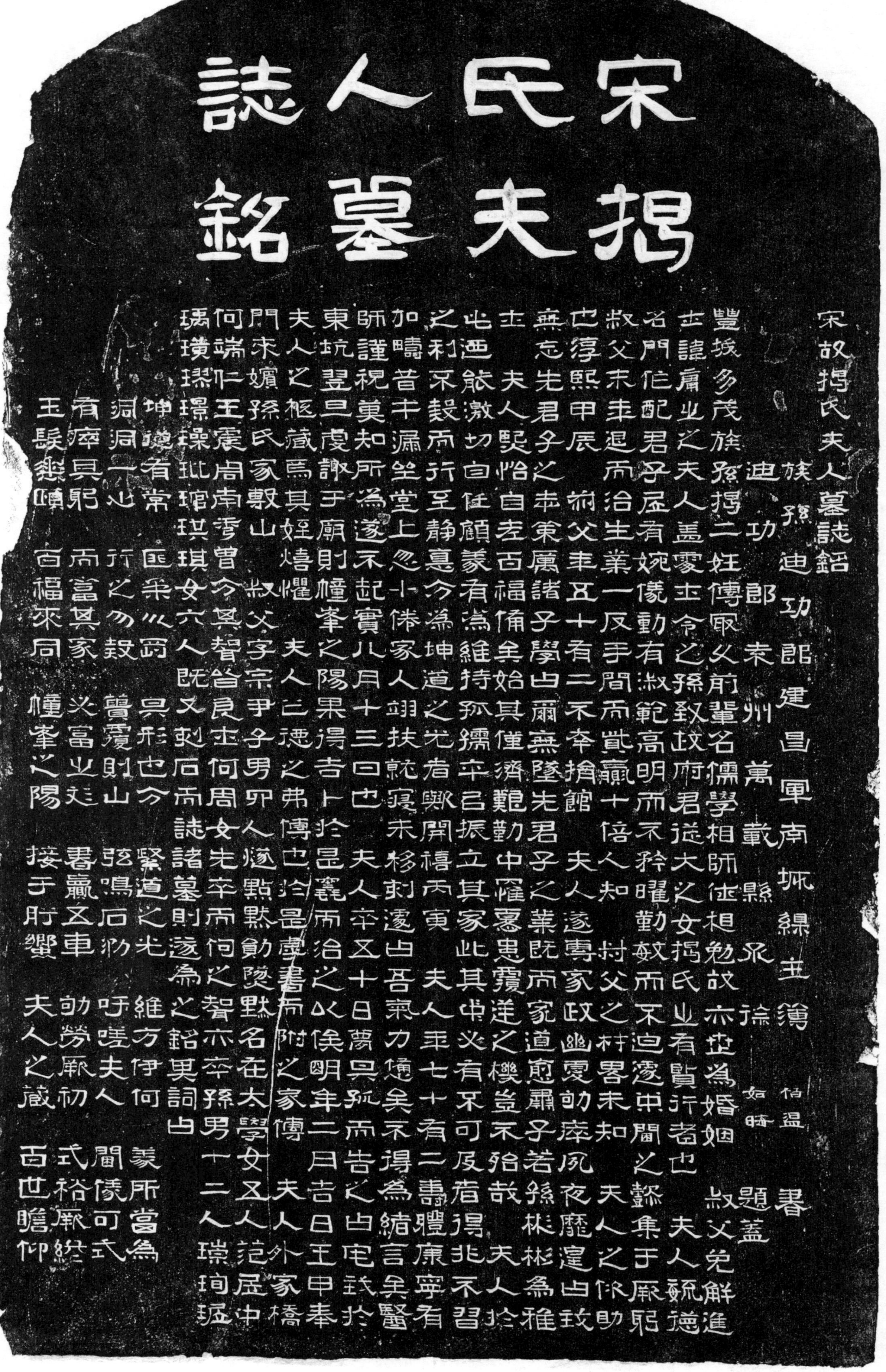
宋氏人誌
揭夫墓銘

157 宋故徐君墓碣

葬年：南宋　尺寸：高47.5釐米，寬36釐米

宋故徐君墓碣

158 有宋蔡氏夫人墓誌

葬年：宋丁未七月己未日　尺寸：高71.8釐米，寬50.2釐米

有宋蔡氏夫人墓[illegible]
[illegible]室姓蔡氏名德靜字去華曾[illegible]諱優故鄂州通城縣令
祖[illegible]諱思齊字景賢母黃氏世爲南城望族先室其
長女也生於丁酉十二月十一日丑時丙寅三月十九日
歸于我戊戌六月二十三日終于壽享年六十有二亦未
七月己未日葬于太平鄉橫圳祖妣盛氏墳右生男曰伯
順娶嚴氏女曰端頤嫁進士陳南仲甥通老先室靖恩勤
儉有根天性事舅姑二親敬養備至主中饋條理常肅雍
行表于宗閭余窮約不振與居處三十年未嘗有不滿
意見顏色相敬如賓友今亡矣嗚呼哀哉日月有期未能
求銘於作者姑識其畧以納乎壙云
夫[illegible]貢進士鄧謙立謹以書

159 宋故揭氏孺人墓

葬年：宋丙寅三月十九日　尺寸：高59.5釐米，寬46釐米

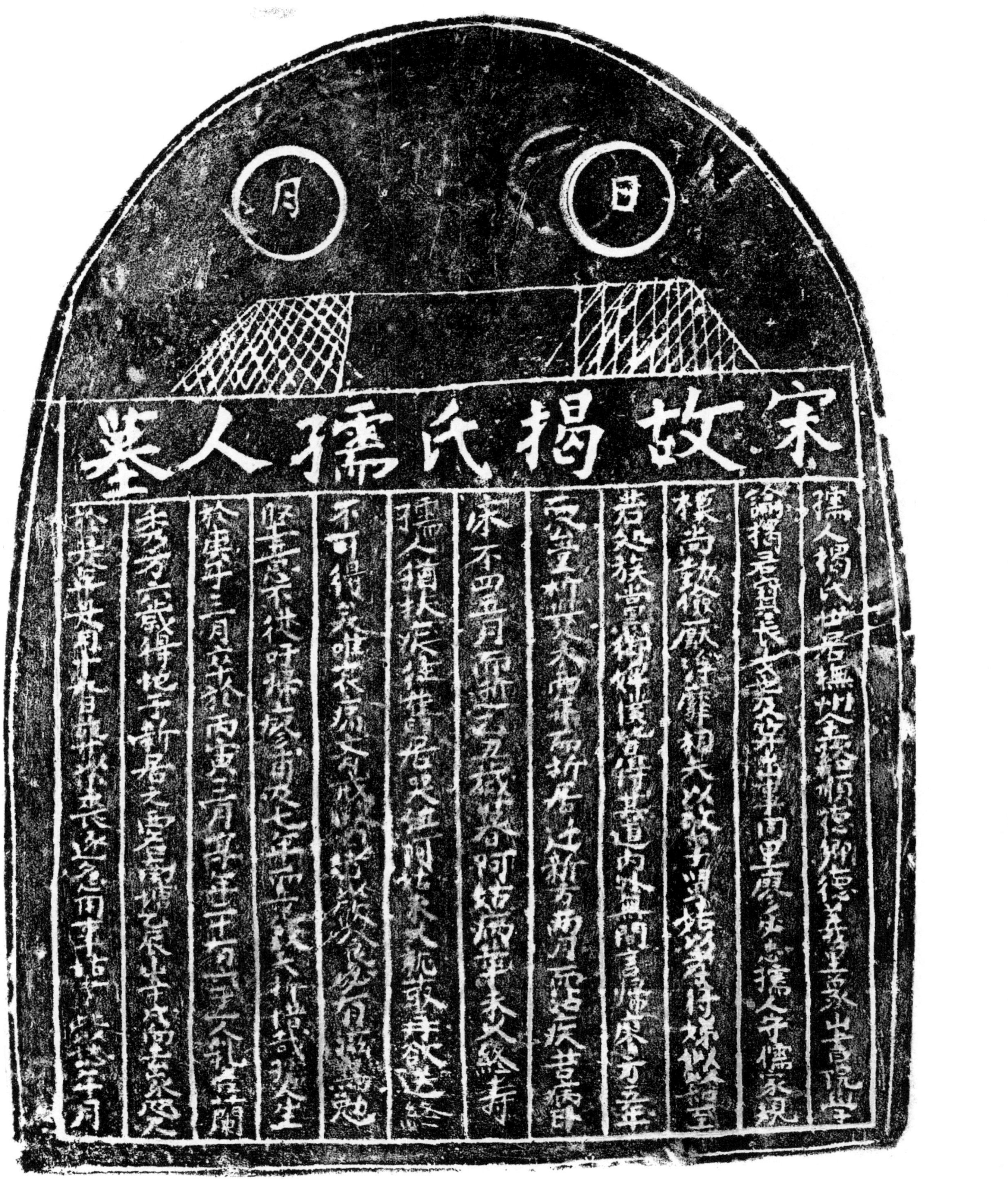
月
日
宋故揭氏孺人墓

160　故李子俊墓誌

葬年：宋丁丑十一月庚寅日　尺寸：高56.5釐米，寬39.9釐米

故李子俊墓誌

161 宋孺人吳氏壙記

葬年：宋十一月二十八日　尺寸：高48釐米，寬41釐米

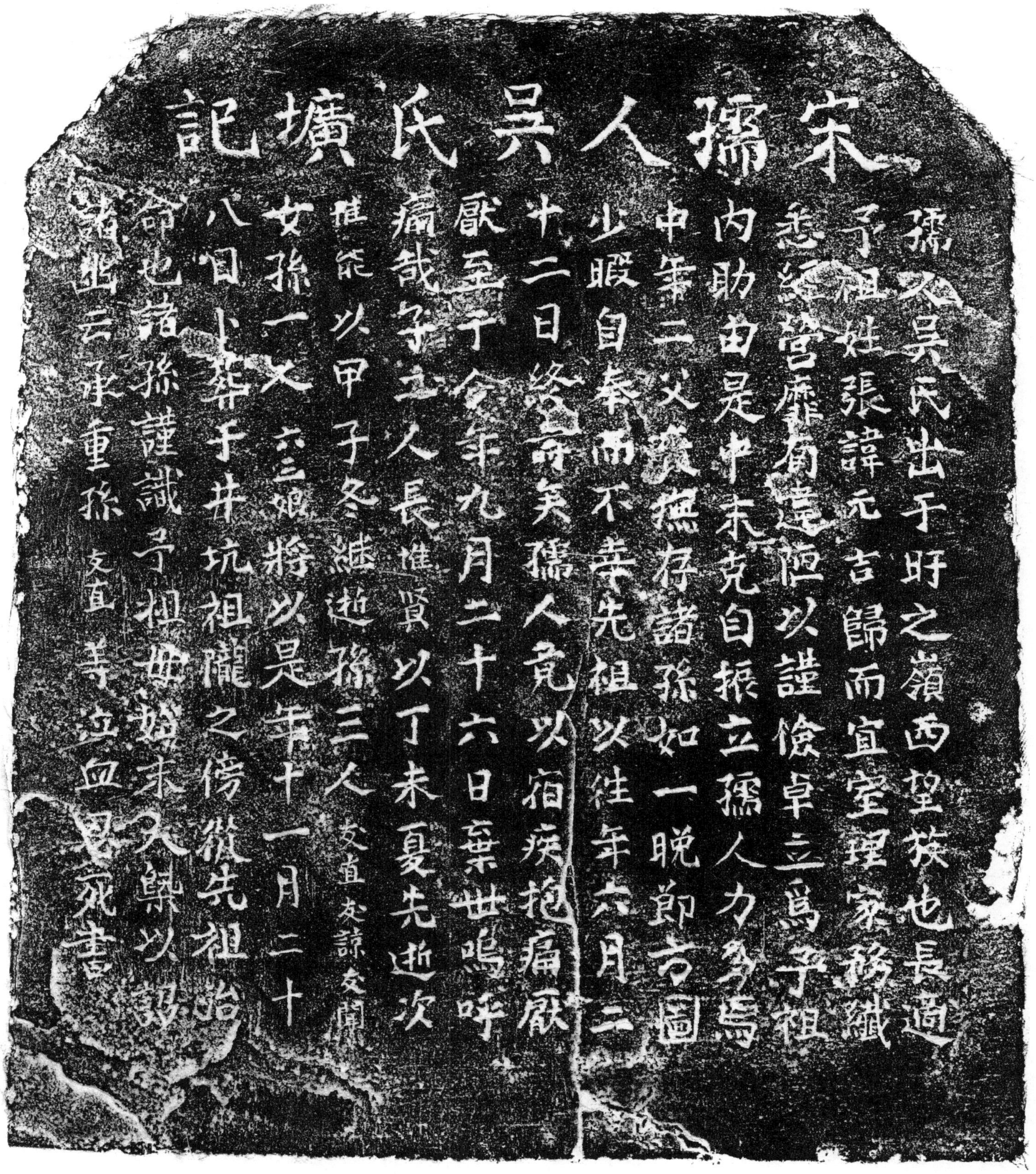
宋孺人吳氏壙記
孺人吳氏出于盱之嶺西望族也長適
予祖姓張諱元吉歸而宜室理家務織
悉經營靡有遺恒以謹儉卓立為予祖
內助由是中末克自振立孺人力多焉
中年二父發撫存諸孫如一晚節方圖
少暇自奉而不幸先祖以往年六月二
十二日終奇矣孺人竟以宿疾抱痛厭
厭至于今年九月二十六日棄世嗚呼
痛哉子二人長惟賢以丁未夏先逝次
惟從以甲子冬繼逝孫三人友直友諒友聞
女孫一人三娘將以是年十一月二十
八日卜葬于井坑祖隴之傍從先祖治
命也諸孫謹識予祖母始末大槩以納
諸幽云承重孫友直等泣血
書

162 宋故曾居士墓誌銘

葬年：宋丁卯十二月辛酉　尺寸：高83.5釐米，寬51.3釐米

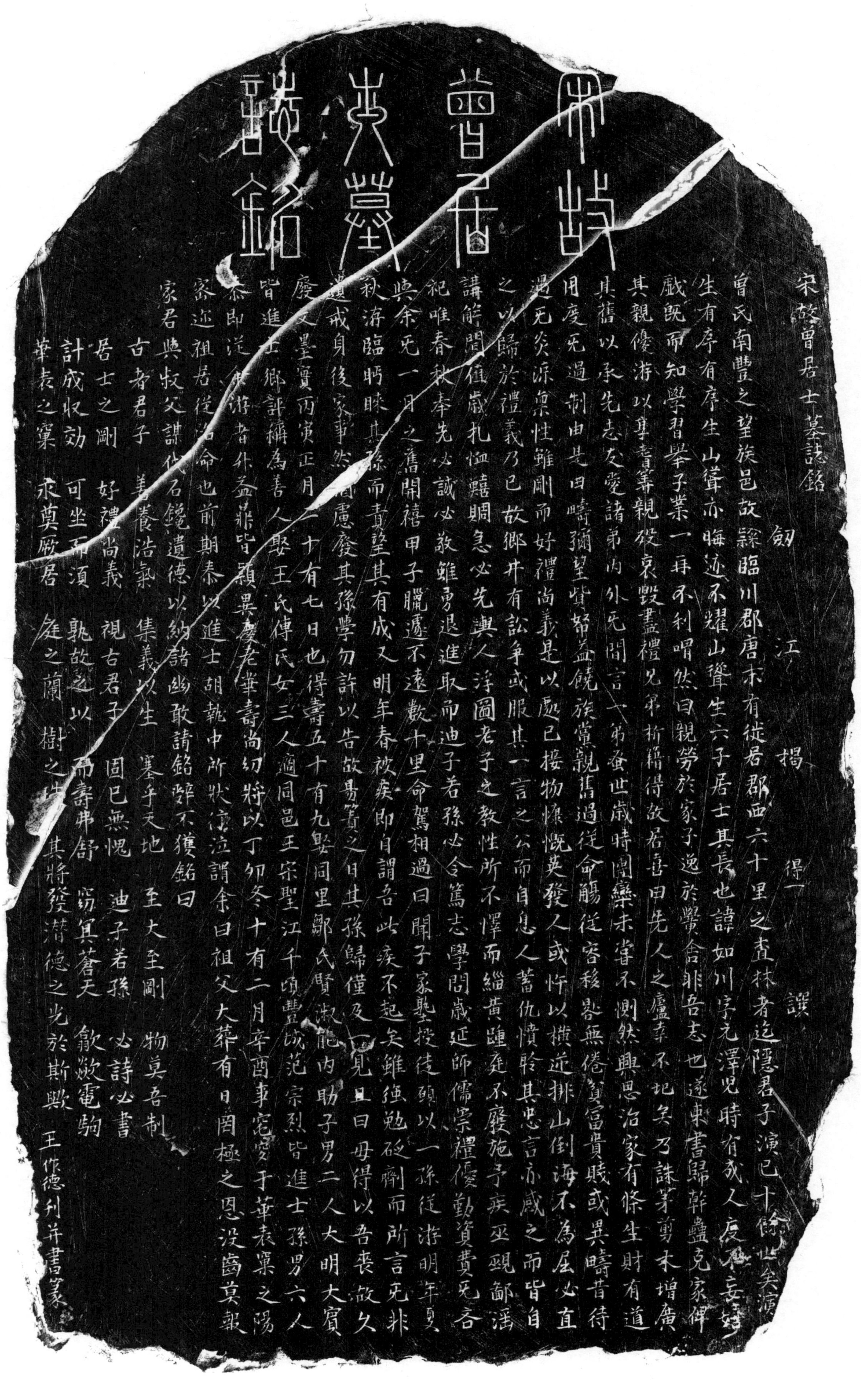
宋故曾居士墓誌銘
宋故曾居士墓誌銘　劒江　揭　得一　譔
曾氏南豐之望族邑故隸臨川郡唐末有徙居郡西六十里之査林者逸隱君子演已十餘世矣演
生有序有序生山聳亦晦迹不耀山聳生六子居士其長也諱如川字允澤兒時有成人度不妄嬉
戲既而知學習舉子業一再不利喟然曰親勞於家子逸於黌舍非吾志也遂束書歸幹蠱克家俾
其親優游以享耆筭親歿哀毀盡禮兄弟析籍得故居舊田先人之廬幸不圮矣乃誅茅剪木增廣
其舊以承先志友愛諸弟內外無間言一弟蚤世歲時團欒未嘗不惻然興思治家有條生財有道
用度无過制由是田疇彌望貲帑益饒族黨親舊過從命觴從容移晷無倦貧富貴賤或異疇昔待
遇无炎涼稟性雖剛而好禮尚義是以處己接物慷慨英發人或忤以橫逆排山倒海不為屈必直
之以歸於禮義乃已故鄉井有訟爭或服其一言之公而自息人蓄仇憤聆其忠言亦感之而皆自
講解閭值歲扎恤饑賙急必先與人浮圖老子之教性所不擇而緇黃踵庭不廢施予疾巫覡鄙淫
祀唯春秋奉先必誠必敬雖勇退進取而迪子若孫必令篤志學問歲延師儒崇禮優勤資費无吝
與余无一日之舊開禧甲子臘遷不遠數十里命駕相過曰聞子家塾授徒願以一孫從游明年夏
秋涉臨聘眎其孫而責望其有成又明年春被疾即自謂吾此疾不起矣雖強勉砭劑而所言无非
遺戒身後家事然猶慮廢其孫學勿許以告故易簀之日其孫歸僅及一見且曰毋得以吾喪致久
廢文墨寔丙寅正月二十有七日也得壽五十有九娶同里鄒氏賢淑能內助子男二人大明大賓
皆進士鄉評稱為善人娶王氏傳氏女三人適同邑王宗聖江千頃豐城范宗烈皆進士孫男六人
忝即從□游者外益鼎皆穎異慶老華壽尚幼將以丁卯冬十有二月辛酉奉窆于華表巢之陽
客述祖居從治命也前期泰以進士胡執中所狀涕泣謂余曰祖父大葬有日罔極之恩沒齒莫報
家君與叔父諱代石鏡遺德以納諸幽敢請銘辭不獲銘曰
古者君子　善養浩氣　集義以生　塞乎天地　至大至剛　物莫吾制
居士之剛　好禮尚義　視古君子　固已無愧　迪子若孫　必詩必書
計成收効　可坐而須　孰故之以　而壽弗舒　窈冥蒼天　歙歘電駒
華表之窠　求奠厥居　庭之蘭　樹之茁　其將發潛德之光於斯歟
王作德刊并書篆

163　夫人鄒氏墓銘

葬年：宋乙亥孟冬十月二十六日丙午　尺寸：高63釐米，寬52.5釐米

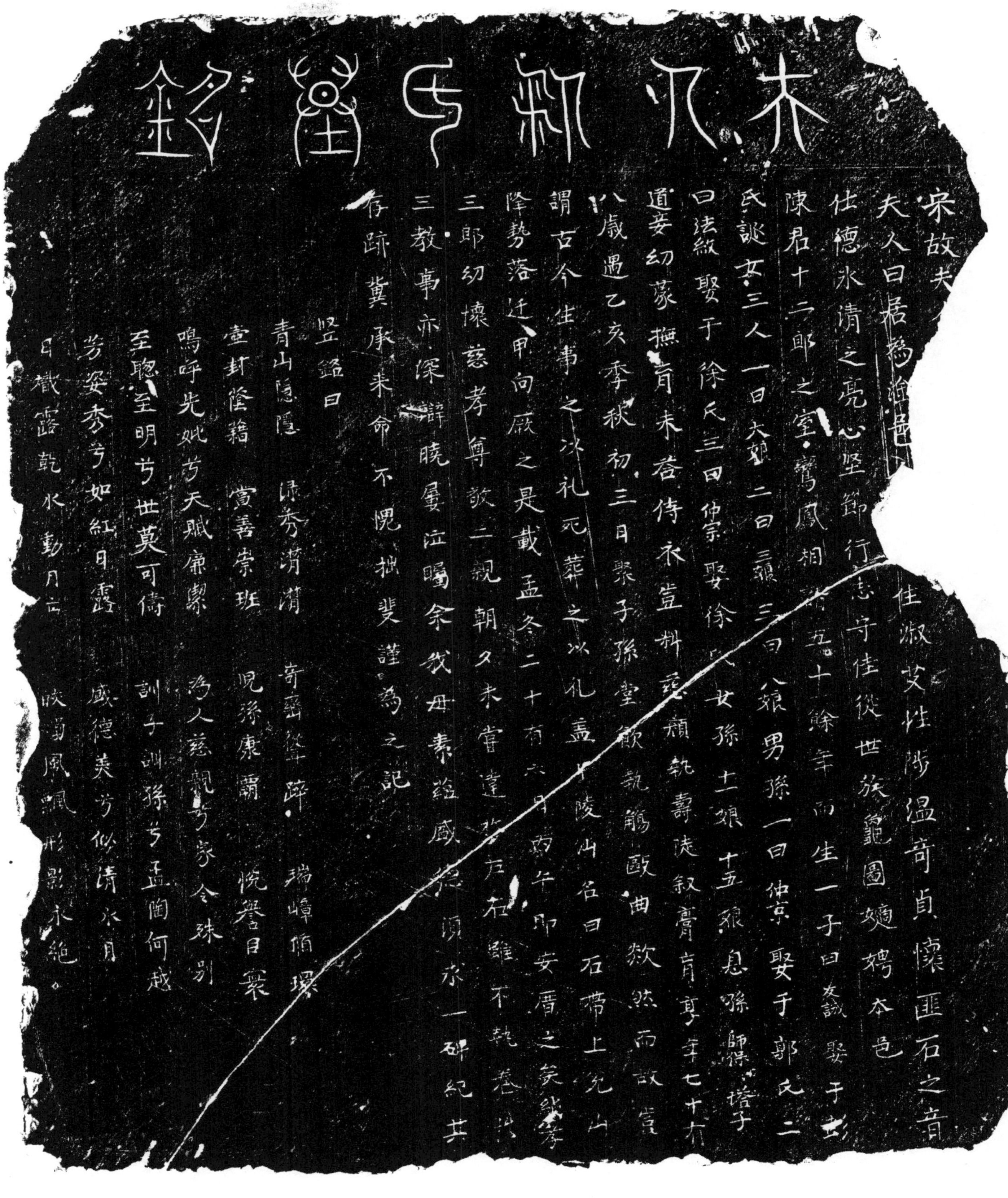

夫人鄒氏墓銘

宋故夫
夫人曰居爲滄邑　佳淑艾性陟温奇貞懷匪石之音
仕德氷清之亮心堅節行志守佳從世族龜圖嫡娉本邑
陳君十二郎之室鸞鳳相□五十餘年而生一子曰友誠娶于彭
氏誕女三人一曰大娘二曰三娘三曰八娘男孫一曰仲京娶于郭氏二
曰法敍娶于徐氏三曰仲宗娶徐氏女孫十一娘十五娘息孫師保搭子
道妄幼蒙撫育未吝侍衣豈料□頽執壽徒叙膏肓享年七十有
八歲遇乙亥季秋初三日聚子孫堂飲執觴飯曲欸然而故豈
謂古今生事之以礼死葬之以礼盡于陵山名曰石帶上允山
降勢落迁甲向厥之是載孟冬二十有六日丙午即安厝之矣我孝
三郎幼懷慈孝尊敬二親朝夕未嘗違於左右雖不執卷於
三教事亦深諳曉屢泣囑余我母素蕴威德須求一碑紀其
存跡冀承来命不愧拙斐謹爲之記
竪銘曰
青山隱隱　淥秀潸潸　奇巒聳峙　瑞嶂循環
壹封塋耤　賞善崇班　覓孫康覇　悅譽目褒
嗚呼先妣兮天賦廉潔　爲人慈親兮家令殊別
至聰至明兮世莫可儔　訓子訓孫兮孟閫何越
芳姿秀兮如紅日露　威德美兮似清氷月
日熾露乾　水動月云　映蕑風颯　形影永絕。

164　張氏壙記

葬年：宋甲寅八月壬寅日　尺寸：高54.3釐米，寬29.5釐米

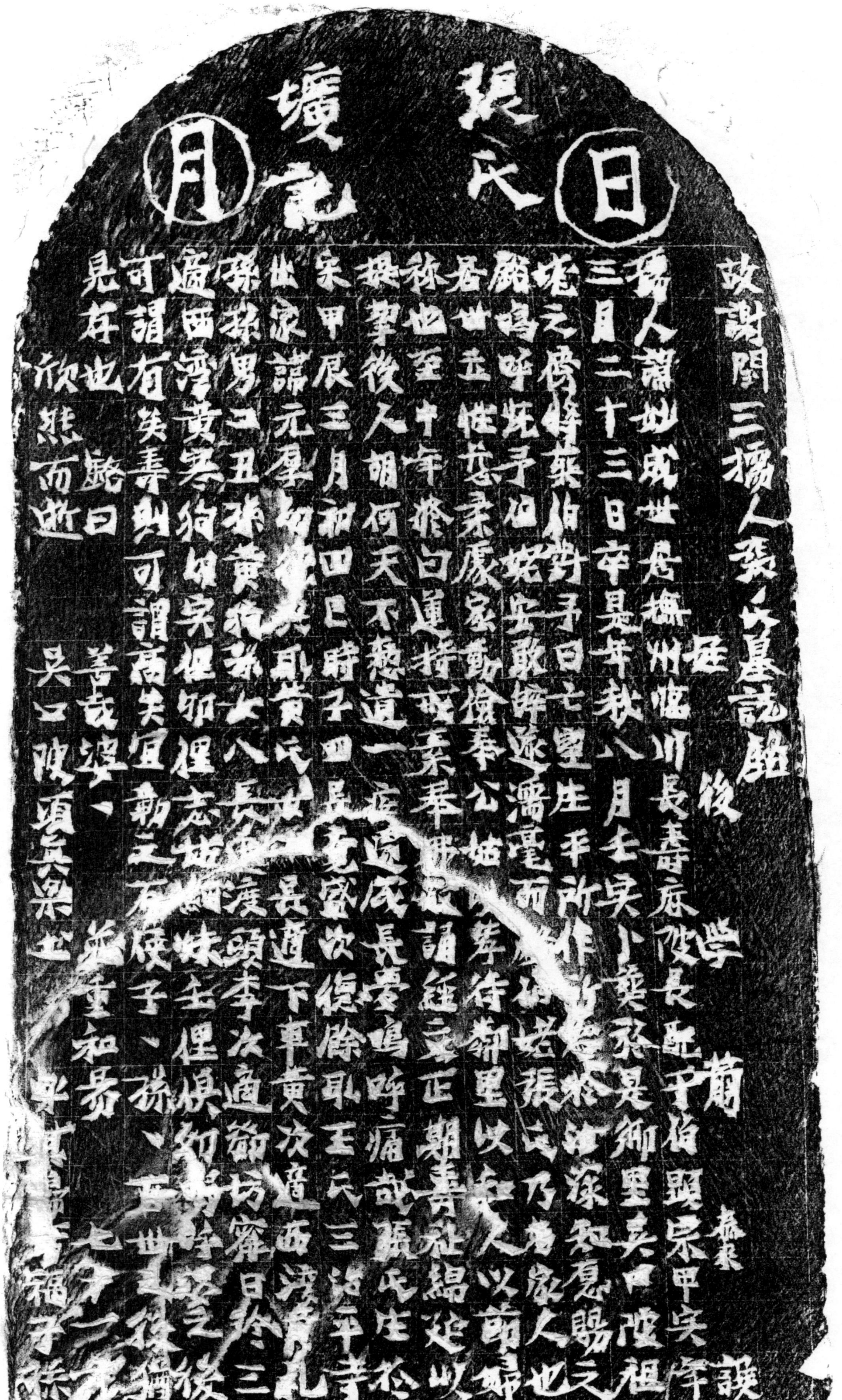
日
張氏
壙記
月
故謝閒三播人張氏墓誌銘

165 宋故章夫人墓碣

葬年：不詳　尺寸：高40釐米，寬40釐米

宋故章夫人墓碣
夫人章氏世家臨川善之孫得志之子父祖肥遁於進士夫人笄之
四年嫁同邑朱宋英生男女三嫁之二十有七年而宋英君歿又十
有一年而夫人卒卒以辛卯之月之十有七日其明年嘗不祿之
址山人以圖謁曰土撮之章塘面巽而席乾山亥而水丁火濟而木
榮婉娫而龍形馬驟馴而雞鳳鳴葸葸其寧子孫其冠纓私徵諸龜
龜食迺詢諸陰陽家者曰冬十有二月辛酉吉遂以其日襄事夫人
纓為淑女結褵為懿婦截髮為賢母弱顏而彊志平心而愉色順長
而慈幼處閨閫追然聲不出牆壁外逮事舅姑禮濱唯謹厠娣姒閒
輿輿如也雖雖肅肅如也女已嬪他族男已納婦婦有孫子夫人雖
哭其夭而怡於安者於閑飴於其飲食弄嬉戲襁褓之孫以日適其
適蓋如是者數年以至捐館其所不足者不幸夭其季女而甥殤為
夫人無窮恨焉男曰昂婿曰董湛吳儔孫曰伯達仲達季遠孫女二
人宋英君諱瑀將葬婿吳儔敘其年月本末而求而銘其碣曰
孝也養　禮也葬　章塘之壤　春秋其世享

166　艾公八二承事壙記

葬年：元至元十六年（1279年）十一月十五日己未　尺寸：高59釐米，寬50.5釐米

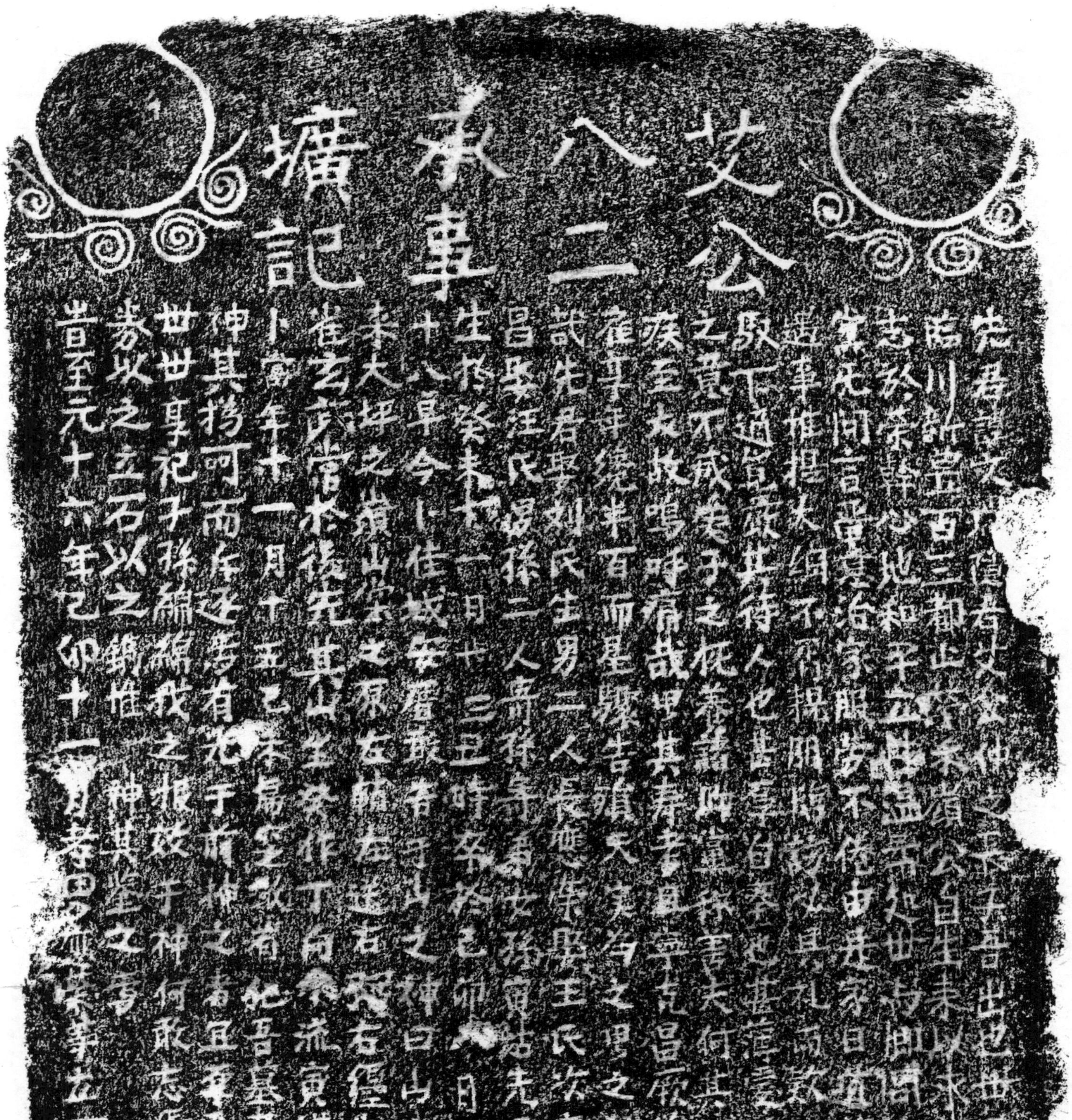
艾公八二承事壙記

167　楊公壙記

葬年：元至元十七年（1280年）十一月初八日　尺寸：高53.4釐米，寬38.2釐米

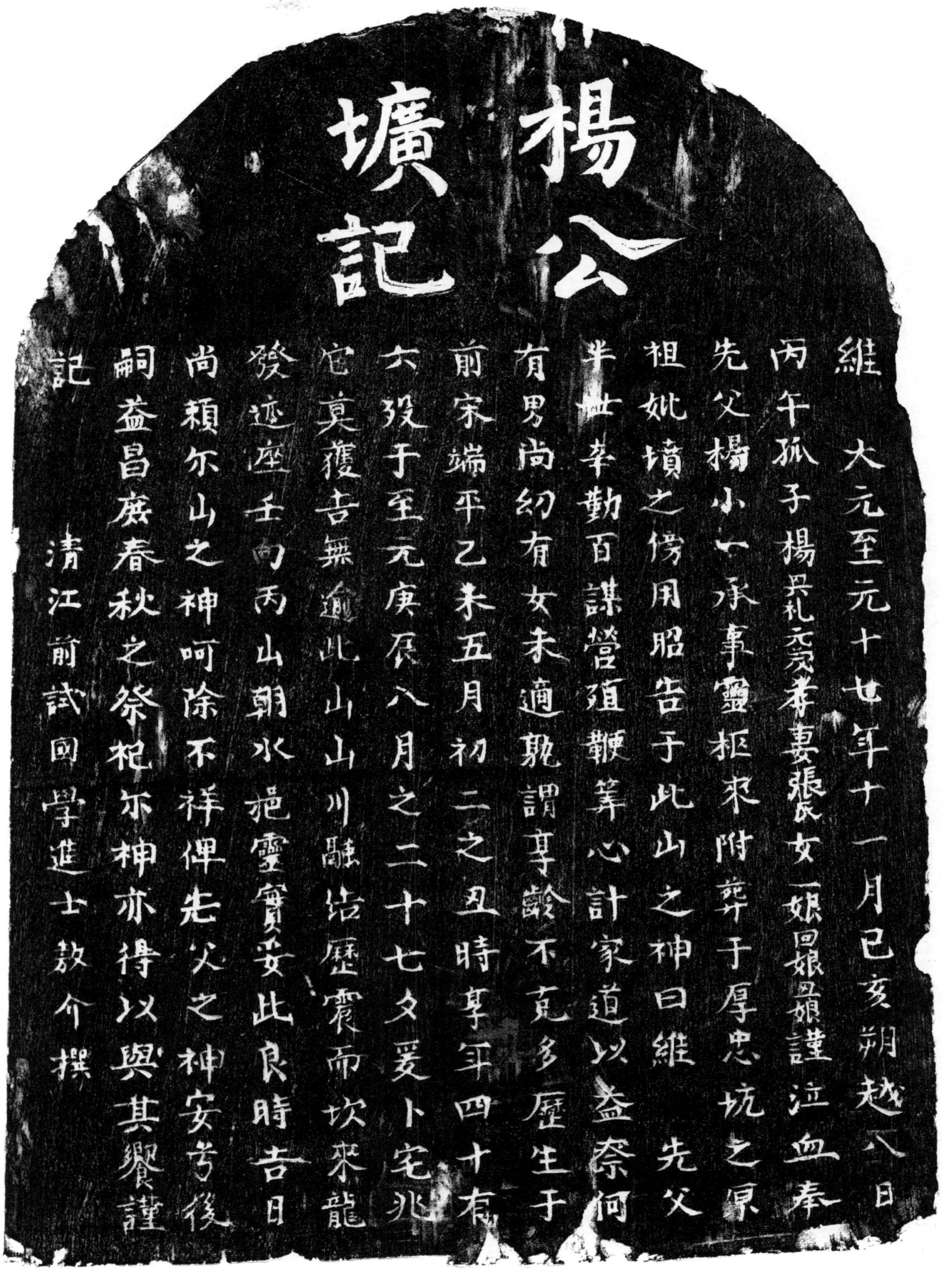
楊公壙記
維　大元至元十七年十一月巳亥朔越八日
丙午孤子楊昊礼衰孝妻張氏女一娘四娘五娘謹泣血奉
先父楊小一承事靈柩來附葬于厚忠坑之原
祖妣壙之傍用昭告于此山之神曰維　先父
半世辛勤百謀營殖鞭算心計家道以益奈何
有男尚幼有女未適兢謂享齡不克多歷生于
前宋端平乙未五月初二之丑時享年四十有
六殁于至元庚辰八月之二十七夕爰卜宅兆
它莫獲吉無逾此山山川融結歷震而坎來龍
發迹座壬向丙山朝水抱靈實妥此良時吉日
尚賴尔山之神呵除不祥俾先父之神安兮後
嗣益昌廣春秋之祭祀尔神亦得以與其饗謹
記
清江前試國學進士敖介撰

168 吳門潘氏太君墓誌

葬年：元至元十七年（1280年）十一月十一日己酉　尺寸：高66.2釐米，寬49.5釐米

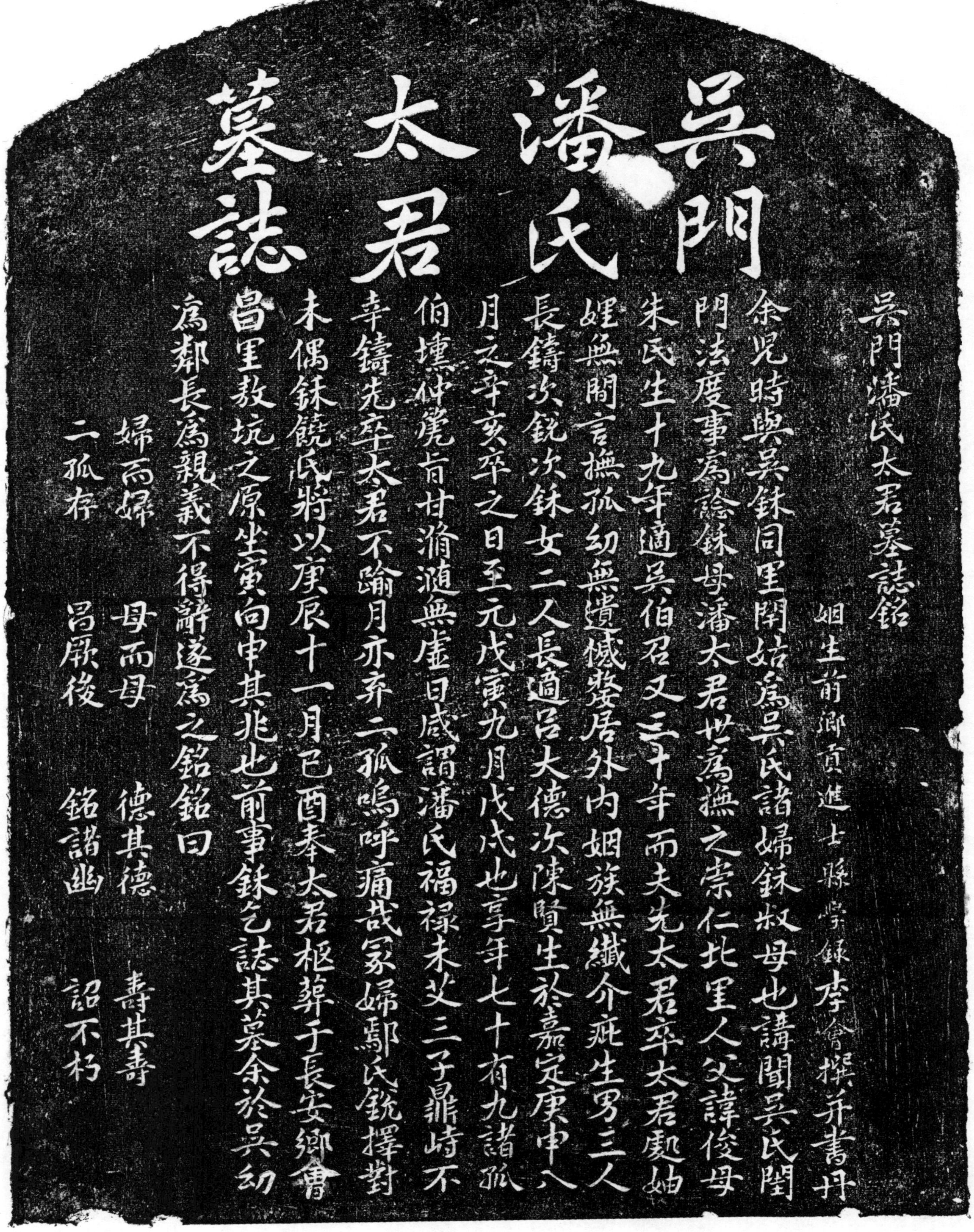

吳門潘氏太君墓誌

吳門潘氏太君墓誌銘

姻生前鄉貢進士縣學錄李會撰并書丹

余兒時與吳鉥同里閈姑爲吳氏諸婦鉥叔母也講聞吳氏閨門法度事爲諗鉥母潘太君世爲撫之崇仁北里人父諱俊母朱氏生十九年適吳伯召又三十年而夫先太君卒太君煢處妯娌無閧言撫孤幼無遺憾發居外內姻族無纖介疵生男三人長鑄次銳次鉥女二人長適呂大德次陳賢生於嘉定庚申八月之辛亥卒之日至元戊寅九月戊戌也享年七十有九諸孤伯壎仲篪旨甘滫瀡無虛日咸謂潘氏福祿未艾三子鼎峙不幸鑄先卒太君不踰月亦弃二孤嗚呼痛哉冢婦鄢氏銳擇對未偶鉥饒氏將以庚辰十一月己酉奉太君柩葬于長安鄉曹昌里敖坑之原坐寅向申其兆也前事鉥乞誌其墓余於吳幼爲鄰長爲親義不得辭遂爲之銘銘曰

婦而婦　母而母　德其德　壽其壽
二孤存　昌厥後　銘諸幽　詔不朽

169 西山居士饒公壙記

葬年：元至元十七年（1280年）十二月二十四日壬辰　尺寸：高50.5釐米，寬38.5釐米

西山居士饒公壙記

先君饒姓諱龔字景傳世居撫之臨川南塘　曾父
宗盛　大父元　父堯卿　先君生於石湖舊居弱冠
建第於隅水之西自號曰西山子偕　先妣高氏協力
經營門廊一新延師教子又其志也歲在戊申不幸
先妣傾逝　先君失助諸事解弛僅了兒女婚嫁而已
先君生於嘉泰壬戌七月二十七日不幸於至元丁丑
正月初四日以微疾[illegible]世嗚呼痛哉男良寶娶胡氏
繼陳氏良寶先卒新婦徐氏繼李氏女嗣徽適國學
進士陳清之孫男敷[illegible]鼎孫皆先卒次在孫慶孫蔦
孫孫女二人男曾孫慵姑女曾孫二人以至元庚辰臘
月二十四日壬辰孤男奉柩歸葬于柏塘下西偏乃
先君自營壽藏也其地取亥行龍座　作艮向前有
寅甲水朝歸于午丁而去倚[illegible]休哉謹勒石寘諸幽壙
記歲月[illegible]男良寶泣血謹書　義男李虎桂填諱

170 愚谷和尚塔記

葬年：元至元十八年（1281年）十月初五日　尺寸：高78釐米，寬47釐米

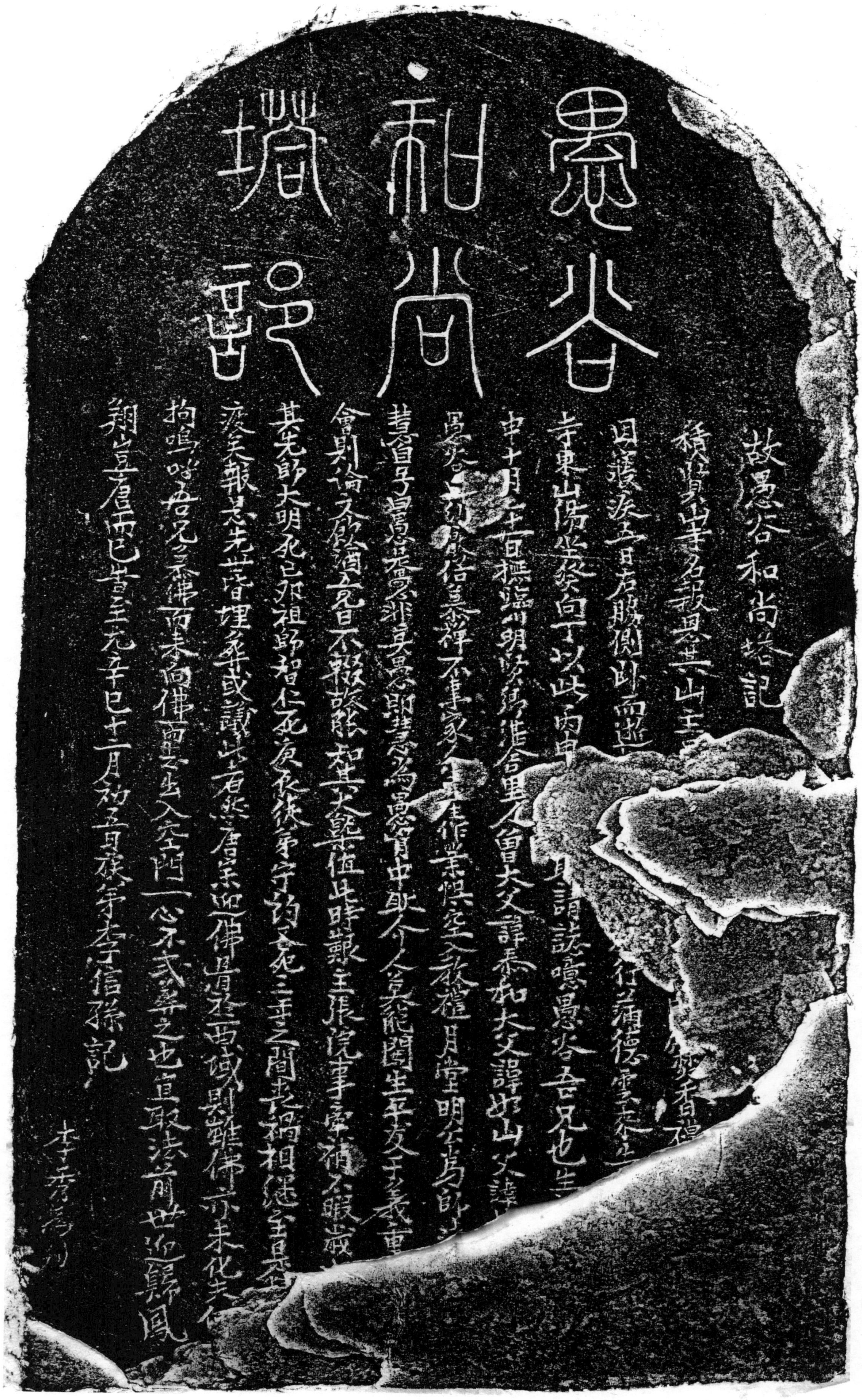
愚谷和尚塔記
故愚谷和尚塔記

171　熊氏孺人壙記

葬年：元至元十八年（1281年）十月二十二日甲寅　尺寸：高61.9釐米，寬41.8釐米

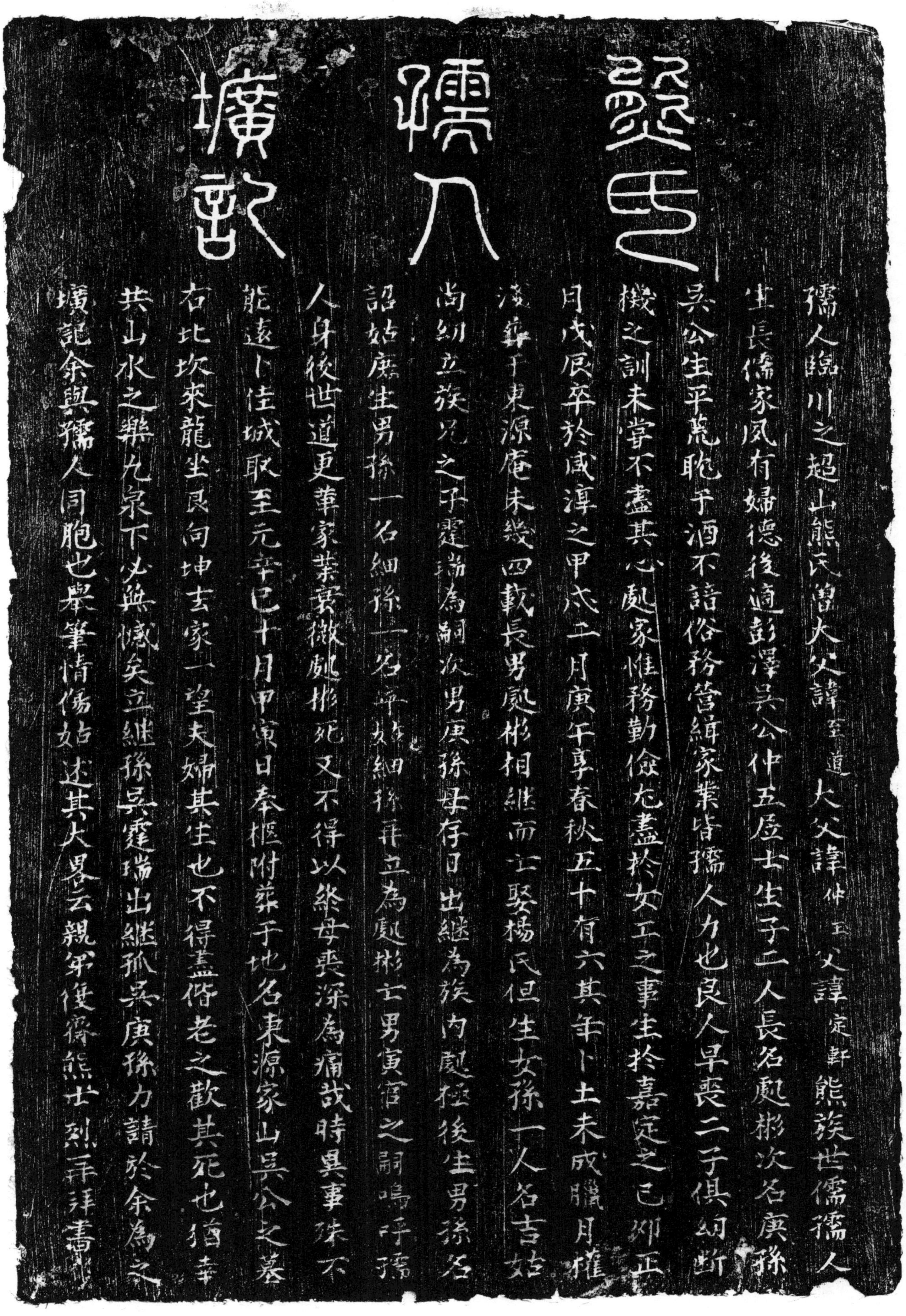

熊氏孺人壙記

孺人臨川之趙山熊氏曾大父諱至道大父諱仲玉父諱定軒熊族世儒孺人
生長儒家夙有婦德後適彭澤吳公仲五居士生子二人長名應彬次名庚孫
吳公生平嵬眊于酒不諳俗務營緝家業皆孺人力也良人早喪二子俱幼斷
機之訓未嘗不盡其心處家惟務勤儉尤盡於女工之事生於嘉定之己卯正
月戊辰卒於咸淳之甲戌二月庚午享春秋五十有六其年卜土未成臘月權
淺葬于東源庵未幾四載長男應彬相繼而亡娶楊氏但生女孫一人名吉姑
尚幼立族兄之子霆瑞為嗣次男庚孫母存日出繼為族內應極後生男孫名
詔姑麻生男孫一名細孫一名亞姑細孫再立為應彬亡男寅官之嗣嗚呼孺
人身後世道更革家業衰微應彬死又不得以終母喪深為痛哉時異事殊不
能遠卜佳城取至元辛巳十月甲寅日奉柩附葬于地名東源家山吳公之墓
右北坎來龍坐艮向坤去家一望夫婦其生也不得盡偕老之歡其死也猶幸
共山水之樂九泉下必無憾矣立繼孫吳霆瑞出繼孫吳庚孫力請於余為之
壙記余與孺人同胞也舉筆情傷姑述其大略云親弟俊爵熊士烈再拜書

172 有元竹林揭公四二宣義墓記

葬年：元至元十八年（1281年）十二月十一日壬寅　尺寸：高46.9釐米，寬31.5釐米

墓記

有元竹林揭公四二宣義墓記

前進士范坌墳譔

公諱南傑字士英姓揭氏乃我曾祖考武成之子高祖考公達之孫太祖考濱之曾孫也世居豐城傑源公生於宋慶元庚申十二月乙未歿於元至元辛巳正月庚戌壽八十二公少負俊声有志進取試有司不偶歸歊西塾以訓導爲事句讀必明呼吸必正里子弟執經而從者皆繼三世間爲詩詞姚范夫人歿卜葬陽山將夅事有尼其變揚其砂者故公有大風畫晦敢思量銘篆男兒肝上之句又於矩山徐公八景會上分韻得根字公一聯云岸風梳柳髮溪月印梅痕矩山諷誦久之其不苟如此戊寅鄉民挻亂室廬一燬衣物悉空公泰如也益加緝理未嘗以空乏爲憂正謂典刑宜登期壽而遽無疾終嗚呼吾祖昆弟凡四人吾祖不可見矣而公又不少留悲哉妣李氏繼李氏皆先公卒男二長公先卒次榮新婦熊蔡范皆先卒孫男二卯孫閏孫長娶孫氏孫女三福娘適勾坑黄景宣寄娘適羅田李紳靜娘適唐福甘璟孫榮等將以是年十二月壬寅葬于所居北岸曰許家山距高祖考墳凡數武從義讓也前事泣告余曰先考歸窆子盍以數語紀歲月固辭不獲姑摭其實以詔諸幽云旹至元十八年十二月初七日姪孫道孫再拜謹記

173 鄒氏墓誌

葬年：元至元十八年（1281年）十二月二十一日　尺寸：高45釐米，寬32釐米

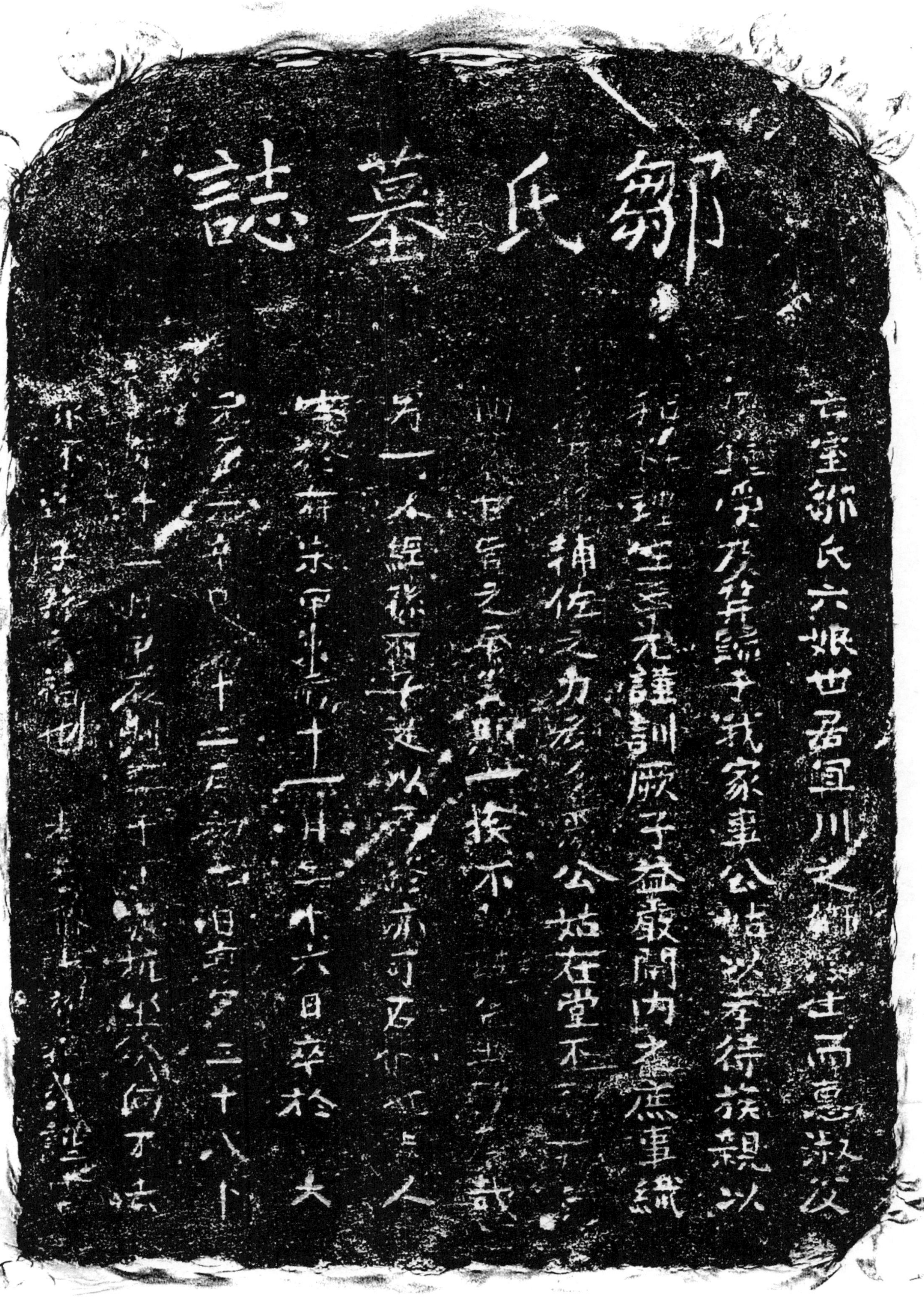
鄒氏墓誌

174 先府君止庵居士張公壙記

葬年：元至元十九年（1282年）八月十六日壬寅　尺寸：高106釐米，寬67.2釐米

先府君止菴居士張公壙記
先君姓張氏諱少登字弘道世爲臨江清江之[illegible]塘人張氏本自臨川之[illegible]…見於
曾大父竹坡府君墓誌茲不備述竹坡府君[illegible]叔祖西原[illegible]先生皆[illegible]…重於
一時爲遠近學者所師式由鄉貢登天庠晚㩴從祿[illegible]陽[illegible]…大父
七七府君親承竹坡府君教詔故有子三人與[illegible]…親師
即通大義長學舉子業務工雕蟲篆刻之習厭聞見之[illegible]術之孤乃鼓篋遊學[illegible]…君校
與肯堂李先生自堂陳先生皆嘗同舍觚自是交從愈廣[illegible]業於竹林陳先生丹山翁先生問道於靜峯
李先生徑畈徐先生皆當世知名士也遊場屋數不利雖不廢棄舉業而頹厭之遂爲意駢儷之文於情
吟詠之工由是與太守宮講潘公爲四六之交與倅車奏院陳公爲唱和之友然先君雖出入諸公之門
未嘗以非意之事干之也先君天性孝友[illegible]季[illegible]之間太父獨愛之大父既歿先君務以繼志述事爲念
恪盡厥孝謀卜宅兆艱難劬苦自任其責閱數歲[illegible]後克襄厥事伯氏早世遺幼孤之女先君幼爲撫字
長爲姻嫁不啻己子祖廬屋古且隘與叔氏各擇所趣先君喜故居之西地寬敞而高明迺構室焉經營
規畫皆出心匠不特棟梁之材必求其良雖桼桷欂櫨之材必擇杞梓楩楠而後稱蓋辛苦勤瘁綢繆收
拾然後適用閲闌數年經畫甫就於廳[illegible]西偏別[illegible]一齋扁曰止庵蓋取大學止於至善之意適天地之
中年變難紛擾先君志少怠用是塗飾丹雘有[illegible]不暇施焉然先君亦自是多以卧疾而[illegible]庚
辰之秋忽得肺腑之疾病踰月而竟逝易簀之際神[illegible]亂處家事如平常不遺纖悉至於理喪治葬之
豐殺皆所遺命所居相望之山有原曰溢坑王莊先君存日樂於斯丘嘗指以爲此吾藏身之所臨絕呼
塏而戒曰吾之所歸不可易此痛治命之不可違驗諸陰陽家閱兩歲而始利用以壬午八月十六日壬
寅忍死奉柩葬于王莊之阡坐壬向丙嗚呼痛哉先君生於嘉定丙子五月二十一日巳時享年六十有
五歿于庚辰八月二十五日娶熊氏生子一人塏女二人長[illegible]同邑進士李義次適豐城進士陳杞女孫
一人尚幼先君賦性剛直處事果決不畏強禦無縱詭隨人有過規之無隱語人有善稱之無過情不豐
於爲口體之奉而寧厚於待賓朋不廣爲買田宅之貲而寧[illegible]以收圖籍處家事必詳密待子弟必謹嚴
終身勤勞克成一室以爲適安之地而孤也不天禍延先君[illegible]燕安之樂而遽罹凶變彼蒼者天降
割于我家何其酷耶嗚呼哀哉嗚呼痛哉安厝有期孤也[illegible]當世[illegible]言之君子以誌之墓謹摭
述歲月大槩以納諸壙云孤子塏泣血百拜謹書友末前[illegible]填諱

175 鄭氏太君墓誌

葬年：元至元十九年（1282年）十月十六日壬寅　尺寸：高52釐米，寬46釐米

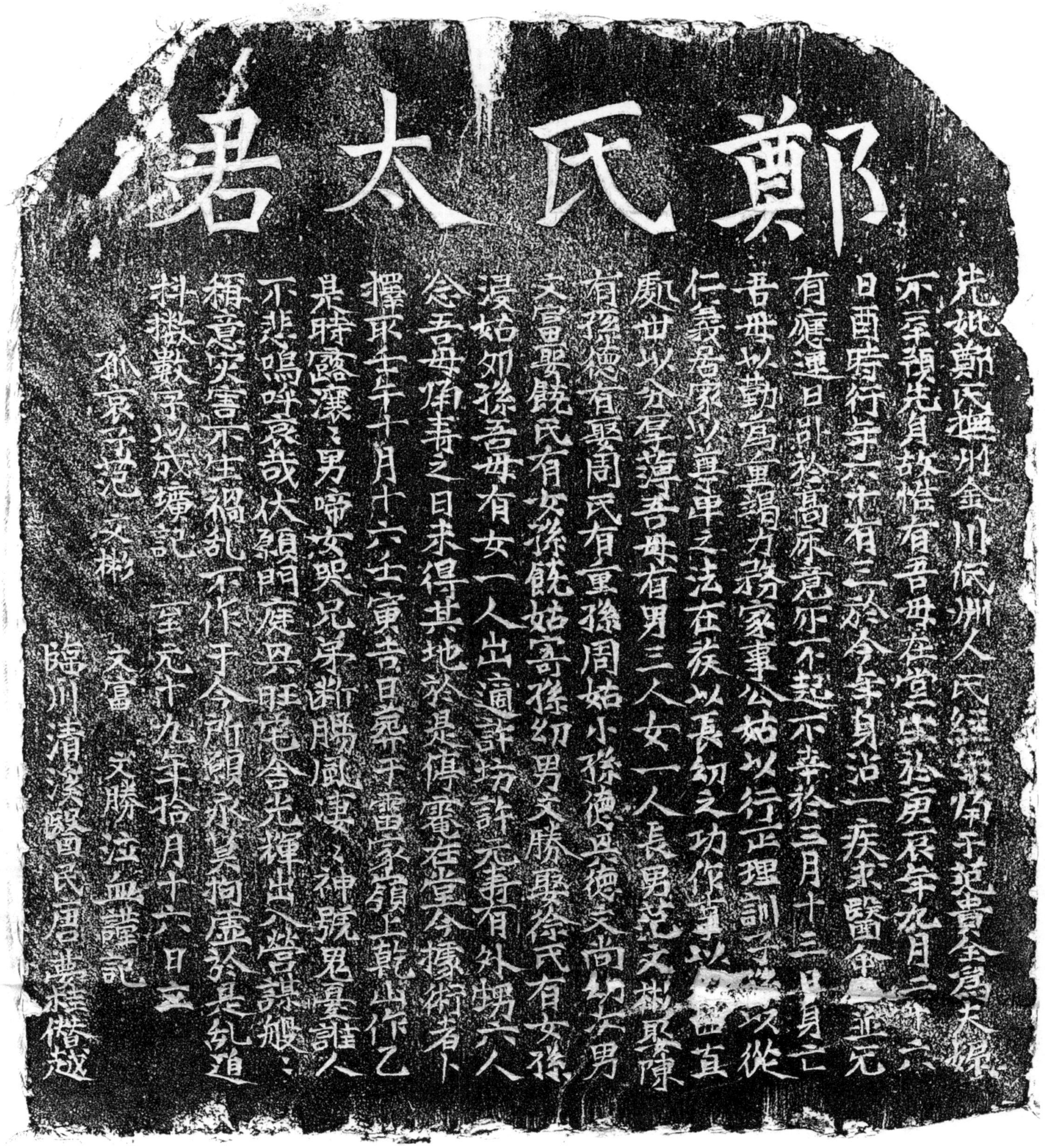
鄭氏太君
先妣鄭氏撫州金川依州人氏經歷偶于范貴全爲夫婦
不幸預先身故惟有吾母在堂生於庚辰年九月二十六
日酉時行年六十有三於今年身沾一疾求醫
有瘳遂日卧於高床竟爾一不起不幸於三月十三日身亡
吾母以勤爲重竭力務家事公姑以行正理訓子以從
仁義居家以尊卑之法在族以長幼之功作事以曲直
處世以分厚薄吾母有男三人女一人長男范文彬娶陳
有孫德有娶周氏有重孫周姑小孫德興德文尚幼女男
文富娶饒氏有女孫饒姑寄孫幼男文勝娶徐氏有女孫
淑姑如孫吾母有女一人出適許坊許元壽有外甥六人
念吾母得壽之日未得其地於是傳靈在堂今擇術者卜
擇取壬午年十月十六壬寅吉日葬于雷家嶺上乾山作乙
是時露濺濺男啼女哭兄弟斷腸風凄凄神號鬼哭誰人
不悲嗚呼哀哉伏願門庭興旺宅舍光輝出入營謀般般
稱意災害不生禍亂不作于今所願永莫拘虛於是乱道
抖擻數字以成壙記　至元十九年拾月十六日立
孤哀子范文彬　文富　文勝泣血謹記
臨川清溪醫國民周夢桂僭越

176 李氏孺人墓誌

葬年：元至元二十一年（1284年）十月二十八日壬申　尺寸：高49.5釐米，寬48釐米

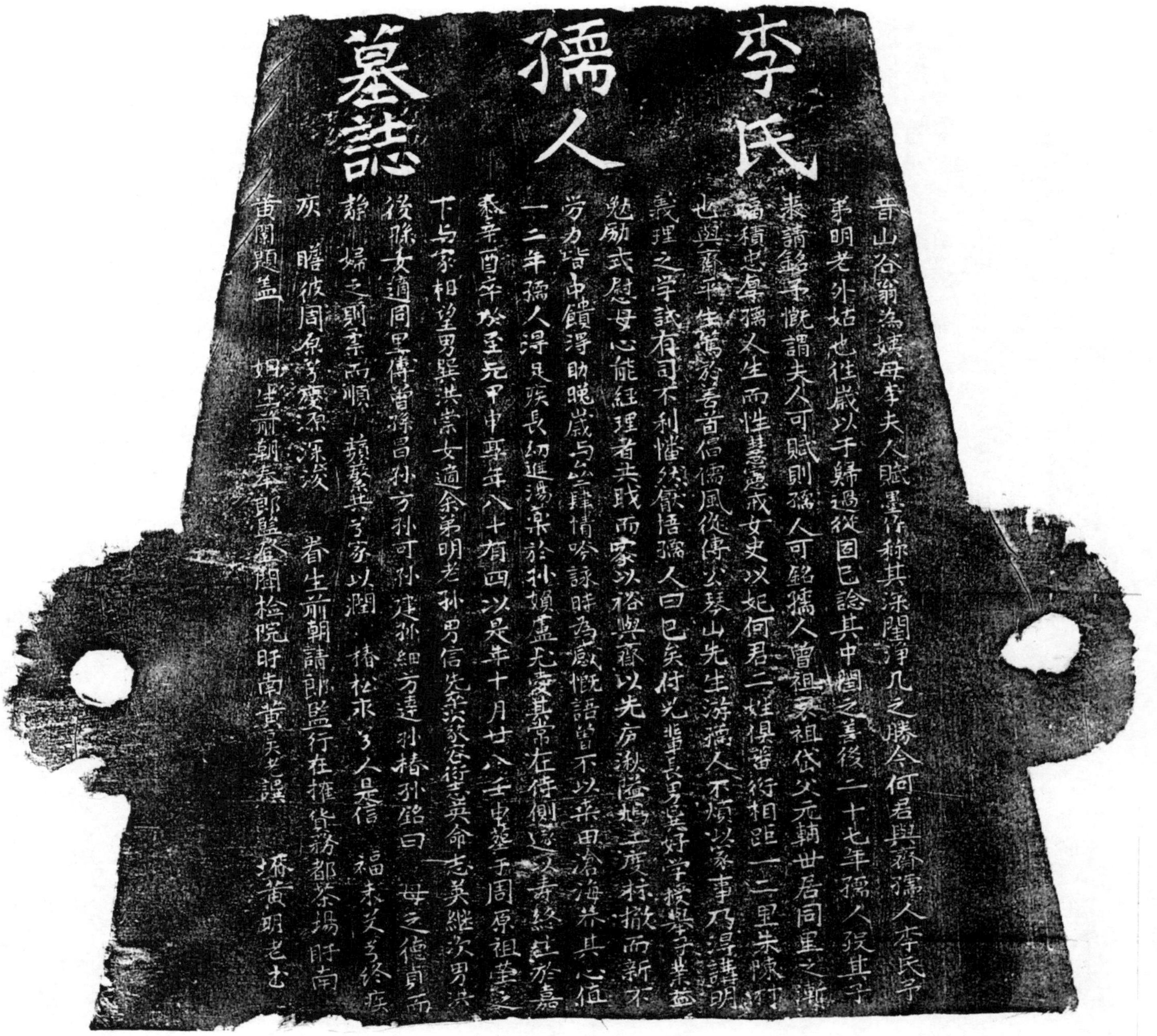
李氏孺人墓誌

177　故朱氏二孺人壙記

葬年：元至元二十二年（1285年）正月二十四日丁酉　尺寸：高55.5釐米，寬46.5釐米

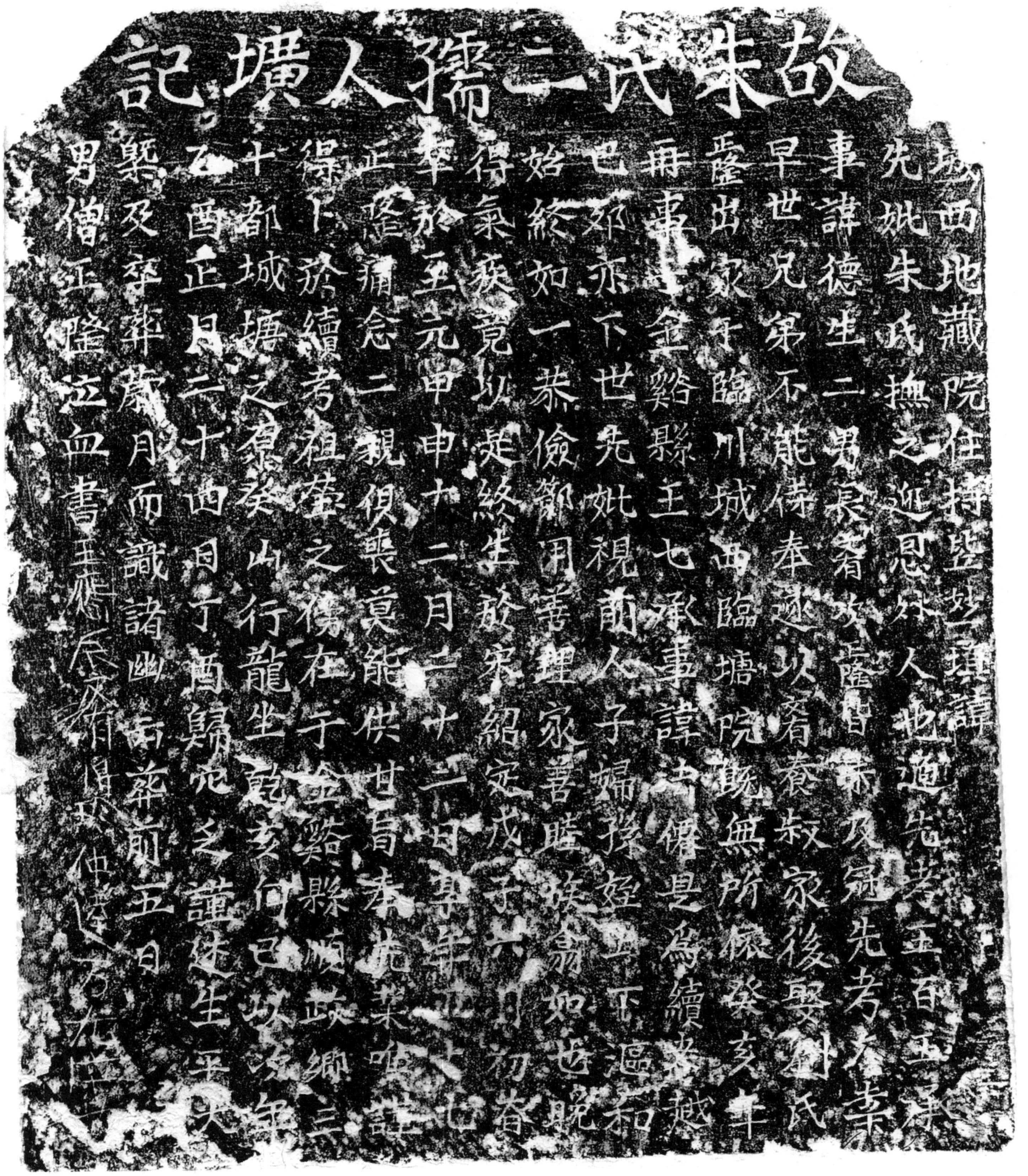
故朱氏二孺人壙記

178 楊公墓誌

葬年：元至元二十二年（1285年）八月十九日

尺寸：高57.5釐米，寬24.2釐米

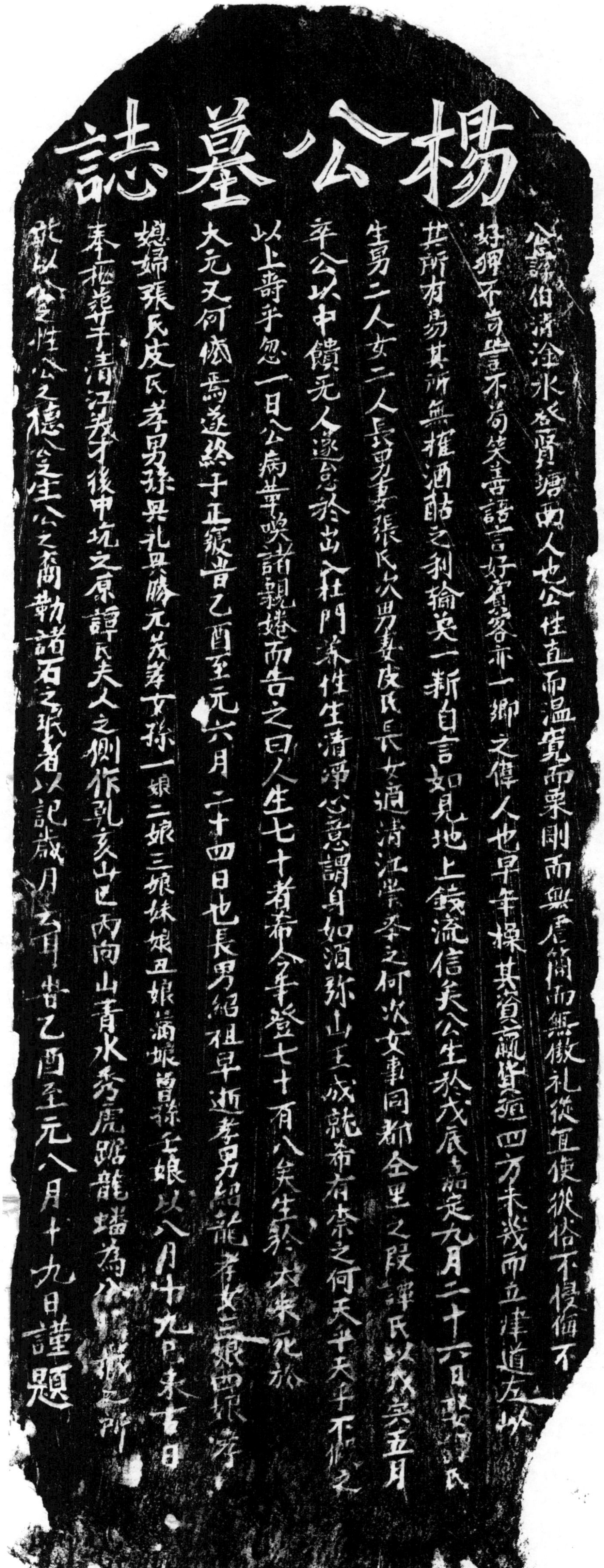

楊公墓誌

公諱伯清淦水長賢塘兩人也公性直而溫寬而栗剛而無虐簡而無傲禮從宜使從俗不侵侮不
好狎不苟訾不苟笑善語言好賓客亦一鄉之偉人也早年操其資贏貨殖四方未幾而立津道左以
其所有易其所無榷酒酤之利擒莫一斯自言如見地上錢流信矣公生於戊辰嘉定九月二十六日娶譚氏
生男二人女二人長男妻張氏次男妻皮氏長女適清江棠岑之何次女事同都金里之段譚氏以戊寅五月
辛公以中饋无人遂命於出入莊門系性生清淨心意謂身如須彌山王成就希有奈之何天乎天乎不假之
以上壽乎忽一日公病革喚諸親姻而告之曰人生七十者希今年登七十有八矣生於太來死於
大元又何憾焉遂終于正寢旹乙酉至元六月二十四日也長男紹祖早逝孝男紹龍孝女三娘四娘孝
媳婦張氏皮氏孝男孫與禮與勝元茂孝女孫一娘二娘三娘妹娘丑娘滿娘曾孫壬娘以八月十九日未吉日
奉柩葬于清江義才後中坑之原譚氏夫人之側作乳亥山巳丙向山青水秀虎踞龍蟠為公藏之所
敢以公之性公之德公之生公之商勒諸石之張者以記歲月云耳旹乙酉至元八月十九日謹題

179 劉公壙誌

葬年：元至元二十二年（1285年）九月十五日甲申　尺寸：高61.5釐米，寬31.5釐米

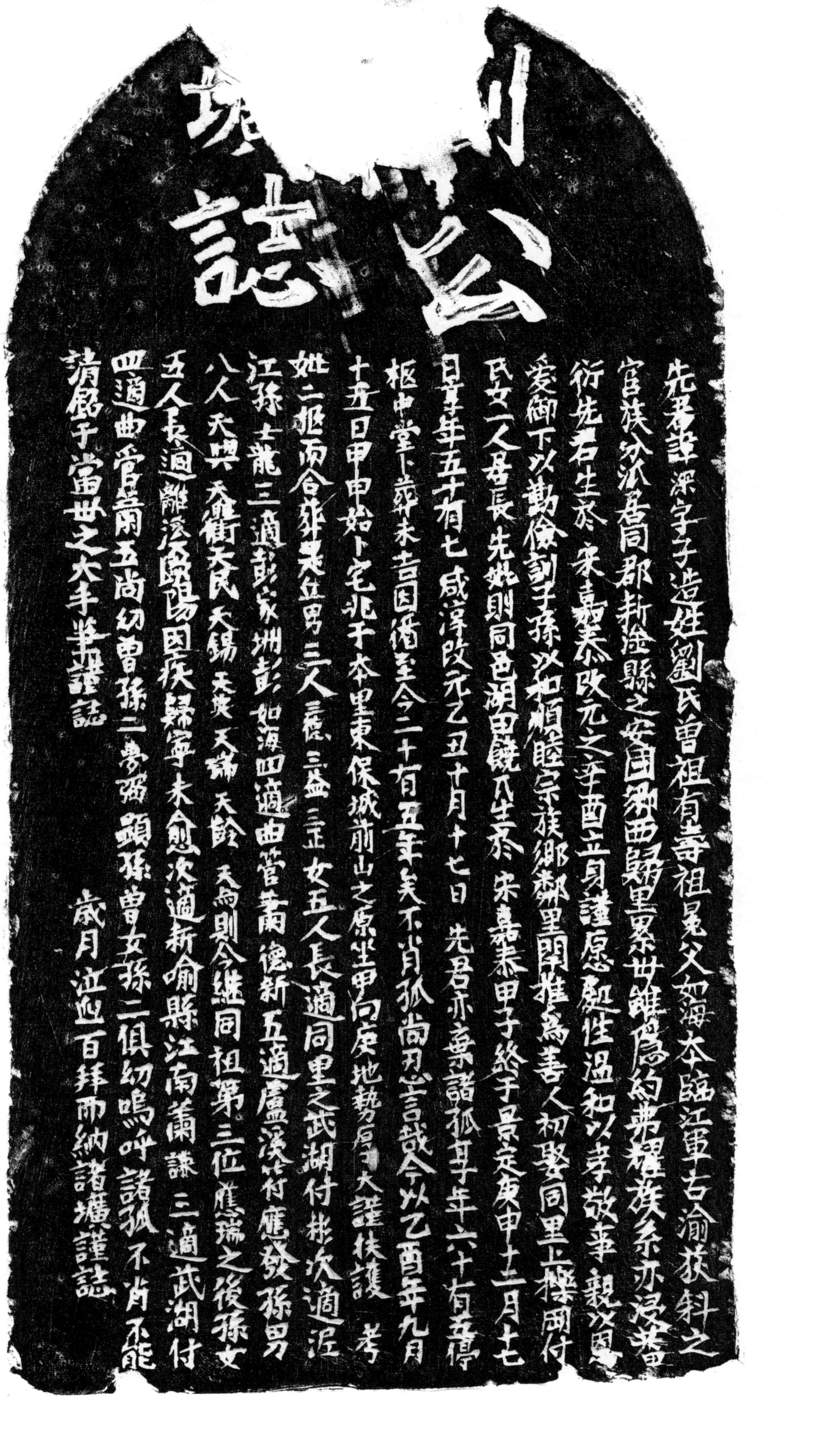

壙劉公誌

先君諱深字子造姓劉氏曾祖有壽祖晁父如海本臨江軍古渝萩斜之
官族分派吾同郡新淦縣之安國鄉西歸里累世雖爲約弗耀族系亦浸蕃
衍先君生於宋嘉泰改元之辛酉立身謹愿賦性温和以孝敬事親以恩
愛御下以勤儉訓子孫以和順睦宗族鄉鄰里閈推爲善人初娶同里上攀岡付
氏女一人吾長先妣則同邑湖田饒氏生於宋嘉泰甲子終于景定庚申十二月七
日享年五十有七咸淳改元乙丑十月十七日先君亦棄諸孤享年六十有五停
柩中堂卜葬未吉因循至今二十有五年矣不肖孤尚忍言哉今以乙酉年九月
十五日甲申始卜宅兆于本里東保城前山之原坐甲向庚地勢厚大謹扶護考
妣二柩而合葬焉立男三人長德次益次正女五人長適同里之武湖付彬次適泥
江孫士龍三適彭家洲彭如海四適曲管蕭德新五適盧溪付村應發孫男
八人天與天衡天民天錫天瑛天瑞天齡天命則今繼同祖第三位應瑞之後孫女
五人長適離溪陽因疾歸寧未愈次適新喻縣江南蕭謙三適武湖付
四適曲管蕭五尚幼曾孫二夢孫頤孫曾女孫二俱幼嗚呼諸孤不肖不能
請銘于當世之大手筆謹誌　歲月泣血百拜而納諸壙謹誌

180 宋故歐陽夫人袁氏壙記

葬年：元至元二十二年（1285年）

尺寸：高39.5釐米，寬34釐米

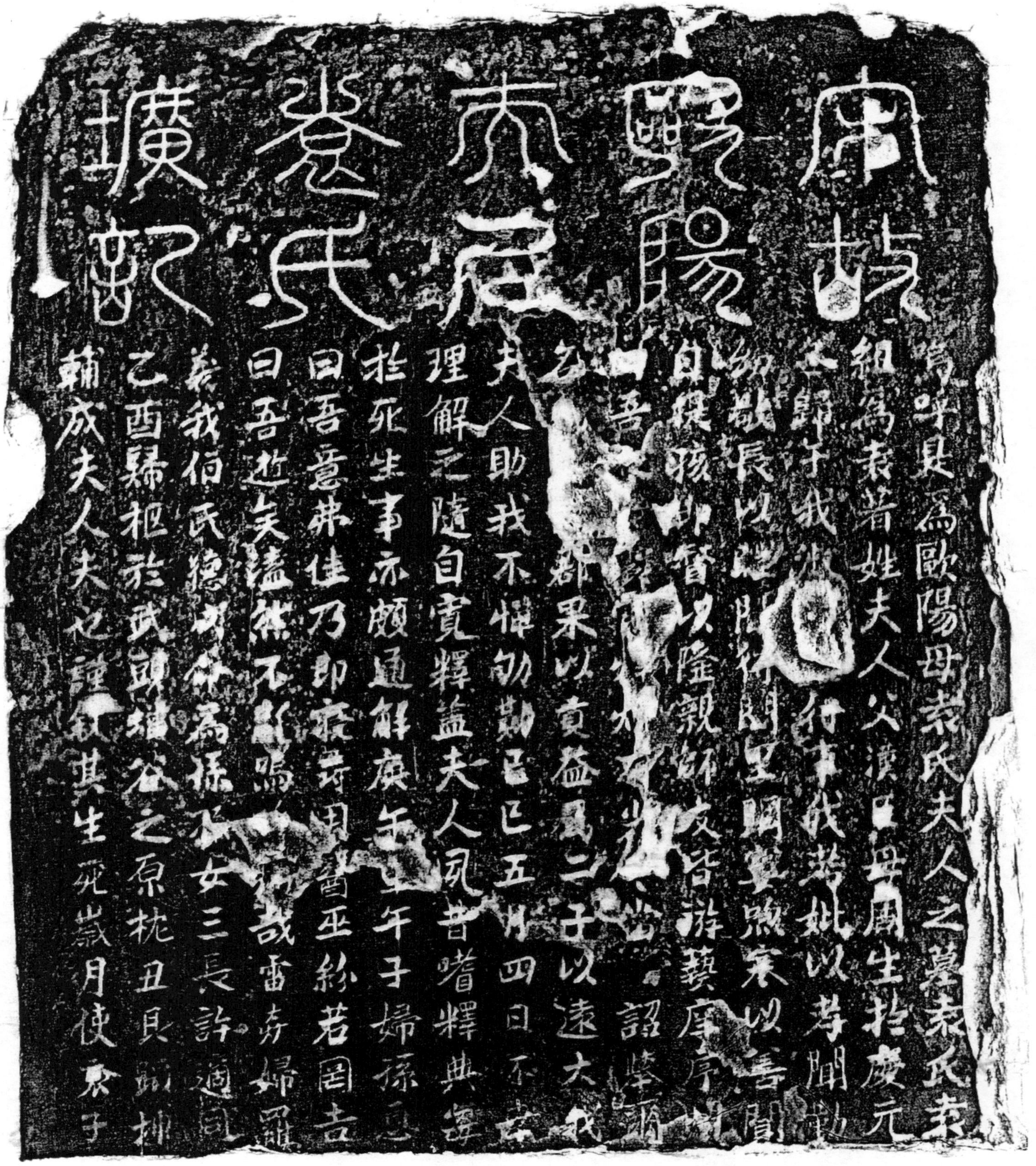

宋故歐陽夫人袁氏壙記

嗚呼是爲歐陽母袁氏夫人之墓袁氏表
祖爲袁著姓夫人父演[illegible]母周生於慶元
[illegible]歸于我[illegible]我姑以孝聞勤
幼識長以[illegible]閭里[illegible]寒以善[illegible]
自從孫[illegible]督以隆親師友皆游藝庠序
之[illegible]吾[illegible]詔學[illegible]
都果以貴益爲二子以遠大我
夫人助我不倦勉勵[illegible]五月四日不[illegible]
理解之隨自寬釋益夫人夙昔嗜釋典每
於死生事亦頗通解庚午年子婦孫[illegible]
曰吾意弗佳乃即[illegible]
曰吾逝矣遽然不[illegible]嗚[illegible]哉[illegible]婦羅
義我伯氏德[illegible]爲孫[illegible]女三長許適[illegible]
乙酉歸柩於武頭埔谷之原枕丑艮[illegible]
補成夫人夫也謹叙其生死歲月使[illegible]子

181 蔡柔惠壙記

葬年：元至元二十三年（1286年）九月十八日丙午　尺寸：高83釐米，寬51.9釐米

壙記
夫人諱柔惠出自本州析桂之蔡氏幼在父母家已能以勤儉自牧既長歸于黃堂 徐君叔
禮以家道自任立志即欲恢張戶門為子孫計由是家道日益光大賓客契戚儒士術數之往
來者無虛日 夫人主饋待以禮不慢以豐不儉益勤由是 叔禮之譽藹于里閭 夫人特
身以禮割愛以嚴妯娌閨門平日相聚亦揖讓進退如大賓客男長僅四五歲析卸延師為促就
學三子之中就二子為成才借舉業技成者龍進取路絕不能以斗升之祿為親榮是則 夫
人之子之恨者乙亥革命前所營繕之室屋併為煨燼起之邑所營無才遺事定議復舊制 夫
人曰視時豐殺當止葺一堂以蔽風雨耳餘俟世道寧謐為之未晚也其與時為中者如此生
平本分之外不加毫髮非其義不以一介取不以一介予晚與 叔禮偕老怡怡如也生於前
宋嘉定庚辰四月二十日酉時歿於 元至元丙戌八月初五日享年六十有七子三人女二
人長子奎娶劉氏男孫二人鑫鎮女一人次里初娶張氏生鑑再娶蔡氏生鉞而里先 夫人
九旬卒季屋娶帝氏生男孫鎰女二幼長女適謝滄聶原道次適官宦熊膺仲名錫輩出不在
斯文蓋其蔓衍蕃昌遐祉未艾者也將以九月十八日丙午窆于步頭山從曾祖姑也艾之視
夫人為從嫂姪輩遂命予以銘予非當代之大手筆銘之作不作於 夫人無增損而孝子之
深思遠慮則不可卻也故為次其平生如此俾歸而刻諸右異日陵谷變遷見此者知為善人
之墓而免於意外之虞如此則何事於銘 夫人之子以余言為然也遂為之記至元二十四
年九月朝列大夫撫州路總管兼府尹徐叜記表姪孫徐策元書

182 陳塤壙記

葬年：元至元二十五年（1288年）十一月初四日乙酉　尺寸：高52.5釐米，寬38.5釐米

壙記

宋咸淳初元甲子八月晦日 皇考八六府君
陳公卒 公娶饒氏因寓居于貳室是年始卜
築於長山之源營構將完未遷而逝於是公生
三十年矣公少敏悟有大志不競時名一無所
成中道横夭悲夫 公没不肖孤麟孫昉六歲
二十有二載始克葬於長安鄉會昌里杜家源
既襄事或疑山水峭厲於靈弗妥延改卜本里
茅壠一惟墨食坐申寅向陰陽家咸宜之蓋戊
子十一月四日乙酉也公諱塤字德和曾祖昭
文祖渙父覯男一人麟孫娶傅氏女一人適前
進士文林郎道州軍事判官何堯孫男一人賤
孫孫女二人並幼維 公微言隱德宜得名筆
書之姑誌大端納于壙孤哀子麟孫泣血敬書

183 傅氏壙記

葬年：元至元二十五年（1288年）十二月初三日甲寅　尺寸：高49釐米，寬36.5釐米

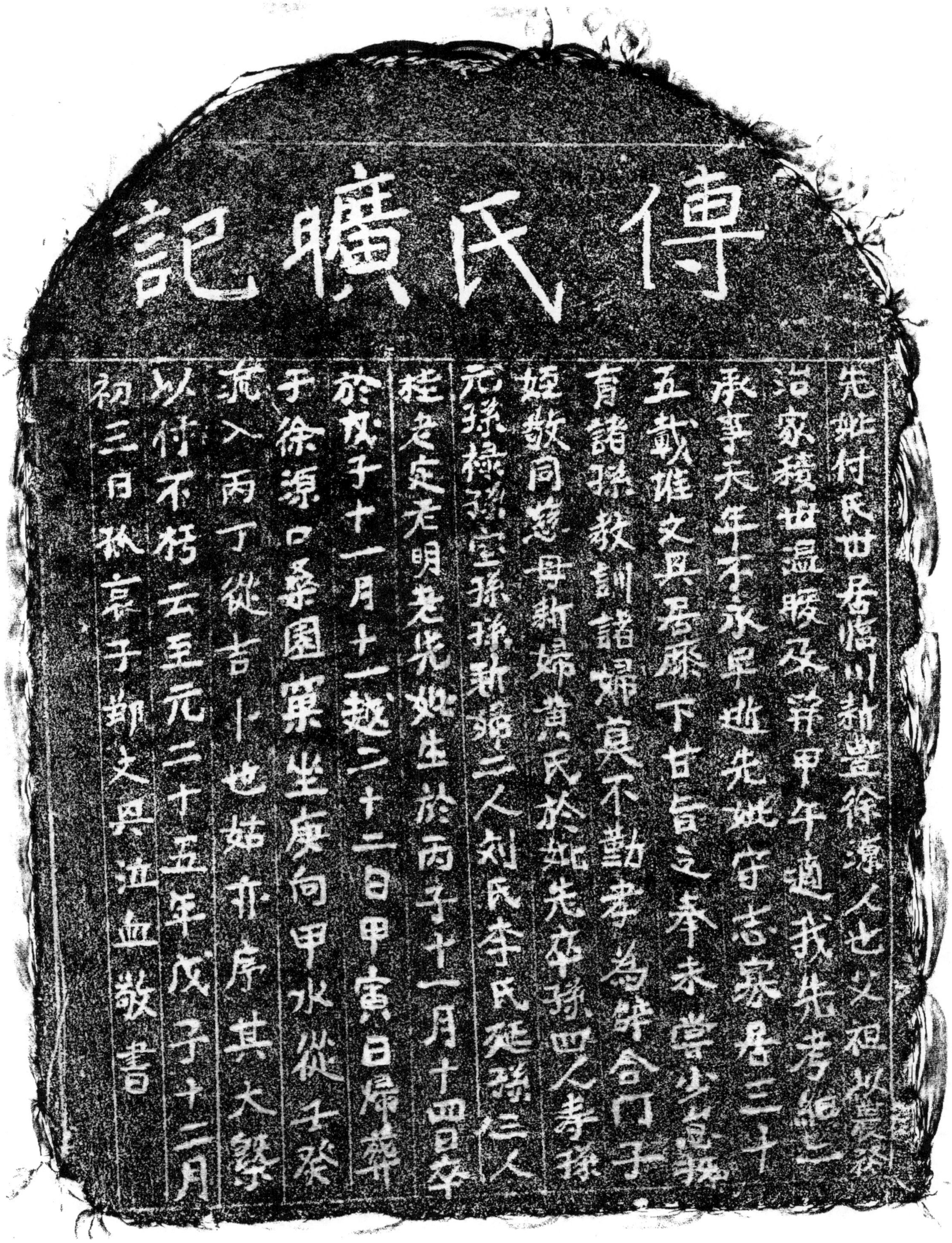

傅氏壙記

先妣付氏世居臨川新豐徐源人也父祖以農務
治家積世温暖及笄甲午適我先考紹一
承事天年不永早逝先妣守志寡居三十
五載推文興居膝下甘旨之奉未嘗少息撫
育諸孫教訓諸婦莫不勤孝為鄉合門子
姪欽同慈母新婦黄氏於妣先卒孫四人孝孫
元孫禄孫室孫新孫二人刘氏李氏延孫仁人
桂老定老明老先妣生於丙子十一月十四日辛
於戊子十一月十一越二十二日甲寅日帰葬
于徐源口桑園窠坐庚向甲水從子癸
流入丙丁從吉卜也姑亦序其大槩
以付不朽云至元二十五年戊子十二月
初三日孤哀子鄭文興泣血敬書

184 雷氏夫人墓誌

葬年：元至元二十六年（1289年）八月初九日

尺寸：高60.7釐米，寬33.8釐米

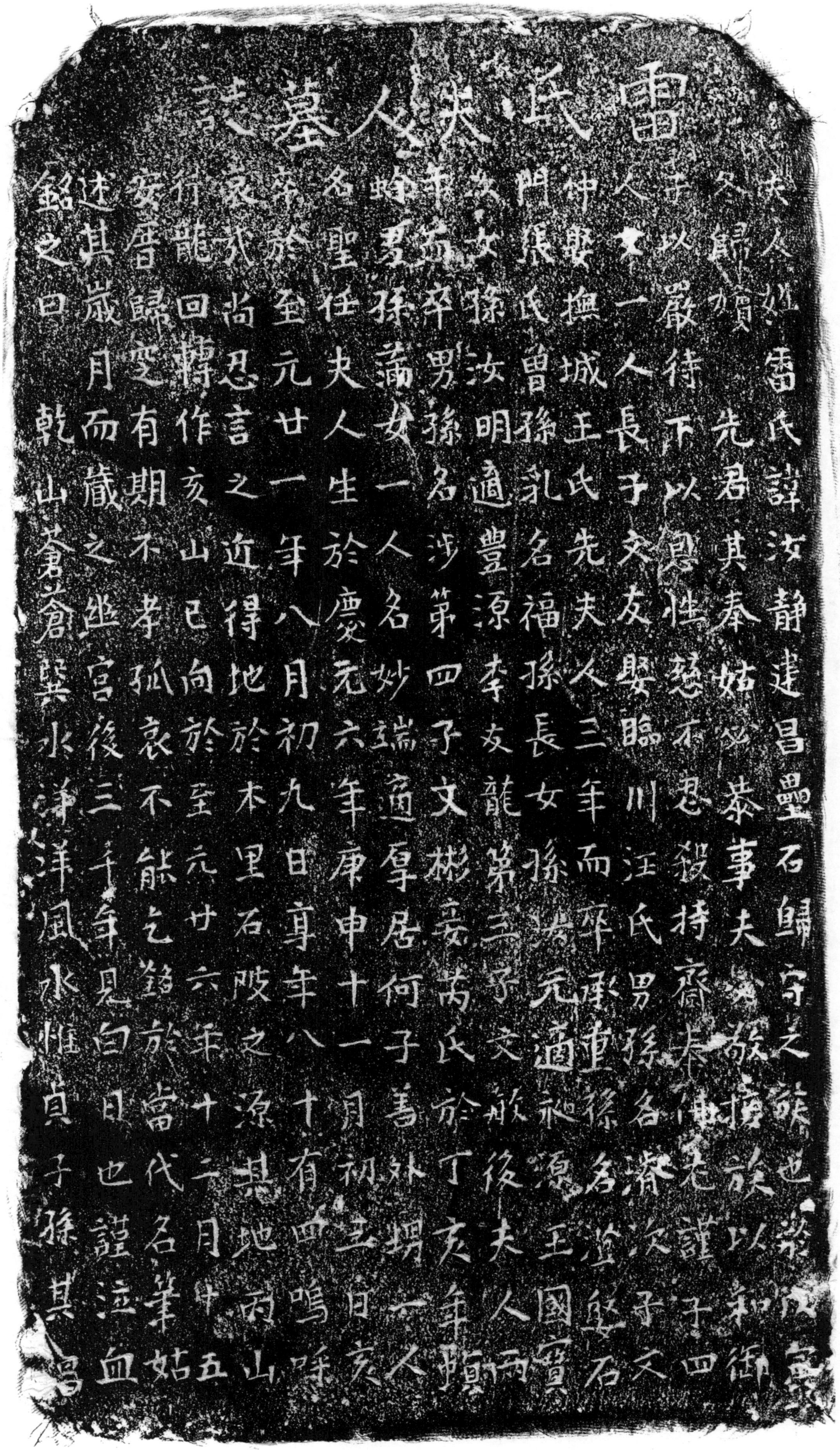

185 故姚公四三宣義墓

葬年：元至元二十六年（1289年）閏十月初二日　尺寸：高50.7釐米，寬25.5釐米

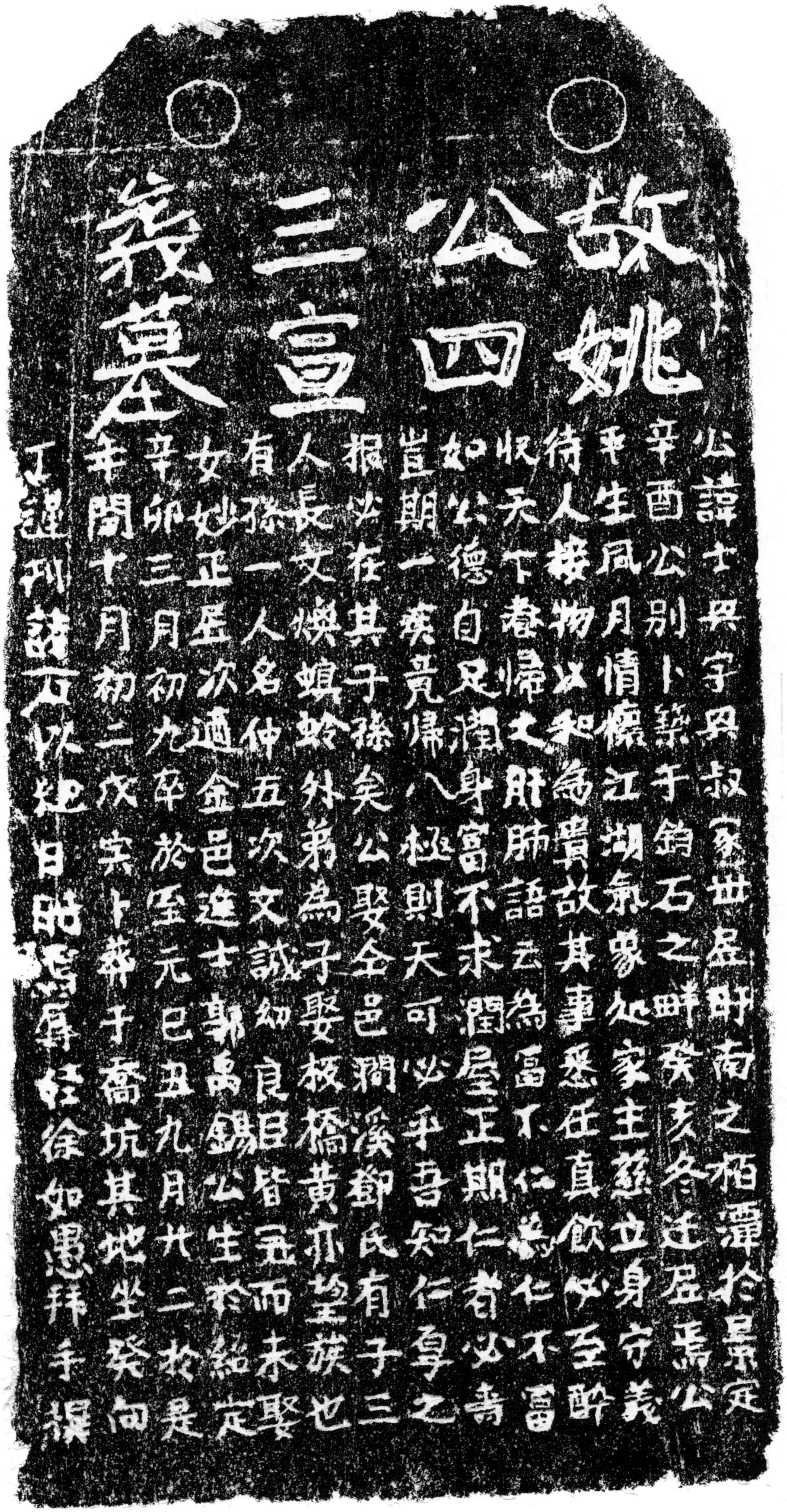

故姚公四三宣義墓

公諱士興字興叔家世居明南之栢潭於景定
辛酉公別卜築于鈞石之畔癸亥冬遷居焉公
平生風月情懷江湖氣象處家主慈立身守義
待人接物以和爲貴故其事悉任真飲必至醉
收天下春歸之肝肺語云爲富不仁爲仁不富
如公德自足潤身富不求潤屋正期仁者必壽
豈期一疾竟歸八極則天可必乎吾知仁尊之
報必在其子孫矣公娶金邑潤溪鄭氏有子三
人長文煥螟蛉外弟爲子娶板橋黃亦望族也
有孫一人名仲五次文誠幼良日皆冠而未娶
女孫妙正居次適金邑進士郭禹錫公生於紹定
辛卯三月初九卒於至元己丑九月廿二於是
年閏十月初二戊寅卜葬于喬坑其地坐癸向
丁遂刊諸石以紀日時[illegible]孱姪徐如愚拜手撰

186 滎陽孺人徐氏壙記

葬年：元至元二十七年（1290年）十一月二十一日　尺寸：高72.3釐米，寬47.4釐米

滎陽孺人徐氏壙記
繼室滎陽孺人壙記
孺人姓徐氏存日名𧰼恭其先世居本邑新豐鄉之嘉禄舊
市族大蕃衍厥有東西之号焉而孺人実西徐之所出也乃
祖乃父之伯仲若兄若弟之行董擢高官登顯仕於前朝者
彬彬矣壬戌之秋余不幸有鼓盆之戚而孺人亦罹破鏡之
悲余慨念諸幼失恃誼不可無一人以提撕越三歲甲子乃
命价紹備六礼往聘之自為余婦相與圖桼者迨來二十有
六載克相中饋其畢冠昏至於親朋宗族之間鄰里鄉黨之
際動容周旋靡不中礼此固其天性之所鍾抑亦其出於礼
義之家而能循法度故可與承先祖共祭祀也方期偷安於
叔世以終餘年矣何遽染沈痾奄然先往烏乎痛哉男三人
長思聰取文氏次思義取鄒氏幼思道取黎氏女二人長柔
順適金川王應麒閏母亡而李衰哀戚逾制竟尔傷生良可
閔悼次柔正適王元壽孫男七人長誠翁見議郭氏姻未畢
次明翁愷翁愓翁吉翁兆翁願翁孫女二招弟蒨娘孺人生
於亡宋嘉定丙子四月二十九日巳時卒於　大元至元己
丑二月十五日以次年十一月二十一日庚申得吉卜葬于
本鄉九十七都李坊之東坑去家不千里其地東震行龍作
兑向水歸酉辛長流大合吉兆葬事迫未暇求銘姑述大槩
刻石納諸壙云葬前一日孝夫鄭如雲謹誌

187 先師徽公和尚塔記

葬年：元至元二十七年（1290年）十二月十五日　尺寸：高50.2釐米，寬33.3釐米

先師徽公和尚塔記

大元至元二十七年庚寅正月二十四日
本師徽和尚示寂越三日就荼毘禮收靈
骨歸至十二月十五日甲申奉窆于嚴家
嶺乃師怡公塔之傍其地允山來龍坐庚
向甲僉云其吉師生前宋淳祐四年甲辰
六月二十日性真實不矯孤梗自任由是
父母知非凡俗可留乃俾從里城陂院出
家得度受具雅謹修持經卷熏爐日無虛
日兄弟友愛子姪欽承有自來矣師家世
撫之金谿石廩王氏上字大吉壽四十有
七僧臘二十有七度小師如綱師孫自勤行童
德澄前期奉師伯大達命刻石埋記歲月綱於
是泣血謹記

188 殁故彭公墓誌

葬年：元至元二十九年（1292年）九月二十四日　尺寸：高63.2釐米，寬46釐米

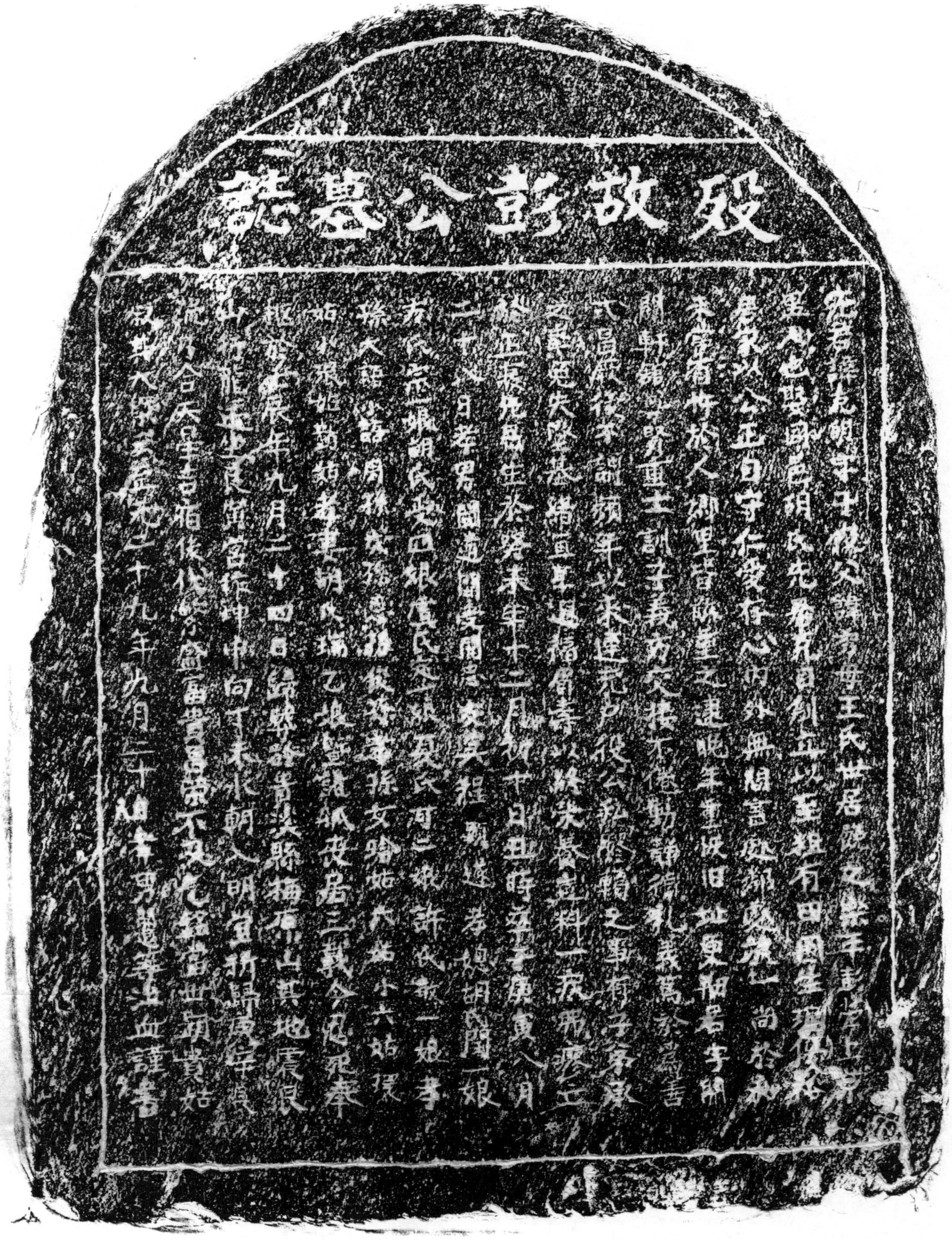
殁故彭公墓誌

189 故鄒夫人王氏墓記

葬年：元至元三十年（1293年）八月七日庚寅　尺寸：高58.8釐米，寬40.5釐米

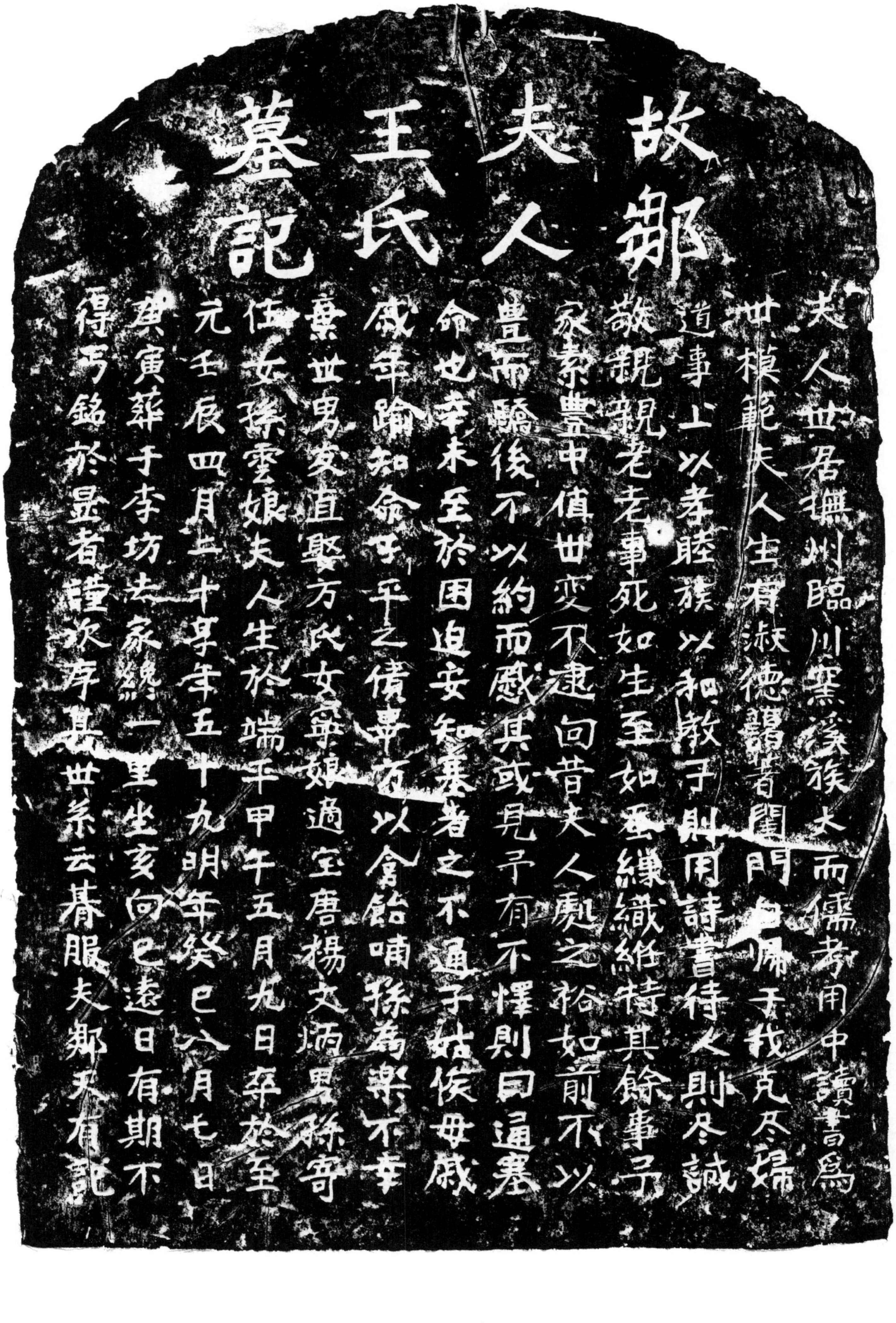
故鄒夫人王氏墓記
夫人世居撫州臨川黨溪族大而儒孝用中讀書爲
世模範夫人生有淑德讀者閨門自偏于我克盡婦
道事上以孝睦族以和教子則用詩書待人則盡誠
敬親親老老事死如生至如麻縷織紙特其餘事乎
家素豐中值世變不逮向昔夫人處之裕如前不以
豐而驕後不以約而戚其或見乎有不懌則曰通塞
命也幸未至於困迫安知塞者之不通乎姑俟毋戚
戚年踰知命乎平之積畢方以食飴哺孫爲樂不幸
棄世男發直娶方氏女爭娘適室唐楊文炳男孫寄
仕女孫雲娘夫人生於端平甲午年五月九日卒於至
元壬辰四月二十日年五十九明年癸巳八月七日
庚寅葬于李坊去家纔一里坐亥向巳遠日有期不
得丐銘於顯者謹次序其世系云服夫鄒天有記

190 殁故千七承事墓記

葬年：元至元三十年（1293年）十月初三日乙酉

尺寸：高68.4釐米，寬49釐米

殁故千七承事墓記
先君李諱子旺字國祥居於臨江之新淦鄉曰登賢
里策名龍溪人也曾大父必四郎大父必九郎父六
七郎諱必先君處性温柔鄉里和平商於江旅財物
豐盈家道愈隆生理鼎盛生於寶祐戊午年五月十
九日中時娶後瀧李氏男一人祿真女三人長壬娘
娘次娘卯娘在幼享年三十三歲商於鄂渚豈期一
疾竟以壽終殁於至元辛卯年三月十三日以火化
之歸于停柩諸孤卜以癸巳歲十月初三日乙酉扶
柩安厝于本里城田胡家坑之原東震行龍癸山向
丁卜為宅兆以妥神靈以福子孫納諸壙以記歲月
云孤子祿真頓首泣血謹誌以當世士夫求名撰書

191 殁故郝氏夫人壙記

葬年：元至元三十年（1293年）十二月二十八日己酉　尺寸：高64.5釐米，寬38.2釐米

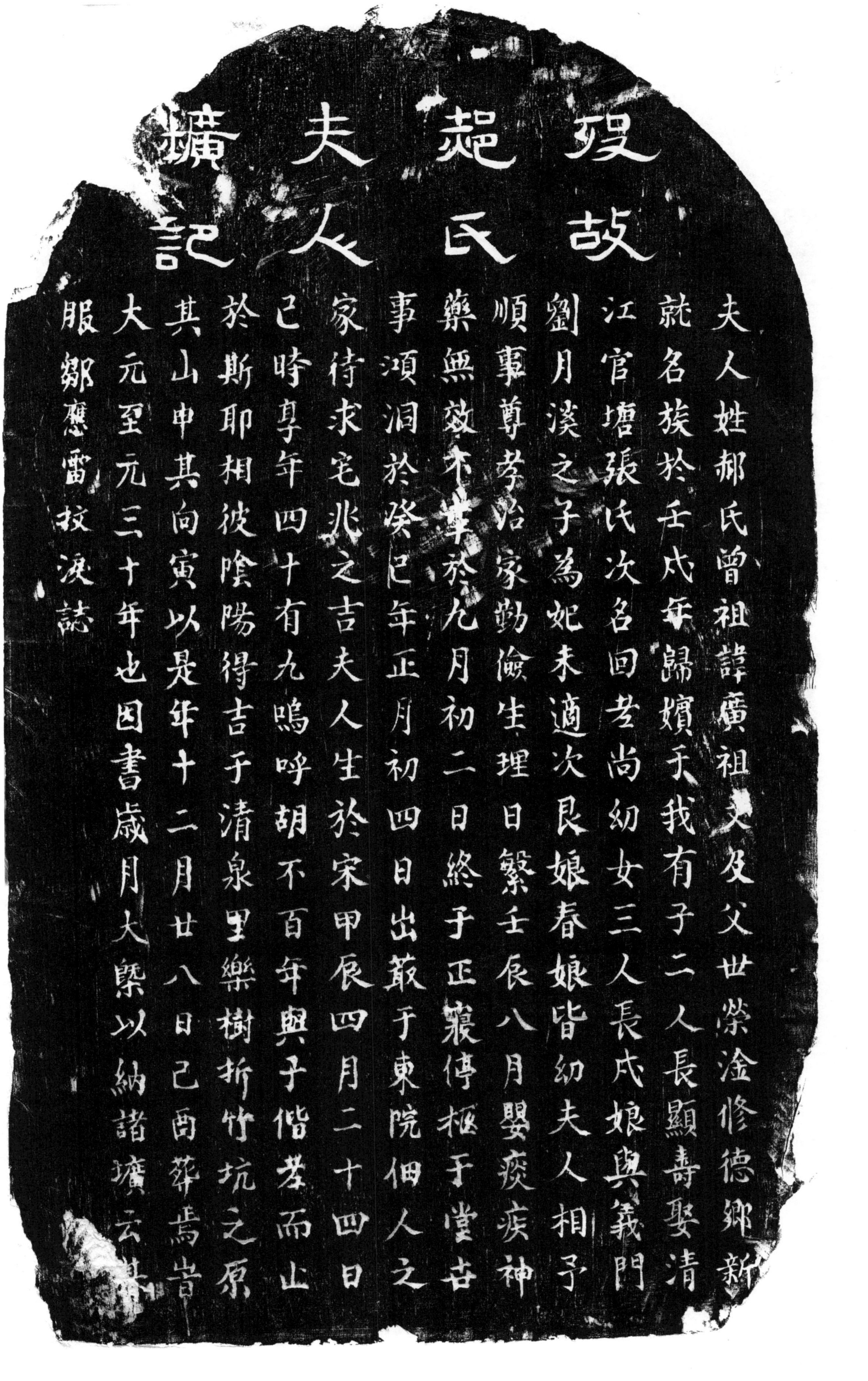

殁故郝氏夫人壙記

夫人姓郝氏曾祖諱廣祖文及父世榮淦修德鄉新就名族於壬戌年歸嬪于我有子二人長顯壽娶清江官塘張氏次名回老尚幼女三人長氏娘與義門劉月溪之子為妃未適次艮娘春娘皆幼夫人相予順事尊孝治家勤儉生理日繁壬辰八月嬰痰疾神藥無效不幸於九月初二日終于正寢停柩于堂古事須洞於癸巳年正月初四日出葬于東院佃人之家待求宅兆之吉夫人生於宋甲辰四月二十四日已時享年四十有九嗚呼胡不百年與予偕老而止於斯耶相彼陰陽得吉于清泉里樂樹折竹坑之原其山申其向寅以是年十二月廿八日己酉葬焉旹大元至元三十年也因書歲月大槩以納諸壙云某服鄒應雷抆淚誌

192 元故何氏太君壙記

葬年：元元貞元年（1295年）二月初二日

尺寸：高56.8釐米，寬34.2釐米

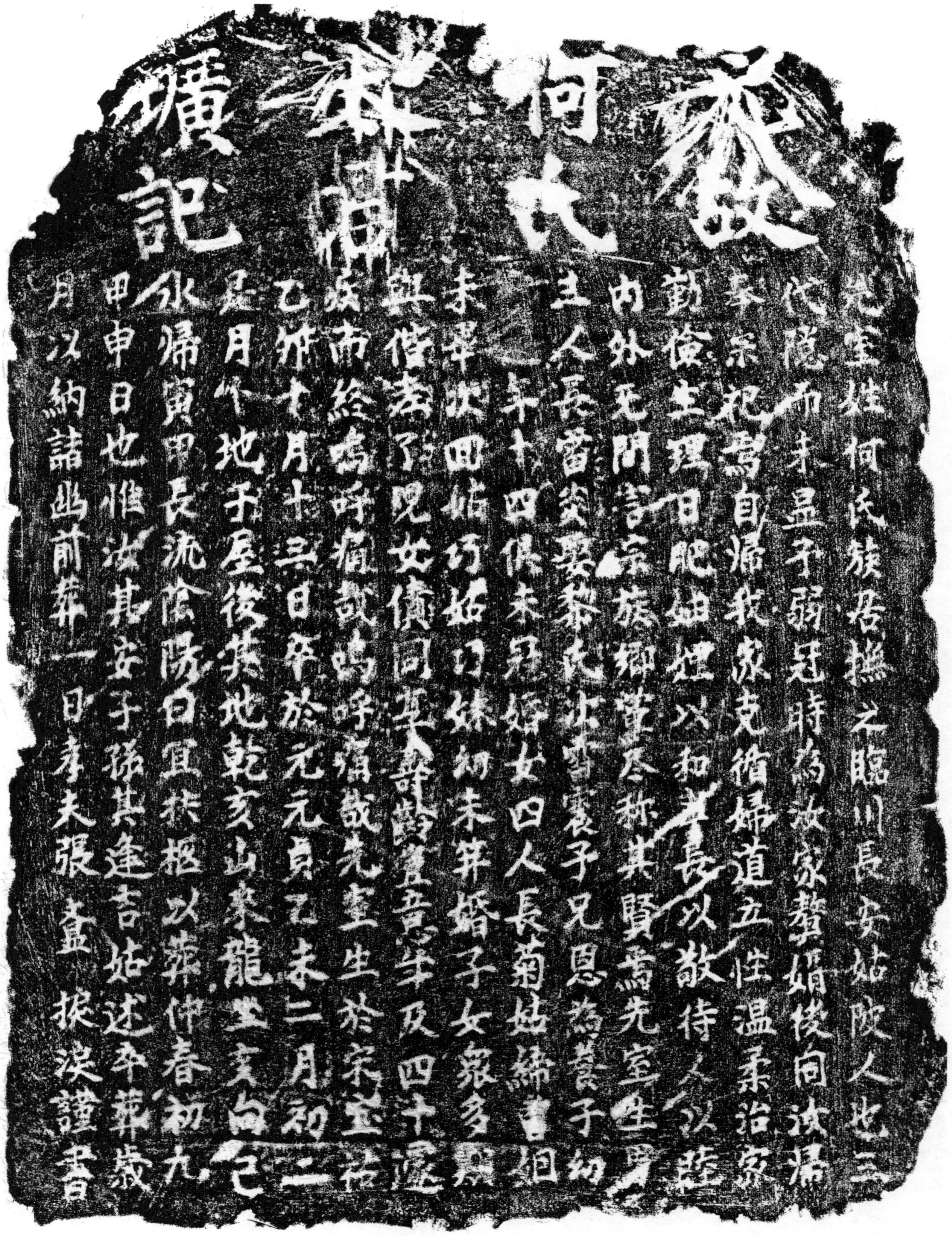
故何氏太君壙記
先生姓何氏族居撫之臨川長安姑陂人也三
代隱而未显子弱冠時爲汝家贅婿後向汝婦
奉宗祀焉自婦我家克循婦道五性温柔治家
勤儉生理日肥妯娌以和長以敬待人以睦
內外无閒言宗族鄉黨咸称其賢焉先室生男
主人長留娶黎氏出晉衰子兄恩爲養子幼
年十四俱未冠婚女四人長菊姑締婚姻
未華次四姑巧姑四妹妹未華婚子女衆多壽
與偕老了見女債同享壽音年及四十遐
疾而終嗚呼痛哉嗚呼痛哉先室生於宋至祐
乙亥十月十三日卒於元元貞乙未二月初二
是月卜地于屋後其地乾亥山來龍坐亥向巳
永歸寅甲長流陰陽白宜扶柩以葬仲春初九
甲申日也惟汝其安子孫其逢吉姑述卒葬歲
月以納諸幽前葬一日孝夫張查掖淚謹書

193 太君墓

葬年：元元貞元年（1295年）四月初八日　尺寸：高57釐米，寬29釐米

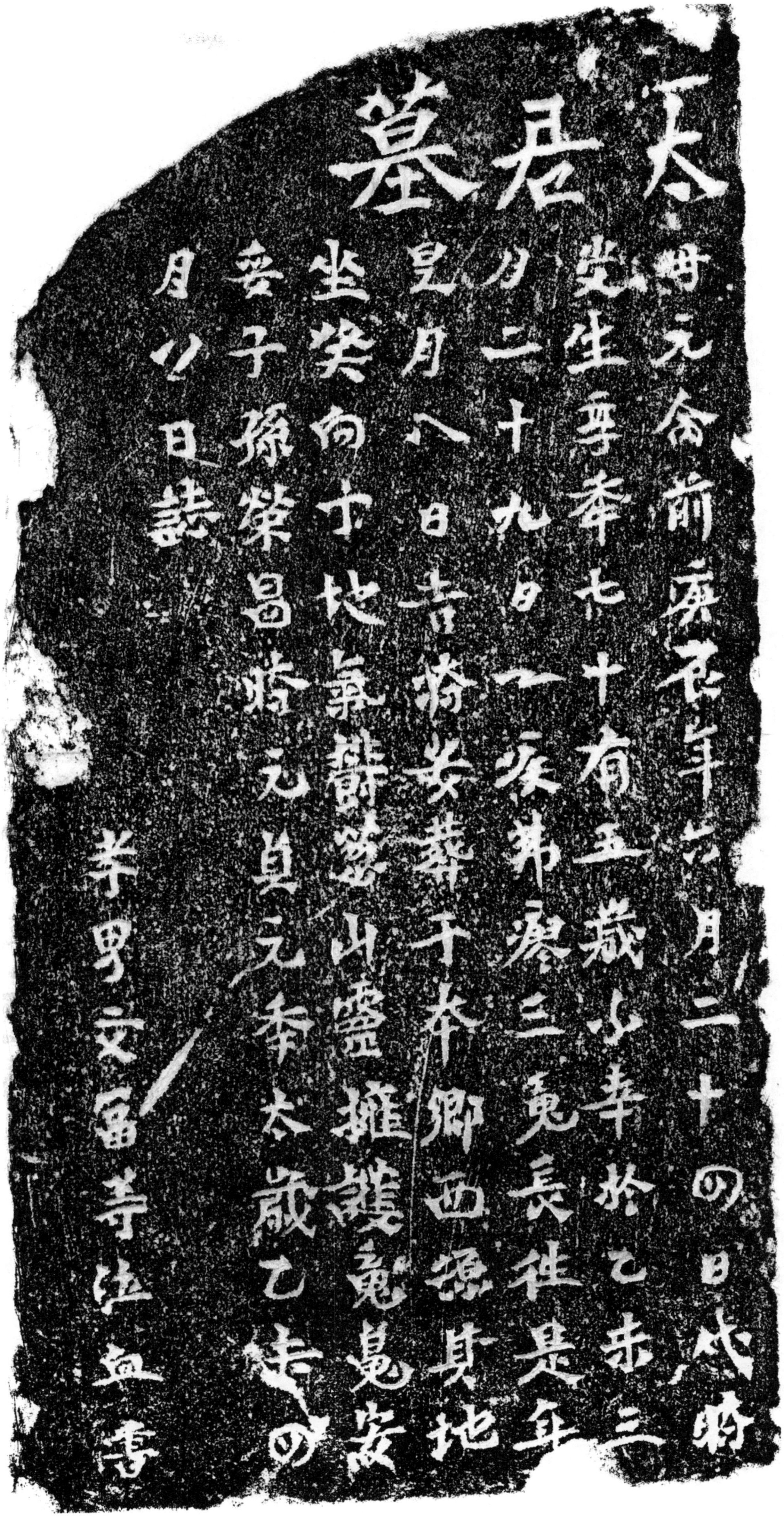
太君墓
母元命前庚辰年六月二十四日戌時
出生享年七十有五歲於乙未三
月二十九日一疾弗瘳魂長往是年
四月八日吉時安葬于本鄉西源其地
坐癸向丁地氣鬱蔥山靈擁護魂魄安
吾子孫榮昌時元貞元年太歲乙未四
月初八日誌
孝男文留等泣血書

194 故嬪袁氏孺人壙記

葬年：元元貞二年（1296年）十二月二十七日

尺寸：高64釐米，寬32釐米

故嬪袁氏孺人壙記
孺人姓袁氏諱從叙家世饒之餘干萬年鄉晝錦里祖世亨父士彥母
氏 孺人生於宋紹定戊寅十一月二十九日巳時賦性柔嘉長而勤愼
父母賢之擇配必以儒西辰冬歸于我唱隨敬戒四十年如一日重厚静
默似不能言者其於相夫事姑以下毋盡婦道及撫奴婢尤恩處鄰里極
睦内外宗親咸以賢婦人稱之 孺人有男多不育每嘆曰人生無子不
如無生慨而悟曰命也嘗語人謂俗云婿爲半子切女道長贅婿侍傍猶
子也他日承祀無乏可矣 孺人明達如此女三人長適餘干進士袁起
岩次適同邑進士張必高幼贅餘干進士王茂才以承祀事甥男女姑年
尚幼慨念 孺人歸我時家道裕不幸中更易代家道替 孺人順時安
命未嘗以始裕終替爲戚惟曰隨緣安分相與偕老百年爲無憾甲午冬
忽感寒瘫疾醫禱無驗淹延至于乙未春一日瘫再作如人熟睡而逝時
元貞元年二月十三日也嗚呼痛哉越明年丙申十二月二十七日辛酉
奉柩葬于三宗原祖君藏巷塢坐酉向卯水由巽巳從吉卜也姑記歲月
納諸壙云 鄱陽縣文南鄉西元里夫李廷珏抆淚謹誌

195 先妣吴氏孺人墓誌

葬年：元元貞三年（實爲大德元年，1297年）三月初五日　尺寸：高69釐米，寬36釐米

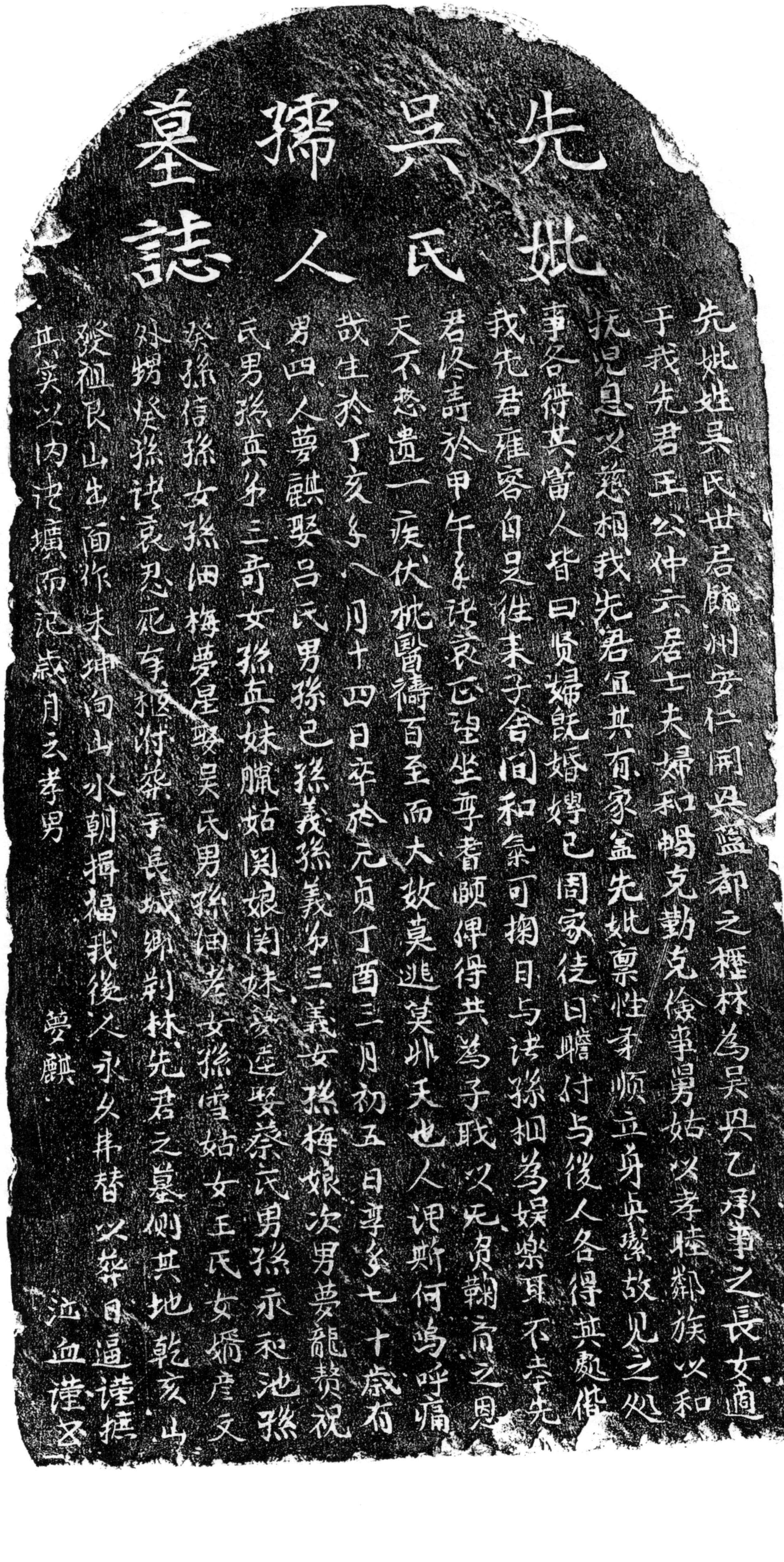

先妣吴氏孺人墓誌
先妣姓吴氏世居饒州安仁開坝盈都之梩林為吴𠀤乙承事之長女適
于我先君王公仲六居士夫婦和暢克勤克儉事舅姑以孝睦鄰族以和
撫兒息以慈相我先君宜其有家益先妣禀性柔順立身典㯶故見之処
事各得其當人皆曰賢婦既婚娉已周家徒日贍付与後人各得其處偕
我先君雍容自足往來子舍間和氣可掬日与諸孫細為娛樂耳不幸先
君没壽於甲午年諸哀正望坐享者頤俾得共為子職以無負鞠育之恩
天不慭遺一疾伏枕醫禱百至而大數莫逃莫非天也人理斯何嗚呼痛
哉生於丁亥年八月十四日卒於元貞丁酉三月初五日享年七十歲有
男四人夢麒娶吕氏男孫已孫義孫義年三義女孫梅娘次男夢龍贅祝
氏男孫真年三奇女孫真妹臙姑閔娘閔妹後蓮娶蔡氏男孫永和池孫
癸孫信孫女孫佃梅夢星娶吴氏男孫佃若女孫雪姑女王氏女婿彥文
外甥癸孫諸哀忍死奉柩附葬于長城鄉削林先君之墓側其地乾亥山
發祖艮山出面作未坤向山水朝揖福我後人永久弗替以葬日逼謹摭
其實以內諸壙而記歲月云孝男　夢麒　泣血謹

196 先考聶君登一朝奉先妣彭氏孺人壙記

葬年：元大德元年（1297年）十二月初二日　尺寸：高61.2釐米，寬43.5釐米

先考聶君登一朝奉先妣彭氏孺人壙記

先君諱應文字英甫居廬信鄉溪之歸桂曾大父文郁大父文儀
父如清世爲積善之家也先君繼作不幸幼孤卓然有立說順而
性敏氣和而語平與人忠信表裏則如一處己孝悌内外無間言
目謹畏自持處事必審目勤儉致裕其用常靜内得先妣之賢助
外有長兄之克家先君得優游其間雖世事由海而家道晏如也
諸孤不才其禮師傅則甚敬仲父先逝其愛猶子爲愈加至於姻
族鄉黨藹然和悉里之賢者皆稱之曰善人回視先世豈非克念
厥紹哉私謂天必見相吾父吾母必且偕老百年撫我諸孤豈期
事有大不然者長兄忽目至元己丑卒至庚寅冬吾母亦逝先君
不瘳矣嗚呼痛哉其生也目宋嘉熙丁酉七月二十二日之酉時
於是悒悒不樂毋喪未及歿之越二年至元壬辰春先君亦一疾
壽五十有五其配也饒之樂平古塘彭氏生以宋嘉熙戊戌七月
十六日之辰時壽五十有三子男五人長希仁娶凌氏次希德次
希文次希孫幼福老命繼長兄女一人適同邑邵志仁孫男康孫
明年得塋地于里之彭家山幾爲有力者所據遂忍死奉二親之
柩祔于其上迄元大德丁酉十二月二日庚申乃謀啟正而合塋
其山之下丑艮行龍坐癸向午丁陰陽家曰吉靈其妥焉葬白薄
無能丐銘于立言君子姑紀歲月于幽宮云男希德等泣血謹記

傅君大八宣教壙記
原隰裒矣兄弟求矣讀此詩豈不悲傷者乎吾
兄姓傅名周孫字景鼎世居豐城正信石坑析
宅盧源曾祖汝霖祖惟深父日端有子四人兄
長祖居仲兄至華就釋未僧家季兄天瑞贅居
雷方如慶式曾于延祥兄賦性恬淡持盈守成
鄉鄰稱其善士手足寧可損乎胡期於甲午九
月十五日故嗚乎痛哉命耶奈何兄生癸卯閏
八月初一日午時娶同里横崖熊氏生男一人
名璋孫喜者不涉不孝之譏也時事綸紜可不
卜其宅兆附于臨汝明賢鄉銅源炭山穿六世
祖母曾氏墳塋之傍坐申向寅山藏水聚風氣
所宜永曷發後求無望於前人所指之仙蹤也
於閏十二月初二日庚申奉窆權門弟手乞記
撰行非僧俗志哉為敢自為吾兄實記納諸壙
中庶歲月有記云大德元年歲次丁酉閏十二
月吉日弟僧龍泉山延祥院僧儼戊頓首謹記

197　傅君大八宣教壙記

葬年：元大德元年（1297年）閏十二月初二日　**尺寸：**高49.9釐米，寬33釐米

198 故金公五十承事墓誌銘

葬年：元大德二年（1298年）九月廿三日丙午

尺寸：高51.3釐米，寬44釐米

199 故節幹劉公壙記

葬年：元大德三年（1299年）十一月二十五日壬寅　尺寸：高80釐米，寬46.6釐米

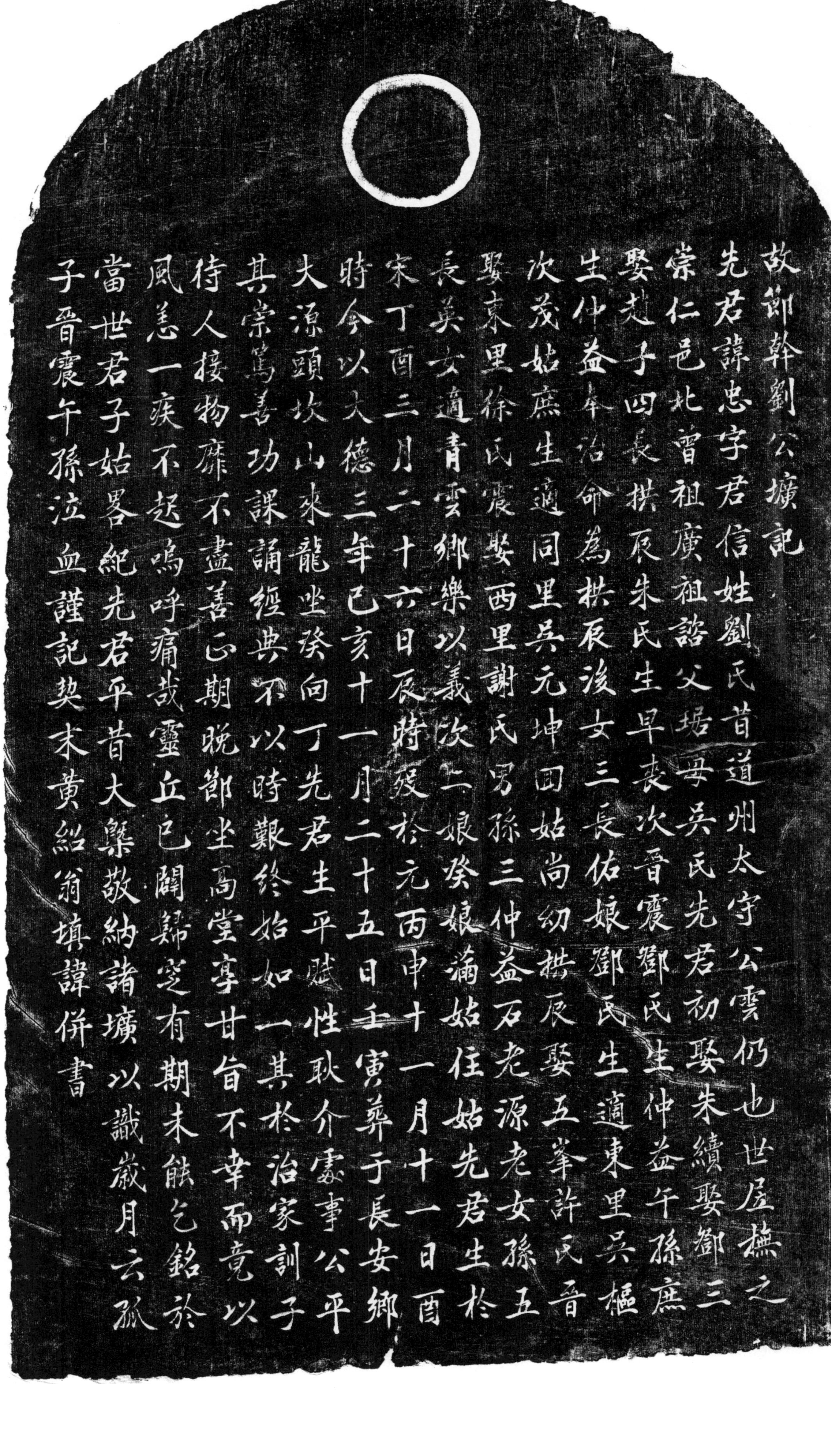
故節幹劉公壙記
先君諱忠字君信姓劉氏昔道州太守公雲仍也世居撫之
崇仁邑北曾祖廣祖諮父塨母吳氏先君初娶朱續娶鄧三
娶楚子四長拱辰朱氏生早喪次晉震鄧氏生仲益午孫庶樞
生仲益本治命為拱辰後女三長佑娘鄧氏生適東里吳晉
次彂姑庶生適同里吳元坤田姑尚幼拱辰娶五峯許氏
娶東里徐氏震娶西里謝氏男孫三仲益石老源老女孫五
長吳女適青雲鄉樂以義次二娘癸娘滿姑任姑先君生於
宋丁酉三月二十六日辰時歿於元丙申十一月十一日酉
時今以大德三年己亥十一月二十五日壬寅葬于長安鄉
大源頭坎山來龍坐癸向丁先君生平賦性耿介處事公平
其崇篤善功課誦經典不以時輟終始如一其於治家訓子
待人接物靡不盡善正期晚節坐高堂享甘旨不幸而竟以
風恙一疾不起嗚呼痛哉靈丘已闢歸窆有期未能乞銘於
當世君子姑畧紀先君平昔大槩敬納諸壙以識歲月云孤
子晉震午孫泣血謹記契末黃紹翁塡諱併書

200 蕭氏墓誌

葬年：元大德四年（1300年）九月初五日丙午

尺寸：高52.1釐米，寬28.8釐米

蕭氏墓誌

家世喻川櫟湖人也生於前宋淳祐五年歲在乙巳
三月十七日申時生也因爲外祖蕭溫甫無嗣有女
三人遂將母二娘招入厚里曾紉安爲贅壻生男三
人長諱以志娶符坊符氏生女孫二人長曰二娘次
曰三娘次男以寧娶盤塘謝氏小男足狗夭逝有女
一人第八娘適新淦州俟府姨氏之家不幸於大德
元年十一月二十一日辭世消卜大德四年九月初五
日丙午良吉安厝于地名師姑墓之原作壬山丙向
以爲宅兆今刻寘壙中山英水灵式獲尚宅永安斯
土萬古万古嗚呼痛哉孝男曾以志以寧泣血謹誌

201　太君陳氏壙誌

葬年：元大德四年（1300年）十二月十三日　尺寸：高44釐米，寬39釐米

太君陳氏壙誌
婆〻陳氏太君先君所生母也太君家世本郢州
下草步人其來也年方十四我祖內機識其為福
人獨加厚焉不幸內機終年感末疾先君生方三
日家事盡顛倒於橫族奸人之手賴太君得全越
年有一年而內機卒艱難勤苦不堪其憂惟以治
家訓子為務早慕奉金仙暇日導諸孫以禮義使
知孝悌忠信先君以瑣事馳騖城闉感疾而卒婆
〻哭之慟曰你祖以殘疾不救吾倚你父以為命
而又蚤孔公私百端是你諸孫之重責自茲不可
視以為常各須勉力毋隳其道以取譏於世你婆
〻生於嘉定壬午八月二十日戌時卒於大德戊
戌八月二十五日酉時壽七十有七一日病革焚
香朗誦佛號瞑目而逝子一人先君憲孫也女妙
淨適將仕趙必滉先婆〻二十年而卒內外孫男
女七人家道多棘諸孫不得以時奉襄事而不使
先君妥靈於九京者諸孫之罪也因循三載殆不
如禮乃取大德四年庚子冬十二月十三日葬於
雲山之陽兑山卯向茲合陰陽家之說以為吉地
百世之後陵谷易位人知其為先君之生母尚其
掩之我孫璜城垓等謹誌

202　先考甘公壙記

葬年：元大德五年（1301年）十一月二十五日庚申　尺寸：高79.3釐米，寬49.8釐米

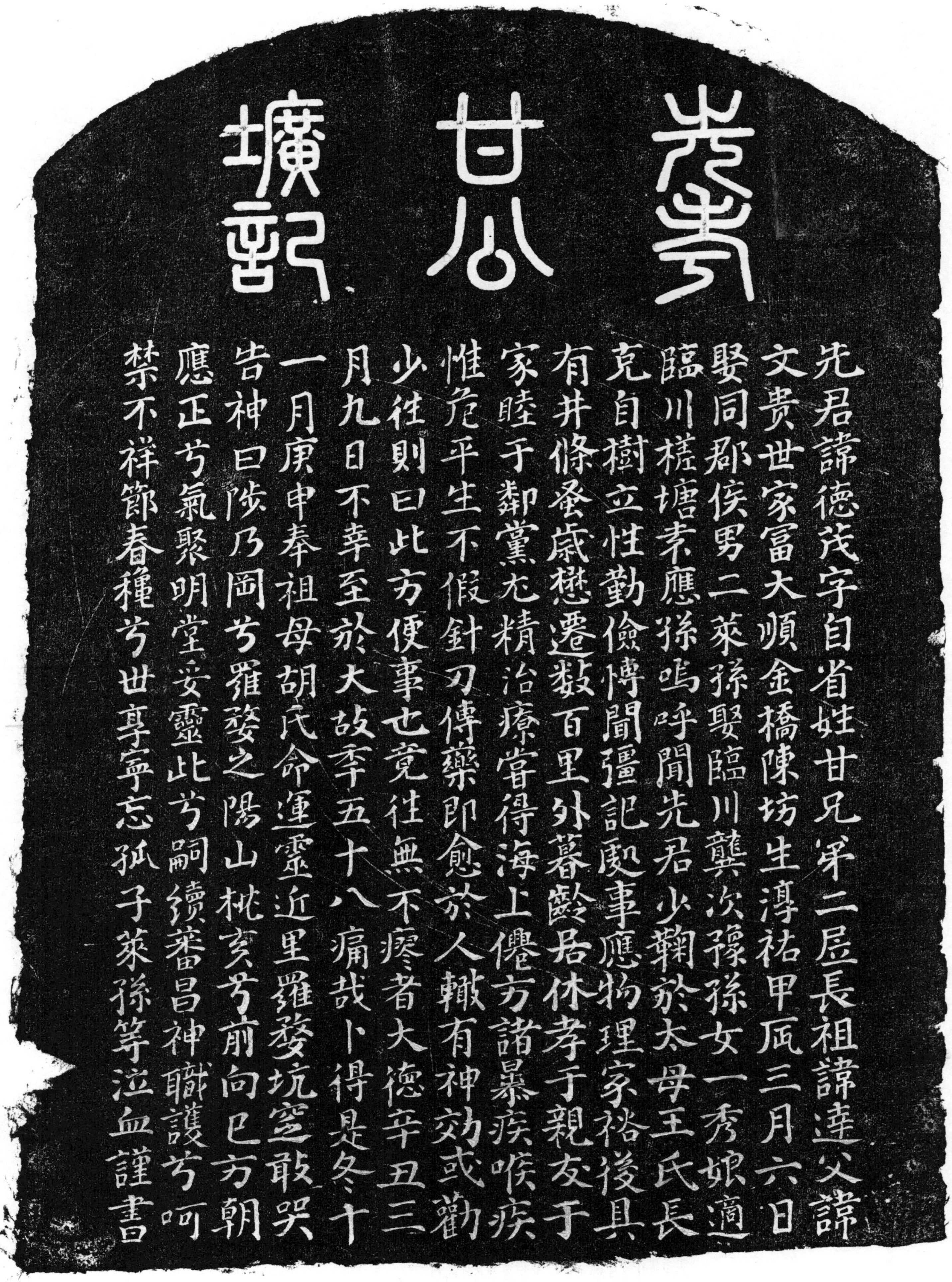

先考甘公壙記

先君諱德茂字自省姓甘兄弟二居長祖諱達父諱文貴世家富大順金橋陳坊生淳祐甲辰三月六日娶同郡侯男二萊孫娶臨川龔次孫孫女一秀娘適臨川槎塘袁應孫嗚呼聞先君少鞠於太母王氏長克自樹立性勤儉博聞彊記處事應物理家裕後具有井條蚤歲懋遷數百里外暮齡居休孝于親友于家睦于鄉黨尤精治療嘗得海上僊方諸暴疾喉疾惟危平生不假針刃傳藥即愈於人輒有神效或勸少往則曰此方便事也竟往無不瘳者大德辛丑三月九日不幸至於大故季五十八痛哉卜得是冬十一月庚申奉祖母胡氏命運靈近里羅麥坑窆敢哭告神曰陟乃岡兮羅麥之陽山枕亥兮前向巳方朝應正兮氣聚明堂妥靈此兮嗣續蕃昌神職護兮呵禁不祥節春種兮世享寧寧忘孤子萊孫等泣血謹書

203　故姪江嵩五宣教壙記

葬年：元大德六年（1302年）七月十七日己酉　**尺寸**：高52.5釐米，寬35釐米

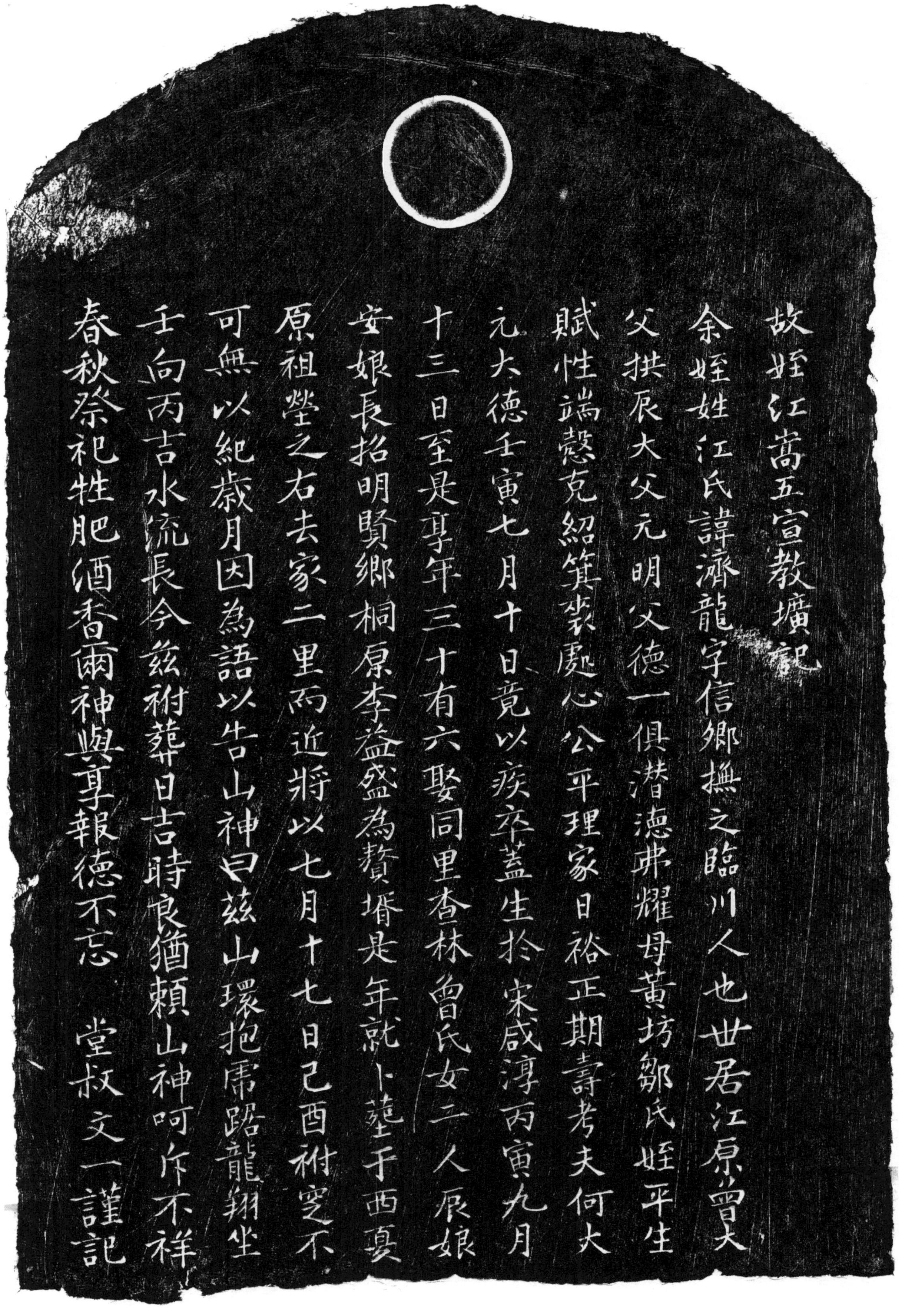

故姪江嵩五宣教壙記
余姪姓江氏諱濟龍字信卿撫之臨川人也世居江原曾大
父拱辰大父元明父德一俱潛德弗耀母黃坊鄒氏姪平生
賦性端愨克紹箕裘處心公平理家日裕正期壽考夫何大
元大德壬寅七月十日竟以疾卒蓋生於宋咸淳丙寅九月
十三日至是享年三十有六娶同里查林曾氏女二人辰娘
安娘長招明賢鄉桐原李益盛為贅婿是年就卜葬于西裒
原祖塋之右去家二里而近將以七月十七日己酉祔窆不
可無以紀歲月因為語以告山神曰茲山環抱鳳踏龍翔坐
壬向丙吉水流長今茲祔葬日吉時良循賴山神呵斥不祥
春秋祭祀牲肥酒香爾神與享報德不忘　堂叔文一謹記

204 孺人張氏壙記

葬年：元大德七年（1303年）九月二十八日壬午　尺寸：高58.7釐米，寬31釐米

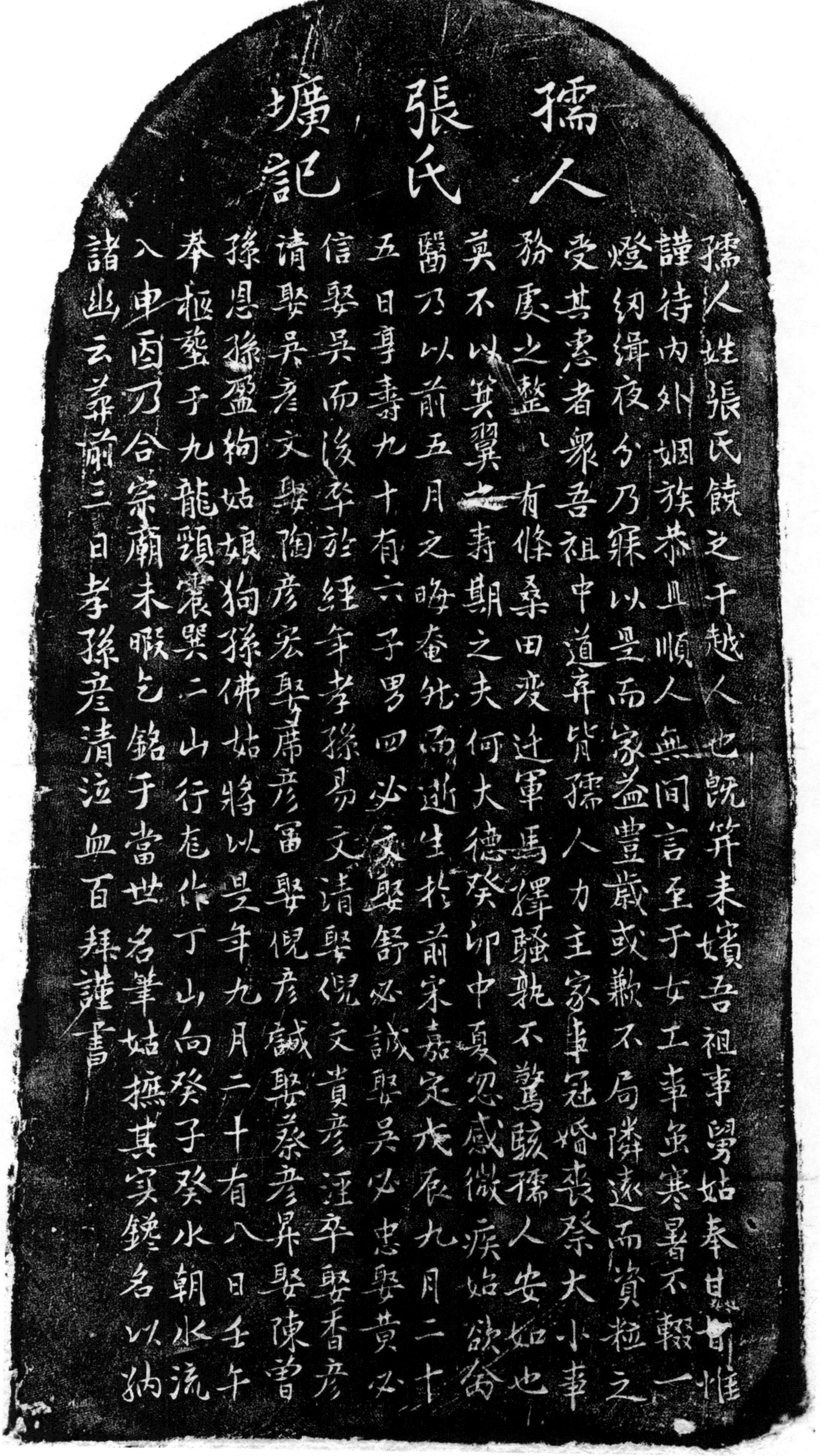

孺人張氏壙記

孺人姓張氏饒之干越人也既笄來嬪吾祖事舅姑奉甘旨惟謹待內外姻族恭且順人無間言至于女工事無寒暑不輟一燈紡績夜分乃寐以是而家益豐歲或歉不局隣遠近而貸粒之受其惠者衆吾祖中道弃背孺人力主家事冠婚喪祭大小事務處之整整有條桑田變遷軍馬擾騷孰不驚駭孺人安如也莫不以其翼之壽期之夫何大德癸卯中夏忽感微疾始欲命醫乃以前五月之晦奄然而逝生於前宋嘉定戊辰九月二十五日享壽九十有六子男四必[illegible]娶舒必誠娶吳必忠娶黃必信娶吳而後卒於經年孝孫易文清娶倪文貴彥涇卒娶香彥清娶吳彥文娶陶彥宏娶蔣彥富娶倪彥誠娶蔡彥昇娶陳曾孫恩孫盈狗姑娘狗孫佛姑將以是年九月二十有八日壬午奉柩瘞于九龍頭震巽二山行庵作丁山向癸子癸水朝水流入申酉乃合宗廟未暇乞銘于當世名筆姑摭其實鑱名以納諸幽云葬前三日孝孫彥清泣血百拜謹書

205 劉氏太君墓誌

葬年：元大德七年（1303年）十二月初二日乙酉　尺寸：高68釐米，寬41.5釐米

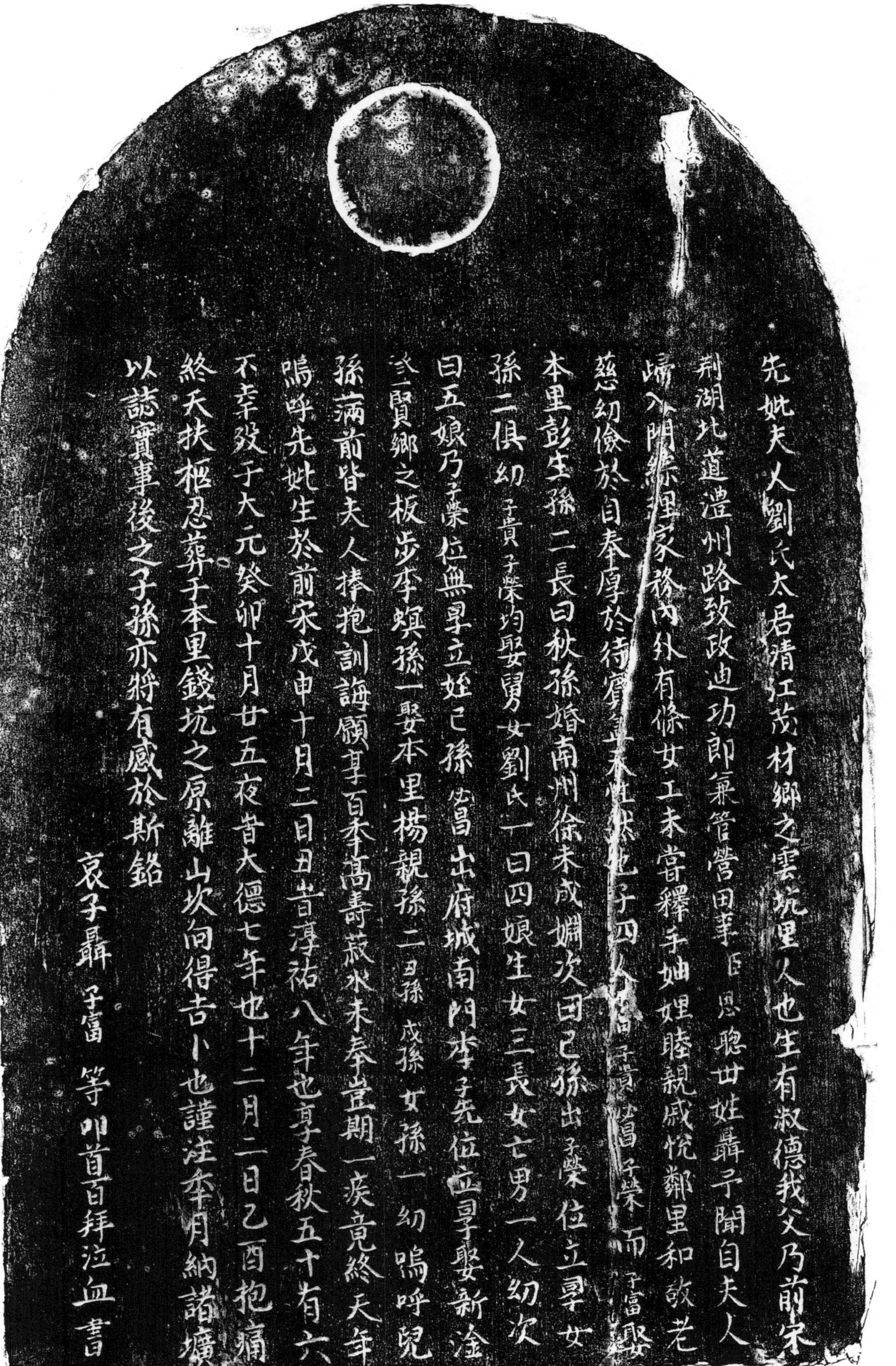
先妣夫人劉氏太君清江茂材鄉之雲坑里人也生有淑德我父乃前宋
荊湖北道澧州路致政迪功郎兼管營田事臣恩聰世姓聶予闡自夫人
歸入門綜理家務內外有條女工未嘗釋手妯娌睦親戚悅鄰里和敬老
慈幼儉於自奉厚於待賓□本性然也子四人子昌子貴子昌子榮而子富娶
本里彭生孫二長曰秋孫婚南州徐未成娟次曰己孫出子榮位立學女
孫二俱幼子貴子榮均娶舅女劉氏一曰四娘生女三長女亡男一人幼次
曰五娘乃子榮位無學立姪己孫子昌出府城南門李子先位立學娶新淦
三賢鄉之板步李娘孫一娶本里楊親孫二丑孫戍孫女孫一幼嗚呼兒
孫滿前皆夫人捧抱訓誨願享百年高壽蔵求未年豈期一疾竟終天年
嗚呼先妣生於前宋戊申十月二日丑旹淳祐八年也享春秋五十有六
不幸歿于大元癸卯十月廿五夜旹大德七年也十二月二日乙酉抱痛
終天扶柩忍葬于本里錢坑之原離山坎向得吉卜也謹注年月納諸壙
以誌實事後之子孫亦將有感於斯銘
哀子聶子富等叩首百拜泣血書

206 鄒公小一貢元壙誌

葬年：元大德十年（1306年）七月十七日

尺寸：高66釐米，寬55釐米

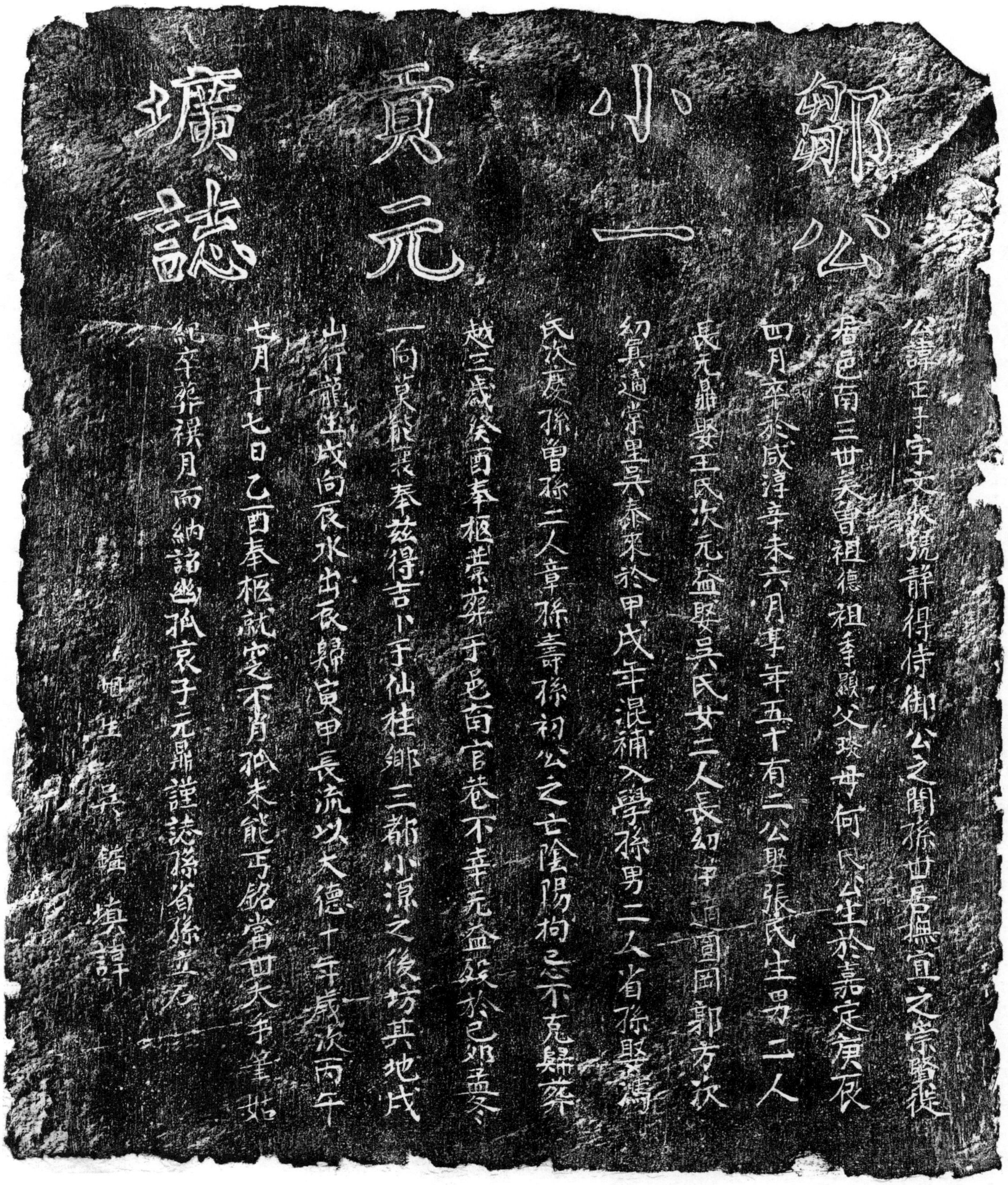

鄒公小一貢元壙誌

公諱正子字文叔號靜得侍御公之聞孫世居撫宜之崇賢徙
居邑南三世矣曾祖德祖季顯父琰母何氏公生於嘉定庚辰
四月卒於咸淳辛未六月享年五十有二公娶張氏生男二人
長元鼎娶王氏次元益娶吳氏女二人長幼孚適圓岡郭方次
幼真適崇里吳泰來於甲戌年混補入學孫男二人省孫娶馮
氏次慶孫曾孫二人章孫壽孫初公之亡陰陽拘忌不克歸葬
越三歲癸酉奉柩槀葬于邑南官巷不幸元益歿於己卯孟冬
一向莫能裹奉茲得吉卜于仙桂鄉三都小源之後坊其地戌
山行龍坐戌向辰水出辰歸寅甲長流以大德十年歲次丙午
七月十七日乙酉奉柩就窆不肖孤未能丐銘當世大手筆姑
紀卒葬揭月而納諸幽孤哀子元鼎謹誌孫省孫立石
婣生吳鑑填諱

207 故靈岩王公壙志

葬年：元大德十年（1306年）九月　尺寸：高71釐米，寬54釐米

208 故樓峯居士黃公墓誌銘

葬年：大德十一年（1307年）十月十八日己酉

尺寸：高59釐米，寬39釐米

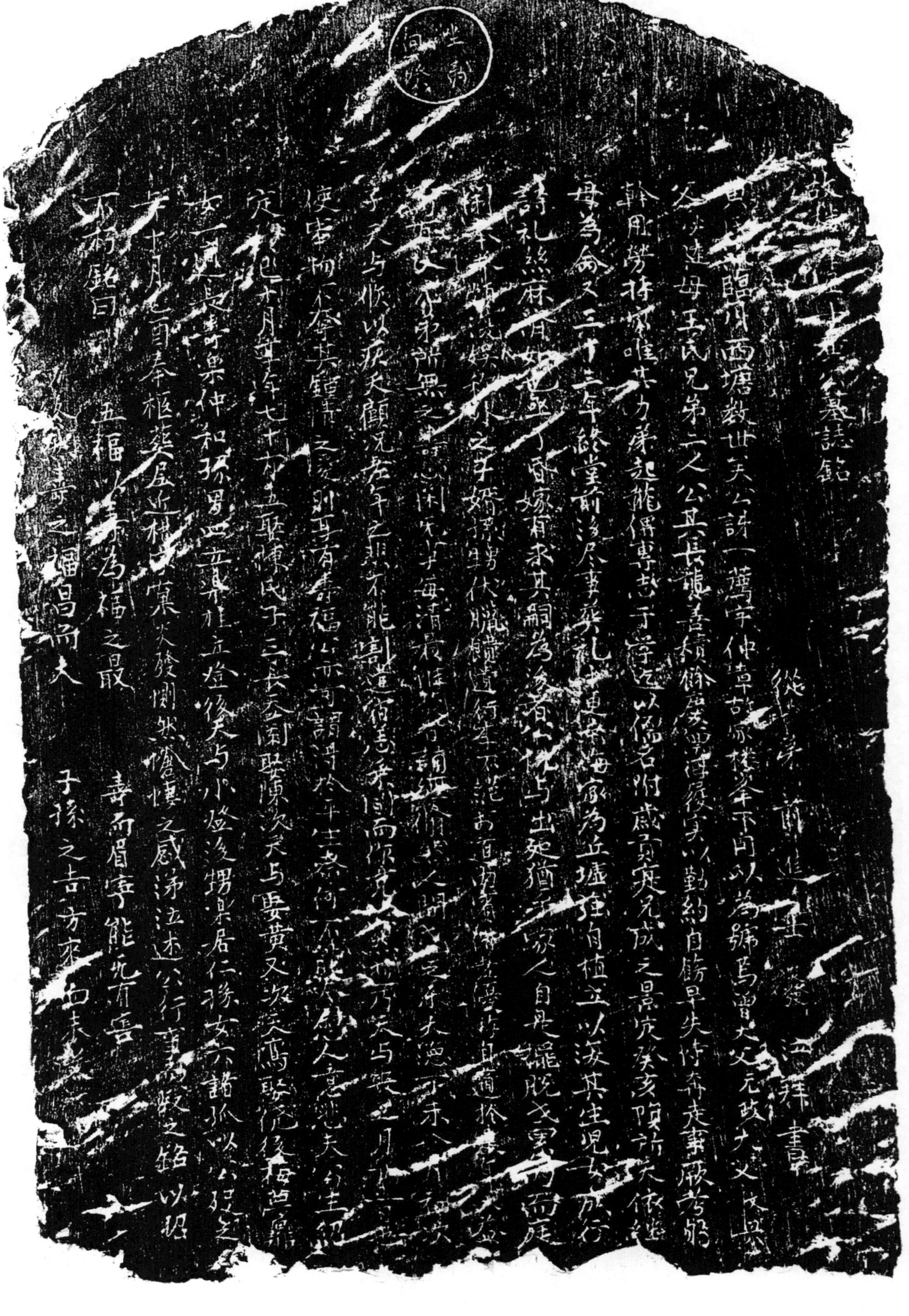

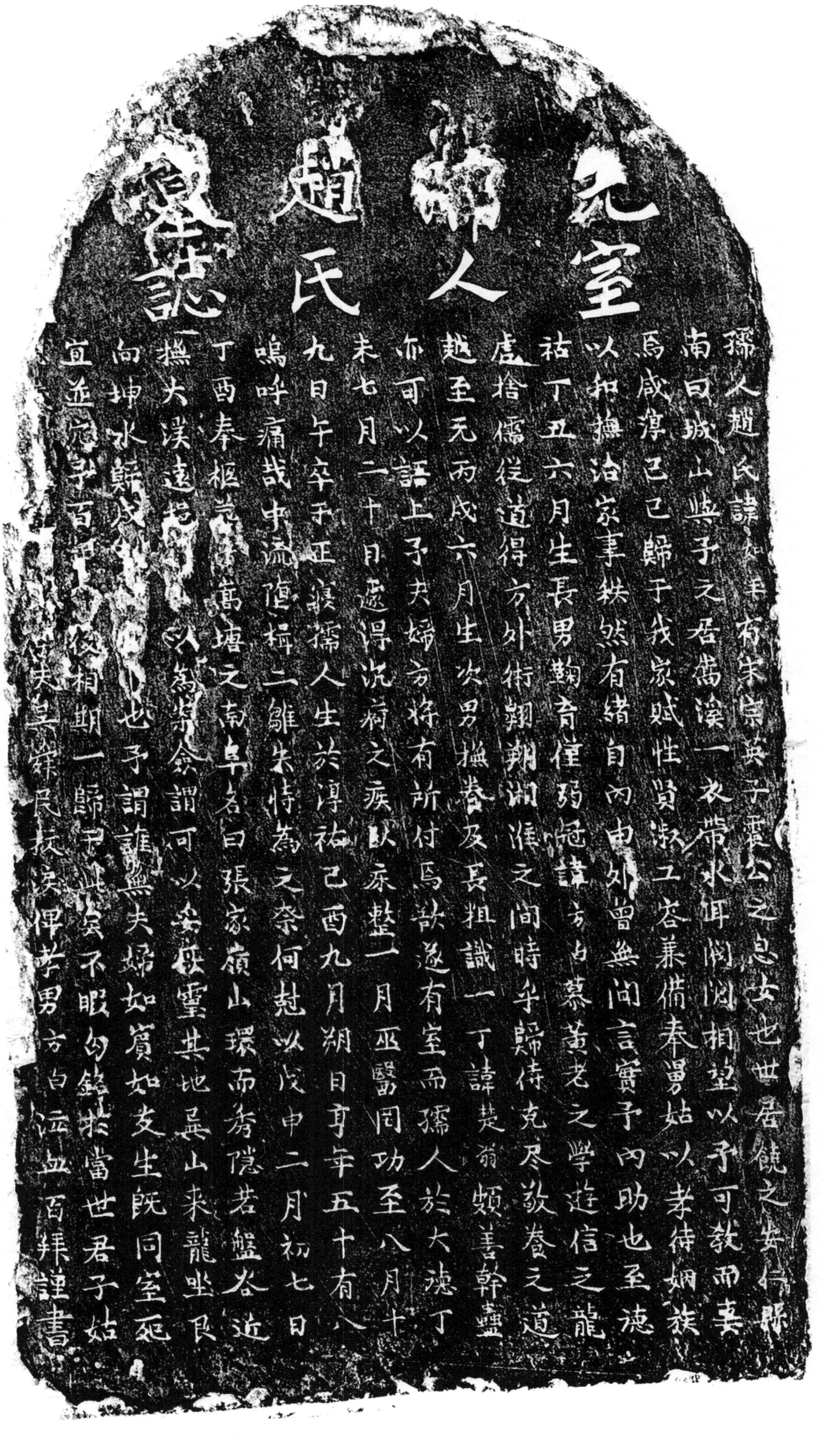
先室
孺人
趙氏
墓誌
孺人趙氏諱 有宋宗英子霖公之息女也世居饒之安仁縣
南曰城山與予之居當溪一衣帶水珥閩相望以予可教而妻
焉咸淳己巳歸于我家賦性賢淑工容兼備奉舅姑以孝待姻族
以和撫治家事秩然有緒自內由外曾無間言實予內助也至德
祐丁丑六月生長男鞠育僅弱冠諱方白慕黃老之學遊信之龍
虎捨儒從道得方外術翱翔湖湘之間時乎歸侍克盡敬養之道
越至元丙戌六月生次男撫養及長粗識一丁諱楚翁頗善幹蠱
亦可以語上予夫婦方將有所付焉歘遂有室而孺人於大德丁
未七月二十日遽得沉痾之疾臥牀盤一月巫醫罔功至八月十
九日午卒于正寢孺人生於淳祐己酉九月朔日享年五十有八
嗚呼痛哉中流墮楫二雛失恃為之柰何越以戊申二月初七日
丁酉奉柩 萬塘之南阜名曰張家嶺山環而秀隱若盤谷近
撫大溪遠挹 以為 僉謂可以妥其靈其地是山來龍坐艮
向坤水歸戌 也予謂誰無夫婦如賓如友生既同室死
宜並穴予百 後相期一歸于此矣不暇勾銘於當世君子姑
俾孝男方白泣血百拜謹書

209 先室孺人趙氏墓誌

葬年：元至大元年（1308年）二月初七日丁酉　**尺寸**：高57釐米，寬32釐米

210 元故潘公大六居士墓誌

葬年：元至大元年（1308年）九月二十一日　尺寸：高68.7釐米，寬43釐米

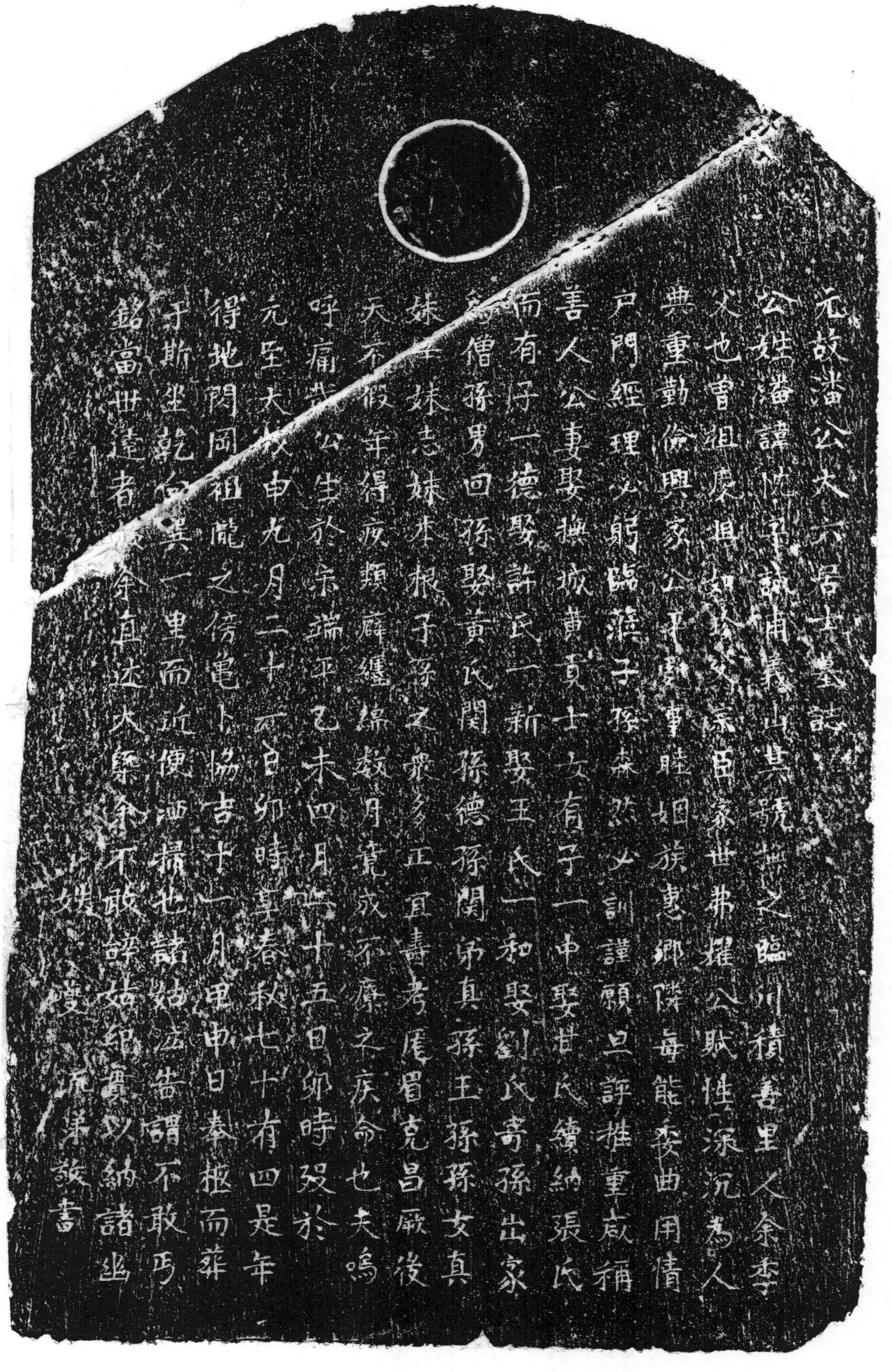

元故潘公大六居士墓誌
公姓潘諱忱孚誠甫義山其號撫之臨川積善里人余李
父也曾祖慶祖如珍父宗臣家世弗耀公賦性深沉為人
典重勤儉興家公平處事睦姻族惠鄉鄰每能委曲周情
户門經理必躬臨蒞子孫森然必訓謹願早許推重畝稱
善人公妻娶撫城黄貢士女有子一中娶甘氏續納張氏
而有仔一德娶許氏一新娶王氏一和娶劉氏壽孫出家
[illegible]曾孫男回孫娶黄氏閏孫德孫閏弟真孫王孫孫女真
妹[illegible]妹志妹本根子孫之衆多正宜壽考尾眉克昌厥後
天不假年得疾頻癖纏綿數月竟成不療之疾命也夫嗚
呼痛哉公生於宋端平乙未四月二十五日卯時歿於
元至大戊申九月二十六日卯時享春秋七十有四是年
得地閏岡祖龍之傍龜卜協吉十一月甲申日奉柩而葬
于斯坐乾[illegible]巽一里而近便洒掃也諸姑孟當謂不敢丐
銘當世達者[illegible]余直述大槩余不敢辭姑紀實以納諸幽
[illegible]姨婺[illegible]洋敬書

211 先君阮公壙記

葬年：元至大元年（1308年）十一月十七日　尺寸：高50.4釐米，寬33.7釐米

先君阮公壙記

212 孺人張氏墓記

葬年：元至大元年（1308年）　尺寸：高40釐米，寬29.5釐米

213　先考李公壙志

葬年：元至大二年（1309年）七月二十六日丙午　　尺寸：高73.2釐米，寬36.5釐米

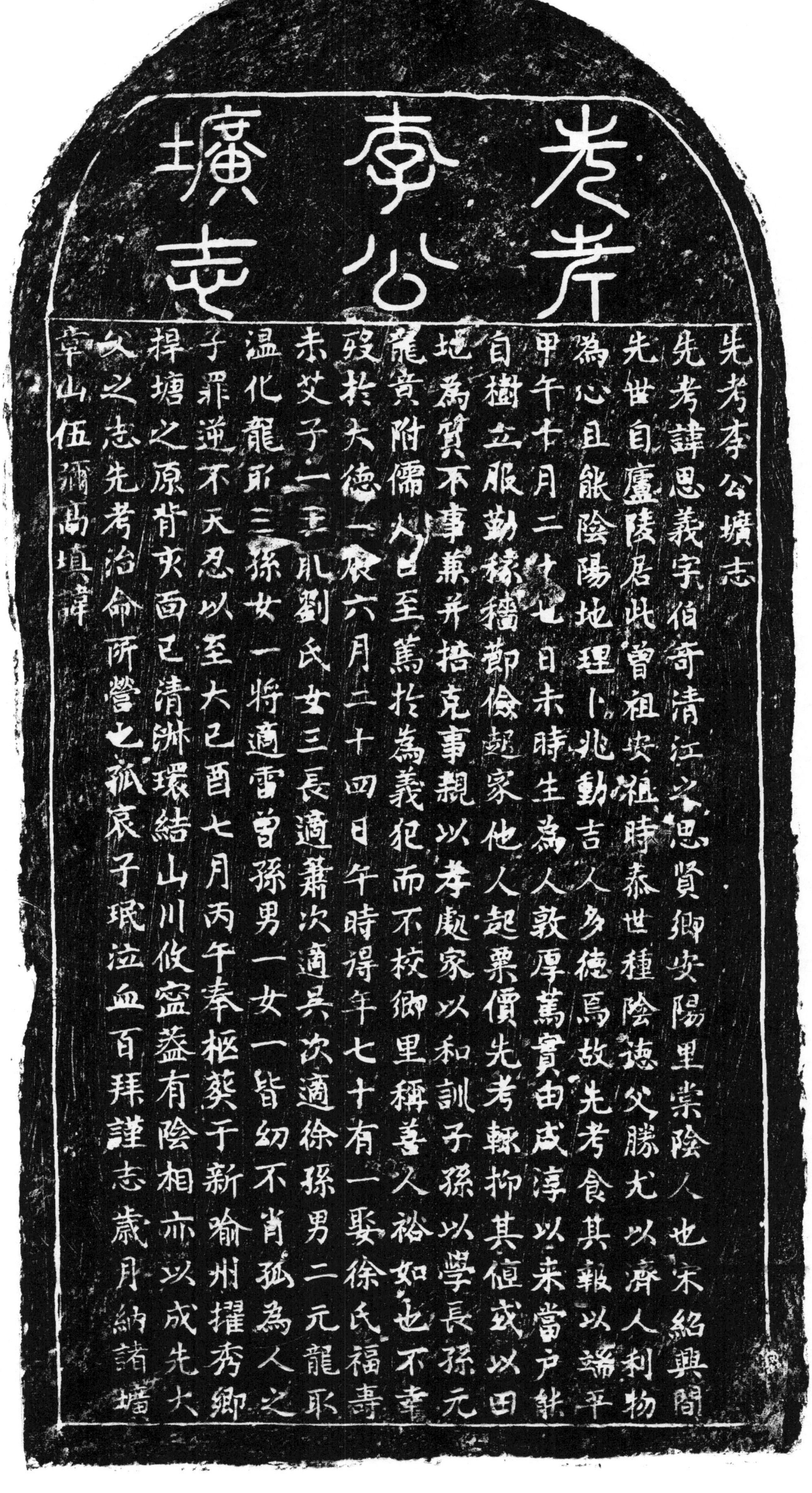

先考李公壙志
先考李公壙志
先考諱思義字伯奇清江之思賢鄉安陽里崇陰人也宋紹興間
先世自廬陵居此曾祖安祖時泰世種陰德父勝尤以濟人利物
為心且能陰陽地理卜兆動吉人多德焉故先考食其報以端平
甲午十月二十七日未時生為人敦厚篤實由咸淳以來當戶能
自樹立服勤稼穡節儉起家他人起粟價先考輒抑其值或以田
地為質不事兼并掊克事親以孝處家以和訓子孫以學長孫元
龍貢附儒人日至篤於為義犯而不校鄉里稱善人裕如也不幸
歿於大德辰六月二十四日午時得年七十有一娶徐氏福壽
未艾子一劉氏女三長適蕭次適吳次適徐孫男二元龍取
溫化龍耶三孫女一將適雷曾孫男一女一皆幼不肖孤為人之
子罪逆不天忍以至大己酉七月丙午奉柩葬于新喻州擢秀鄉
捍塘之原背亥面巳清淵環結山川攸寧蓋有陰相亦以成先大
父之志先考治命所營也孤哀子珉泣血百拜謹志歲月納諸壙
章山伍彌高填諱

214 故汪母歐陽氏壙記

葬年：元至大三年（1310年）十月三十日癸酉

尺寸：高67釐米，寬30釐米

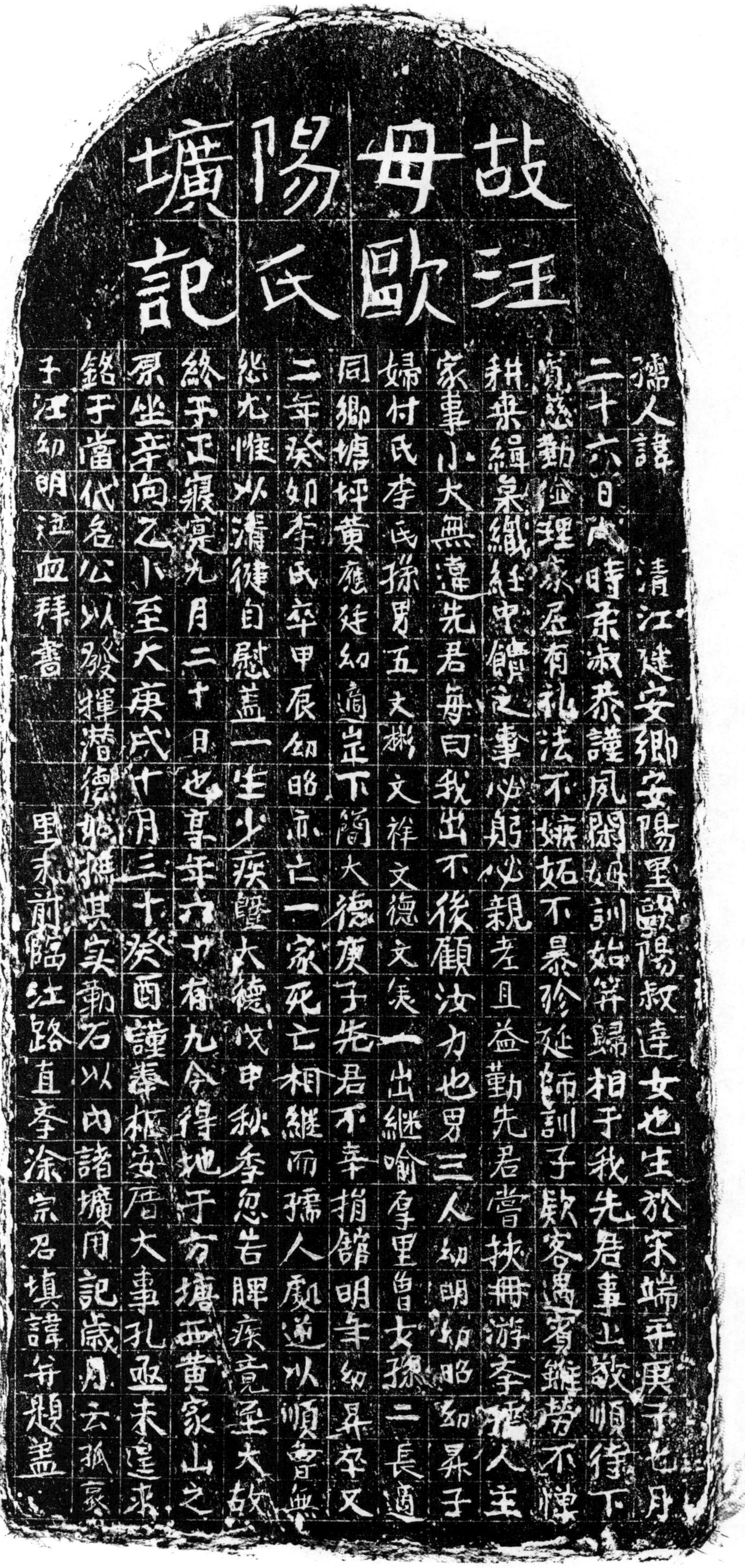
故汪母歐陽氏壙記

215 宋趙公七一監元墓誌銘

葬年：元至大三年（1310年）十二月　尺寸：高39.5釐米，寬47釐米

宋趙公七一監元墓誌銘

216 故孺人揭氏墓誌銘

葬年：元至大四年（1311年）七月二十七日　尺寸：高48.5釐米，寬42.2釐米

故孺人揭氏墓誌銘　眷末楊自立撰并書
孺人揭氏者撫臨川人其先以保義稱于鄉壁林
黃公祐亦娶揭也孺人幼時見黃公爲制祭曽過
其家焉及笄嬪于盱南盧陂饒仲仁事舅姑孝待
族黨和遇隣里恩人無間言夜燈寒爐蠶績勤專
家用裕舅姑卒相夫終襄無遺憾延師訓子無倦
客歲饑有乞告隨力賙濟賓至剪席歡如也且内
外肅穆訓婦教孫悉有禮人以爲能長汀桉平溪
流帶縈竹樹翳然桑麻沃然屋其中者其居也孺
人生於寶祐丙辰十一月十五日卒於至大己酉
二月十二日以辛亥七月二十有七日丁酉葬于
里之瑤前坐癸向丁男二人世忠世珍婦周氏黃
氏孫男興驎驄孫女月姑圓姑葬前一月世忠實
來請銘余於仲仁有中表之親不敢辭銘曰
瑤前之山去家有只陟
彼屺兮尚百世其弗毀

217 先妣程氏太君壙記

葬年：元至大四年（1311年）九月初八日丙午　　尺寸：高67.5釐米，寬41釐米

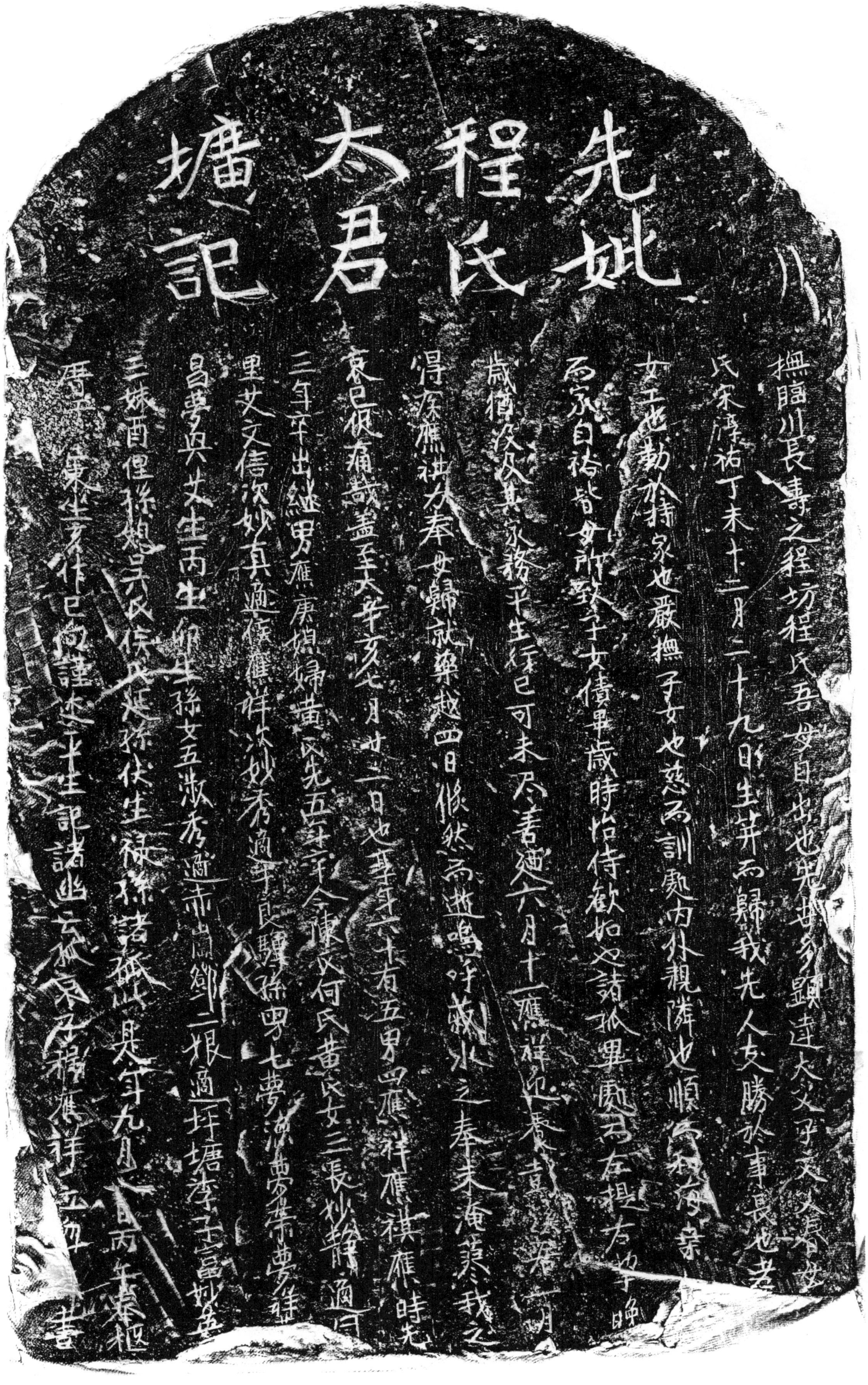
先妣程氏太君壙記

218 亡室饒氏孺人壙記

葬年：元至大四年（1311年）十一月初四日辛丑　尺寸：高48釐米，寬31.5釐米

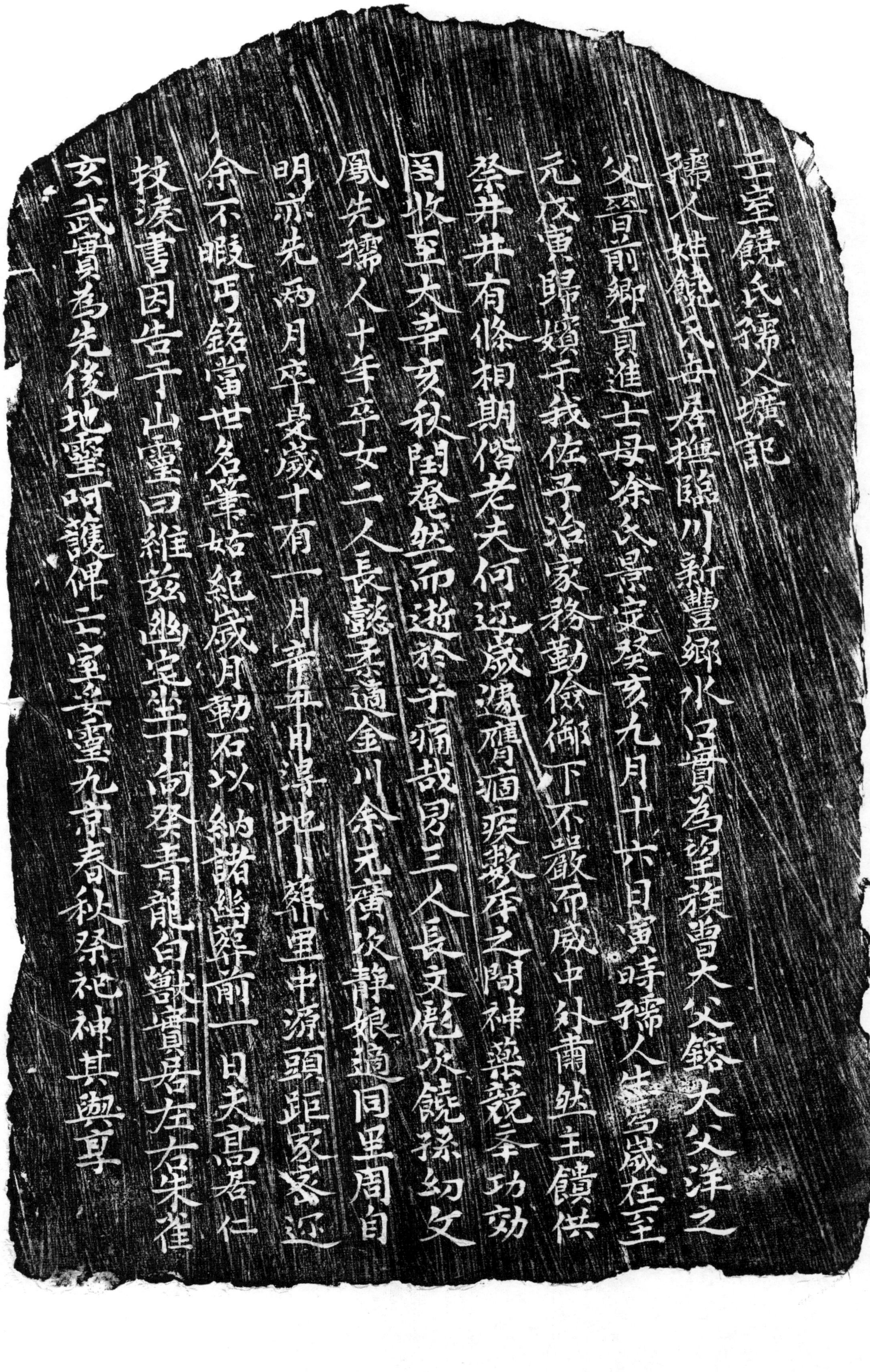
亡室饒氏孺人壙記
孺人姓饒氏母居撫臨川新豐鄉水口晉貫爲望族曾大父鎔大父洋之
父晉前鄉貢進士母徐氏景定癸亥九月十六日寅時孺人生焉歲在至
元戊寅歸嬪于我佐予治家務勤儉御下不嚴而威中外肅然主饋供
祭井井有條相期偕老夫何迺歲遘膺痼疾數年之間神藥競奉功効
罔收至大辛亥秋閏奄然而逝於予痛哉男三人長文彪次饒孫幼文
鳳先孺人十年卒女二人長懿柔適金川余元廣次静娘適同里周自
明亦先兩月卒是歲十有一月辛丑申時葬里中源頭距家密迩
余不暇丐銘當世名筆姑紀歲月勒石以納諸幽䆁前一日夫高居仁
拭淚書因告于山靈曰維兹幽宅坐于向癸青龍白獸實居左右朱雀
玄武實爲先後地靈呵護俾亡室妥靈九京春秋祭祀神其與享

219 故母夫人董氏墓誌

葬年：元皇慶二年（1313年） 尺寸：高84釐米，寬39釐米

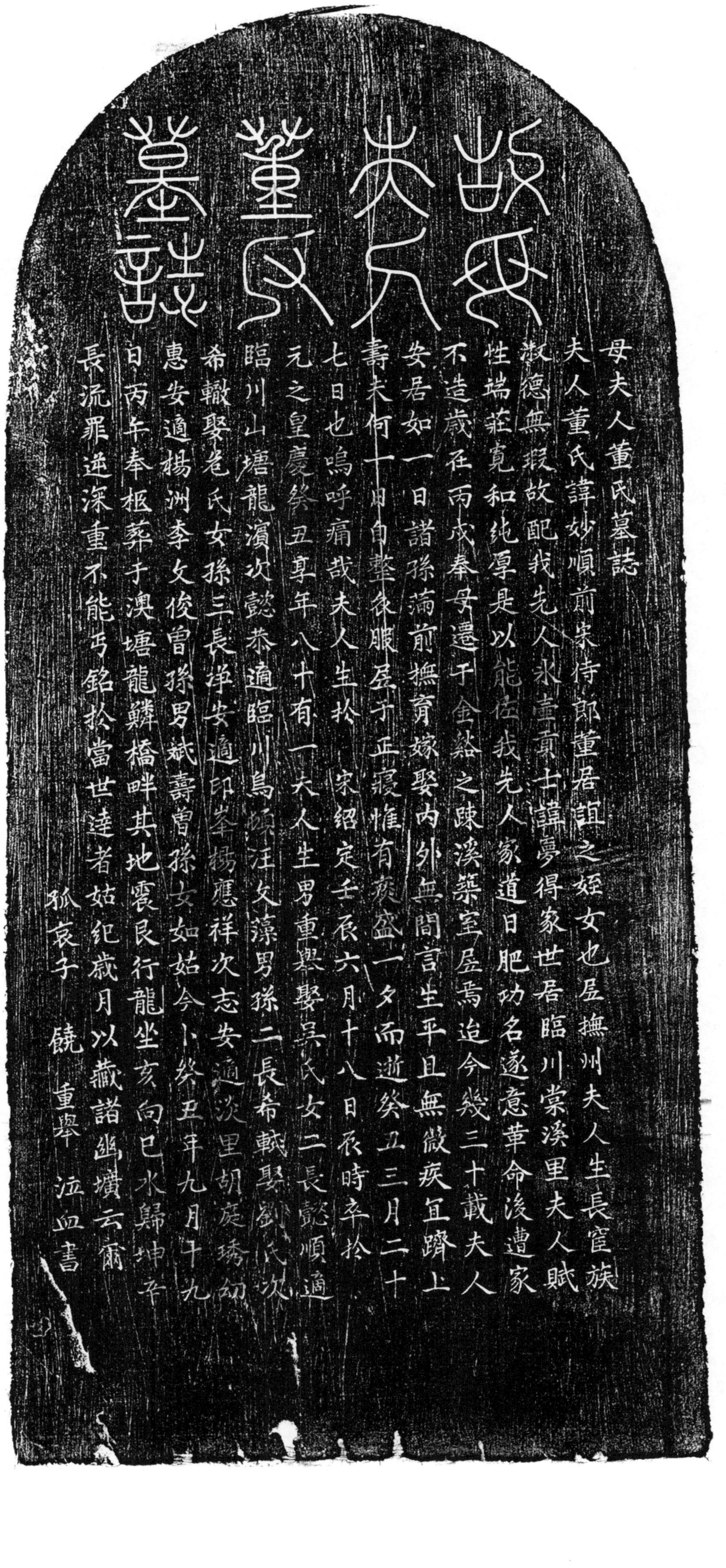

故母夫人董氏墓誌

母夫人董氏墓誌

夫人董氏諱妙順前宋侍郎董居誼之姪女也居撫州夫人生長宦族淑德無瑕故配我先人兆壺貢士諱夢得家世居臨川崇溪里夫人賦性端莊寬和純厚是以能佐我先人家道日肥功名遂意革命後遭家不造歲在丙戌奉母還于金谿之疎溪築室居焉迨今幾三十載夫人安居如一日諸孫滿前撫育嫁娶內外無間言生平且無微疾冝躋上壽夫何十一月自整衣服居于正寢惟有痰盛一夕而逝癸丑三月二十七日也嗚呼痛哉夫人生於 宋紹定壬辰六月十八日辰時卒於元之皇慶癸丑享年八十有一夫人生男重舉娶吳氏女二長懿順適臨川山塘龍濱次懿恭適臨川烏塬汪文藻男孫二長希軾娶劉氏次希轍娶危氏女孫三長淨安適印峯揚應祥次志安適淡里胡㢘琇幼惠安適揚洲李文俊曾孫男斌壽曾孫女如姑今卜癸丑年九月十九日丙午奉柩葬于澳塘龍鱗橋畔其地震艮行龍坐亥向巳水歸坤辛長流罪逆深重不能丐銘於當世達者姑紀歲月以藏諸幽壙云爾

孤哀子 饒 重舉 泣血書

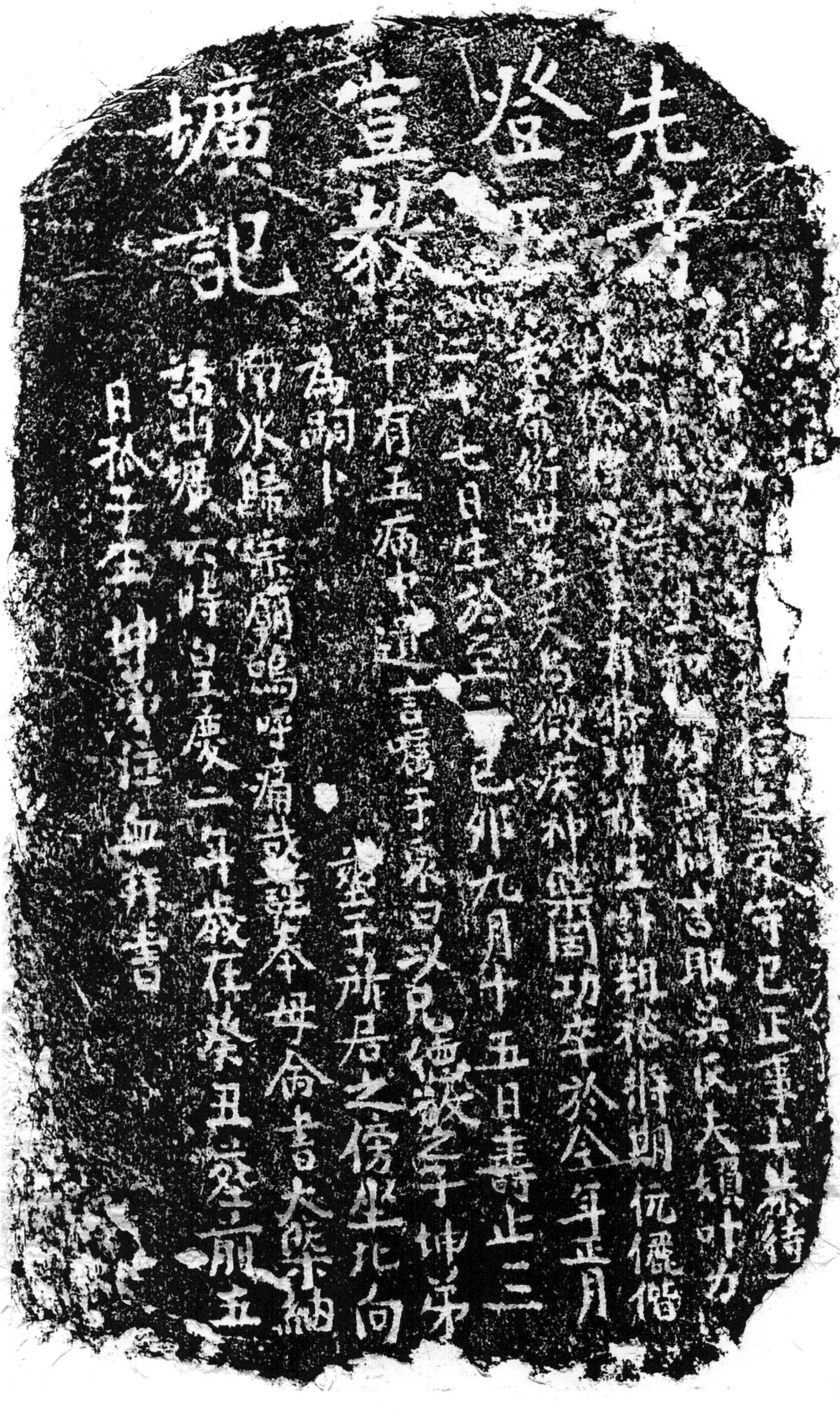
先考登三宣教壙記

220 先考登三宣教壙記

葬年：元皇慶二年（1313年）

尺寸：高50釐米，寬29釐米

221　孺人妙慧壙誌

葬年：元皇慶二年（1313年）十二月十七日壬申　尺寸：高41.3釐米，寬31釐米

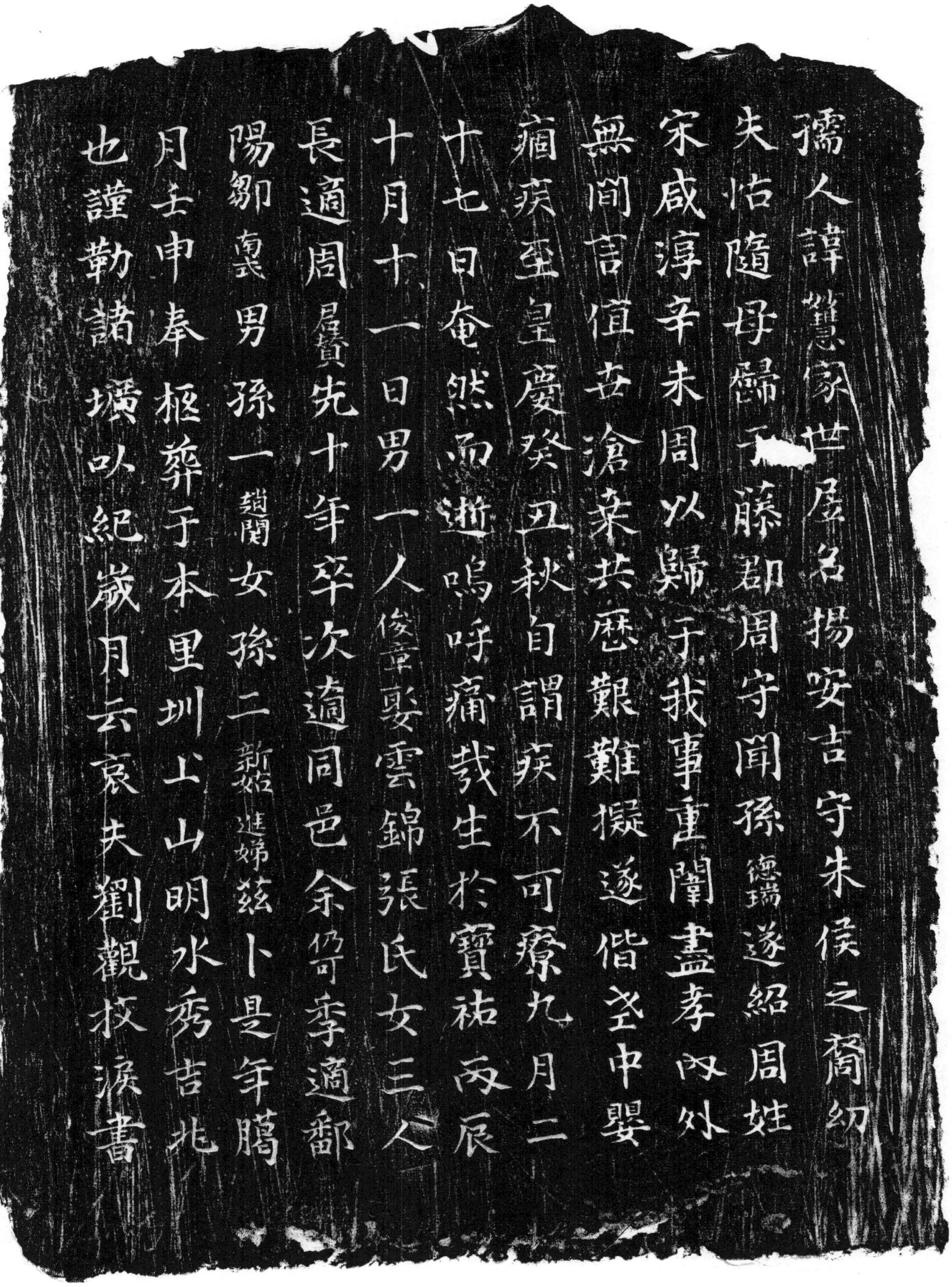
孺人諱慧家世居名揚安吉守朱侯之裔幼
失怙隨母歸于藤郡周守聞孫德瑞遂紹周姓
宋咸淳辛未周以歸于我事重闈盡孝內外
無間言值世滄桑共歷艱難擬遂偕老中嬰
痼疾至皇慶癸丑秋自謂疾不可療九月二
十七日奄然而逝嗚呼痛哉生於寶祐丙辰
十月十一日男一人俊章娶雲錦張氏女三人
長適周君贊先十年卒次適同邑余仍奇季適鄱
陽鄒襄男孫一趙閏女孫二新姑進娣茲卜是年臘
月壬申奉柩葬于本里圳上山明水秀吉兆
也謹勒諸壙以紀歲月云哀夫劉觀校淚書

222　故朱助教孺人李氏墓誌銘

葬年：元皇慶二年（1313年）十二月十七日壬申　尺寸：高56.8釐米，寬36.9釐米

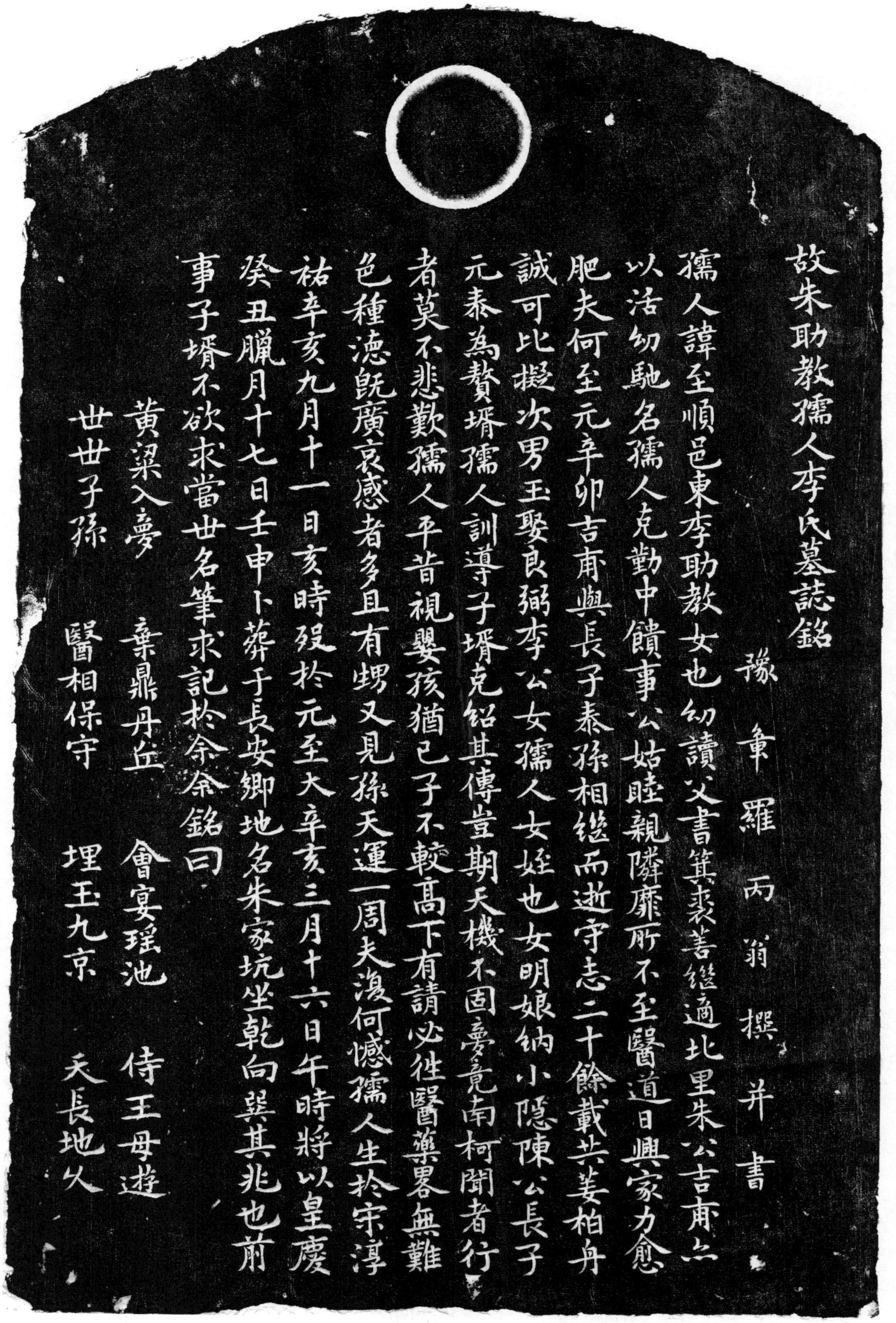
故朱助教孺人李氏墓誌銘
豫章羅丙翁撰并書
孺人諱至順邑東李助教女也幼讀父書箕裘善繼適北里朱公吉甫亡
以活幼馳名孺人克勤中饋事公姑睦親隣靡所不至醫道日興家力愈
肥夫何至元辛卯吉甫與長子泰孫相繼而逝守志二十餘載共姜柏舟
誠可比擬次男玉娶良彌李公女孺人女姪也女明娘納小隱陳公長子
元泰為贅壻孺人訓導子壻克紹其傳豈期天機不固夢覓南柯聞者行
者莫不悲歎孺人平昔視嬰孩猶己子不較高下有請必往醫藥畧無難
色種德既廣哀感者多且有甥又見孫天運一周夫復何憾孺人生於宋淳
祐辛亥九月十一日亥時歿於元至大辛亥三月十六日午時將以皇慶
癸丑臘月十七日壬申卜葬于長安鄉地名朱家坑坐乾向巽其兆也前
事子壻不欲求當世名筆求記於余余銘曰
黃粱入夢　棄鼎丹丘　會宴瑤池　侍王母遊
世世子孫　醫相保守　埋玉九京　天長地久

223 故男陳茂二郎壙記

葬年：元延祐元年（1314年）閏三月初一日　尺寸：高58釐米，寬36釐米

故男陳茂二郎壙記

224 故李氏孺人墓誌銘

葬年：元延祐元年（1314年）十一月二十二日

尺寸：高69釐米，寬53釐米

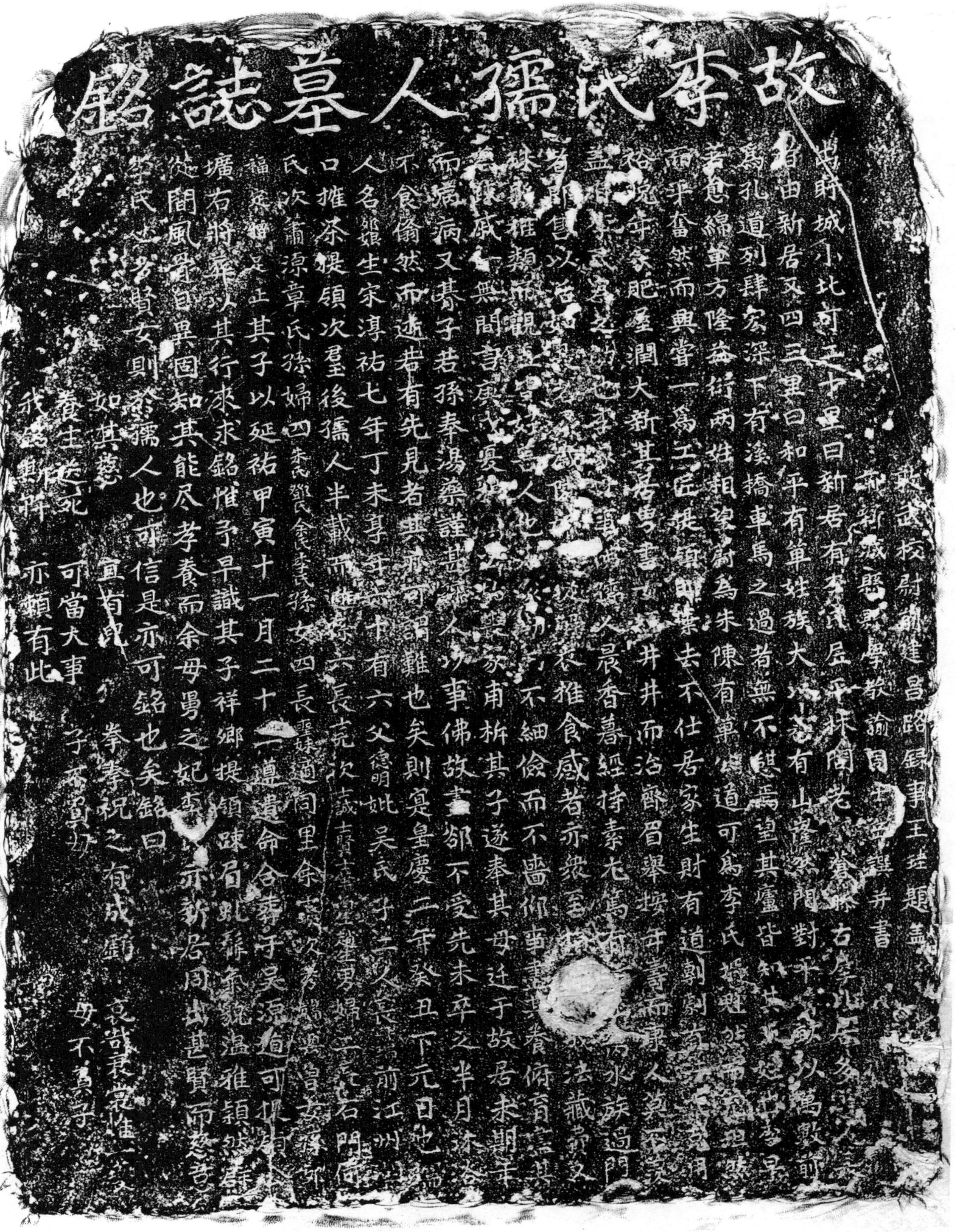
故李氏孺人墓誌銘

225 先君李公壙記

葬年：元延祐元年（1314年）十一月二十三日癸酉　尺寸：高45釐米，寬44釐米

先君李公壙記

226 竹溪鄒公壙記

葬年：元延祐元年（1314年）十二月十八日

尺寸：高63.6釐米，寬39.8釐米

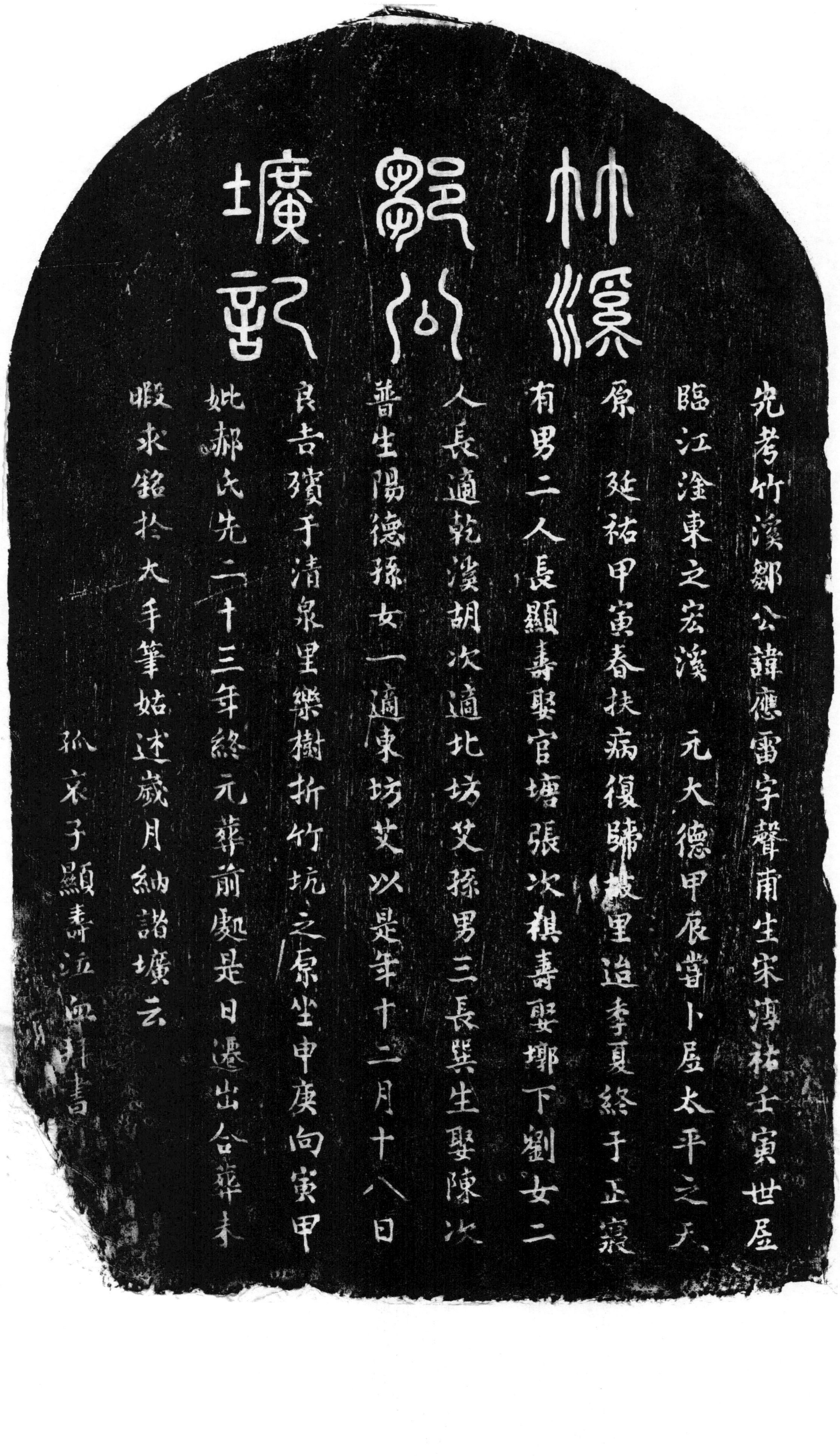
竹溪鄒公壙記
先考竹溪鄒公諱應雷字聲甫生宋淳祐壬寅世居
臨江淦東之宏溪 元大德甲辰嘗卜居太平之天
原 延祐甲寅春扶病復歸枝里迨季夏終于正寢
有男二人長顯壽娶官塘張次祺壽娶墈下劉女二
人長適乾溪胡次適北坊艾孫男三長巽生娶陳次
晉生陽德孫女一適東坊艾以是年十二月十八日
良吉殯于清泉里樂樹折竹坑之原坐申庚向寅甲
妣鄒氏先二十三年終元葬前処是日遷出合葬未
暇求銘於大手筆姑述歲月納諸壙云
孤哀子顯壽泣血拜書

227 先批丘氏墓記

葬年：元延祐三年（1316年）三月十八日

尺寸：高53釐米，寬27釐米

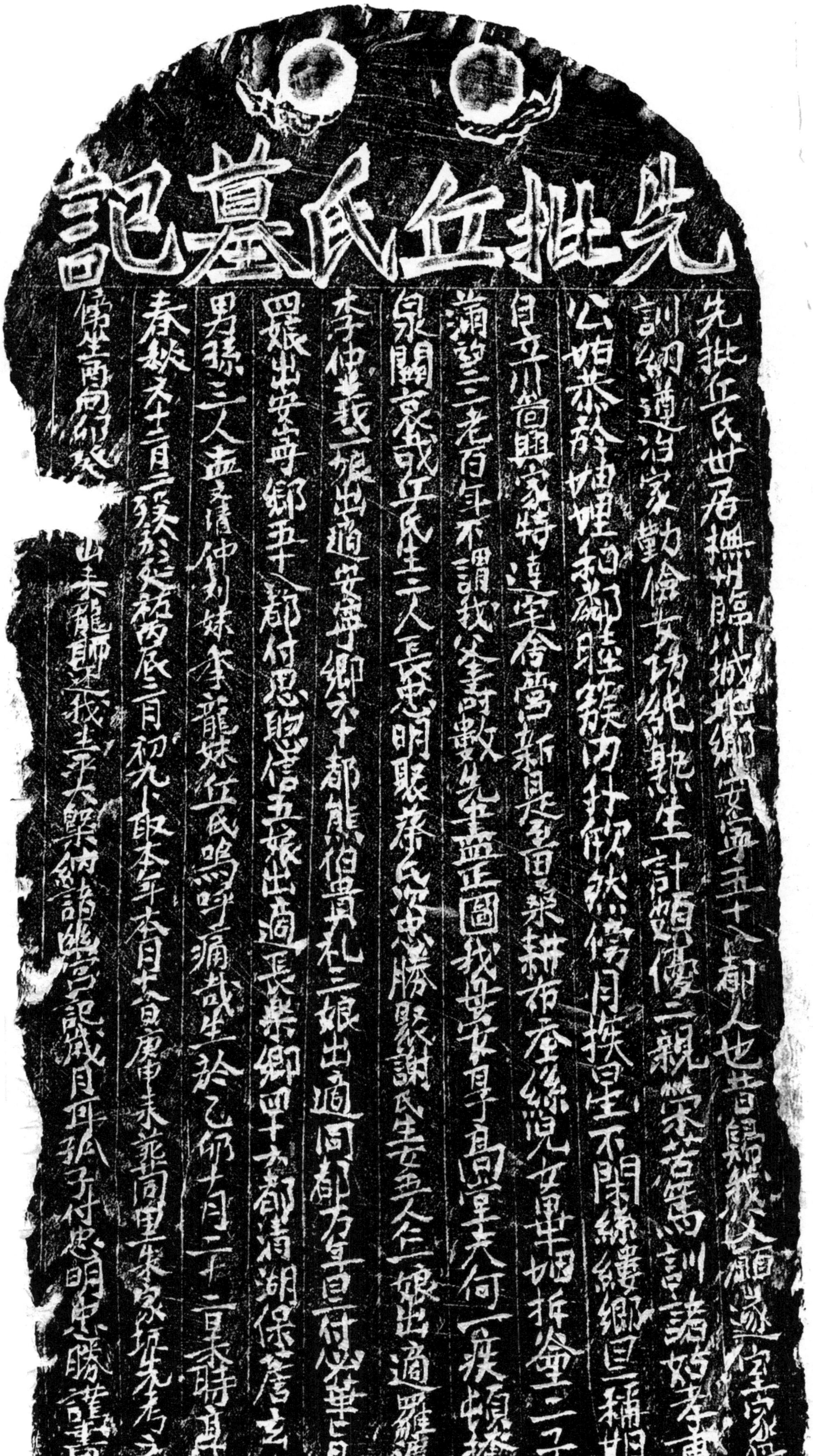

228 章公墓誌

葬年：元延祐三年（1316年）三月二十七日己未　尺寸：高64.2釐米，寬51釐米

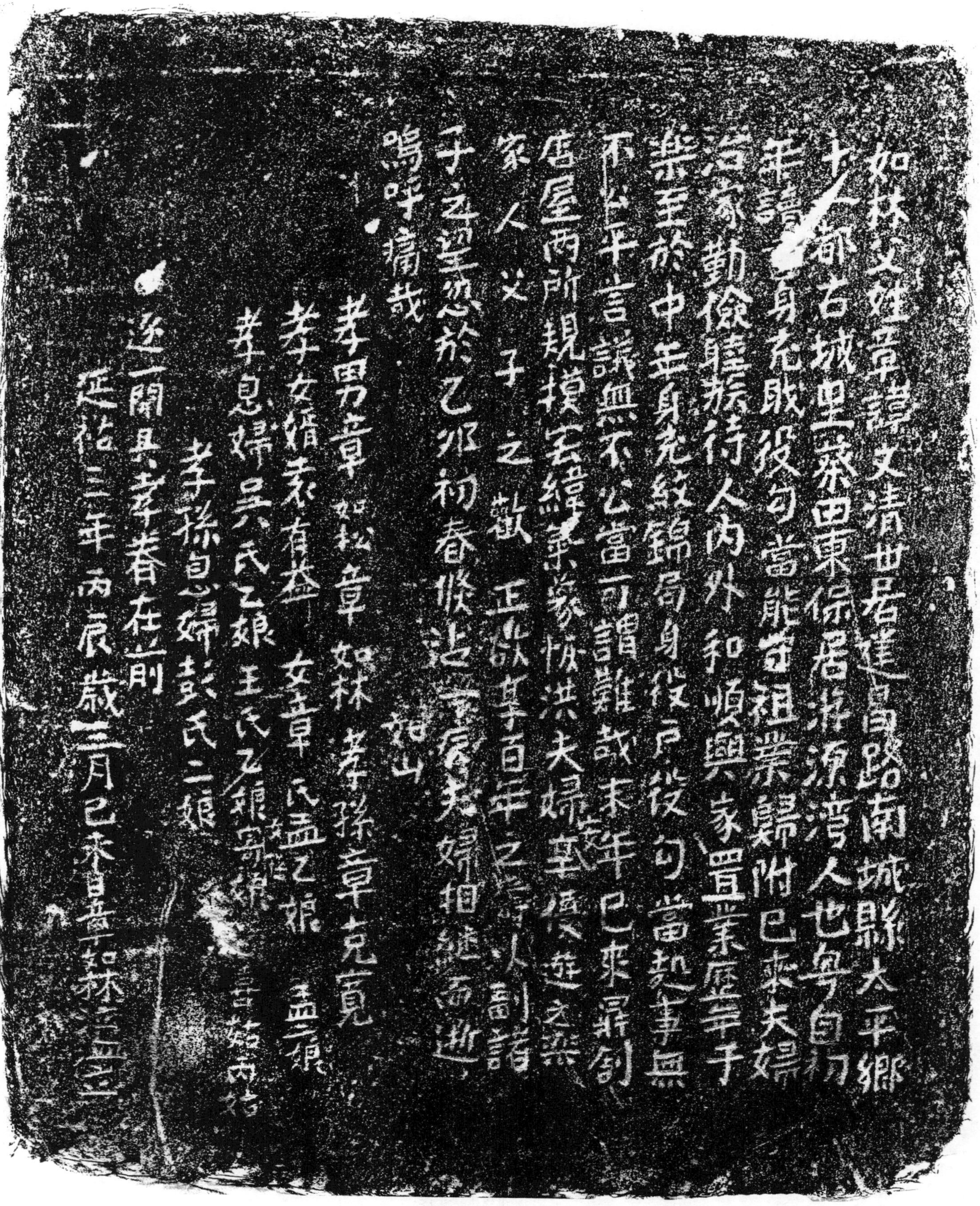

229 宋故劉執禮墓誌銘

葬年：元延祐三年（1316年）　尺寸：高39.5釐米，寬30.5釐米

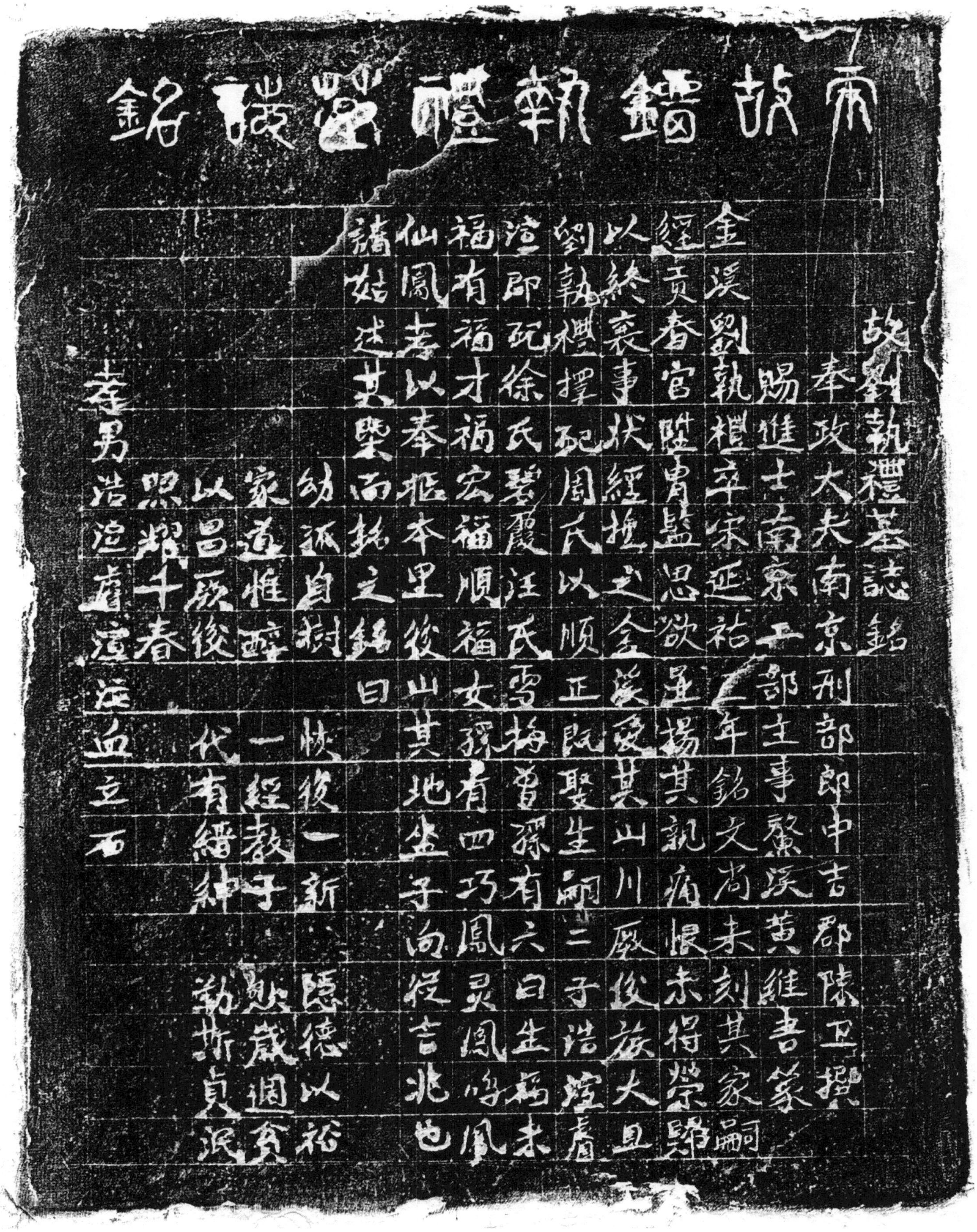

宋故劉執禮墓誌銘

故劉執禮墓誌銘
奉政大夫南京刑部郎中吉郡陳亞撰
賜進士南京工部主事鰲溪黃維書篆
金溪劉執禮卒宋延祐二年銘文尚未刻其家嗣
經貢春官暨胄監思欲呈揚其親痛恨未得榮歸
以終喪事狀經擅之金溪愛其山川厥後族大且
劉執禮擇配周氏以順正既娶生嗣二子浩溍肩
溍郎配徐氏碧霞汪氏雪梅曾孫有六曰生福未
福有福才福宏福順福女孫有四巧鳳灵鳳鳴鳳
仙鳳壽以奉柩本里後山其地坐子向從吉兆也
諸姑述其槩而銘之銘曰
幼孤自樹　恢復一新　隱德以裕
家道惟醇　一經教子　歎歲週貧
以昌厥後　代有縉紳　勤斯貞泯
照耀千春
孝男浩溍肩濱泣血立石

230 故李公小乙宣教墓

葬年：元延祐五年（1318年）三月二十一日壬午　尺寸：高68.9釐米，寬35.8釐米

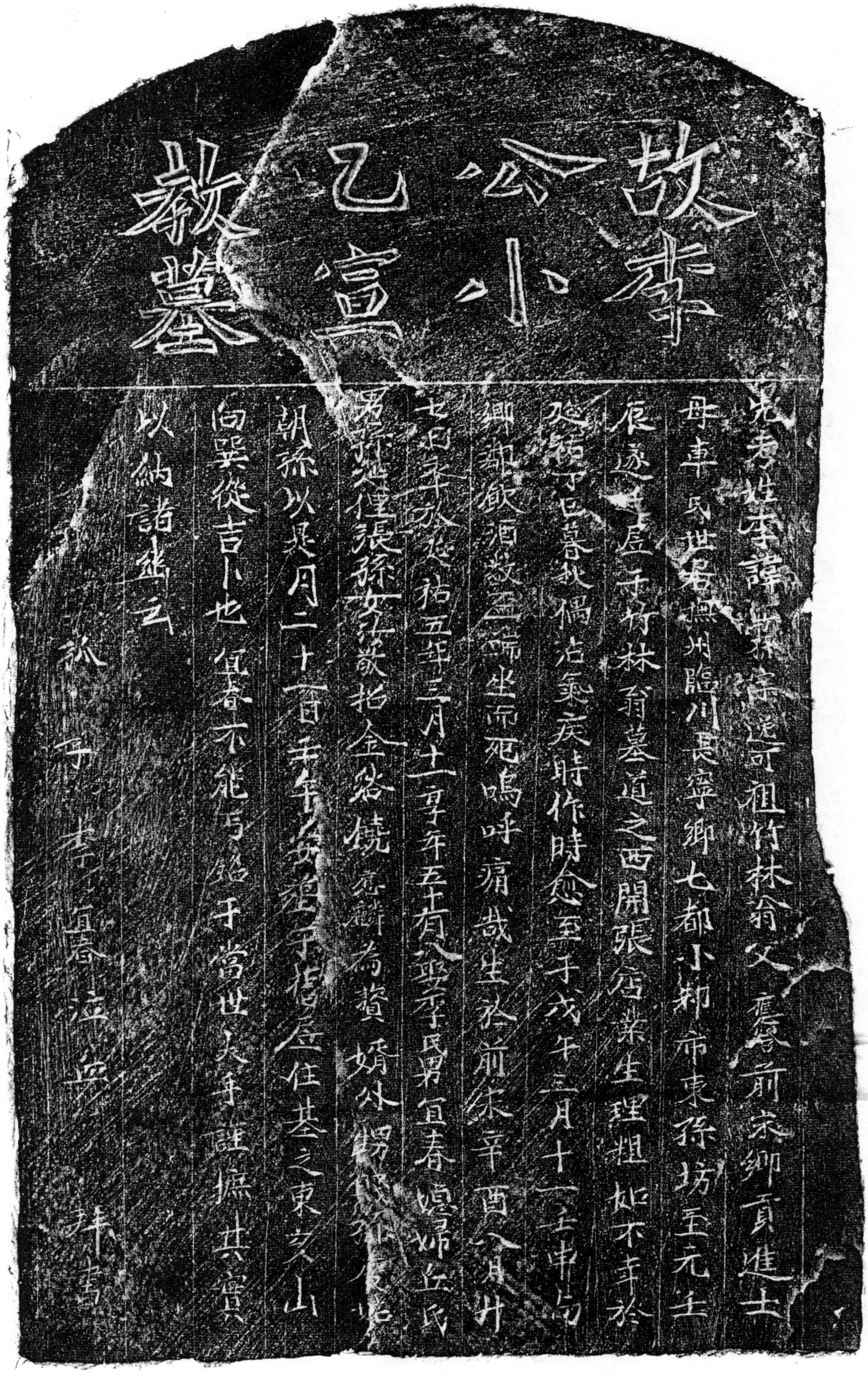
故李公小乙宣教墓

231 故續室吴氏一孺人壙記

葬年：元延祐七年（1320年）十二月十六日　尺寸：高64.5釐米，寬32.5釐米

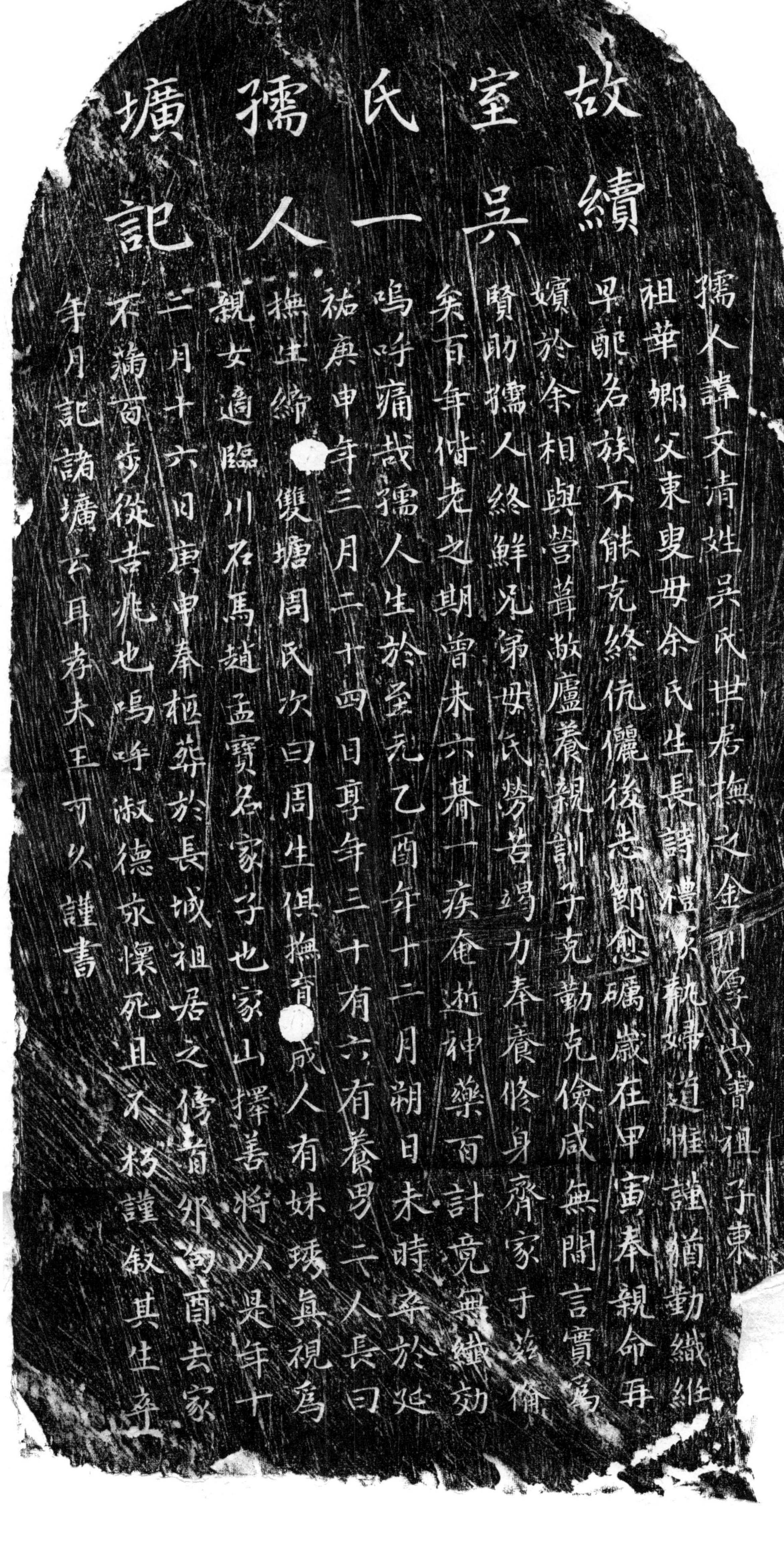

故續室吴氏一孺人壙記
孺人諱文清姓吴氏世居撫之金谿厚山曾祖子東
祖華卿父東叟母余氏生長詩禮熟婦道惟謹循勤織紝
早配名族不能克終伉儷後志節愈礪歲在甲寅奉親命再
嬪於余相與營葺故廬養親訓子克勤克儉咸無間言實爲
賢助孺人終鮮兄弟毋氏勞苦竭力奉養修身齊家于茲備
矣百年偕老之期曾未六朞一疾奄逝神藥百計竟無纖効
嗚呼痛哉孺人生於至元乙酉年十二月朔日未時卒於延
祐庚申年三月二十四日享年三十有六有養男二人長曰
撫生綿雙塘周氏次曰周生俱撫育成人有妹琇貞視爲
親女適臨川石馬趙孟寶名家子也家山擇善將以是年十
二月十六日庚申奉柩葬於長城祖居之傍前卯向酉去家
不踰百步從吉兆也嗚呼淑德永懷死且不朽謹叙其生卒
年月記諸壙云耳孝夫王可以謹書

232　故山堂居士羅公壙志銘

葬年：元至治元年（1321年）四月十七日庚申

尺寸：高54釐米，寬39.5釐米

故山堂居士羅公壙志銘

233 大元周母李氏墓誌

葬年：元至治元年（1321年）十二月二十一日庚申　尺寸：高56.8釐米，寬31.4釐米

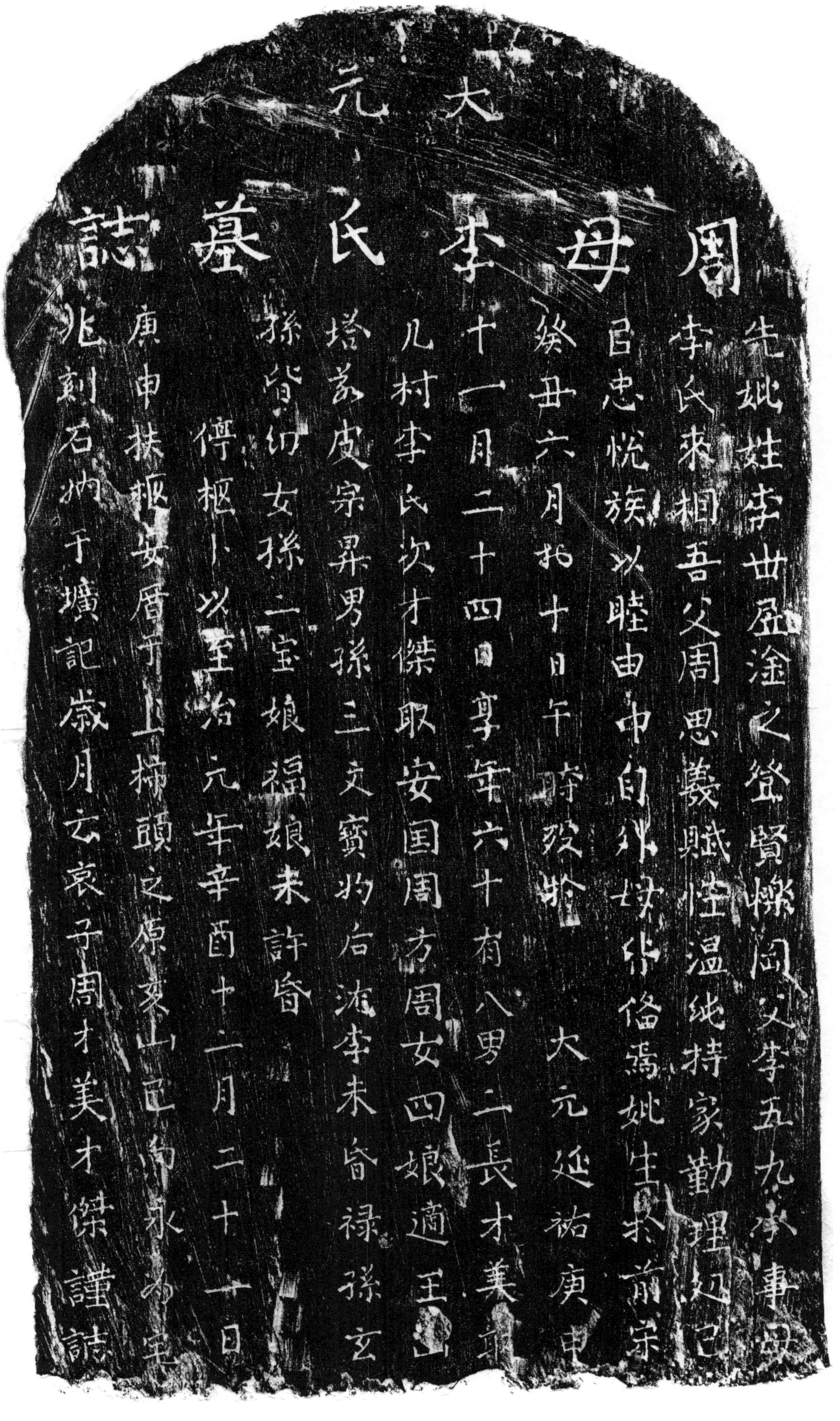

大元

周母李氏墓誌

先妣姓李世居淦之登賢櫟岡父李五九承事母

李氏來相吾父周思義賦性溫純持家勤理妲已

已忠悦族以睦由中自外婦作俗焉妣生於前宋

癸丑六月廿十日午時殁於大元延祐庚申

十一月二十四日享年六十有八男二長才美娶

几村李氏次才傑娶安国周方周女四娘適王□

塔荔虔宗昇男孫三文寶將后流李未皆祿孫玄

孫皆幼女孫二宝娘福娘未許昏

停柩卜以至治元年辛酉十二月二十一日

庚申扶柩安厝于上㭷頭之原亥山巳向永為宅

兆刻石納于壙記歲月云哀子周才美才傑謹誌

234 故逸坡甘氏墓誌銘

葬年：元至治二年（1322年）九月二十五日己未　尺寸：高68釐米，寬50釐米

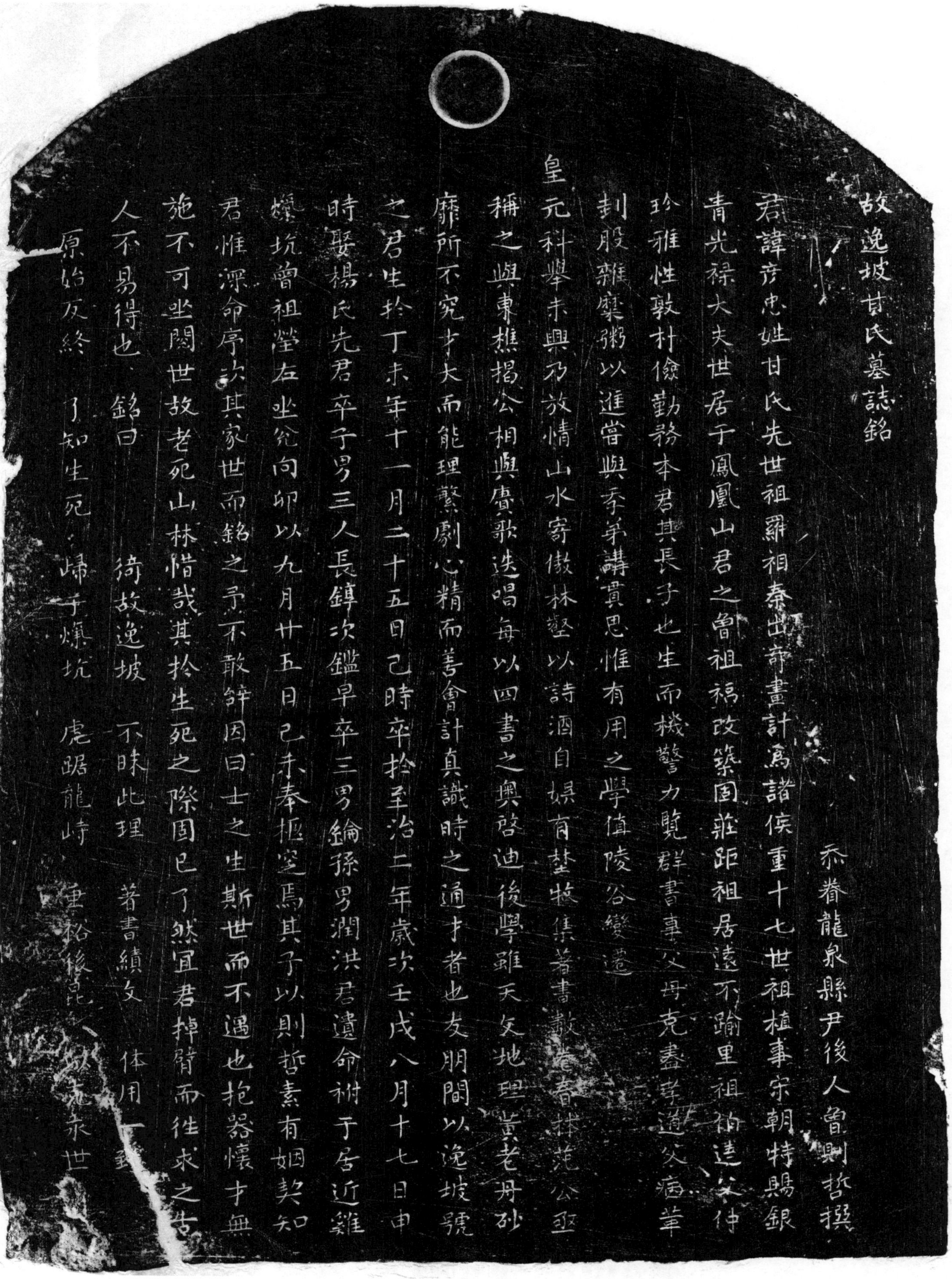
故逸坡甘氏墓誌銘
忝眷龍泉縣尹後人曾則哲撰
君諱彥忠姓甘氏先世祖羅祖泰出奇畫計爲諸侯重十七世祖植事宋朝特賜銀
青光祿大夫世居于鳳凰山君之曾祖禧改築固莊距祖居遠不踰里祖伯遠父仲
珍雅性敦朴儉勤務本君其長子也生而機警力覽群書事父母克盡孝道父病革
刲股雜糜粥以進嘗與季弟講貫思惟有用之學值陵谷變遷
皇元科舉未興乃放情山水寄傲林壑以詩酒自娛有埜牧集著書數卷春林范公亟
稱之與東樵揭公相與賡歌迭唱每以四書之興啓迪後學雖天文地理黄老丹砂
靡所不究才大而能理繁劇心精而善會計真識時之通才者也友朋間以逸坡號
之君生於丁未年十一月二十五日己時卒於至治二年歲次壬戌八月十七日申
時娶揭氏先君卒子男三人長鎛次鑑早卒三男綸孫男潤洪君遺命祔于居近羅
燦坑曾祖塋左坐兌向卯以九月廿五日己未奉柩窆焉其子以則哲素有姻契知
君惟深命序次其家世而銘之予不敢辭因曰士之生斯世而不遇也抱器懷才無
施不可坐閱世故老死山林惜哉其於生死之際固已了然宜君掉臂而往求之昔
人不易得也　銘曰
倚故逸坡　不昧此理　著書續文　体用一致
原始反終　了知生死　歸于燦坑　虎踞龍峙　垂裕後昆　永世

235 胡公墓誌

葬年：元至治二年（1322年）十二月初五日　　尺寸：高31.6釐米，寬30.5釐米

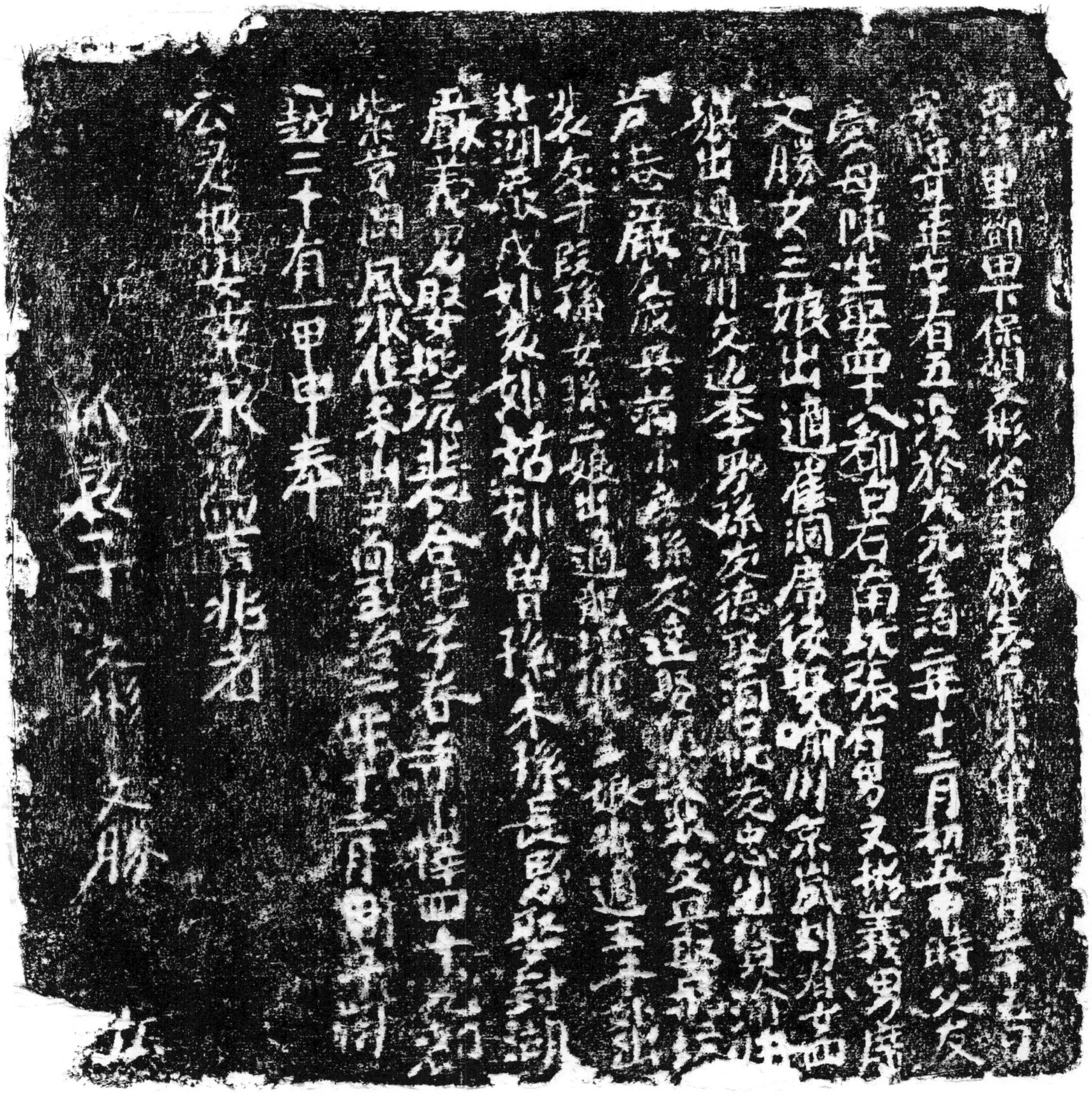

236　故馮公六四承事墓

葬年：元至治三年（1323年）正月二十日　尺寸：高61.8釐米，寬37.9釐米

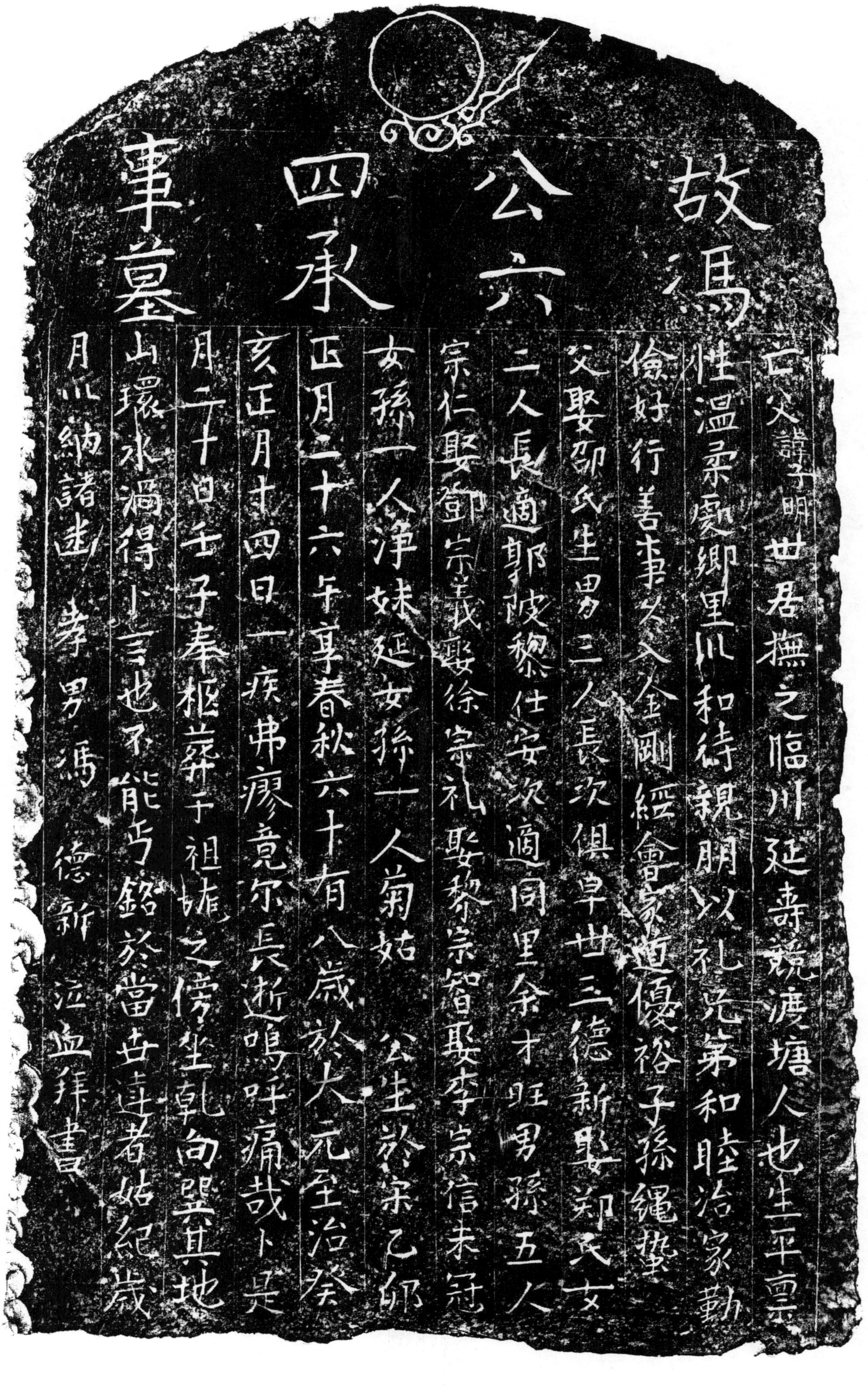
故馮公六四承事墓
亡父諱子明世居撫之臨川延壽鄉渡塘人也生平稟
性溫柔處鄉里以和待親朋以礼兄弟和睦治家勤
儉好行善事先入金剛經會家道優裕子孫繩蟄
父娶鄧氏生男三人長次俱早世三德新娶鄭氏女
二人長適郭陂黎仕安次適同里余才旺男孫五人
宗仁娶鄧宗義娶徐宗礼娶黎宗智娶李宗信未冠
女孫一人淨妹延女孫一人菊姑　公生於宋乙卯
正月二十六午享春秋六十有八歲於大元至治癸
亥正月十四日一疾弗瘳竟尔長逝嗚呼痛哉卜是
月二十日壬子奉柩葬于祖墟之傍坐乾向巽其地
山環水淵得卜言也不能勾銘於當世達者姑紀歲
月以納諸壙　孝男馮德新泣血拜書

237 饒母吴氏孺人壙誌

葬年：元至治三年（1323年）十二月十六日癸酉　尺寸：高79.8釐米，寬35.5釐米

饒母吴氏孺人壙誌

先妣吴氏諱德英世居撫之金川竦溪里太父夢申父文秀家世修德以
儒顯早年歸配于先君重舉斯時處于祖君臨川積善鄉棠溪里門閭翕
然先妣在室孝悌克家儉勤內外無閒言而白雲之思朝朝在念由是迁
倚親舍築居以便歸寧先妣克相其內營度生聚井井有條家道日益輪
奐復增婚男嫁女各盡其道正期晚景優游夫何天不憖遺竟以微疾而
逝嗚呼痛哉　先妣生於宋丙辰年正月十四日巳時卒於延祐丙辰年
六月初六日享年六十有一生男二長希軾娶劉氏次希轍娶危氏女三
長淨安適印山楊次智安適滻里胡[illegible]適楊溪周幼慧安適楊峯李孫男
二長試壽贅李氏次彰祖孫女一姑姑以歲月不龜稽延斯今遂涓吉於
至治癸亥十二月十有六日癸酉奉柩葬于龍[illegible]橋畔祖妣塋內其地坐
壬向丙寅甲乙辰水潮歸坤申長流不肖孤未能丐銘于當世大手筆顯
揚平生姑直述其大槩納諸幽壙以記歲月云
孤哀子　希軾　希轍　百拜泣血書

238 潘公安一宣義墓誌

葬年：元泰定元年（1324年）九月十三日丙申

尺寸：高84.5釐米，寬39.2釐米

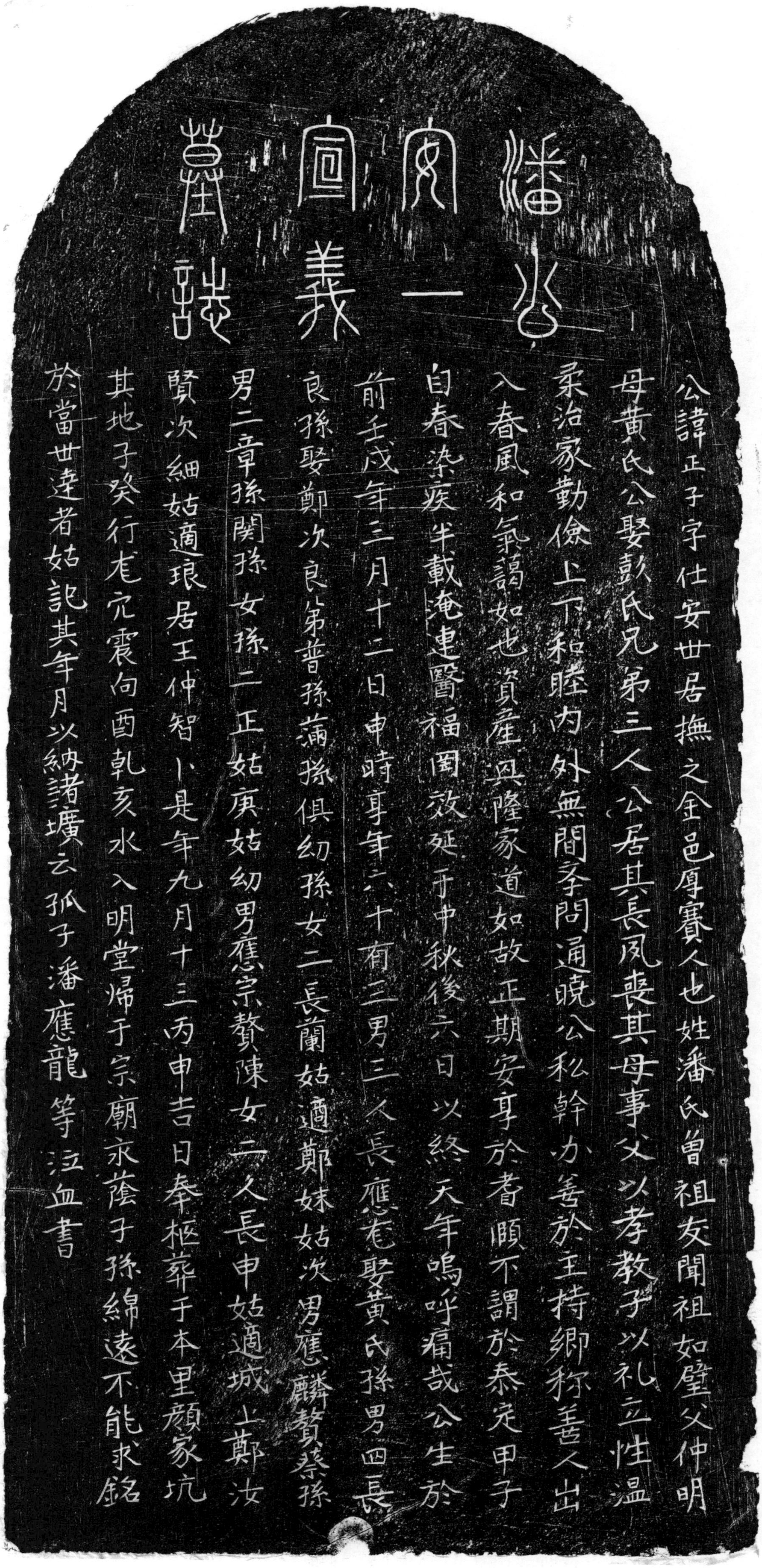

潘公安一宣義墓誌

公諱正子字仕安世居撫之金邑厚賽人也姓潘氏曾祖友聞祖如璧父仲明
母黃氏公娶彭氏兄弟三人公居其長夙喪其母事父以孝教子以礼立性溫
柔治家勤儉上下和睦内外無間斈問通曉公私幹办善於主持鄉称善人出
入春風和氣藹如也資產與隆家道如故正期安享於耆頤不謂於泰定甲子
自春染疾半載淹連醫福罔效延于中秋後六日以終天年嗚呼痛哉公生於
前壬戌年三月十二日申時享年六十有三男三人長應龜娶黃氏孫男四長
良孫娶鄭次良弟普孫蒲孫俱幼孫女二長蘭姑適鄭妹姑次男應麟贅蔡孫
男二章孫閏孫女孫二正姑庚姑幼男應宗贅陳女二人長申姑適城上鄭汝
賢次細姑適瑯居王仲智卜是年九月十三丙申吉日奉柩葬于本里顏家坑
其地子癸行龙穴震向酉乾亥水入明堂歸于宗廟永蔭子孫綿遠不能求銘
於當世達者姑記其年月以納諸壙云孤子潘應龍等泣血書

239 先妣林氏孺人墓記

葬年：元泰定二年（1325年）十月二十日

尺寸：高46釐米，寬44.5釐米

先妣林氏孺人墓記

240 故考茂林李公墓誌

葬年：元泰定三年（1326年）九月初五日　尺寸：高70釐米，寬32.5釐米

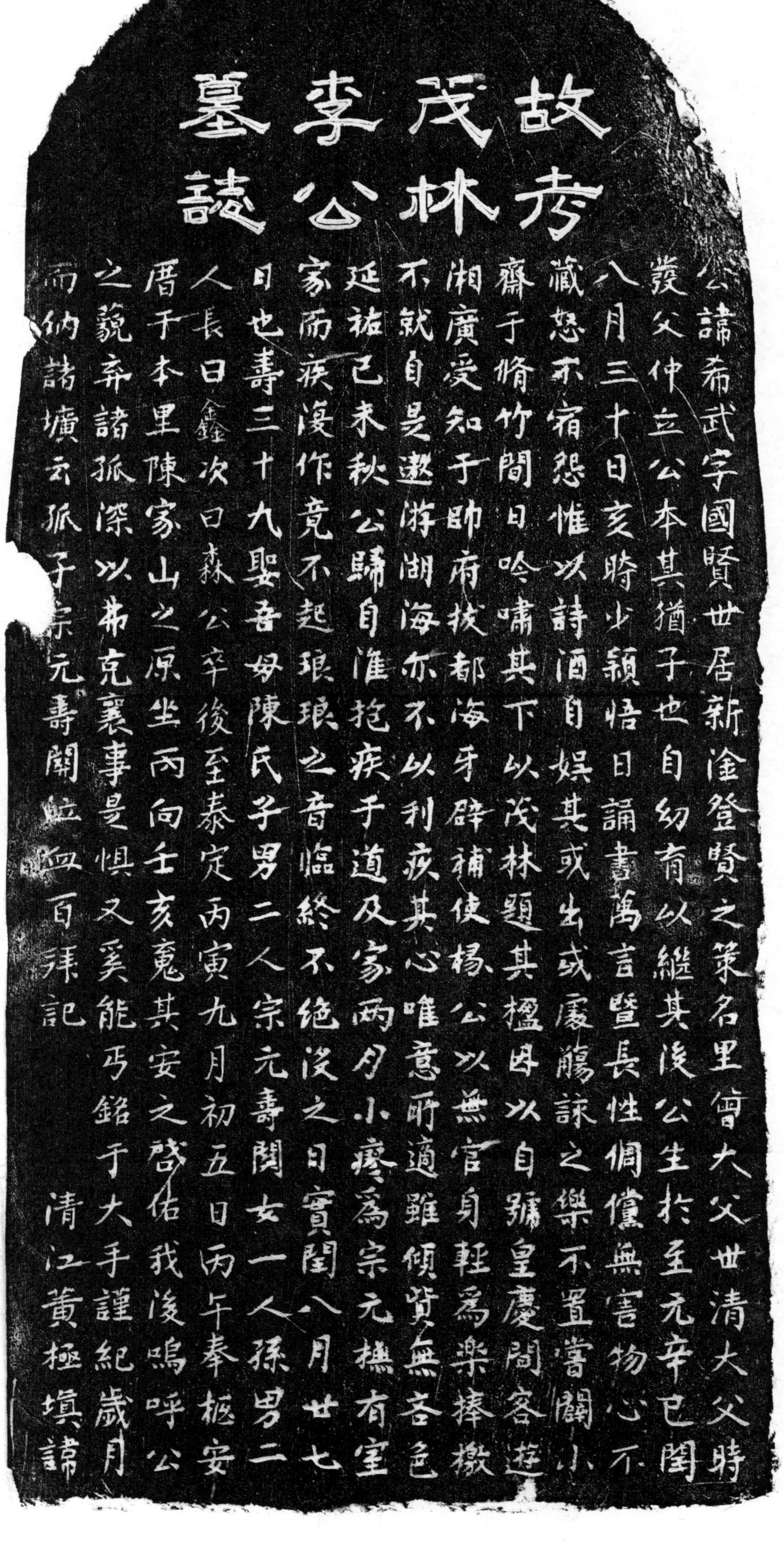

故考茂林李公墓誌

公諱希武字國賢世居新淦登賢之策名里曾大父世清大父時發父仲立公本其猶子也自幼有以繼其後公生於至元辛巳閏八月三十日亥時少穎悟日誦書萬言暨長性倜儻無害物心不藏怒不宿怨惟以詩酒自娛其或出或處觴詠之樂不置嘗闢小齋于脩竹間日吟嘯其下以茂林題其楹因以自號皇慶間客遊湘廣受知于帥府拔都海牙辟補使楊公以無官身輕爲樂捧檄不就自是遨游湖海亦不以利疚其心唯意所適雖傾貲無吝色延祐已未秋公歸自淮抱疾于道及家兩月小瘳爲宗元攜有室家而疾復作竟不起琅琅之音臨終不絕没之日實閏八月廿七日也壽三十九娶吾母陳氏子男二人宗元壽開女一人孫男二人長曰鑫次曰森公卒後至泰定丙寅九月初五日丙午奉柩安厝于本里陳家山之原坐丙向壬亥冤其安之啓佑我後嗚呼公之窺弃諸孤深以弗克襄事是懼又奚能丐銘于大手謹紀歲月而納諸壙云孤子宗元壽開泣血百拜記

清江黃極塡諱

241 生母徐氏孺人壙記

葬年：元泰定三年（1326年）十二月十四日　尺寸：高53.8釐米，寬27.8釐米

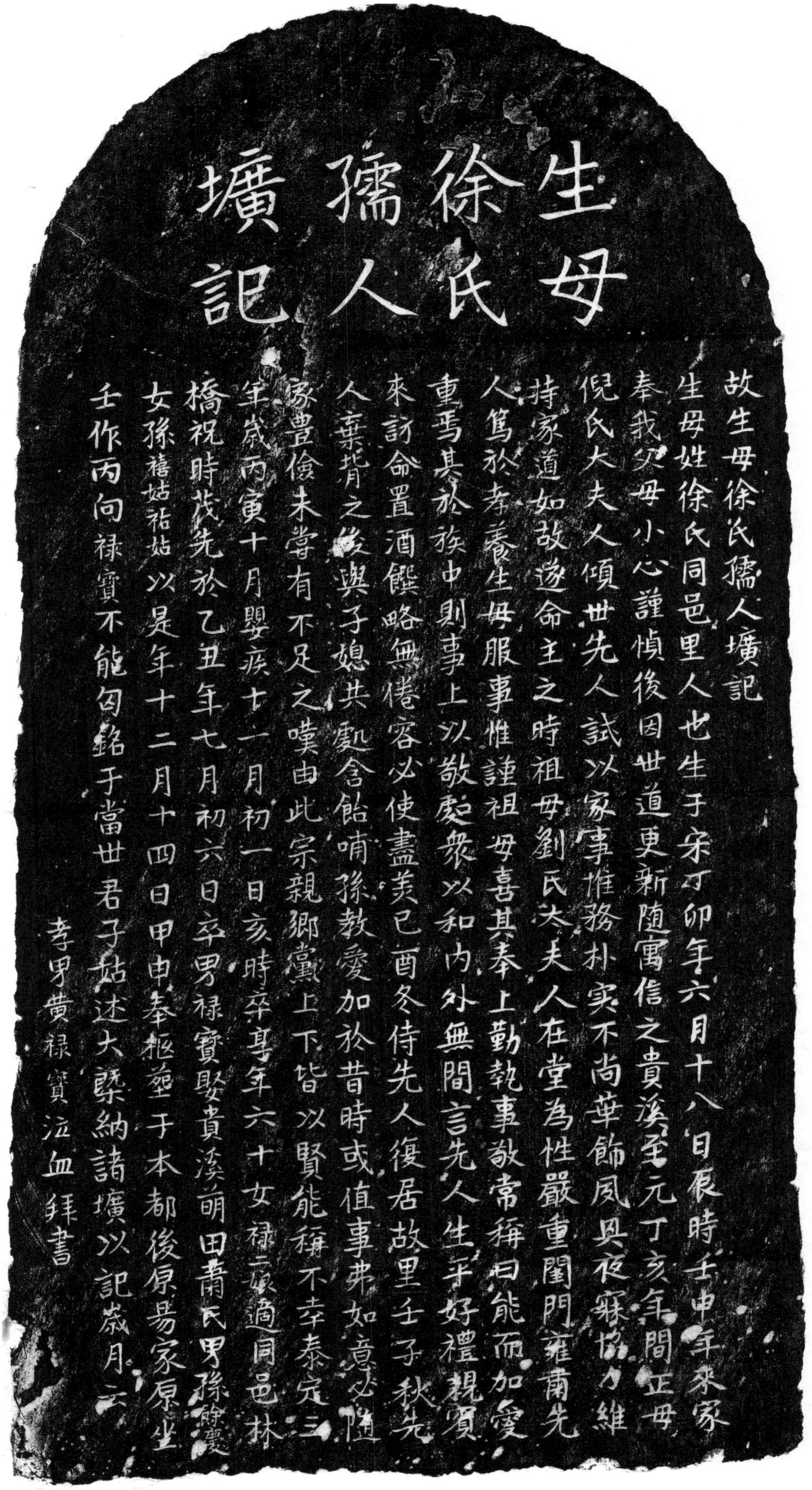

生母徐氏孺人壙記

故生母徐氏孺人壙記
生母姓徐氏同邑里人也生于宋丁卯年六月十八日辰時壬申年來家
奉我父母小心謹愼後因世道更新隨寓信之貴溪至元丁亥年間正母
倪氏大夫人傾世先人試以家事惟務朴实不尚華飾夙興夜寐協力維
持家道如故遂命主之時祖母劉氏太夫人在堂為性嚴重閨門雍肅先
人篤於孝養生母服事惟謹祖母喜其奉上勤執事敬常稱曰能而加愛
重焉其於族中則事上以敬處衆以和內外無間言先人生平好禮親賓
來訪命置酒饌略無倦容必使盡羙已酉冬侍先人復居故里壬子秋先
人棄背之後與子媳共勉含飴哺孫教愛加於昔時或值事弗如意必隨
家豐儉未嘗有不足之嘆由此宗親鄉黨上下皆以賢能稱不幸泰定三
年歲丙寅十月嬰疾十一月初一日亥時卒享年六十女禄二娘適同邑林
橋祝時茂先於乙丑年七月初六日卒男禄寶娶貴溪前田蕭氏男孫餘慶
女孫禧姑祐姑以是年十二月十四日甲申奉柩塟于本都後原易家原坐
壬作丙向禄寶不能匄銘于當世君子姑述大槩納諸壙以記歲月云
孝男黃禄寶泣血拜書

242 李男姜德九宜教壙記

葬年：元泰定三年（1326年）十二月二十七日丁酉　尺寸：高76.6釐米，寬40.5釐米

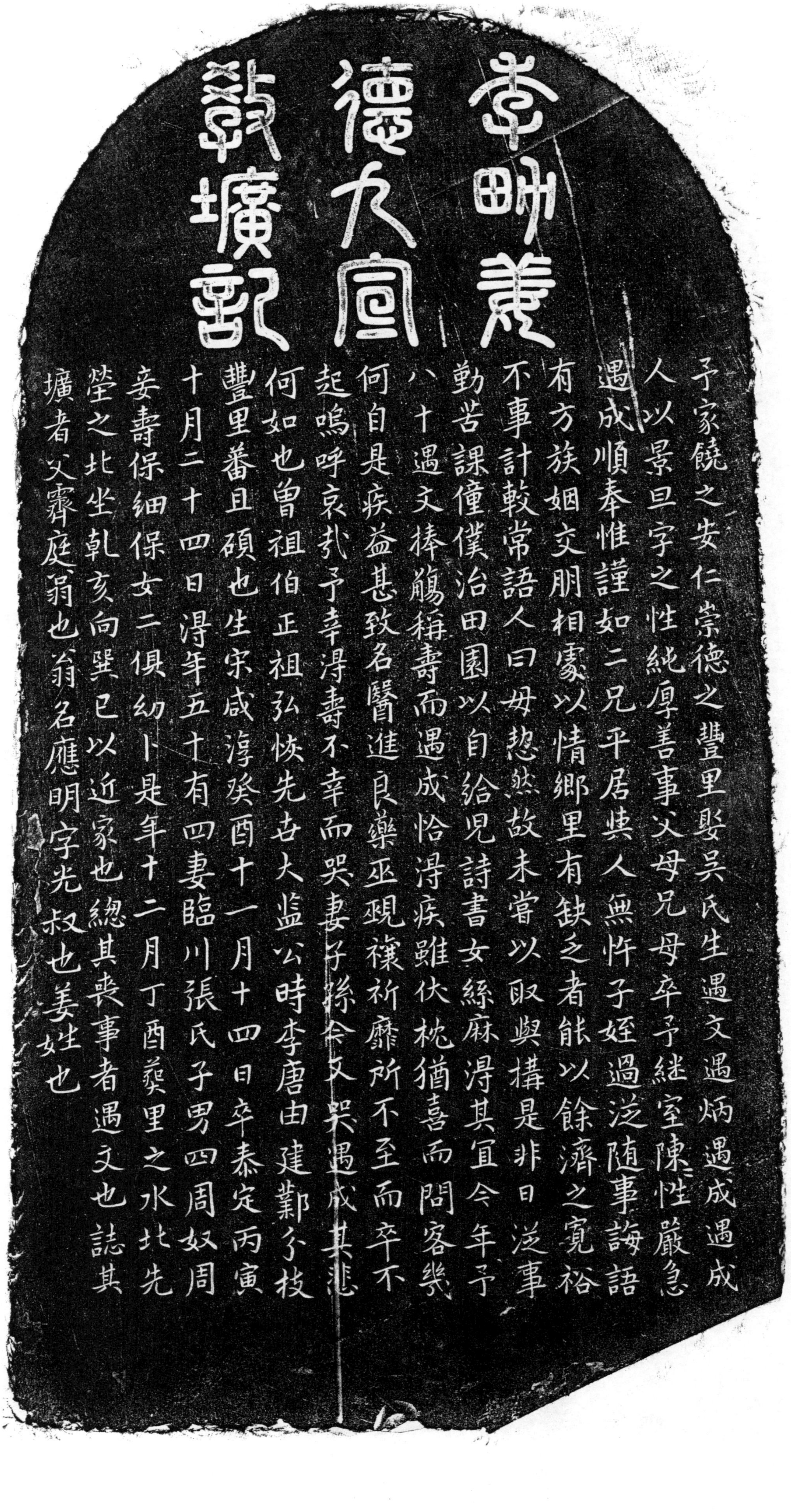

李男姜德九宜教壙記

予家饒之安仁崇德之豐里娶吴氏生遇文遇炳遇成遇成
人以景旦字之性純厚善事父母兄毋卒予継室陳性嚴急
遇成順奉惟謹如二兄平居與人無忤子姪遇從隨事誨語
有方族姻交朋相處以情鄉里有缺乏者能以餘濟之寛裕
不事計較常語人曰毋慹然故未嘗以取與搆是非日從事
勤苦課僮僕治田園以自給兒詩書女絲麻得其宜今年予
八十遇文棒觴稱壽而遇成恰得疾雖伏枕猶喜而問客幾
何自是疾益甚致名醫進良藥巫覡禳祈靡所不至而卒不
起嗚呼哀哉予幸得壽不幸而哭妻子孫今又哭遇成其悲
何如也曾祖伯正祖弘恢先出大監公時李唐由建鄴分枝
豐里蕃且碩也生宋咸淳癸酉十一月十四日卒泰定丙寅
十月二十四日得年五十有四妻臨川張氏子男四周奴周
安壽保細保女二俱幼卜是年十二月丁酉葬里之水北先
塋之北坐乾亥向巽巳以近家也總其喪事者遇文也誌其
壙者父霽庭翁也翁名應明字光叔也姜姓也

243 先妣蕭氏墓誌

葬年：元泰定四年（1327年）五月十二日　尺寸：高72.2釐米，寬38.6釐米

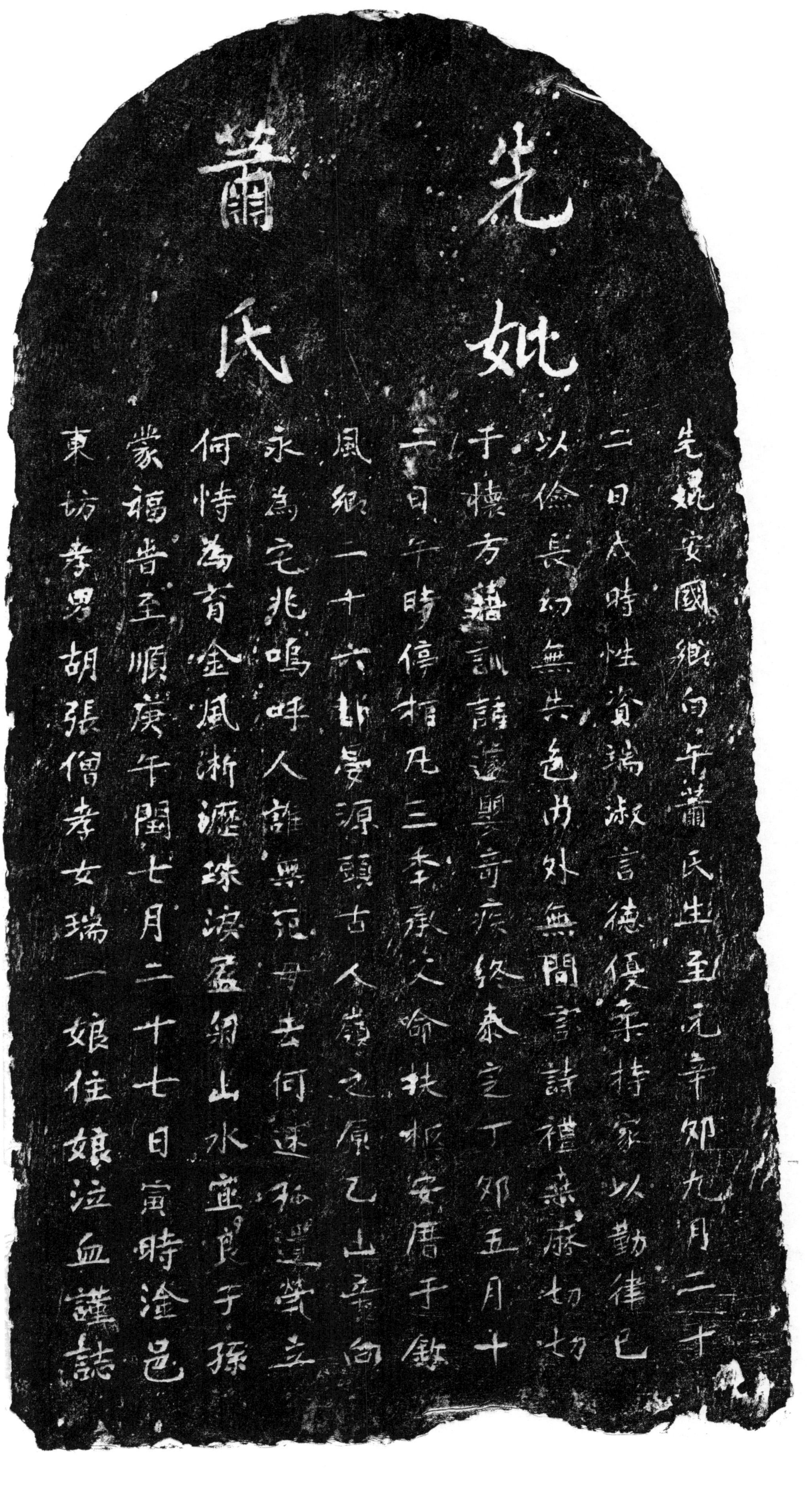
先妣
蕭氏

244 殁故陳公雲甫胡氏孺人墓誌

葬年：元泰定四年（1327年）八月二十六日壬辰　尺寸：高70釐米，寬37.5釐米

殁故陳公雲甫胡氏孺人墓誌

吾父諱仲俊字雲甫其先當唐之末自撫州雲坪而贅於古番干越龔公縣丞
之家故有是子孫焉曾大父曆五宣教大父十三宣教父春四宣義世居習泰
同良族今百十人俱積善慶吾父生而人物脩長志氣剛大南北混一之時兹
然砥柱中流勇而不恒非禮勿為及時平事泰創雄壯居置膏腴産訓子以詩
禮勤督農桑由是家日益裕廩有餘粟鄉黨鄰[illegible]俱得以濟焉如此者四十餘
載男女婚嫁畢迨夫未年瘦於戶役遂罷分三是各事其事以服其勞奉而不
肖輩能世其業元璧具存青氈無失此亦公之餘慶也吾母姓胡氏其祖公世
居福應之左角以力田自業慶鍾吾母賦性極慈善其[illegible]相嚴父也事舅姑以
孝處鄰族以和待諸子媳孫姪無有愛憎吾父生於宋淳祐丁未八月十六辰
時吾母生於宋淳祐己酉五月初三亥時方以二親怡愉坐享安閑以終餘歲
胡何旻天降割吾母於大元泰定丙寅二月初二終于正寢越明年丁卯八月
廿六壬辰葬于室前之楓山塘生前所營雙穴也至是年九月初八日而吾父
亦逝嗚呼痛哉以是年十月二十二日諸孤扶柩同葬于斯如先志也子男三
長文明娶同里文次文清娶左角胡二者俱先卒季文富娶安樂蕭女一適桐
嶺許孫男九人克成娶弓氏克升娶蕭氏世臣娶鄧氏良輔娶鄧氏良佐娶吴
氏克忠娶倪氏一夔娶施氏克信早卒娶胡氏獨清孫女三人曾孫十人文斌
娶蕭氏成孫季孫良生良保彝孫良弼新法弼福郎曾女孫三人不肖孤不
能乞銘于當世姑述大槩納諸壙云
孤哀子陳文明文富泣血書

245 先妣孺人危氏墓記

葬年：元泰定四年（1327年）閏九月初七日壬申　尺寸：高62.5釐米，寬33.5釐米

先妣孺人危氏墓記
先妣孺人危氏本里徒頭人也禀性温良立身貞潔相吾父以禮
処世道以勤孝於公姑和於族里敬長慈幼恤寡怜孤致於親朋
往復款洽雍容婚男聘女誨子鞠孫靡不有道焉歲在丁巳以祖
居湫隘謀徙上八嶺立業創居更諸爽塏而吾家遂有道焉吾母
内助之力也正宜坐享高堂奉養菽水豈期風木無停痛微疾而
逝嗚呼痛哉先妣生於至元己丑六月二十五日卒於泰定丁卯
九月初九享壽三十有九歲頻蚙子一人紹孫娶余于杜嶺黃安
一人適同邑崇德鄉青山吳炫外生孫男繼生在幼諸孫以是年
閏九月初七日壬申奉柩于住前山之地坐亥作巳丙向山環水
繞虎踞龍蟠頗為佳城也先妣安此世代昌熾未敢丐銘姑述大
畧納諸壙云
孝夫姚思義
孝男姚紹孫等泣血拜書于石

246 先妣汪氏孺人墓志

葬年：元泰定四年（1327年）十二月初八日壬寅　尺寸：高61.3釐米，寬38.1釐米

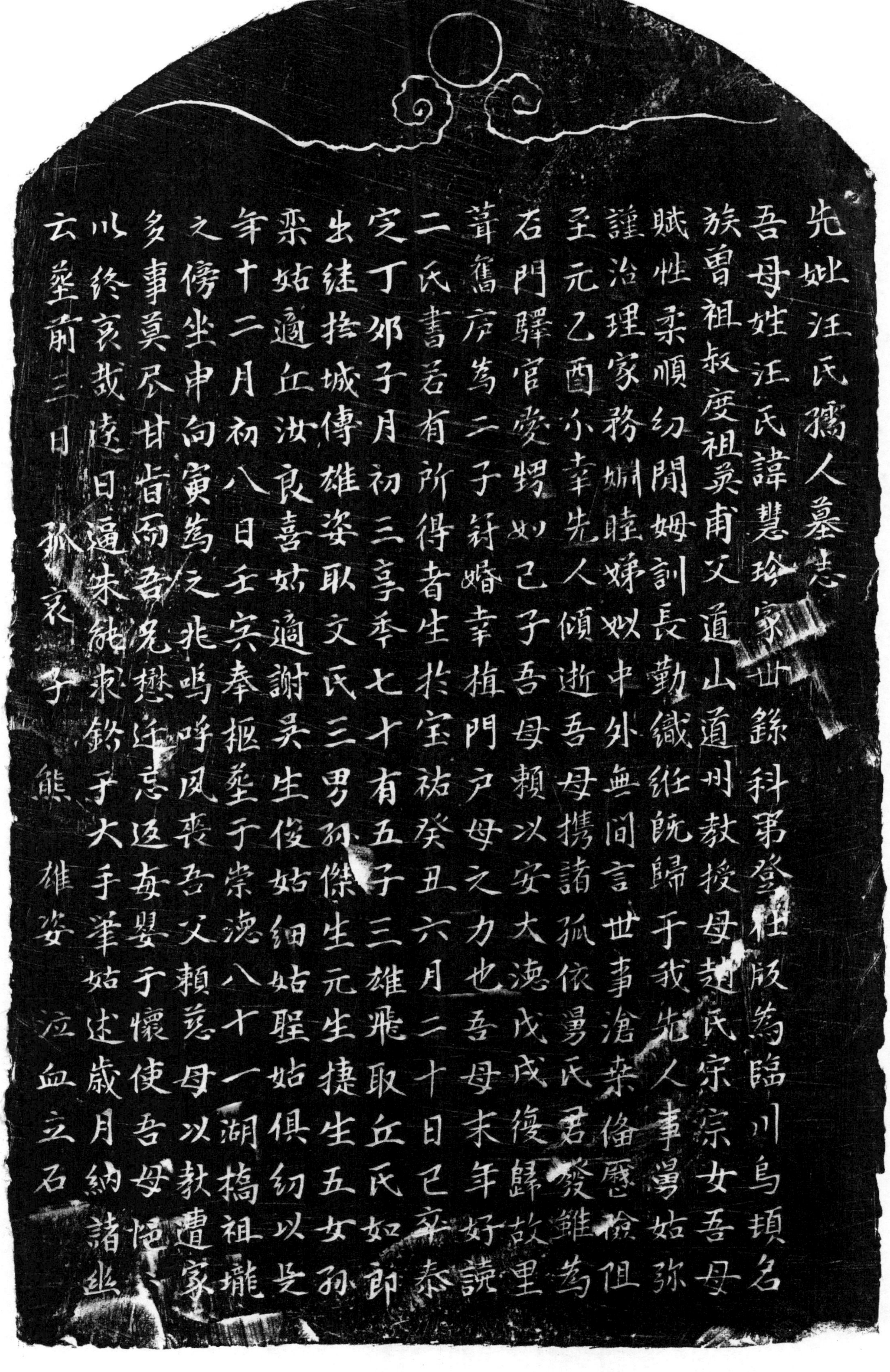
先妣汪氏孺人墓志
吾母姓汪氏諱慧玲家世錄科第登仕版爲臨川烏項名
族曾祖叔度祖奐甫父道山道用教授母趙氏宗室女吾母
賦性柔順幼聞姆訓長勤織紝既歸于我先人事舅姑彌
謹治理家務姻睦娣姒中外無間言世事滄桑倫歷險阻
至元乙酉不幸先人傾逝吾母携諸孤依舅氏君發雖爲
右門驛官愛甥如己子吾母賴以安大德戊戌復歸故里
葺舊居爲二子訂婚幸植門户母之力也吾母末年好讀
二氏書若有所得者生於宝祐癸丑六月二十日巳卒泰
定丁卯子月初三享年七十有五子三雄飛取丘氏如郎
出繼於城傳雄姿取文氏三男孫傑生元生捷生五女孫
柔姑適丘汝良喜姑適謝奐生俊姑細姑聖姑俱幼以是
年十二月初八日壬寅奉柩葬于崇德八十一湖橋祖壠
之傍坐申向寅爲之兆嗚呼夙喪吾父賴慈母以教遺家
多事莫尽甘旨而吾兄懋遷忘返每婴于懷使吾母悒悒
以終哀哉遽日逼未能求銘于大手筆姑述歲月納諸幽
云葬前三日孤哀子熊雄姿泣血立石

247 元故陳母孺人徐氏壙記

葬年：元天曆元年（1328年）十二月二十八日丙辰　尺寸：高67.2釐米，寬38.5釐米

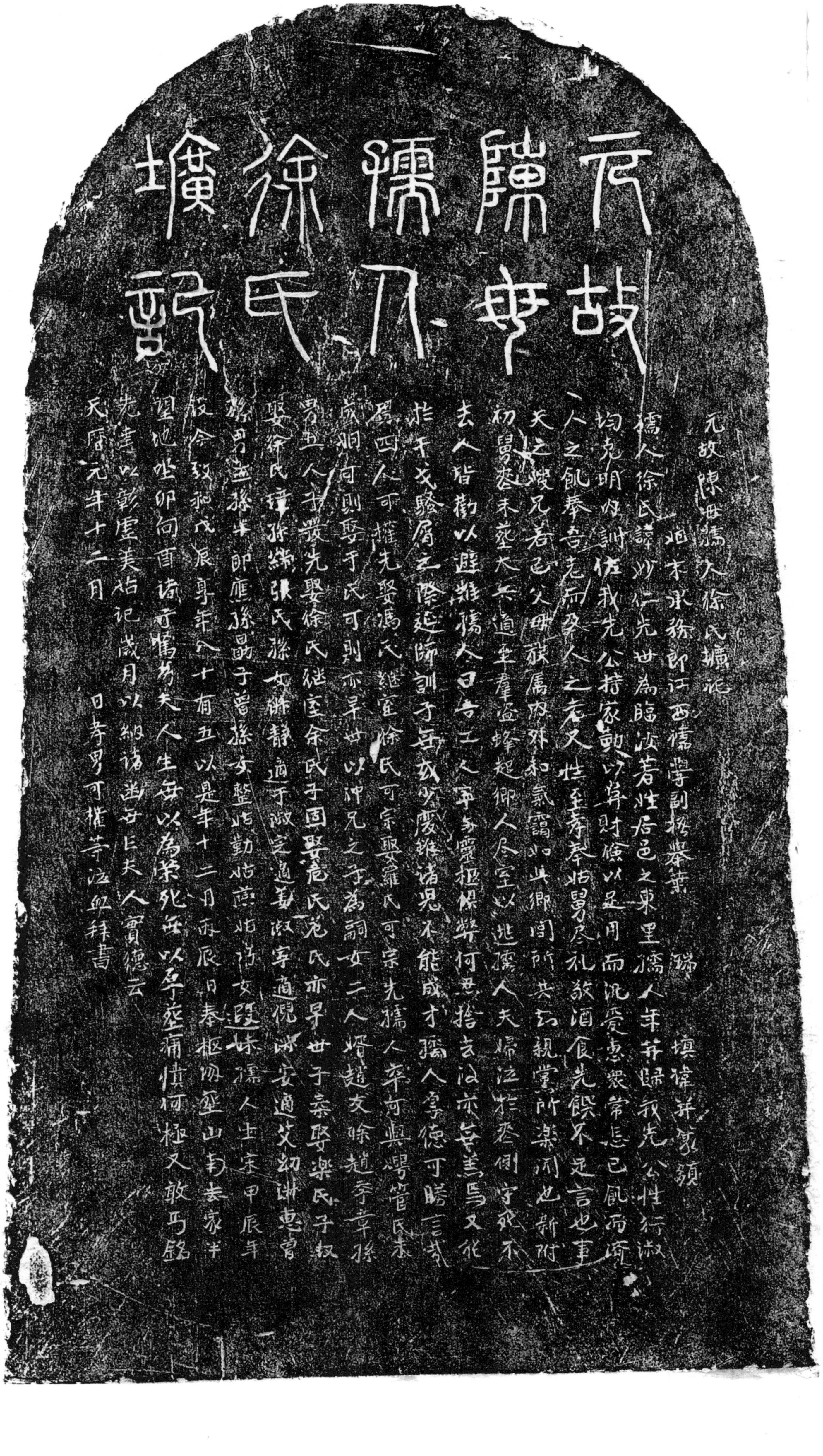
元故陳母孺人徐氏壙記

張君永七朝奉壙記

葬年：元天曆元年（1328年）十二月十四日壬寅　尺寸：高58釐米，寬32.5釐米

張君
永七
朝奉
壙記
先君諱德升字君實曾大父信夫世居饒之安仁
若嶺娶吳氏公賦性恭儉勤謹交友必誠必信於
今年七月中嬰瘖疾一日命余來前曰余疾大漸
微幾勢不可復起言訖遺然而逝嗚呼痛哉公生
於大宋丁巳五月五日子時卒於戊辰九月初六
日享年七十二歲男三長天祥先八年卒次龍孫
早世幼志仁禫〻承立以終喪事女三長適舒次
適熊幼適吳孫男四大賤細賤早歸曾孫孫女五
人以是年臘月奉柩葬于里之東偏彭家陂坐癸
向丁姑記其年月而納諸壙云時天曆元年十二
月十四日壬寅孝男志仁承重孫大賤泣血禄書

249　父羅公百三提領壙記

葬年：元天曆二年（1329年）九月初七日辛酉　尺寸：高81釐米，寬51.9釐米

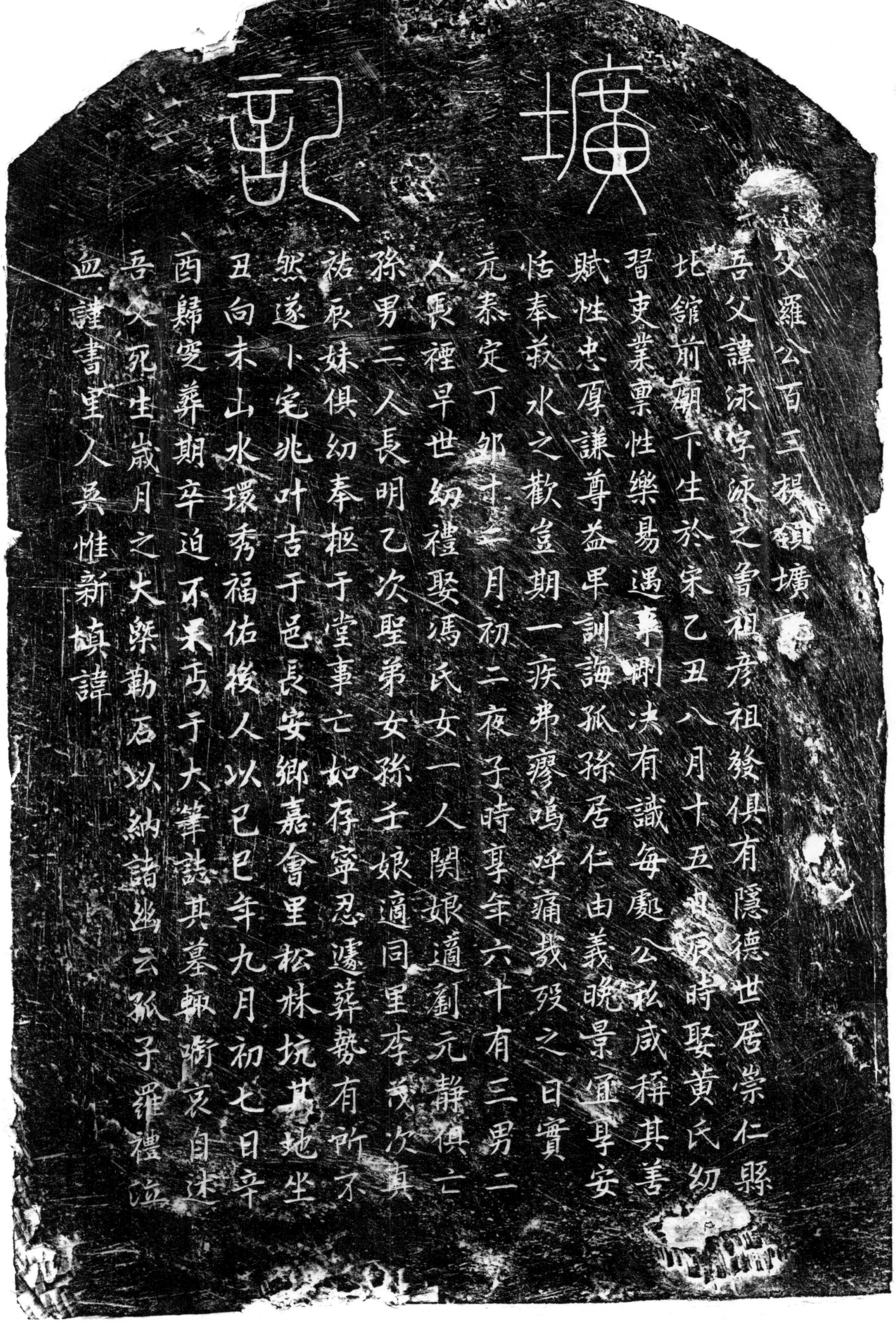
壙記

父羅公百三提領壙記
吾父諱泳字泳之曾祖彥祖發俱有隱德世居崇仁縣
北館前嶺下生於宋乙丑八月十五日辰時娶黃氏幼
習吏業禀性樂易遇事剛決有識每處公私咸稱其善
賦性忠厚謙尊益卑訓誨孤孫居仁由義晚景宜享安
恬奉菽水之歡豈期一疾弗瘳嗚呼痛哉歿之日實
元泰定丁卯十二月初二夜子時享年六十有三男二
人長禋早世幼禮娶馮氏女一人閔娘適劉元靜俱亡
孫男二人長明乙次聖弟女孫壬娘適同里李茂次真
祐辰妹俱幼奉柩于堂事亡如存寧忍遽葬勢有所不
然遂卜宅兆叶吉于邑長安鄉嘉會里松林坑其地坐
丑向未山水環秀福佑後人以己巳年九月初七日辛
酉歸窆葬期卒迫不果丐于大筆誌其墓輒銜哀自述
吾父死生歲月之大槩勒石以納諸幽云孤子羅禮泣
血謹書里人吳惟新填諱

250 故周孺人徐氏壙記

葬年：元天曆二年（1329年）十二月十四日丙申　尺寸：高88.7釐米，寬44.5釐米

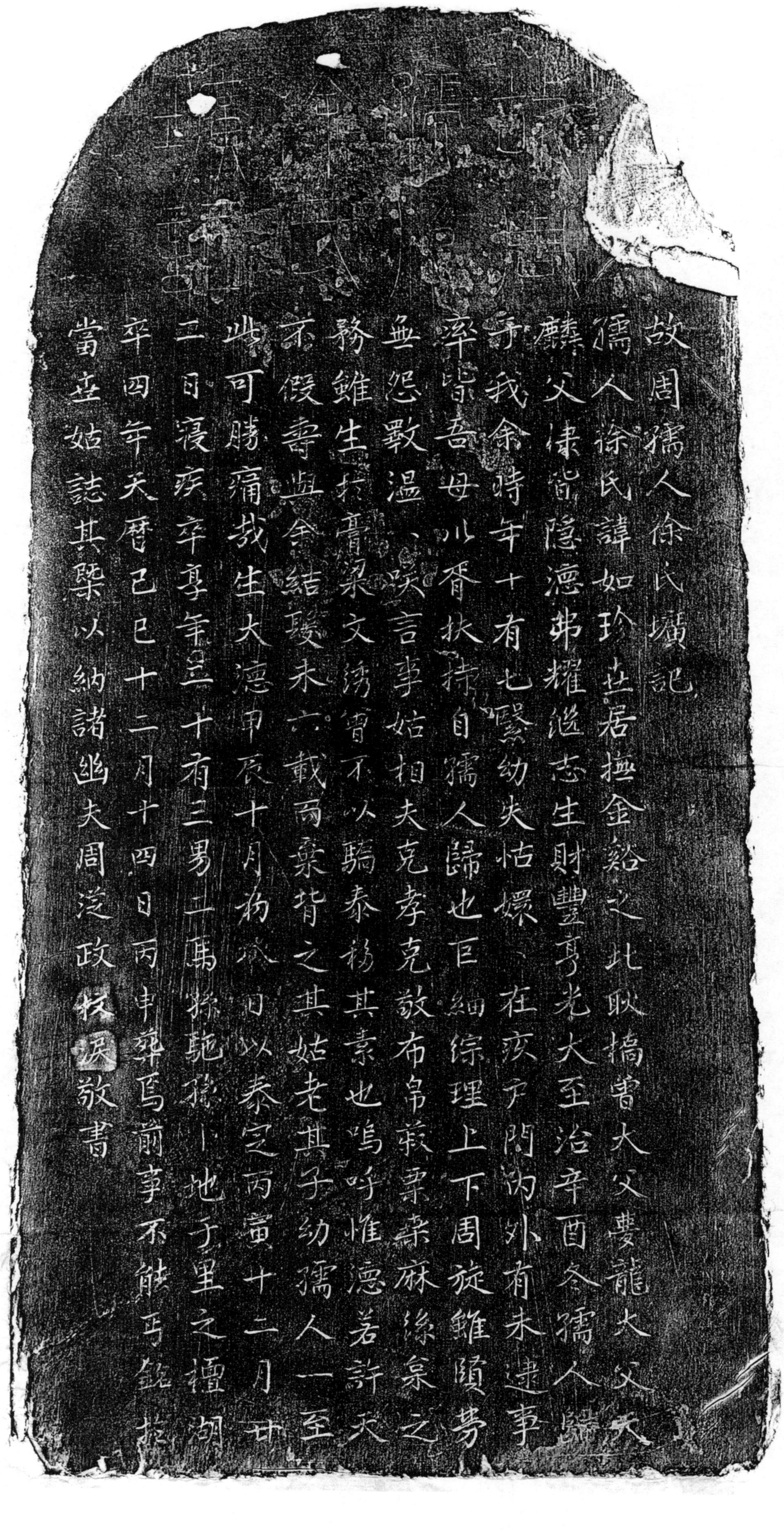
故周孺人徐氏壙記
孺人徐氏諱如玲世居撫金谿之北耿橋曾大父夔龍大父天
麟父棣皆隱德弗耀遜志生財豐亨光大至治辛酉冬孺人歸
于我余時年十有七繄幼失怙嫖、在疚戶門內外有未逮事
率皆吾母以晉扶持自孺人歸也巨細綜理上下周旋雖質勞
無怨歎溫、咲言事姑相夫克孝克敬布帛菽粟桑麻絲枲之
務雖生於膏粱文綉曾不以驕泰移其素也嗚呼惟德若許天
不假壽與余結髮未六載而棄背之其姑老其子幼孺人一至
此可勝痛哉生大德甲辰十月初八日以泰定丙寅十二月廿
二日寢疾卒享年二十有三男二禹孫駝孫卜地于里之檀湖
辛四年天曆己巳十二月十四日丙申葬焉前事不能再銘於
當世姑誌其槩以納諸幽夫周從政抆淚敬書

251 先妣毛氏孺人壙記

葬年：元至順元年（1330年）正月初八日　尺寸：高83釐米，寬42釐米

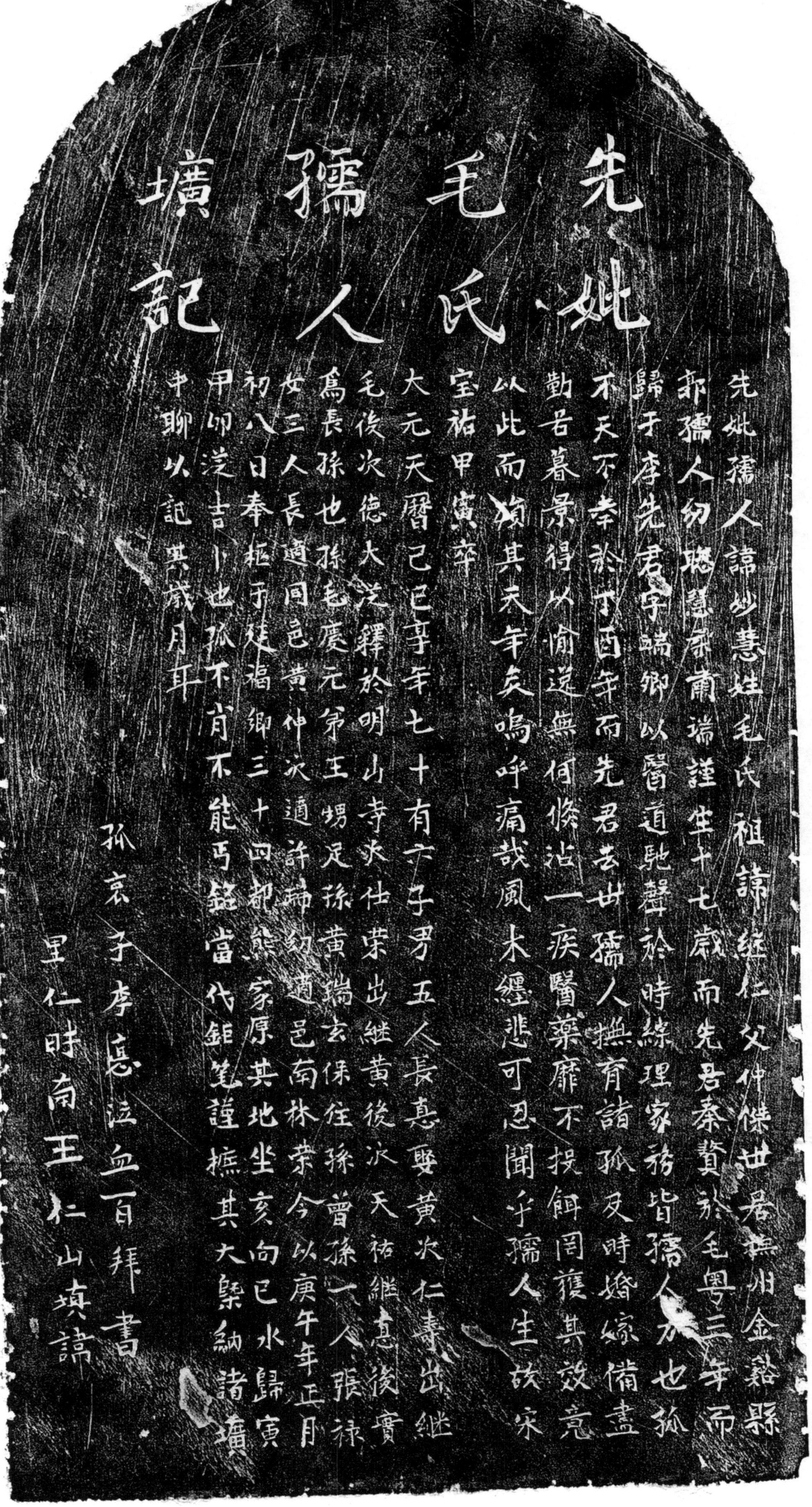

先妣毛氏孺人壙記

先妣孺人諱妙慧姓毛氏祖諱繼仁父仲傑世居撫州金谿縣
郭孺人幼聰慧柔肅端謹生十七歲而先君秦贅於毛閱三年而
歸于孝先君字端卿以醫道馳聲於時綜理家務皆孺人力也孤
不天不幸於丁酉年而先君去世孺人撫育諸孤及時婚嫁備盡
勤苦暮景得以愉逸無何倏治一疾醫藥靡不投餌罔獲其效竟
以此而殞其天年矣嗚呼痛哉夙夜纏悲可忍聞乎孺人生於宋
寶祐甲寅卒
大元天曆己巳享年七十有六子男五人長惠娶黃次仁壽出繼
毛後次德大從釋於明山寺次仕榮出繼黃後次天祐繼惠後實
爲長孫也孫毛慶元弟王甥足孫黃端玄保住孫曾孫一人張祿
女三人長適同邑黃仲次適許坊幼適邑南林榮今以庚午年正月
初八日奉柩于延福鄉三十四都熊家原其地坐亥向巳水歸寅
甲卯從吉卜也孤不肖不能丐銘當代鉅筆謹摭其大槩納諸壙
中聊以記其歲月耳

孤哀子孝惠泣血百拜書

里仁時南王仁山填諱

252 程氏墓誌

葬年：元元統二年（1334年）二月初二日庚申

尺寸：高52釐米，寬38釐米

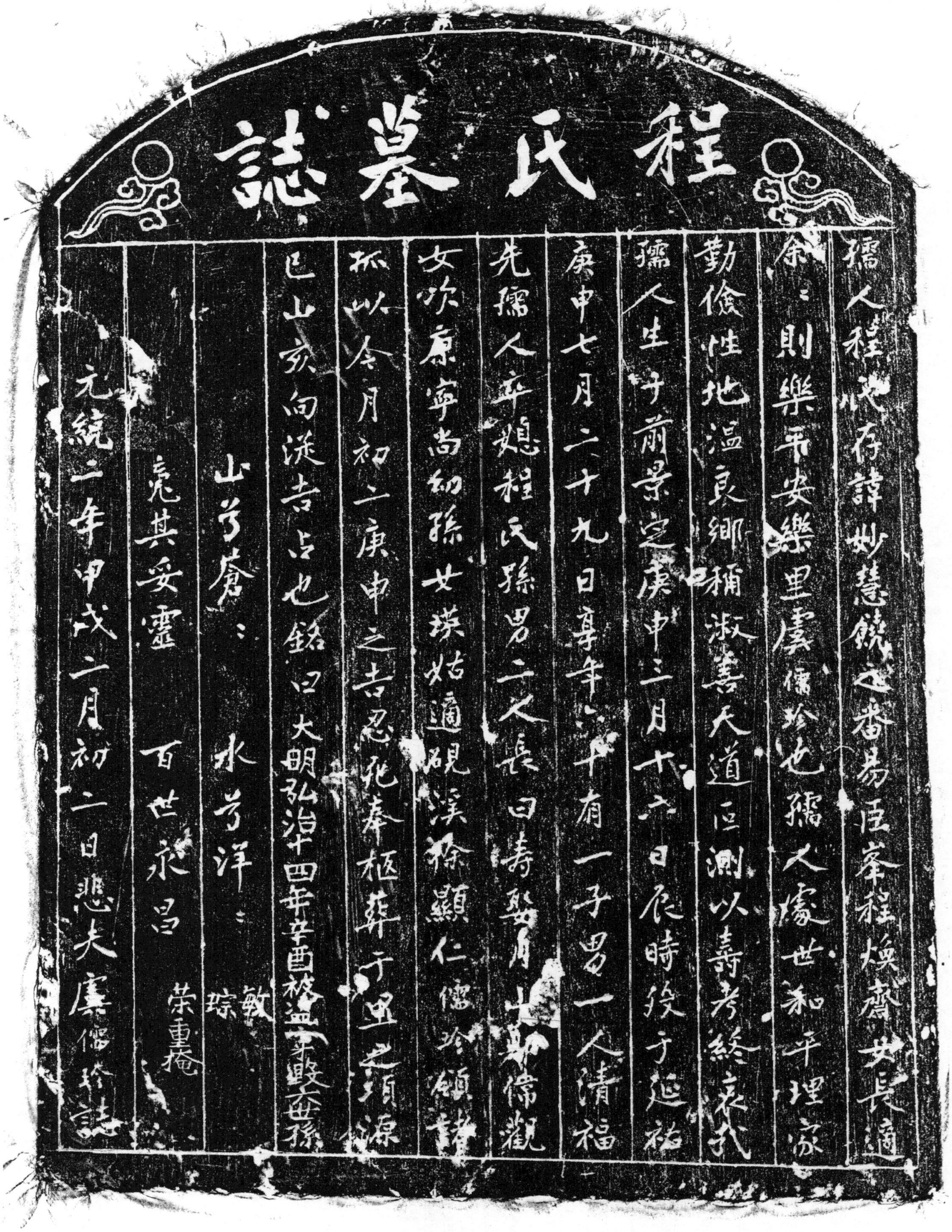
程氏墓誌
孺人程氏存諱妙慧饒之番易匡峯程煥齋女長適
余﹅則樂平安樂里虞儒珍也孺人處世和平理家
勤儉性地温良鄉稱淑善天道叵測以壽考終哀我
孺人生于前景定庚申三月十六日卒時歿于延祐
庚申七月二十九日享年六十有一子男一人清福
先孺人卒媳程氏孫男二人長曰壽娶月山鄭儒觀
女次康寧尚幼孫女瑛姑適硯溪徐顯仁儒珍領諸
孤以今月初二庚申之吉忍死奉柩葬于里之頭源
巳山亥向從吉占也銘曰大明弘治十四年辛酉移盜穿毀無孫
山兮蒼蒼 水兮洋洋 敏琮
亮其妥靈 百世永昌 榮重庵
元統二年甲戌二月初二日悲夫虞儒珍誌

253 先考可二宣教壙記

葬年：元元統二年（1334年）四月初四日　尺寸：高92釐米，寬45釐米

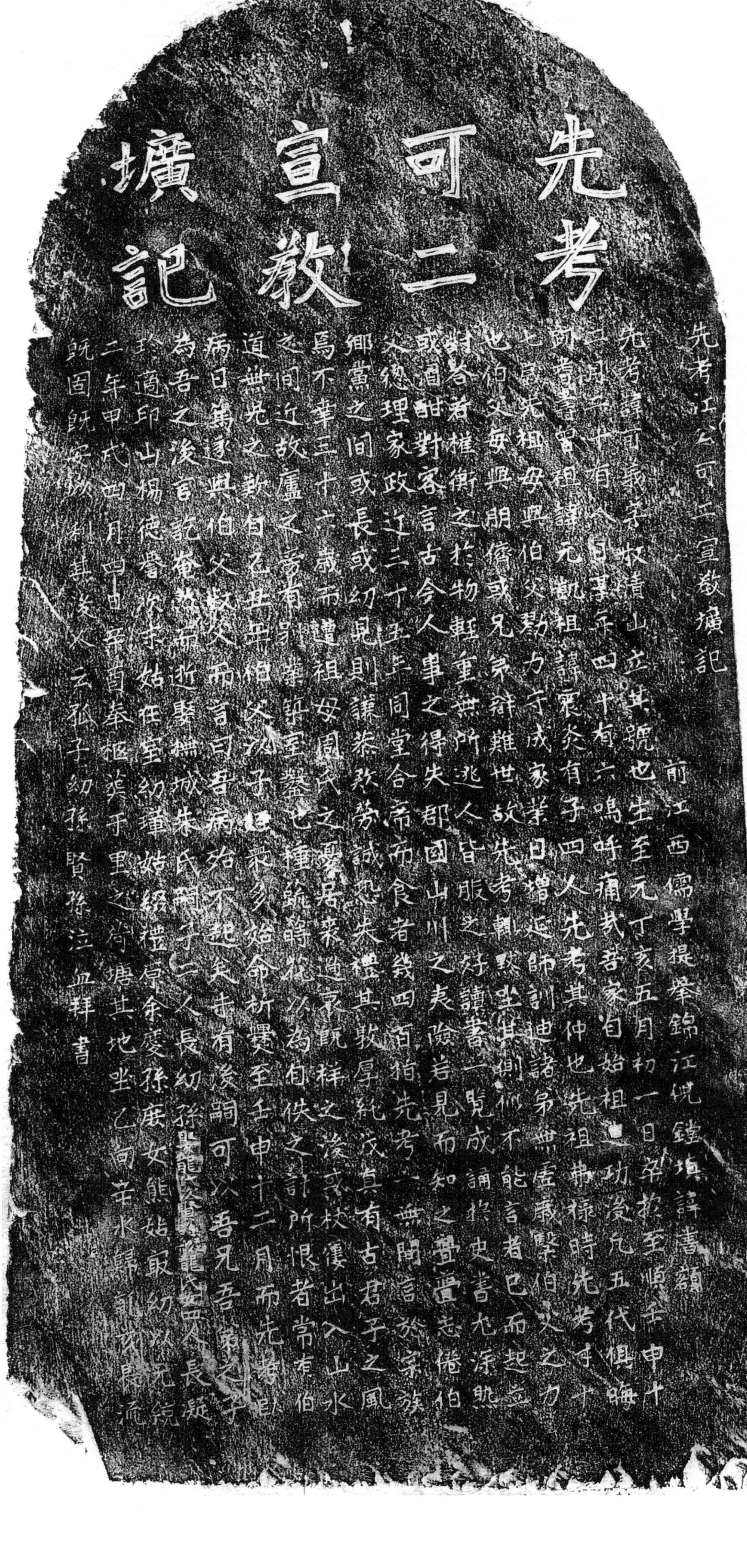
先考可二宣教壙記
先考江公可二宣教壙記

254 元故鎦母饒氏孺人壙記

葬年：元元統三年（後至元元年，1335年）十月十三日辛酉　尺寸：高85釐米，寬41.5釐米

255　德禪師墓誌銘

葬年：元後至元二年（1336年）九月初四日　尺寸：高85.5釐米，寬49.5釐米

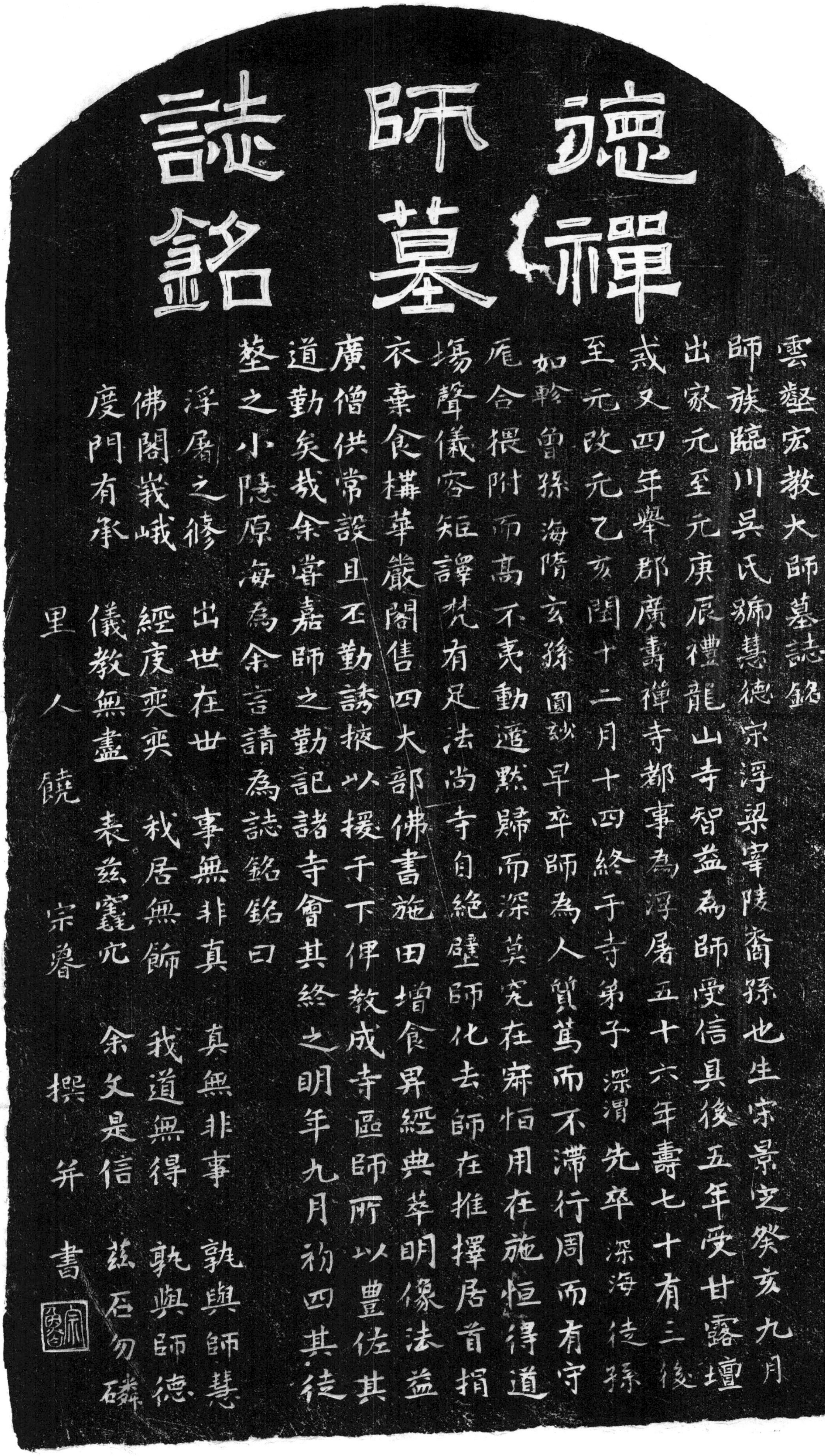

德禪師墓誌銘

雲壑宏教大師墓誌銘

師族臨川吳氏獅慧德宗浮梁寧陵裔孫也生宋景定癸亥九月出家元至元庚辰禮龍山寺智益爲師受信具後五年受甘露壇戒又四年舉郡廣壽禪寺都事爲浮屠五十六年壽七十有三後至元改元乙亥閏十二月十四終于寺弟子深渭先卒深海徒孫如軨曾孫海隨玄孫圓玅早卒師爲人質篤而不滯行周而有守庵合猥附而高不夷動適默歸而深莫究在寂恒用在施恒得道揚聲儀容矩譚梵有足法尚寺自絕壁師化去師在推擇居首捐衣棄食構華嚴閣售四大部佛書施田增食畀經典萃明像法益廣僧供常設且丕勤誘掖以援于下俾教成寺區師所以豊佐其道勤矣哉余嘗嘉師之勤記諸寺會其終之明年九月初四其徒塋之小陸原海爲余言請爲誌銘銘曰

浮屠之修　出世在世　事無非真　真無非事　孰與師慧

佛閣巍峨　經度奕奕　我居無飾　我道無得　孰與師德

度門有承　儀教無盡　表茲竁穴　余文是信　茲石勿磷

里人饒　宗魯　撰并書

256 先君吳公伯奇壙記

葬年：元後至元二年（1336年）十一月十八日庚申　尺寸：高51釐米，寬30.5釐米

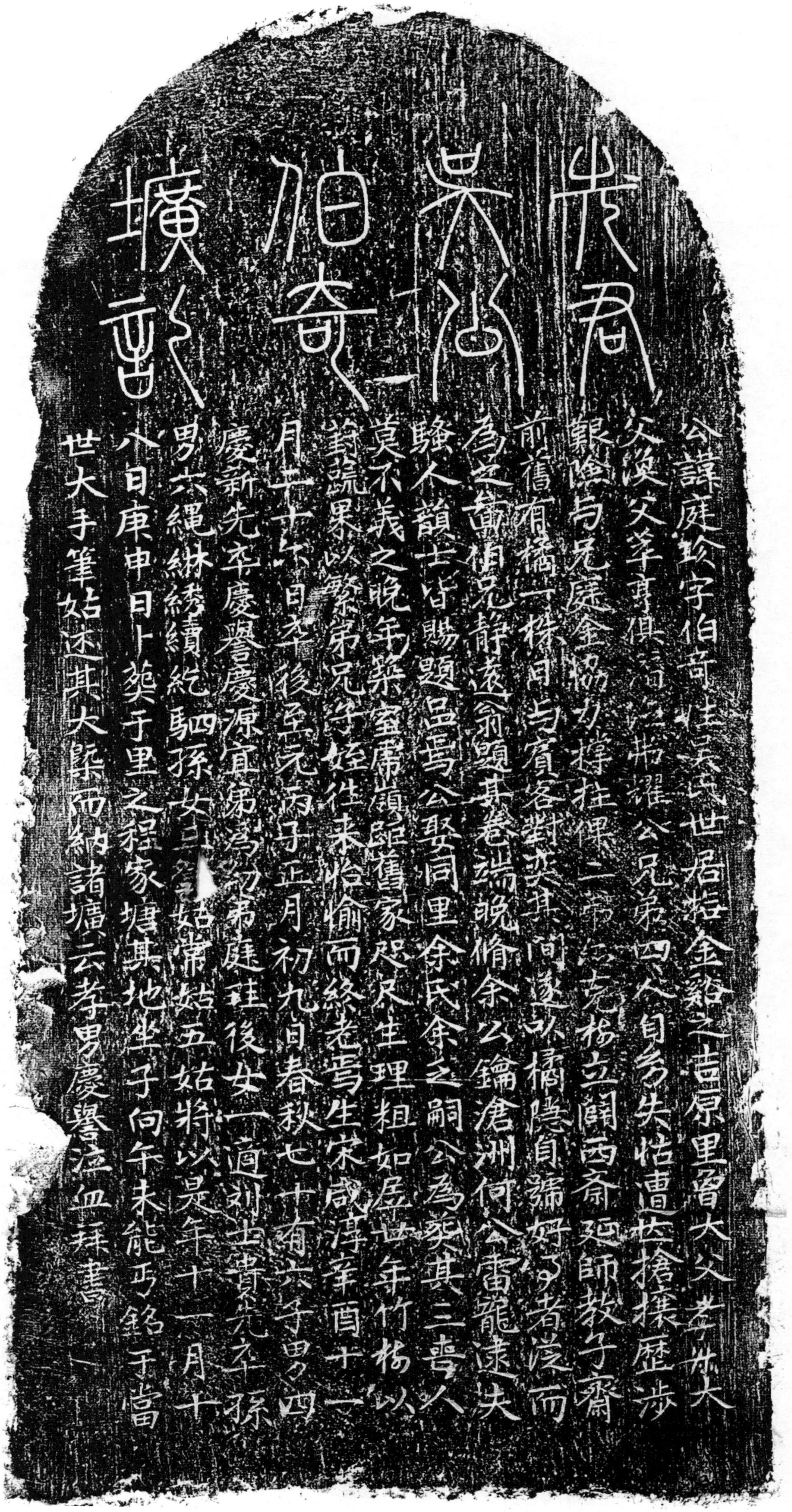
先君吳公伯奇壙記
公諱庭玠字伯奇姓吳氏世居始金谿之吉原里曾大父孝卅大
艱險與兄庭金協力撐拄
前舊有橘一株同與賓客對酌其間遂以橘隱自號好事者從而
為之賦伯兄靜遠翁題其卷端晚脩余公鑰滄洲何公雷龍遠夫
騷人韻士皆賜題品焉公娶同里余氏余之嗣公為葬其三喪人
莫不義之晚年築室屏領距舊家咫尺生理粗如居
蒔蔬果以樂弟兄子姪往來怡愉而終老焉生宋咸淳辛酉十一
月
慶新先卒慶譽慶源宜弟為幼弟庭珪後女一適刘士貴先卒孫
男六繩綝綉續紀駟
八日庚申日卜葬于里之程家塘其地坐子向午未能丐銘于當
世大手筆姑述其大槩而納諸壙云孝男慶譽泣血拜書

257 游静慧墓誌

葬年：元後至元二年（1336年）十一月二十日

尺寸：高61.2釐米，寬41.3釐米

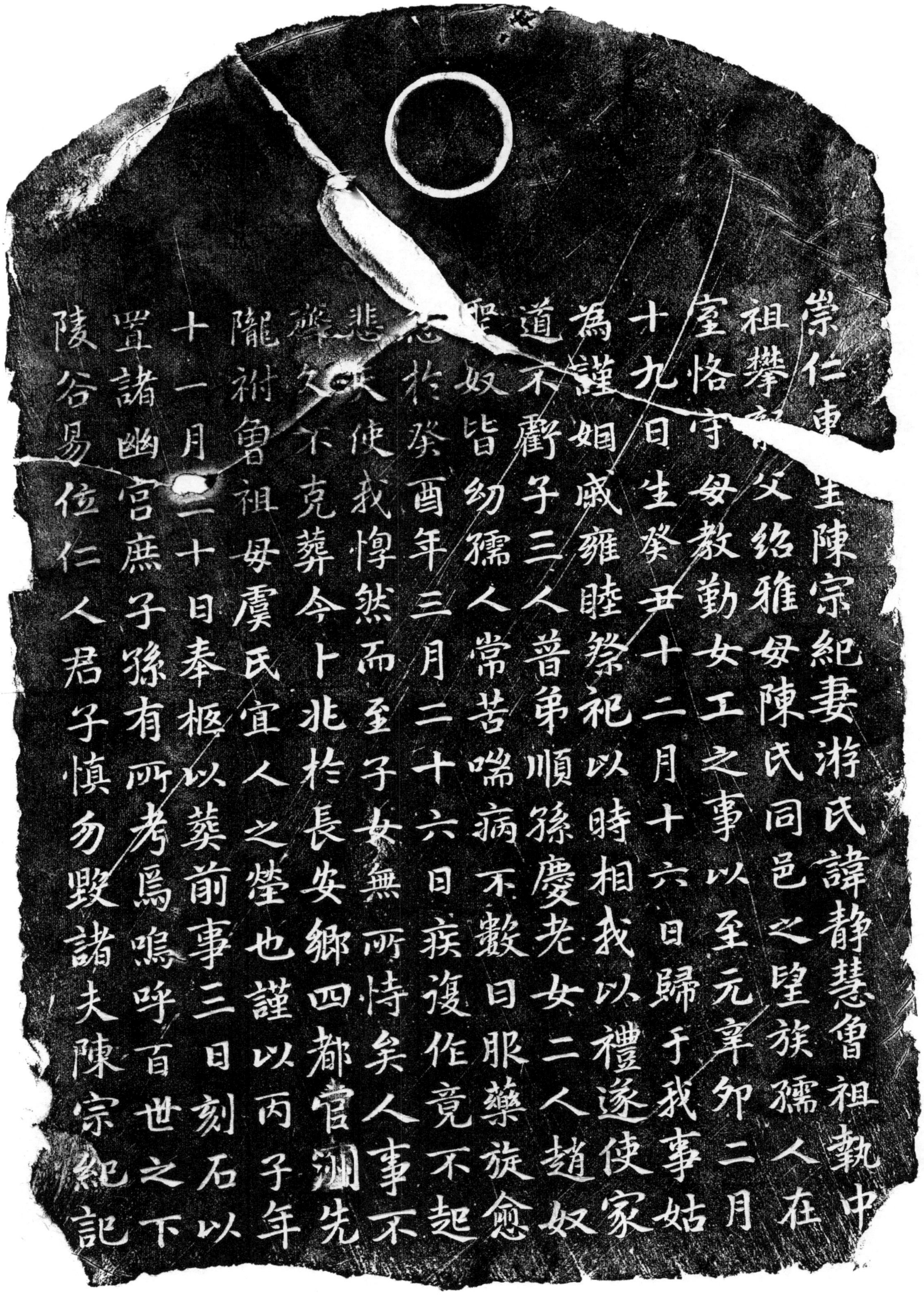

崇仁東[illegible]陳宗紀妻游氏諱靜慧曾祖執中
祖攀[illegible]父紹雅母陳氏同邑之望族孺人在
室恪守母教勤女工之事以至元辛卯二月
十九日生癸丑十二月十六日歸于我事姑
為謹姻戚雍睦祭祀以時相我以禮遂使家
道不虧子三人普弟順孫慶老女二人趙奴
聖奴皆幼孺人常苦喘病不數日服藥旋愈
忽於癸酉年三月二十六日疾復作竟不起
悲夫使我惸然而至子女無所恃矣人事不
齊久不克葬今卜兆於長安鄉四都官洲先
隴祔曾祖母虞氏宜人之塋也謹以丙子年
十一月二十日奉柩以葬前事三日刻石以
置諸幽宮庶子孫有所考焉嗚呼百世之下
陵谷易位仁人君子慎勿毀諸夫陳宗紀記

258 任公碑

葬年：元後至元三年（1337年）正月二十日辛酉

尺寸：高66釐米，寬37.5釐米

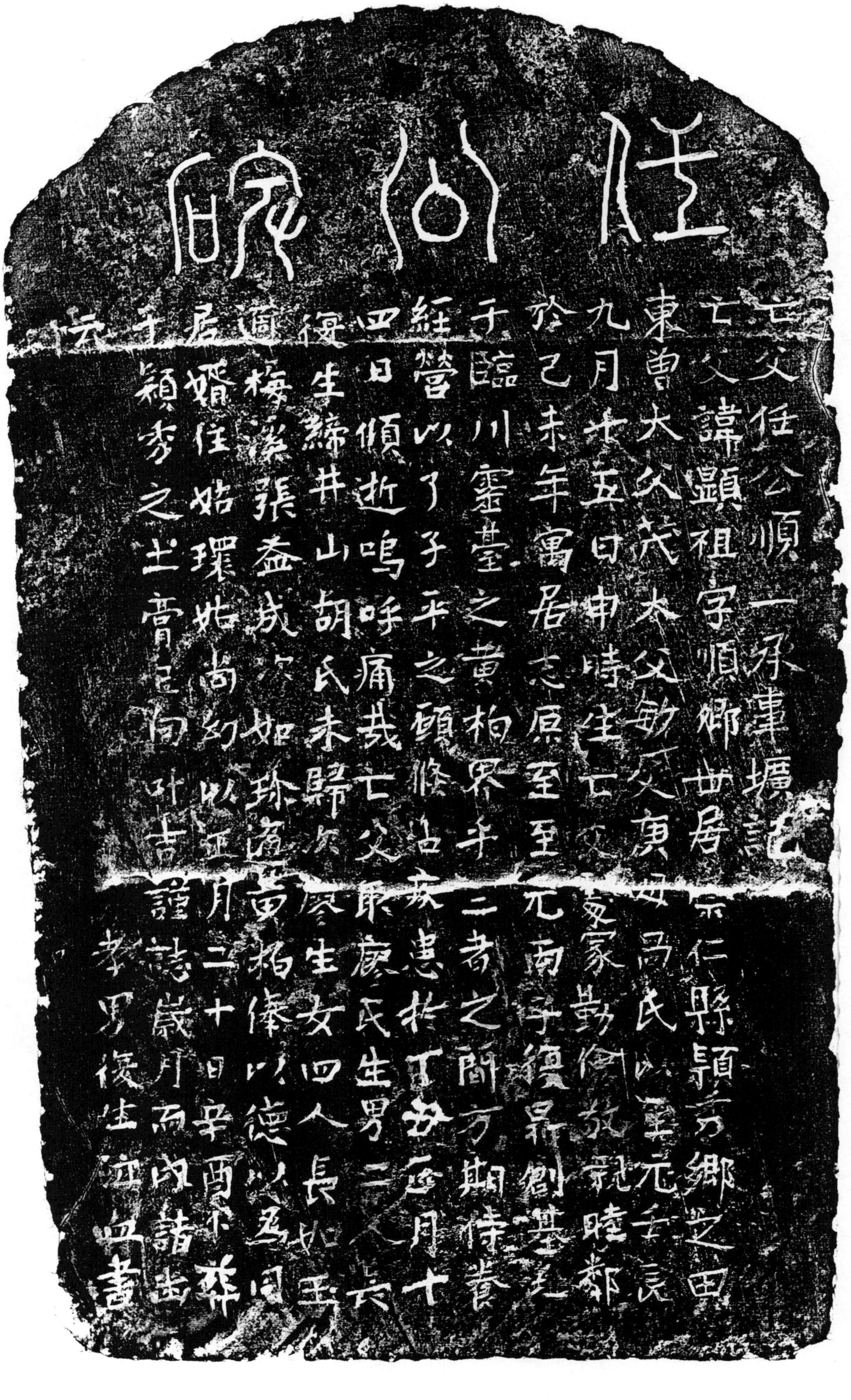

任公碑

亡父任公順一承事壙記

亡父諱顯祖字順卿世居宗仁縣穎秀鄉芝田東曾大父茂太父敏父庚母馮氏以至元壬辰九月廿五日申時生亡父安家勤儉教親睦鄰於己未年寓居志原至至元丙子德昇創基立于臨川靈臺之黃柏界平二者之間方期侍養經營以了子平之願倏忽疾患於丁丑正月十四日傾逝嗚呼痛哉亡父娶康氏生男二人長從生締井山胡氏未歸次廖生女四人長如玉適梅溪張番成次如珍適黃柏傑以德以為同居婿任姑環姑尚幼以正月二十日辛酉卜葬于穎秀之土膏已向叶吉謹誌歲月而納諸幽云

孝男後生泣血書

259 先君東窗朝奉墓誌

葬年：元後至元三年（1337年）九月十九日丙辰　尺寸：高75.4釐米，寬55.6釐米

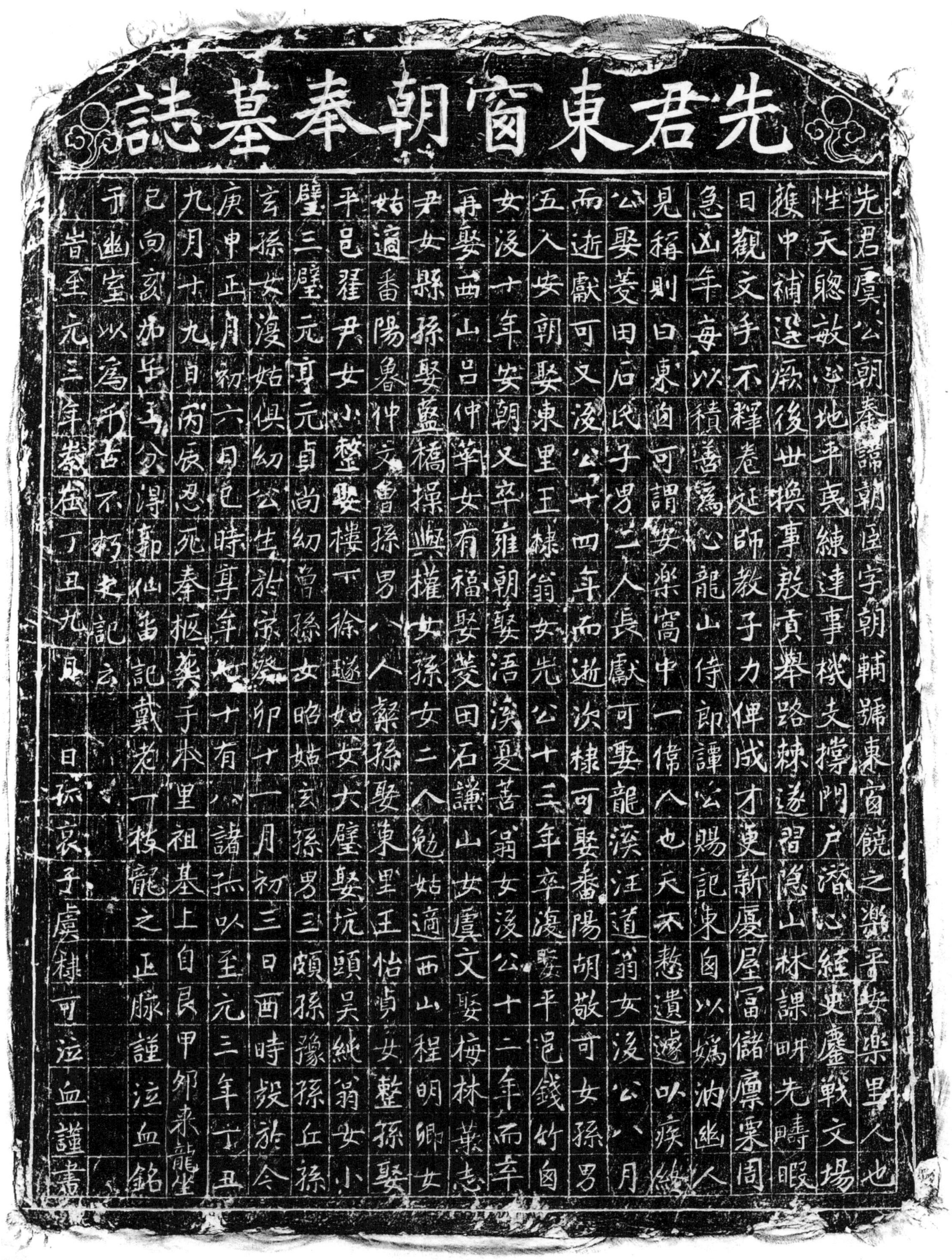

先君東窗朝奉墓誌

先君虞公朝奉諱朝臣字朝輔號東窗饒之樂平安樂里人也
性天聰敏心地平夷練達事機支撐門戶潛心經史鏖戰文場
獲中補選厥後世換事殼貢舉路棘遂習隱山林課畊先疇暇
日觀文手不釋卷延師教子力俾成才更新慶屋富儲廩粟周
急凶年每以積善爲心龍山侍郎譚公賜記東窗以嫣納幽人
見稱則曰東窗可謂安樂窩中一偉人也天不憖遺遽以疾終
公娶菱田石氏子男二人長獻可娶龍溪汪道翁女後公八月
而逝獻可又後公十四年而逝次棣可娶番陽胡敬可女孫男
五人安朝娶東里王棣翁女先公十三年卒復娶平邑錢竹窗
女後十年安朝又卒雍朝娶浯溪夏菖翁女後公十二年而卒
再娶西山呂仲華女有福娶菱田石讓山女虞文娶梅林葉志
尹女縣孫娶藍橋操與權女孫女二人勉姑適西山程明卿女
姑適番陽魯仲文曾孫男八人繇孫娶東里王怡貞女整孫娶
平邑瞿尹女小整娶樓下徐璲如女大壁娶坑頭吳純翁女小
壁三壁元亨元貞尚幼曾孫女昭姑玄孫男三頤孫豫孫丘孫
玄孫女復姑俱幼公生於宋癸卯十一月初三日酉時歿於今
庚申正月初六日巳時享年七十有八諸孤以至元三年丁丑
九月十九日丙辰忍死奉柩葬于本里祖基上自艮甲卯來龍坐
巳向亥加壬丙分得郭仙翁記載老一枝龍之正脈謹泣血銘
于幽室以爲千古不朽之記云
旹至元三年歲在丁丑九月　日孤哀子虞棣可泣血謹書

260 先考阮公尹軒壙誌

葬年：元後至元三年（1337年）十月初七日癸酉　尺寸：高66.5釐米，寬33.5釐米

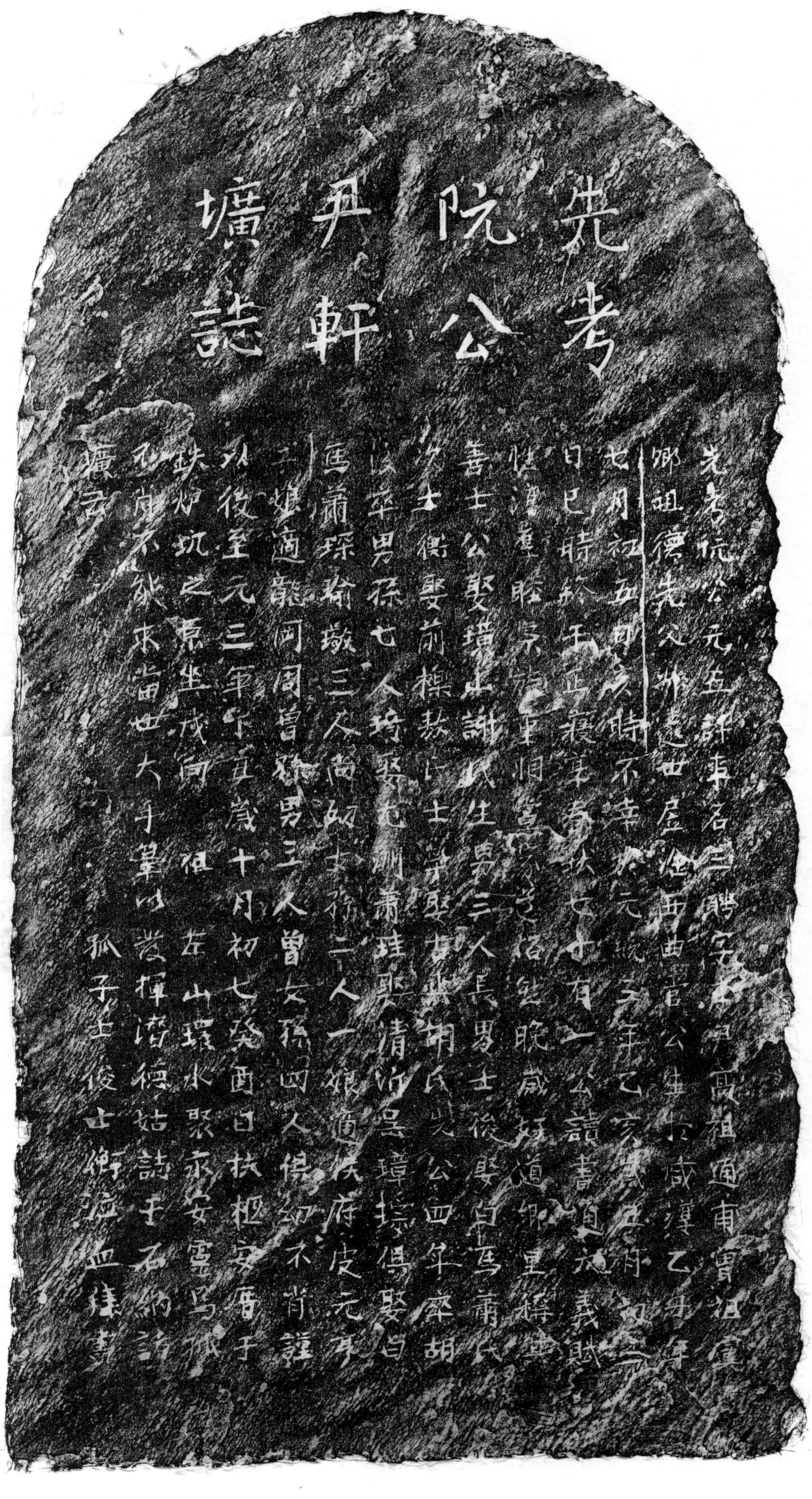
先考阮公尹軒壙誌

261 故謝母黃氏道姑壙記

葬年：元後至元四年（1338年）二月十九日甲申　尺寸：高52.5釐米，寬26.5釐米

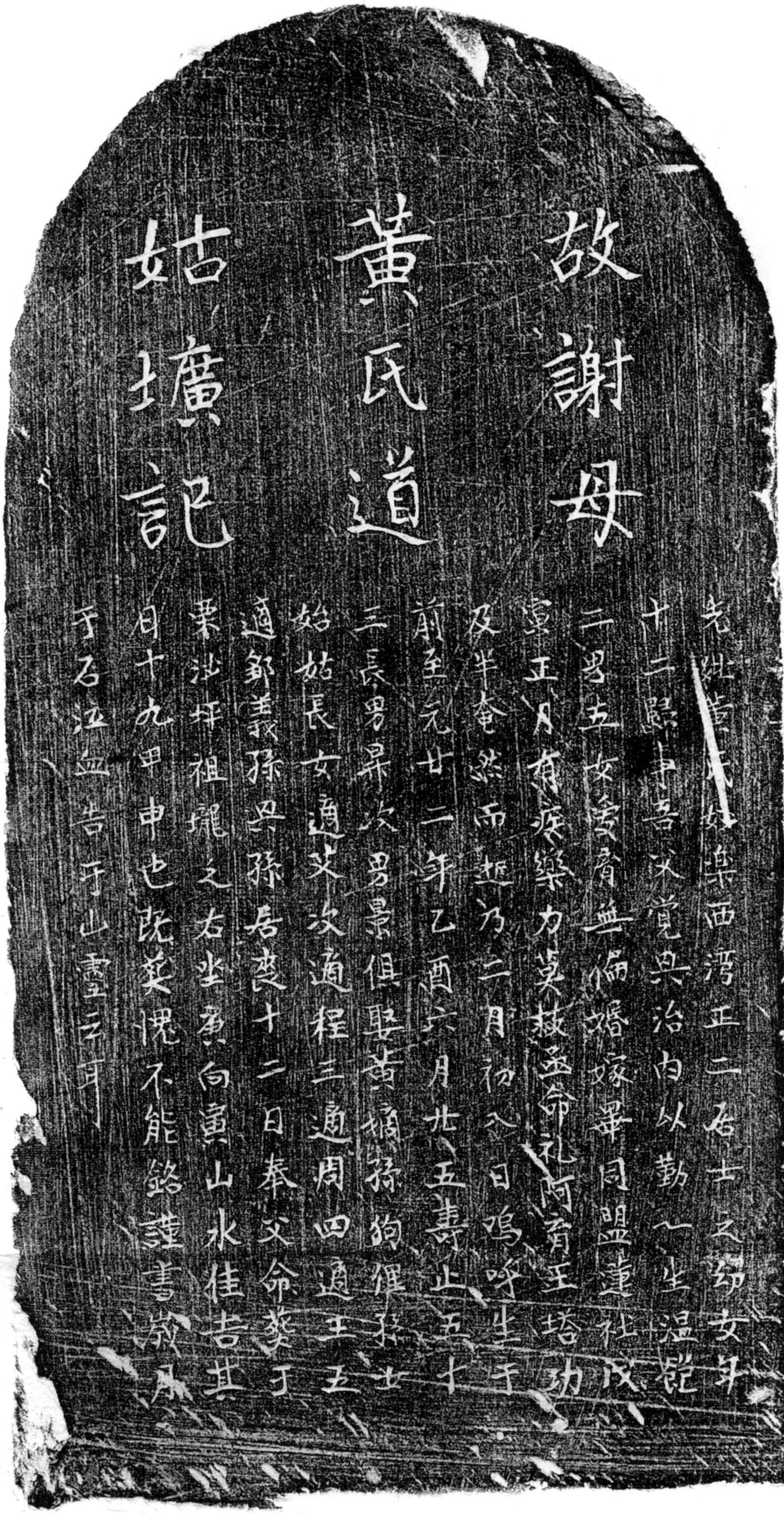

故謝母黃氏道姑壙記

先妣黃氏妙樂西灣正二居士之幼女年
十二歸中書汝覺共治內以勤一生温能
二男五女愛育無偏婚嫁畢同盟蓮社戊
寅正月有疾藥力莫救孟命礼阿育王塔功
及半奄然而逝乃二月初八日嗚呼生于
前至元廿二年乙酉六月廿五壽止五十
三長男昇次男景俱娶黃媳孫狗俚孫女
始姑長女適艾次適程三適周四適王五
適鄒義孫興孫居喪十二日奉父命葬于
栗溪坪祖塊之右坐庚向寅山水佳吉其
日十九甲申也既葬愧不能銘謹書歲月
于石泣血告于山靈云耳

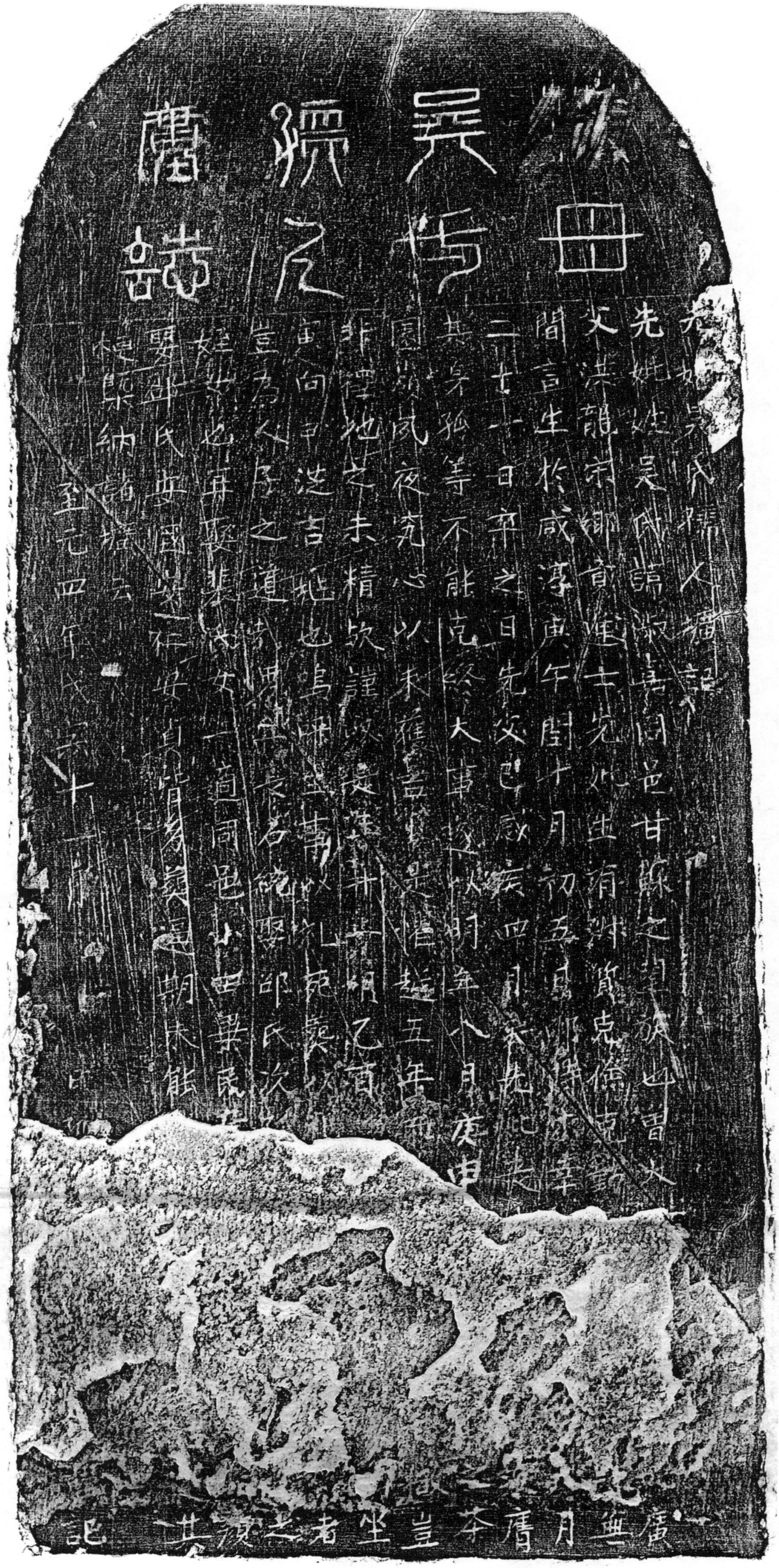

262 故母吴氏孺人壙誌

葬年：元後至元四年（1338年）十一月　尺寸：高68釐米，寬32.5釐米

263 李公之墓記

葬年：元後至元五年（1339年）六月十六日壬辰　尺寸：高42.7釐米，寬33.4釐米

李公之墓記

264 余公桂可宣教壙記

葬年：元後至元五年（1339年）七月二十七日甲申　尺寸：高62釐米，寬33.8釐米

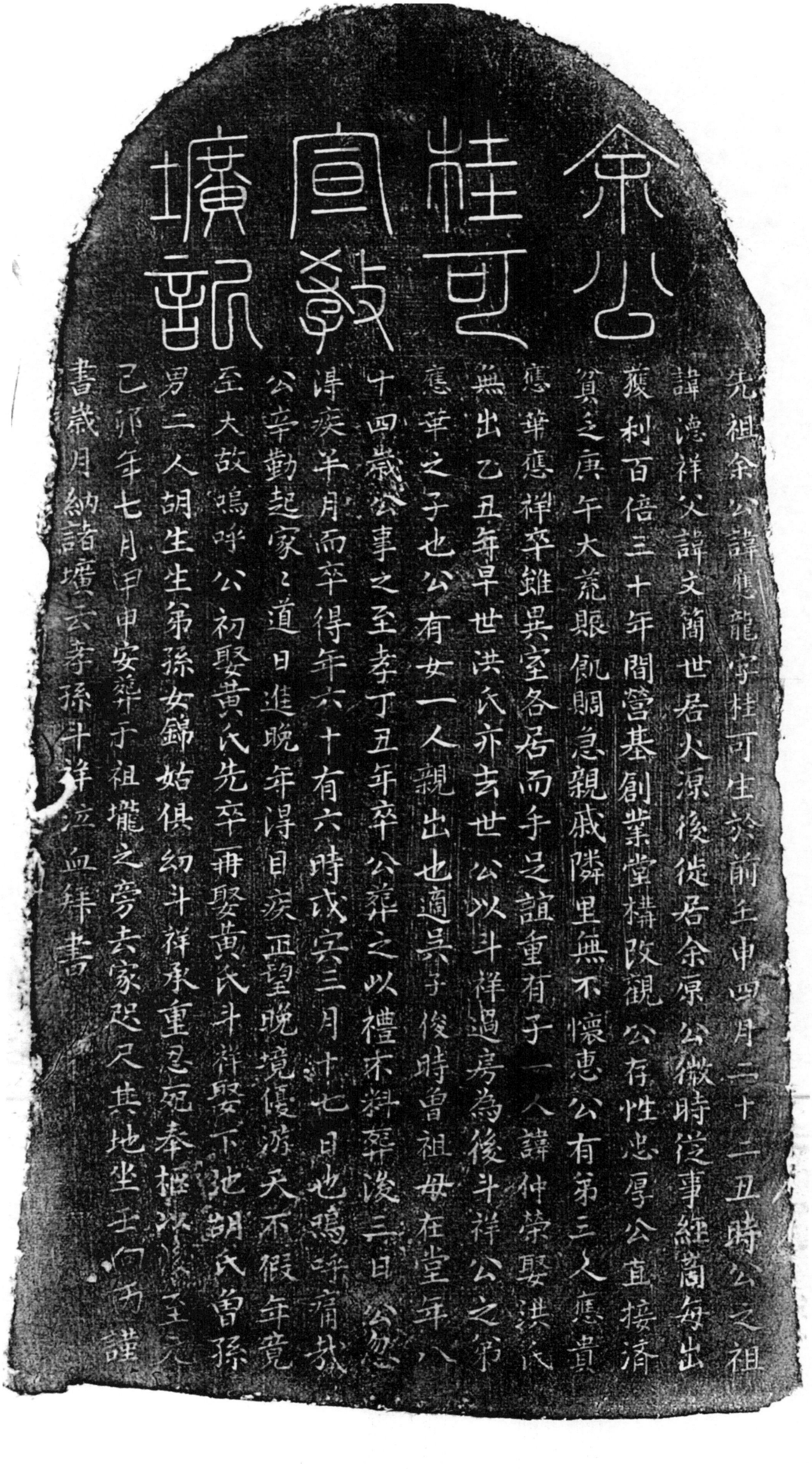
余公桂可宣教壙記
先祖余公諱應龍字桂可生於前壬申四月二十二丑時公之祖
諱德祥父諱文簡世居大源後徙居余原公微時從事經商每出
獲利百倍三十年間營基創業堂構改觀公存性忠厚公直接濟
貧之庚午大荒賑飢賙急親戚隣里無不懷惠公有弟三人應貴
應華應祥卒雖異室各居而手足誼重有子一人諱仲榮娶洪氏
無出乙丑年早世洪氏亦去世公以斗祥過房為後斗祥公之弟
應華之子也公有女一人親出也適吳子俊時曾祖母在堂年八
十四歲公事之至孝丁丑年卒公葬之以禮不料葬後三日公忽
得疾半月而卒得年六十有六時戊寅三月廿七日也嗚呼痛哉
公辛勤起家之道日進晚年得目疾正望晚境優游天不假年竟
至大故嗚呼公初娶黃氏先卒再娶黃氏斗祥娶下池胡氏曾孫
男二人胡生生弟孫女錦姑俱幼斗祥承重忍死奉柩以後至元
己卯年七月甲申安葬于祖壠之旁去家咫尺其地坐壬向丙謹
書歲月納諸壙云孝孫斗祥泣血拜書

265 黃君德可壙記

葬年：元後至元五年（1339年）八月十六日壬寅　尺寸：高67釐米，寬33釐米

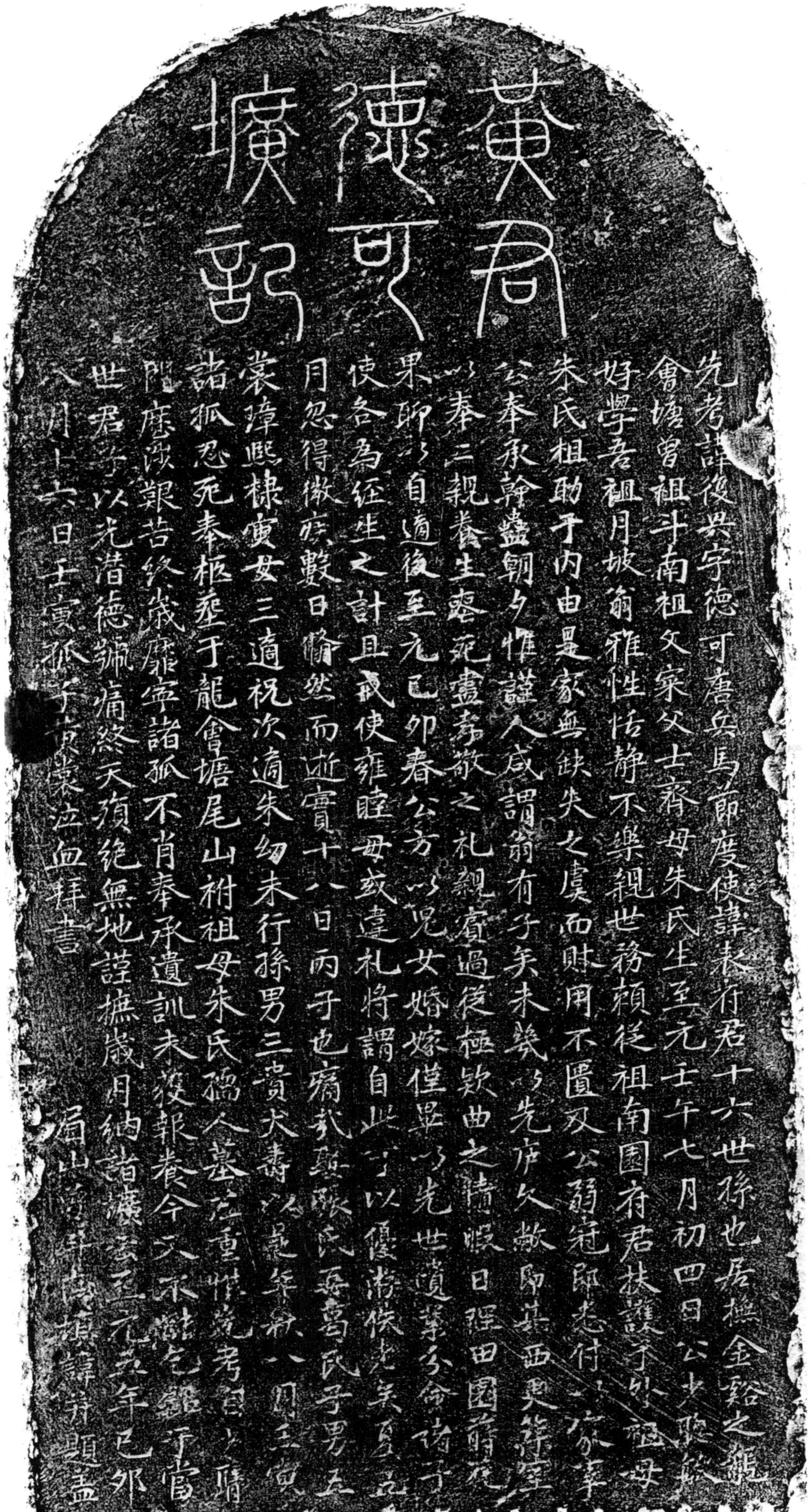

黃君德可壙記

266　瑞雲堂

葬年：元後至元五年（1339年）十二月二十二日　尺寸：高110.5釐米，寬41釐米

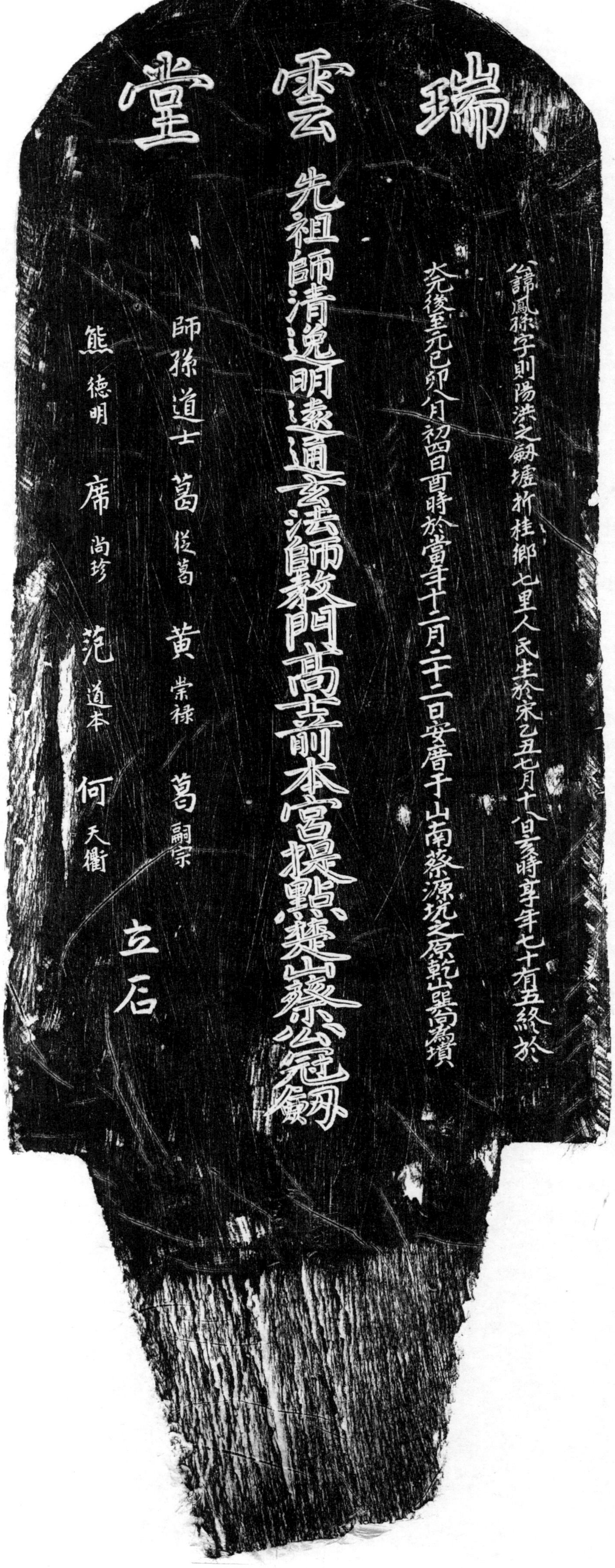
瑞雲堂
公諱鳳孫字則陽洪之劒壢祈桂鄉七里人氏生於宋乙丑七月十八日亥時享年七十有五終於
大元後至元己卯八月初四日酉時於當年十二月二十二日安厝于山南蔡源坑之原乾山巽向爲墳
先祖師清逸明遠通玄法師教門高士前本宮提點楚巖蔡公冠劍
師孫道士　葛從葛　黃崇祿　葛嗣宗
熊德明　席尚珍　范道本　何天衢
立石

故鄒公次山居士壙記

葬年：元後至元六年（1340年）八月初九日庚寅　尺寸：高73.5釐米，寬43.7釐米

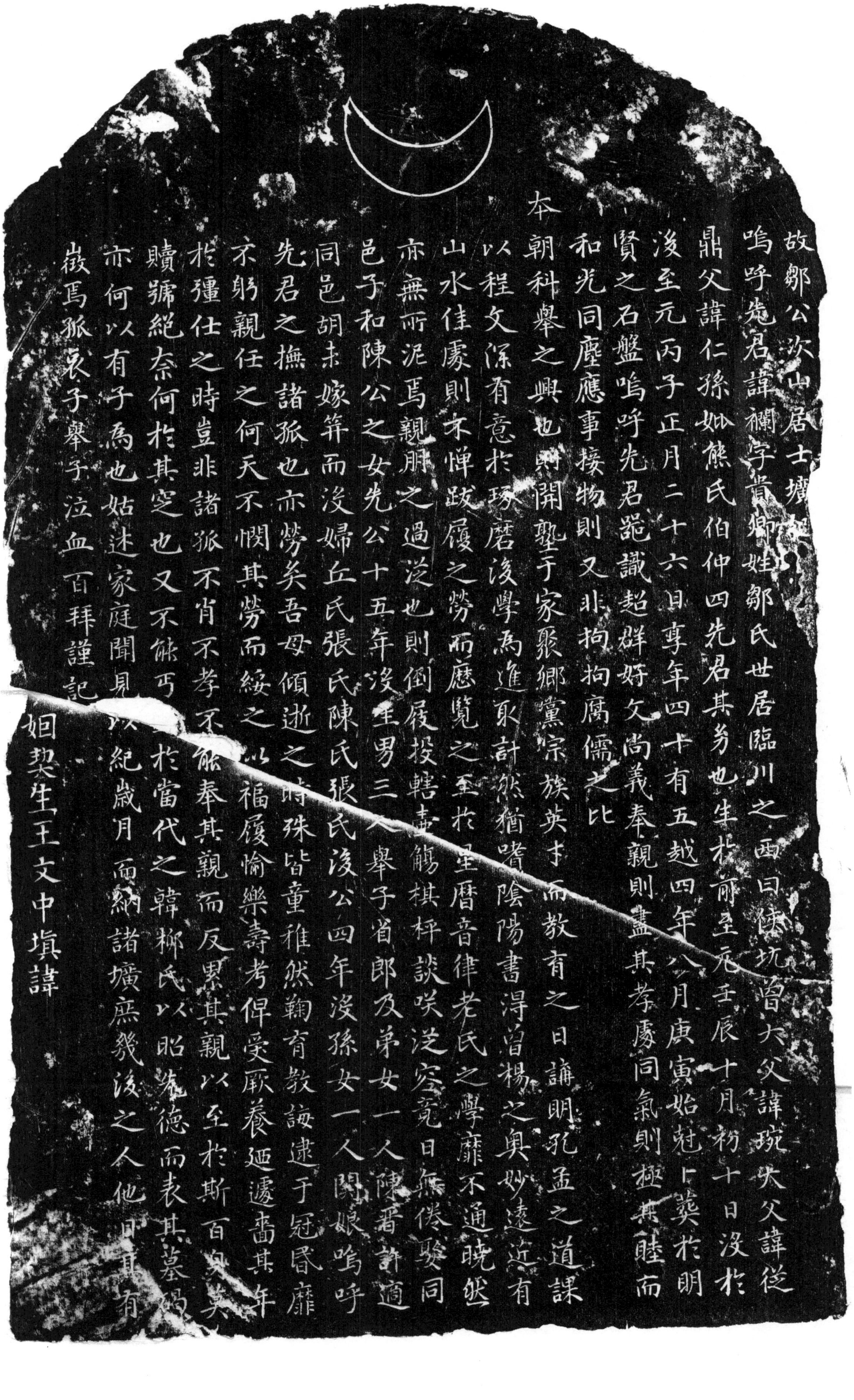

故鄒公次山居士壙記
嗚呼先君諱禰字貴卿姓鄒氏世居臨川之西曰陂坑曾大父諱琬大父諱從
鼎父諱仁孫妣熊氏伯仲四先君其芻也生於前至元壬辰十月初十日沒於
後至元丙子正月二十六日享年四十有五越四年八月庚寅始尅卜葬於明
賢之石盤嗚呼先君䯀識超群好文尚義奉親則盡其孝處同氣則極其睦而
和光同塵應事接物則又非拘拘腐儒之比
本朝科舉之興也則開塾于家聚鄉黨宗族英才而教育之曰誦明孔孟之道課
以程文深有意於琢磨後學為進取計然猶嗜陰陽書得曾楊之奧妙遠近有
山水佳處則不憚跋履之勞而歷覽之至於星曆音律老氏之學靡不通曉然
亦無所泥焉親朋之過從也則倒屣投轄壺觴棋枰談笑從容竟日無倦娶同
邑子和陳公之女先公十五年沒生男三人舉子省郎及弟女一人陳番許適
同邑胡未嫁笄而沒婦丘氏張氏陳氏張氏後公四年沒孫女一人閨娘嗚呼
先君之撫諸孤也亦勞矣吾母傾逝之時殊皆童稚然鞠育教誨逮于冠昏靡
不躬親任之何天不憫其勞而綏之以福履愉樂壽考俾受厥養延遽奄其年
於彊仕之時豈非諸孤不肖不孝不能奉其親而反累其親以至於斯百身莫
贖號絕奈何於其窆也又不能丐於當代之韓柳氏以昭雄德而表其墓碣
亦何以有子為也姑述家庭聞見以紀歲月而納諸壙庶幾後之人他日其有
徵焉孤哀子舉子泣血百拜謹記
姻契生王文中填諱

268 玉振胡氏壙記

葬年：元後至元六年（1340年）十二月初六日

尺寸：高56釐米，寬29釐米

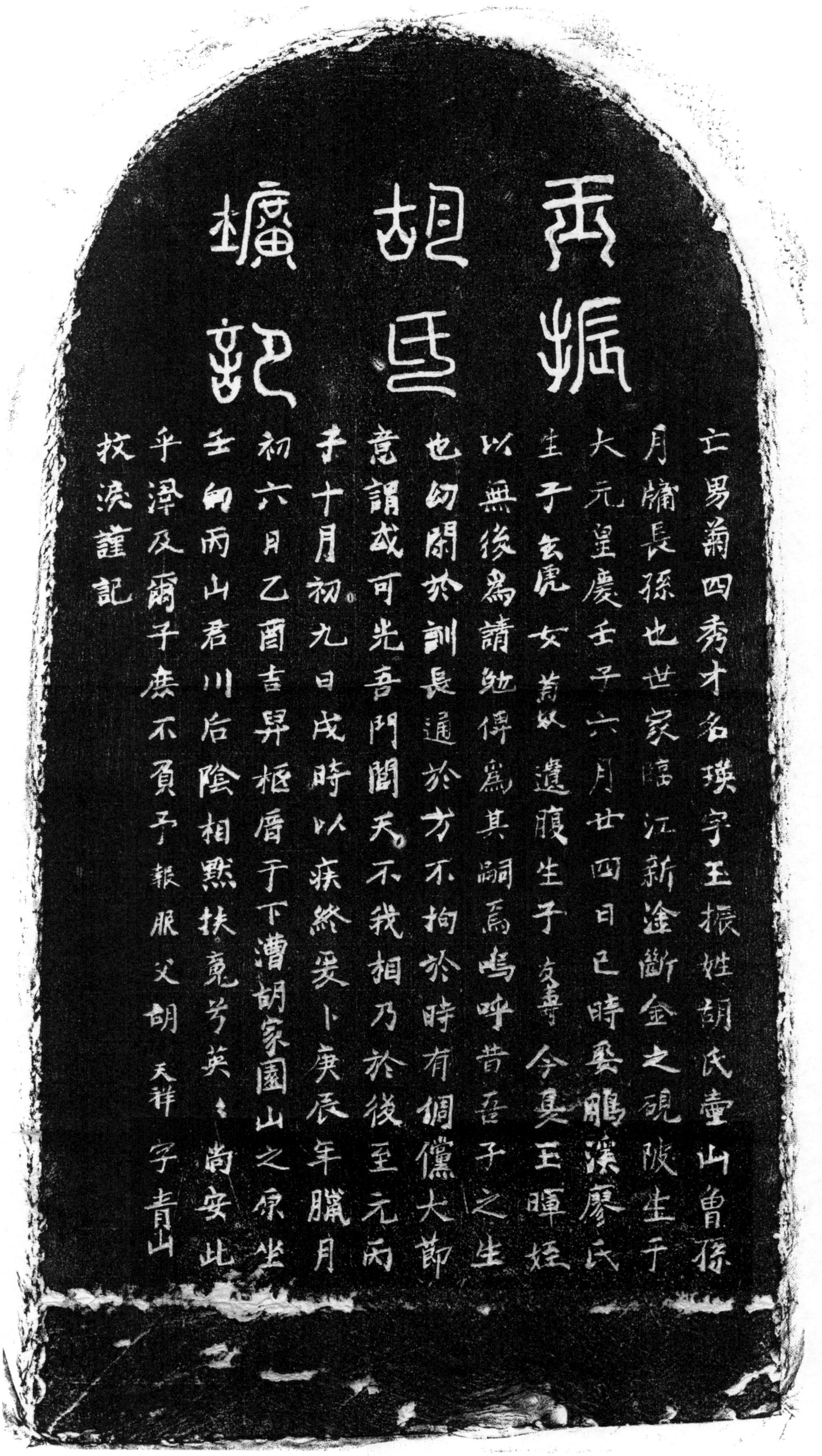

玉振胡氏壙記

亡男蕭四秀才名瑛字玉振姓胡氏壹山曾孫
月牖長孫也世家臨江新淦斷金之硯陂生于
大元皇慶壬子六月廿四日巳時娶鵰溪廖氏
生子玄虎女蕭奴遺腹生子友壽今娶王暉姪
以無後爲請勉俾爲其嗣焉嗚呼昔吾子之生
也幼閑於訓長通於方不拘於時有倜儻大節
意謂成可光吾門閭天不我相乃於後至元丙
子十月初九日戌時以疾終爰卜庚辰年臘月
初六日乙酉吉舁柩厝于下漕胡家園山之原坐
壬向丙山君川后陰相默扶蒐芳英々尚安此
乎滓及爾子庶不負予報服父胡天祥字青山
抆淚謹記

269 故室吴氏夫人壙記

葬年：元至正元年（1341年）二月初八日　尺寸：高61.5釐米，寬31.3釐米

270 先考真乙承事墓記

葬年：元至正元年（1341年）十月十七日　尺寸：高84釐米，寬45釐米

先考真乙承事墓記

維先考姓付氏諱景聰世居臨川城北長樂金井源也曾祖祖父
隱居田里母付氏所生也稟性質実不尚浮靡父兄早喪事母盡
孝友愛弟姪和睦親隣以斉家政服田力穡克儉克勤於是家肥
屋潤廣立産業一新輪奐晃玉分析心上經綸井井有理至於男
女婚嫁事畢里推賢能遂舉為一社之長庚午乙年官府賑濟飢
民受惠咸頌父德政期父壽同椿萱水之養偶膺疾疾堅在膏肓
仙佛莫灵巫醫束手告天割股厥疾弗瘳竟成長夜之嘆嗚呼痛
哉父生于前癸酉八月二十六日寅時卒於今辛巳二月二十九
日享春秋六十有八娶黎氏生男三長仲琪妻鄧氏次仲琳妻万
氏幼仲琭妻吴氏女二長一娘適同里游仁勝次二娘適進邑梅
必禮孫男八祖勝虎俚弟俚壽俚武狗將俚馬狗善俚孫女四皁
岵瘼姑壽妹五娘以是年十月十七日辛酉奉柩厝于旧居東北
祖壠之内玄家半里坐乾向巽水秀山明亡寬安妥子孫繩繩春
秋祭祀與享尔神謂予不信勒石以盟謹記
至正元年十月　日　孤子　傳　仲琪等泣血上石

271 先妣翁氏孺人墓誌

葬年：元至正元年（1341年）十二月十七日庚申　尺寸：高59釐米，寬43.5釐米

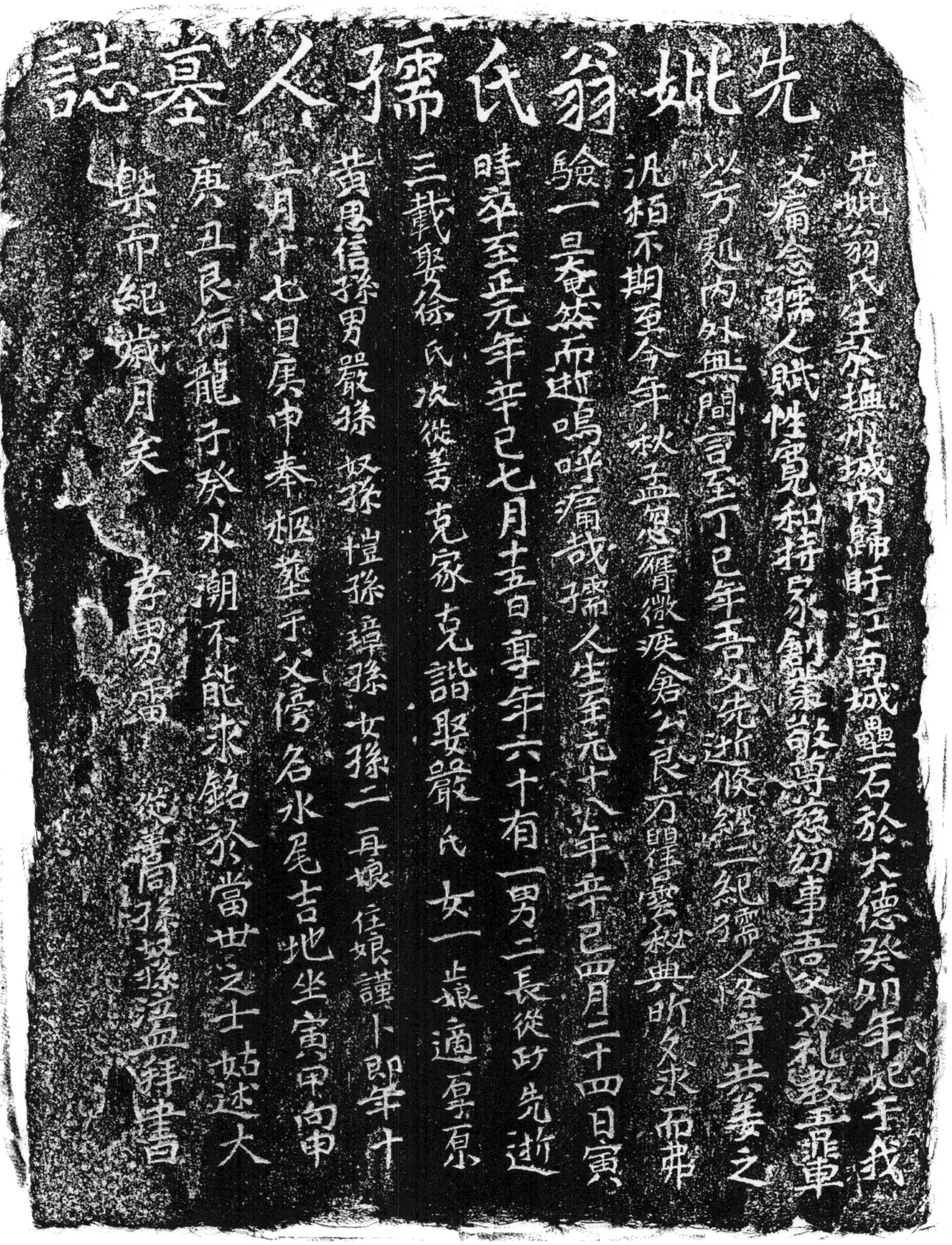

先妣翁氏孺人墓誌

先妣翁氏生於撫州城内歸盱江南城豐石於大德癸卯年妃于我
父痛念孺人賦性寬和持家創業敬尊慈幼事舅姑以禮教[illegible]單
以方勉内外無間言至丁巳年吾父先逝後經二紀孺人修守共姜之
汎栢不期至今年秋季忽膺微疾倉公良方瞿曇秘典昕夕求而弗
驗一旦奄然而逝嗚呼痛哉孺人生至元十八年辛巳四月二十四日寅
時卒至正元年辛巳七月十五日享年六十有一男二長從玠先逝
三載娶徐氏次從善克家克諧娶嚴氏女一歳娘適辜原
黄思信孫男嚴孫　奴孫　愷孫　璋孫　女孫二　再娘　任娘　謹卜即年十
二月十七日庚申奉柩葬于父傍名水尾吉地坐寅甲向申
庚丑艮行龍子癸水潮不能求銘於當世之士姑述大
槩而紀歲月矣　孝男雷
從善同孫奴孫溢拜書

272　先考閣梅吴公壙記

葬年：元至正元年（1341年）十二月　尺寸：高69.5釐米，寬34釐米

先考閣梅吴公壙記

273 故先考汪公季二承事壙記

葬年：元至正二年（1342年）四月十六日丙辰

尺寸：高66.5釐米，寬33釐米

壙記
故先考汪公季二承事壙記
孤子汪仲榮等泣血謹書

274 先考劉公庚七承事壙記

葬年：元至正二年（1342年）十二月二十三日庚申　尺寸：高68.5釐米，寬31.9釐米

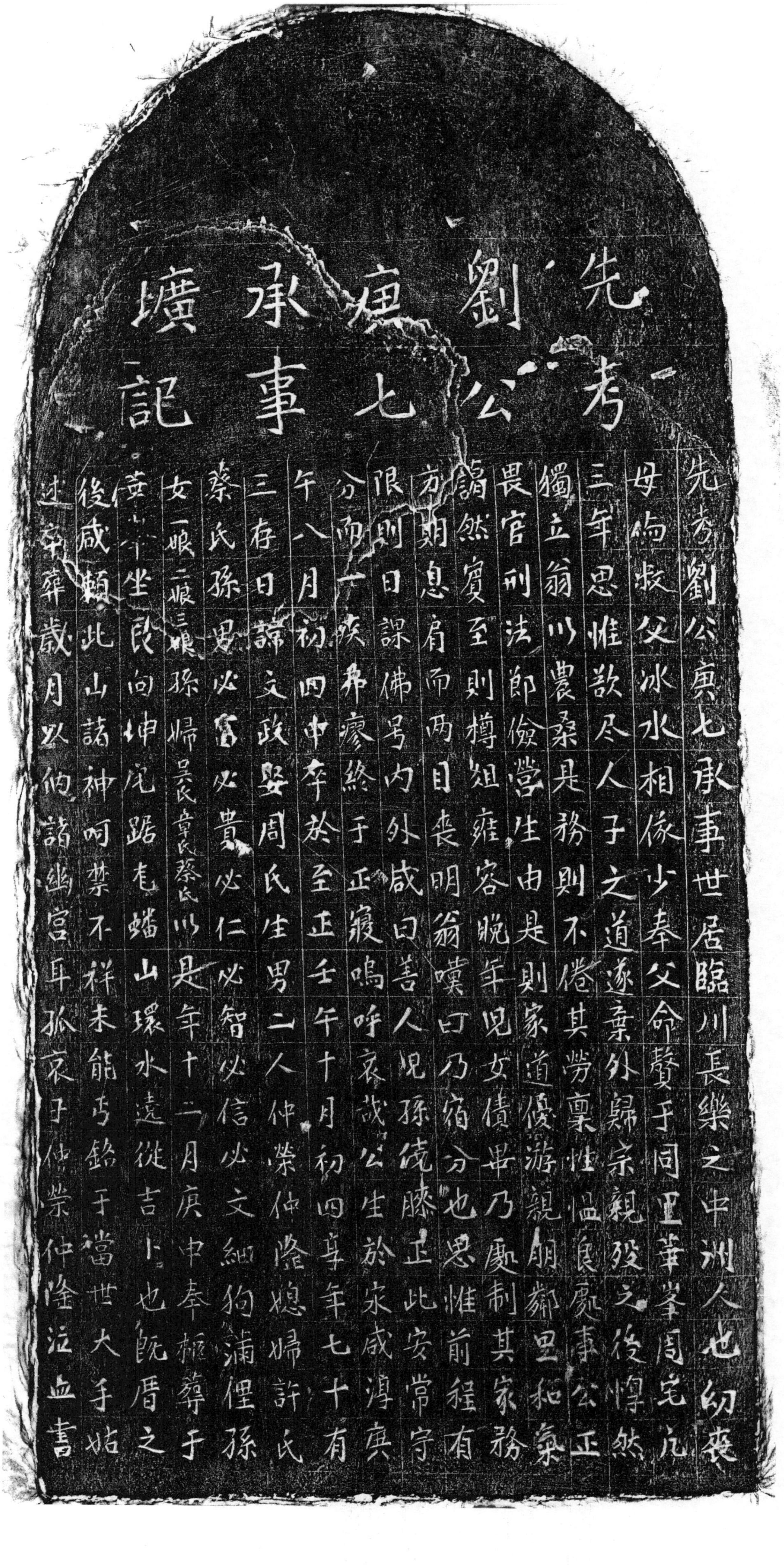
先考劉公庚七承事壙記
先考劉公庚七承事世居臨川長樂之中洲人也幼喪
母而叔父冰水相依少奉父命贅于同里華峯周宅亢
三年思惟歉盡人子之道遂棄外歸宗親歿之後惇然
獨立翁以農桑是務則不倦其勞稟性溫良處事公正
畏官刑法節儉營生由是則家道優游親朋鄰里和氣
藹然賓至則樽俎雍容晚年見女債畢乃處制其家務
方朔息肩而兩目喪明翁嘆曰乃宿分也思惟前程有
限則日課佛号內外咸曰善人見孫僥滕正此安常守
分而一疾弗瘳終于正寢嗚呼哀哉公生於宋咸淳庚
午八月初四申卒於至正壬午十月初四享年七十有
三存日諱文政娶周氏生男二人仲榮仲隆媳婦許氏
蔡氏孫男必富必貴必仁必智必信必文細狗蒲俚孫
女一娘二娘三娘孫婦吳氏章氏蔡氏以是年十二月庚申奉柩葬于
黃山下坐艮向坤虎踞龍蟠山環水遠從吉卜也既厝之
後咸賴此山諸神呵禁不祥未能丐銘于當世大手姑
述卒葬歲月以納諸幽宮耳孤哀子仲榮仲隆泣血書

275 先妣傅氏孺人壙記

葬年：元至正三年（1343年）二月十三日　尺寸：高54.4釐米，寬33.3釐米

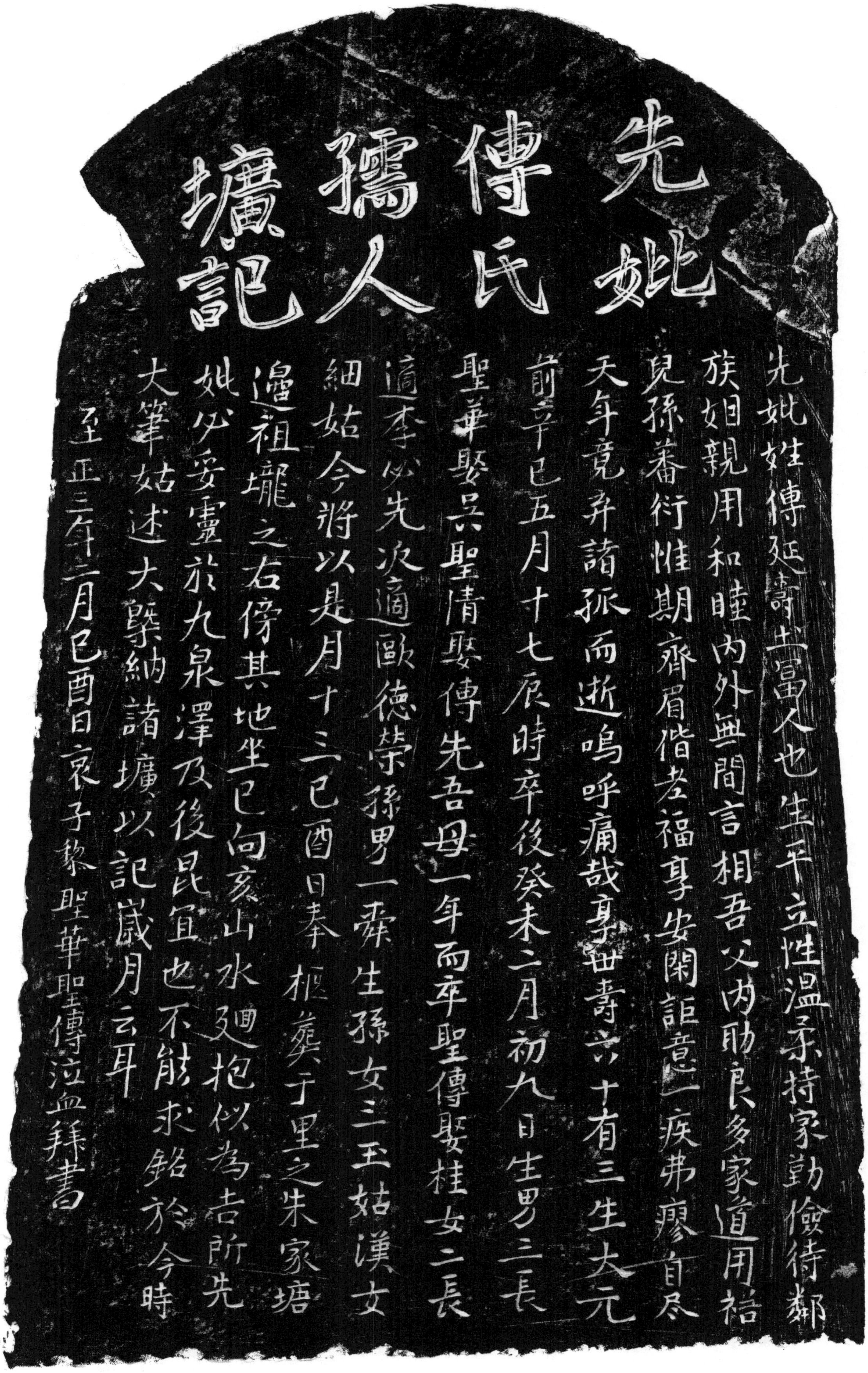

先妣傅氏孺人壙記
先妣姓傅延壽土富人也生平立性温柔持家勤儉待鄰
族姻親用和睦內外無間言相吾父內助良多家道用裕
見孫蕃衍惟期齊眉偕老福享安閑詎意一疾弗瘳自尽
天年竟弃諸孤而逝嗚呼痛哉享世壽六十有三生大元
前辛巳五月十七辰時卒後癸未二月初九日生男三長
聖華娶吳聖倩娶傅先吾母一年而卒聖傳娶桂女二長
適李少先次適歐德榮孫男一霖生孫女三王姑漢女
細姑今將以是月十三己酉日奉柩葬于里之朱家塘
邊祖壠之右傍其地坐巳向亥山水廻抱似為吉所先
妣少安靈於九泉澤及後昆宜也不能求銘於今時
大筆姑述大槩納諸壙以記歲月云耳
至正三年二月己酉日哀子黎聖華聖傳泣血拜書

276 元故毛公端甫朝奉壙記

葬年：元至正三年（1343年）十二月初五日庚申　尺寸：高86釐米，寬40釐米

元故毛公端甫朝奉壙記

277 仲子祖敬壙誌

葬年：元至正四年（1344年）六月初四日　尺寸：高77.5釐米，寬42.6釐米

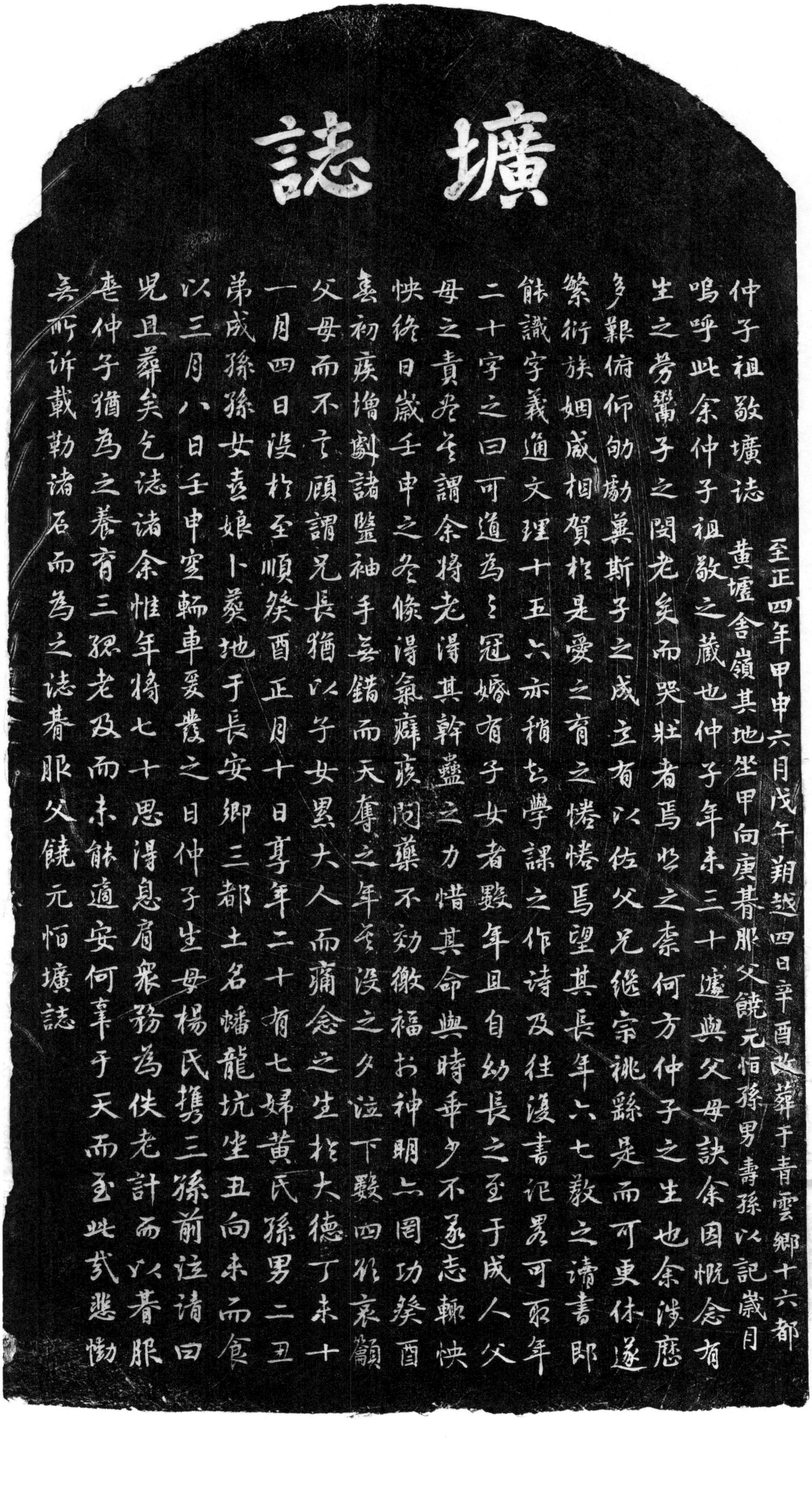
壙誌
仲子祖敬壙誌
至正四年甲申六月戊午朔越四日辛酉改葬于青雲鄉十六都
黃壢舍嶺其地坐甲向庚耆服父饒元恒孫男壽孫以記歲月
嗚呼此余仲子祖敬之葬也仲子年未三十遽與父母訣余因慨念有
生之勞鬻子之閔老矣而哭壯者焉悲之奈何方仲子之生也余涉歷
多艱俯仰劬勩冀斯子之成立有以佐父兄繼宗祧繇是而可更休逸
繁衍族姻咸相賀於是愛之育之惓惓焉望其長年六七歲之讀書即
能識字義通文理十五六亦稍知學課之作詩及往復書記略可取年
二十字之曰可道為之冠婚有子女者數年且自幼長之至于成人父
母之責老者謂余將老得其幹蠱之力惜其命與時乖多不遂志輒怏
怏終日歲壬申之冬感條得氣癖疾閱藥不効徼福於神明亦罔功癸酉
春初疾增劇諸醫袖手無錯而天奪之年老者沒之夕泣下數四於哀顧
父母而不之顧謂兄長猶以子女累大人而痛念之生於大德丁未十
一月四日没於至順癸酉正月十日享年二十有七婦黃氏孫男二丑
弟成孫孫女春娘卜葬地于長安鄉三都土名蟠龍坑坐丑向未而食
以三月八日壬申窆輀車爰發之日仲子生母楊氏携三孫前泣請曰
兒且葬矣乞誌諸余惟年將七十思得息肩衆務為佚老計而以耆服
老仲子猶為之養育三孫老及而未能適安何辜于天而至此哉悲慟
無所訴載勒諸石而為之誌耆服父饒元恒壙誌

278 故盛氏孺人壙記

葬年：元至正四年（1344年）十二月十八日癸酉　尺寸：高38釐米，寬57釐米

279 吾母李氏三太君墓記

葬年：元至正四年（1344年）十二月二十七日壬午　尺寸：高63釐米，寬33釐米

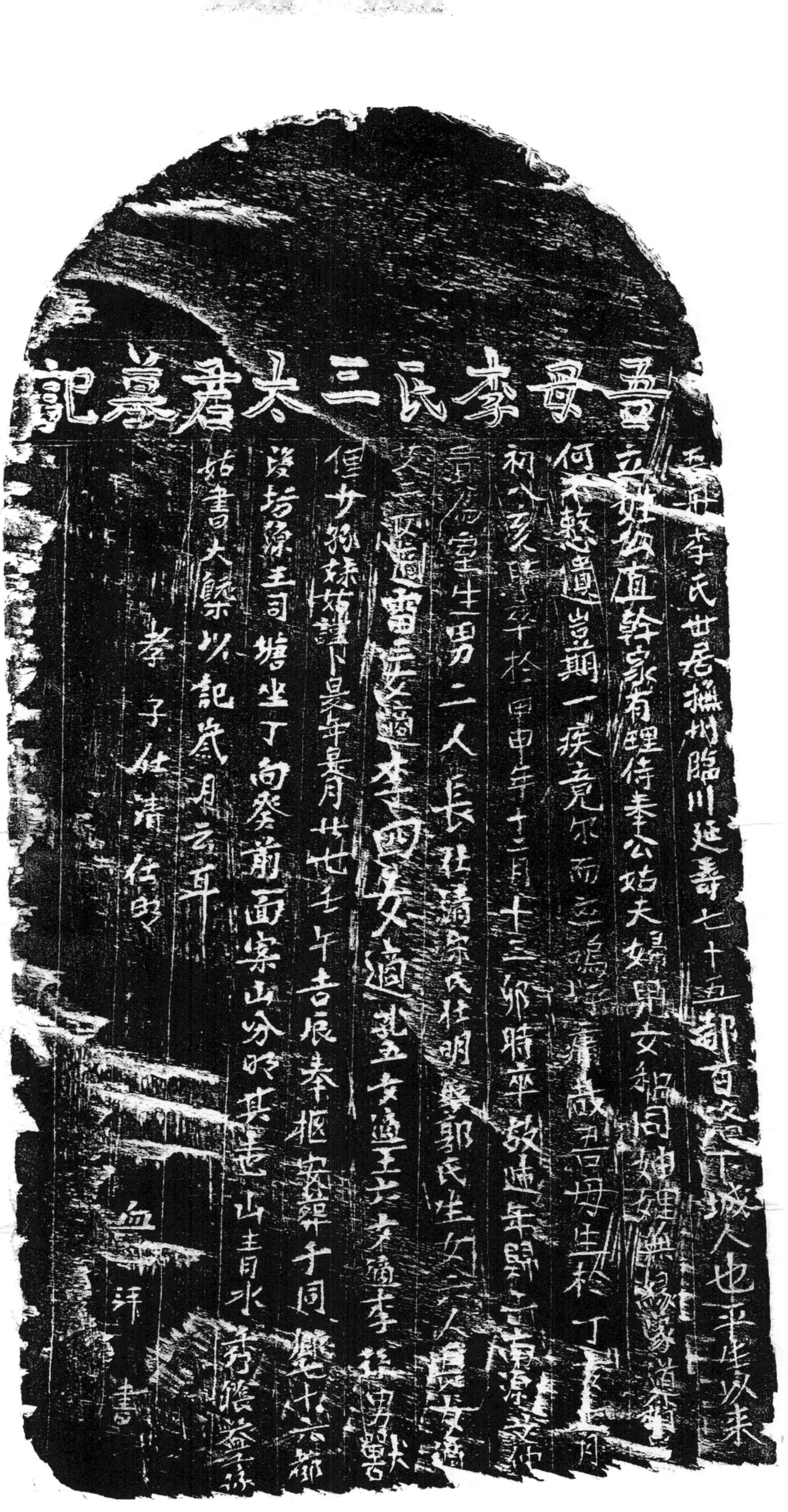

吾母李氏三太君墓記

吾母李氏世居撫州臨川延壽七十五都首[illegible]下城人也平生以來
立性[illegible]公直幹家有理侍奉公姑夫婦男女和同妯娌[illegible]婦道[illegible]
何不慈遺豈期一疾竟尔而亡嗚呼痛哉吾母生於丁[illegible]月
初八亥時卒於甲申年十二月十三卯時卒[illegible]年[illegible]南源[illegible]
吾為室生男二人長仕清娶宗氏仕明娶郭氏生女六人長女適
[illegible]次女適雷三女適李四女適[illegible]五女適王六女適李孫男[illegible]
侄女孫[illegible]孫女[illegible]卜是年是月廿七壬午吉辰奉柩安葬于同鄉七十六都
後坊源王司塘坐丁向癸前面案山分明其地山青水秀[illegible]
姑書大槩以記歲月云耳
孝子仕清仕明泣血拜書

280 先妣黃氏孺人壙記

葬年：元至正五年（1345年）十一月二十二日壬寅　尺寸：高72.3釐米，寬33.8釐米

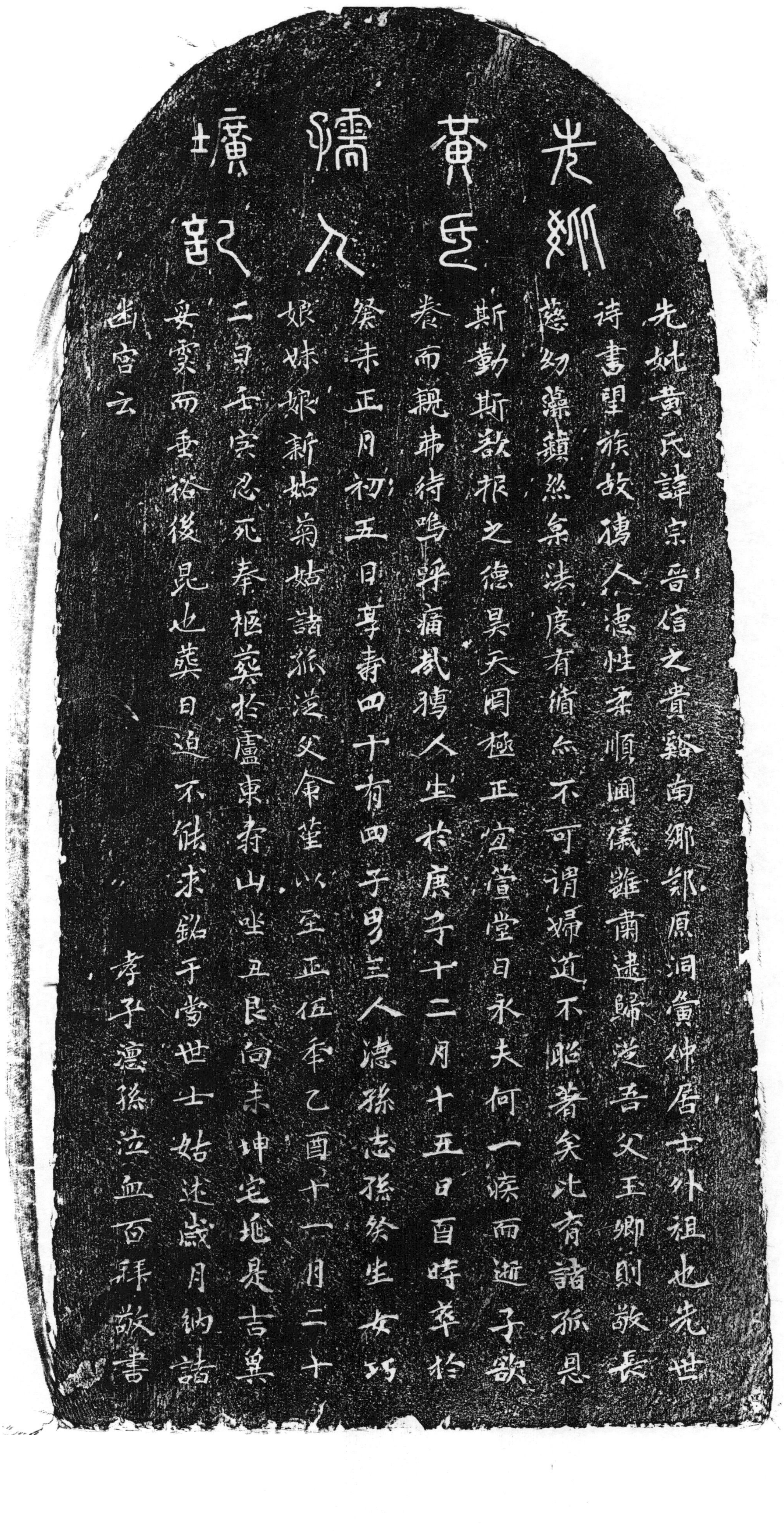
先妣黃氏孺人壙記

先妣黃氏諱宗晉信之貴谿南鄉郊原洞黃仲居士外祖也先世
詩書望族故孺人德性柔順閫儀雖肅遠歸從吾父玉卿則敬長
慈幼藻蘋絲枲法度有循而不可謂婦道不昭著矣比育諸孫思
斯勤斯欲報之德昊天罔極正宜萱堂日永夫何一疾而逝子欲
養而親弗待嗚呼痛哉孺人生於庚子十二月十五日酉時卒於
癸未正月初五日享壽四十有四子男三人德孫志孫癸生女巧
娘妹娘新姑菊姑諸孫從父命筮以至正伍年乙酉十一月二十
二日壬寅忍死奉柩葬於盧東斧山坐丑艮向未坤宅地是吉冀
安窆而垂裕後昆也葬日迫不能求銘于當世士姑述歲月納諸
幽宮云
孝子德孫泣血百拜敬書

281　亡室孺人危氏壙記

葬年：元至正六年（1346年）十月十五日　尺寸：高69釐米，寬33釐米

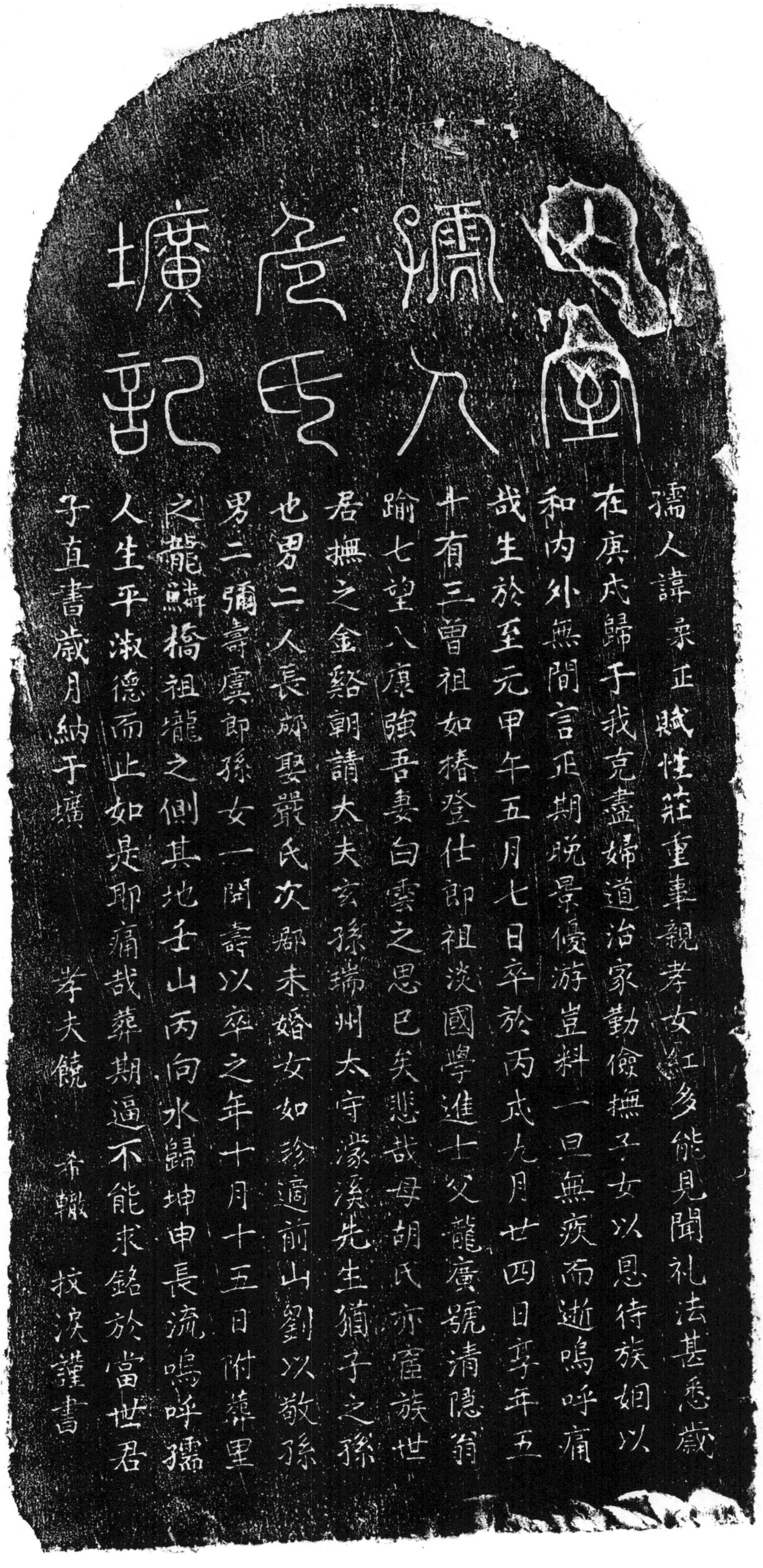
亡室孺人危氏壙記
孺人諱彔正賦性莊重事親孝女紅多能見聞礼法甚悉歲
在庚戌歸于我克盡婦道治家勤儉撫子女以恩待族姻以
和內外無間言正期晚景優游豈料一旦無疾而逝嗚呼痛
哉生於至元甲午五月七日卒於丙戌九月廿四日享年五
十有三曾祖如椿登仕郎祖淡國學進士父龍廣號清隱翁
踰七望八康強吾妻白雲之思已矣悲哉母胡氏亦富族世
居撫之金谿朝請大夫玄孫瑞州太守濛溪先生猶子之孫
也男二人長郝娶聶氏次鄰未婚女如珍適前山劉以敬孫
男二彌壽賔郎孫女一開壽以卒之年十月十五日附葬里
之龍鱗橋祖壠之側其地壬山丙向水歸坤申長流嗚呼孺
人生平淑德而止如是耶痛哉葬期逼不能求銘於當世君
子直書歲月納于壙　孝夫饒　希轍　拭淚謹書

282　亡室周氏孺人壙記

葬年：元至正七年（1347年）十二月二十五日壬辰　尺寸：高49釐米，寬38釐米

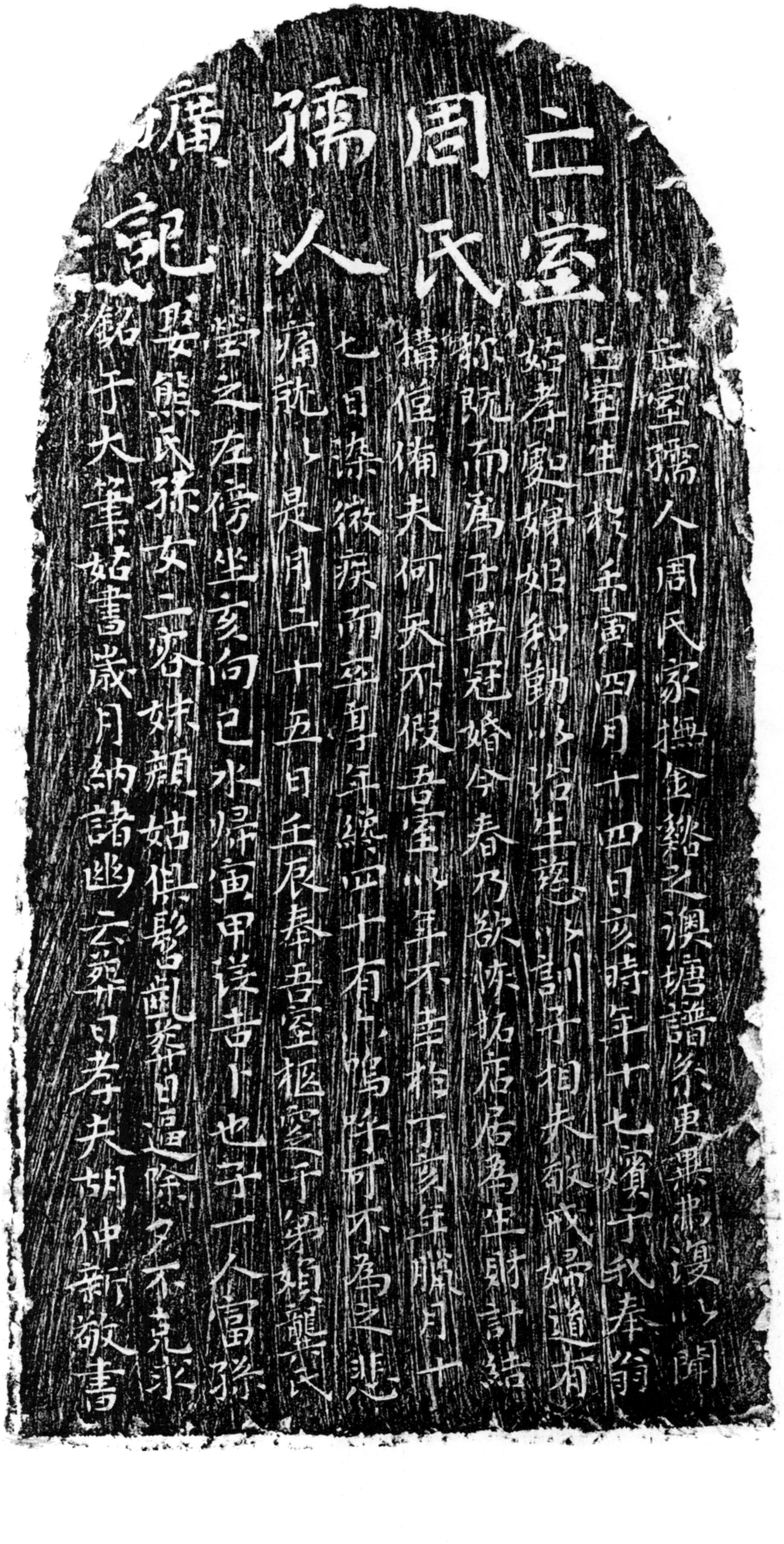

亡室周氏孺人壙記

亡室孺人周氏家撫金谿之澳塘譜系更兵弗復以聞
亡室生於壬寅四月十四日亥時年十七嬪于我奉舅
姑孝處娣姒和勤以治生慈以訓子相夫敬戒婦道有
稱既而爲子畢冠婚今春乃欲依拓居爲生財計結
構位備夫何天不假吾室以年不幸於丁亥年臘月十
七日染微疾而卒享年纔四十有七嗚呼可不爲之悲
痛哉是月二十五日壬辰奉吾室柩窆于吳娘壟氏
塋之左傍坐亥向巳水歸寅甲從吉卜也子一人富孫
娶熊氏孫女二寄妹顏姑俱髫齓葬日逼除久不克求
銘于大筆姑書歲月納諸幽云葬日孝夫胡仲新敬書

283　先室陳氏孺人壙記

葬年：元至正十年（1350年）八月十八日庚寅　尺寸：高51.8釐米，寬29釐米

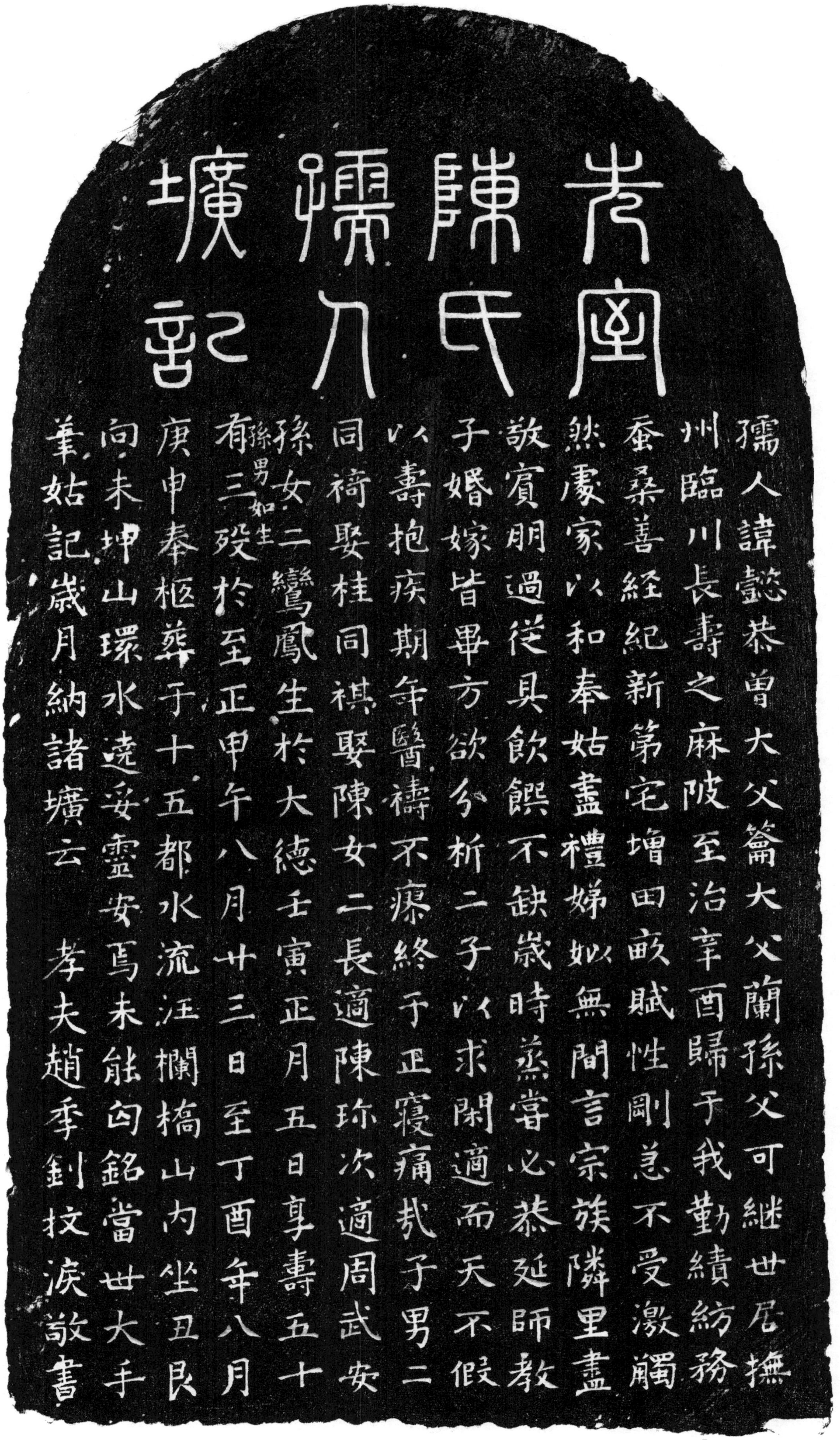

先室陳氏孺人壙記

孺人諱懿恭曾大父籥大父蘭孫父可繼世居撫
州臨川長壽之麻陂至治辛酉歸于我勤績紡務
蚕桑善經紀新第宅增田畝賦性剛慈不受激觸
然處家以和奉姑盡禮娣姒無間言宗族隣里盡
敬賓朋過從具飲饌不缺歲時蒸嘗必恭延師教
子婚嫁皆畢方欲分析二子以求閑適而天不假
以壽抱疾期年醫禱不瘳終于正寢痛哉子男二
同禕娶桂同祺娶陳女二長適陳琺次適周武安
孫女二鸞鳳生於大德壬寅正月五日享壽五十
有三（孫男如生）歿於至正甲午八月廿三日至丁酉年八月
庚申奉柩葬于十五都水流汪欄橋山內坐丑艮
向未坤山環水遶安靈安焉未能勾銘當世大手
筆姑記歲月納諸壙云　孝夫趙季釗拉淚敬書

284 故喻公明三居士墓誌銘

葬年：元至正十一年（1351年）十月二十六日　尺寸：高74.8釐米，寬40.2釐米

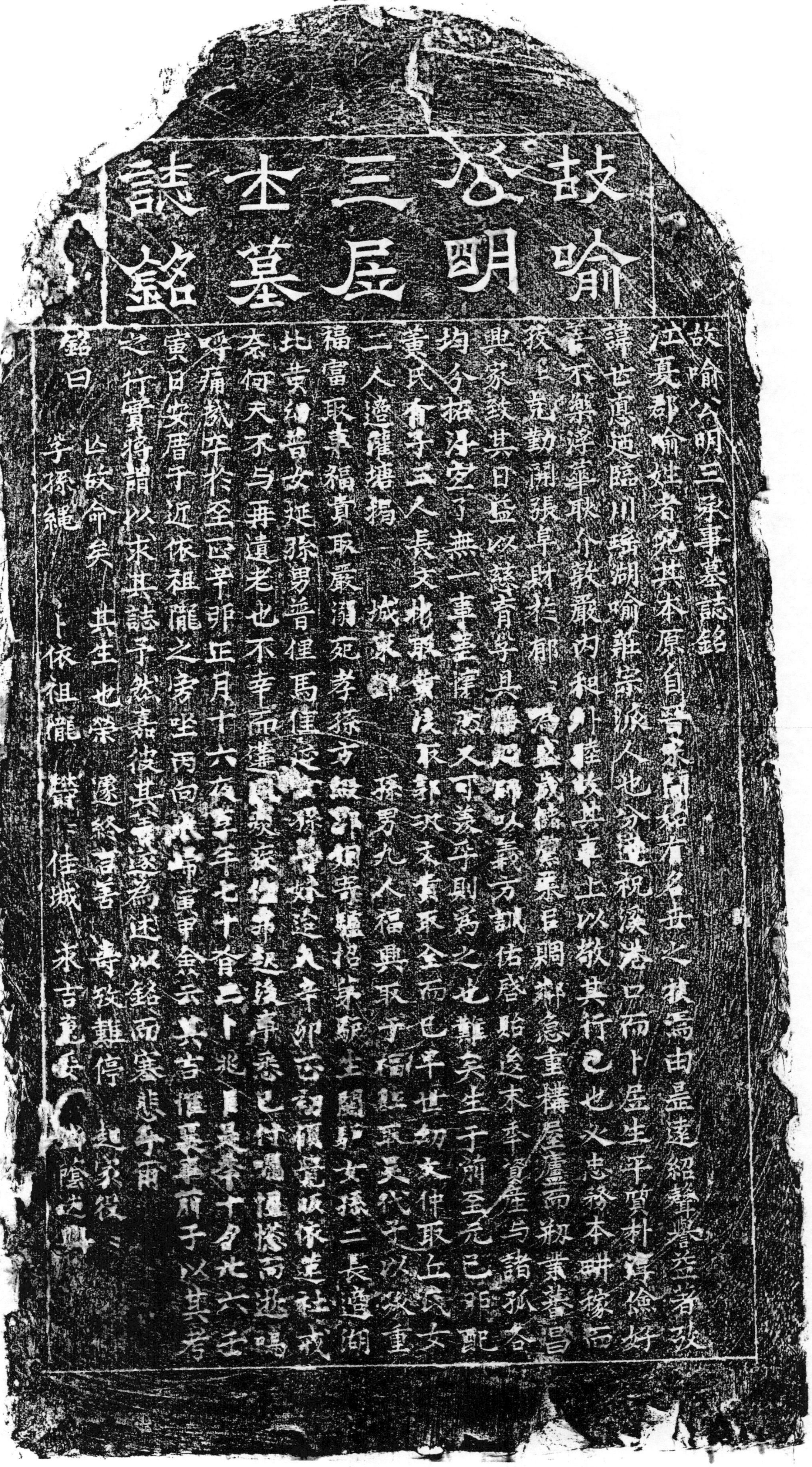
故喻公明三居士墓誌銘

285 先妣胡氏孺人壙記

葬年：元至正十一年（1351年）十二月二十一日　尺寸：高51釐米，寬26.5釐米

先妣胡氏孺人壙記

286 元故茂林主公壙記

葬年：元至正十二年（1352年）閏三月十九日

尺寸：高56.5釐米，寬30.5釐米

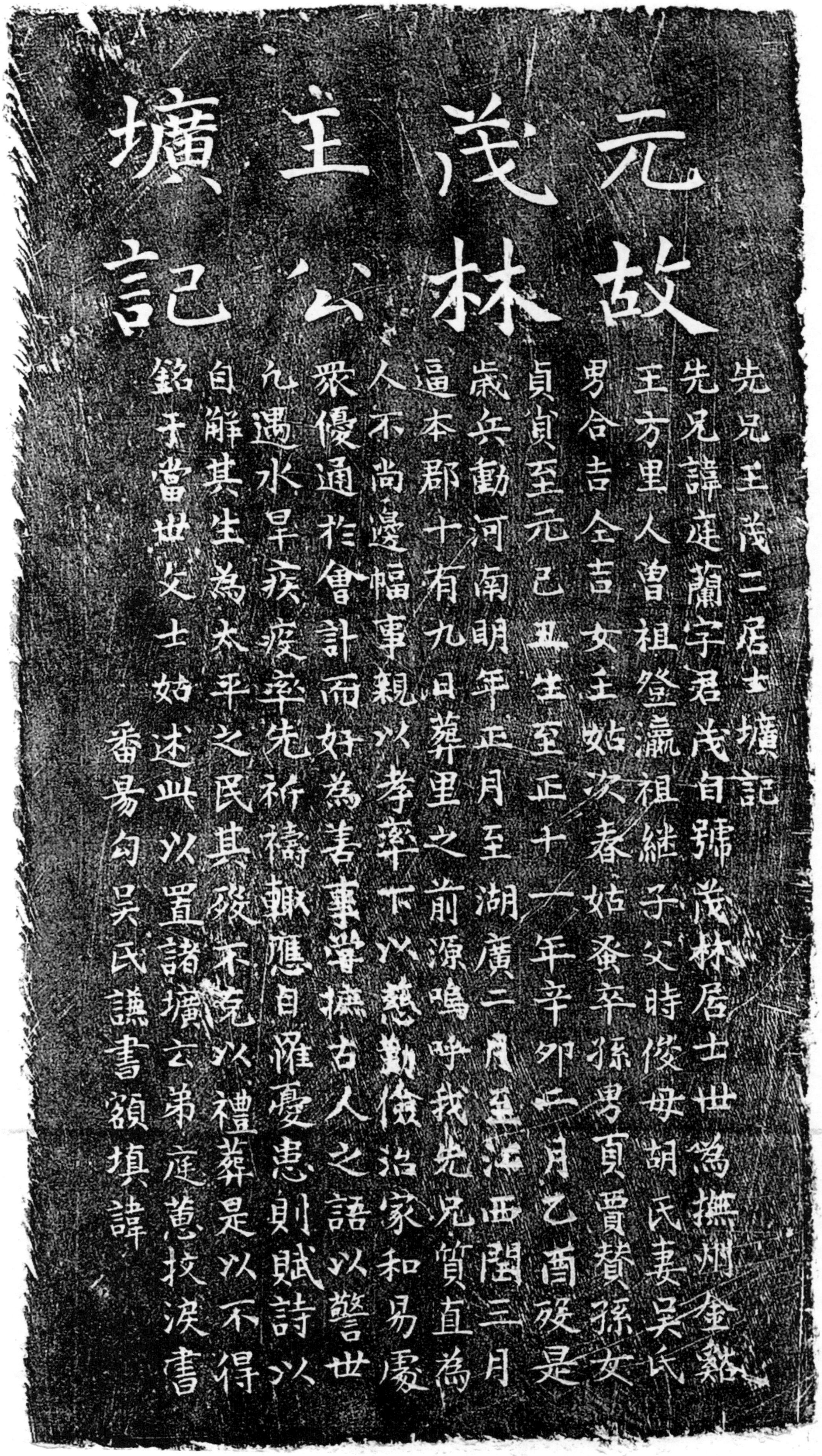

元故茂林主公壙記

先兄王茂二居士壙記
先兄諱庭蘭字君茂自號茂林居士世為撫州金谿
王方里人曾祖登瀛祖継子父時俊母胡氏妻吳氏
男合吉仝吉女壬姑次春姑蚕卒孫男頁賈贇孫女
貞貞至元己丑生至正十一年辛卯二月乙酉歿是
歳兵動河南明年正月至湖廣二月至江西閏三月
逼本郡十有九日葬里之前源嗚呼我先兄質直為
人不尚邊幅事親以孝率下以慈勤儉治家和易處
衆優通於會計而好為善事嘗撫古人之語以警世
凡遇水旱疾疫率先祈禱輒應自罹憂患則賦詩以
自解其生為太平之民其歿不克以禮葬是以不得
銘于當世文士姑述此以置諸壙云弟庭蕙抆淚書
番易勾吳氏謙書額填諱

287

先父雷君京一宣教壙記

葬年：元至正十二年（1352年）八月二十一日　尺寸：高61.5釐米，寬33釐米

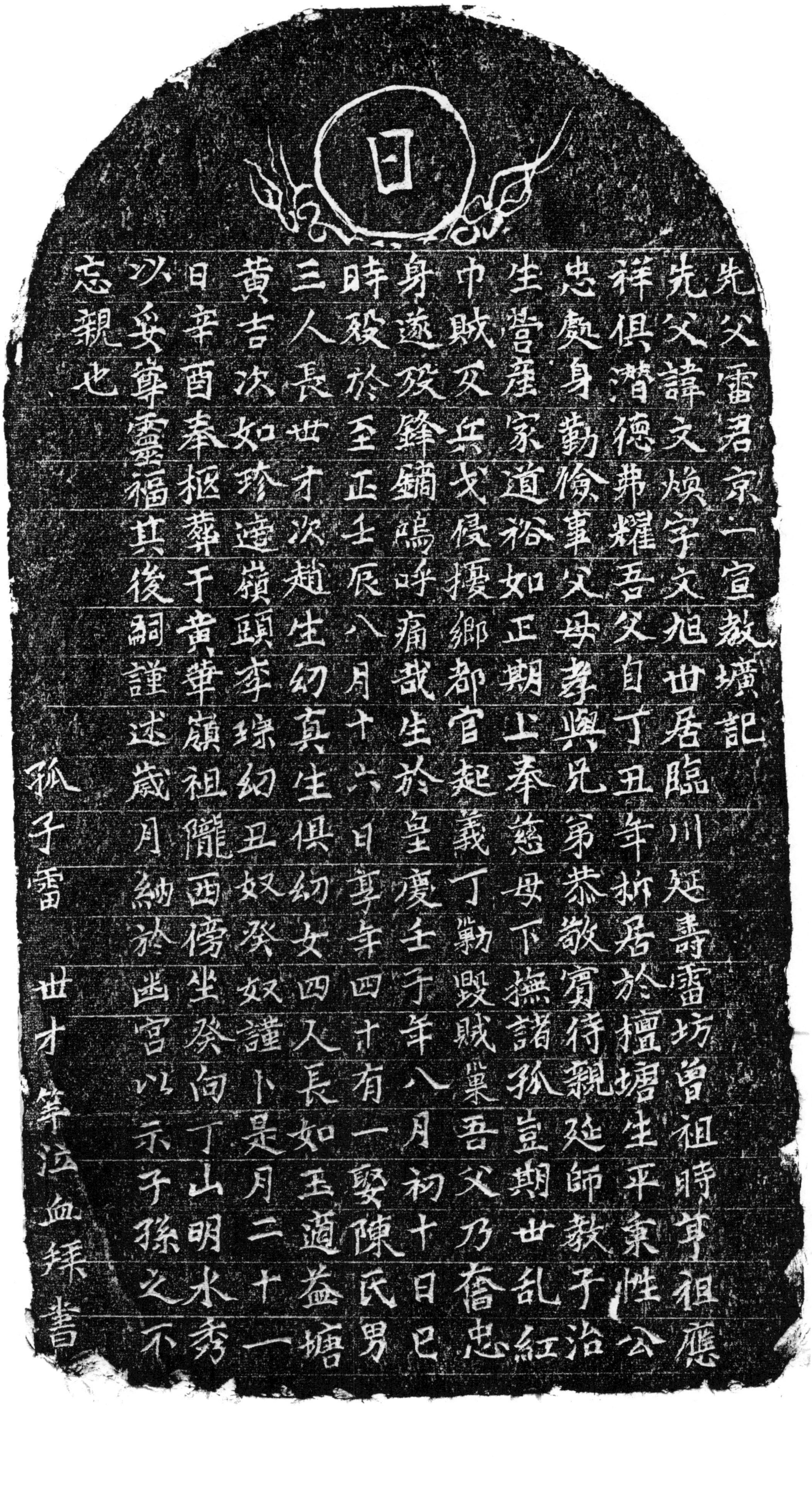
日

先父雷君京一宣教壙記
先父諱文煥字文旭世居臨川延壽雷坊曾祖時革祖應
祥俱潛德弗耀吾父自丁丑年析居於檀塘生平秉性公
忠處身勤儉事父母孝與兄弟恭敬賓待親延師教子治
生營產家道裕如正期上奉慈母下撫諸孫豈期世乱紅
巾賊發兵戈侵擾鄉都官起義丁勦毀賊巢吾父乃奮忠
身遂殁鋒鏑嗚呼痛哉生於皇慶壬子年八月初十日巳
時殁於至正壬辰八月十六日享年四十有一娶陳氏男
三人長世才次趙生幼真生俱幼女四人長如玉適益塘
黄吉次如珍適嶺頭李琭幼丑奴癸奴謹卜是月二十一
日辛酉奉柩葬于黄華嶺祖隴西傍坐癸向丁山明水秀
以妥尊靈福其後嗣謹述歲月納於幽宮以示子孫之不
忘親也
孤子雷　世才等泣血拜書

288　生母危氏太君壙記

葬年：元至正十二年（1352年）十二月十五日甲寅　尺寸：高68釐米，寬33.6釐米

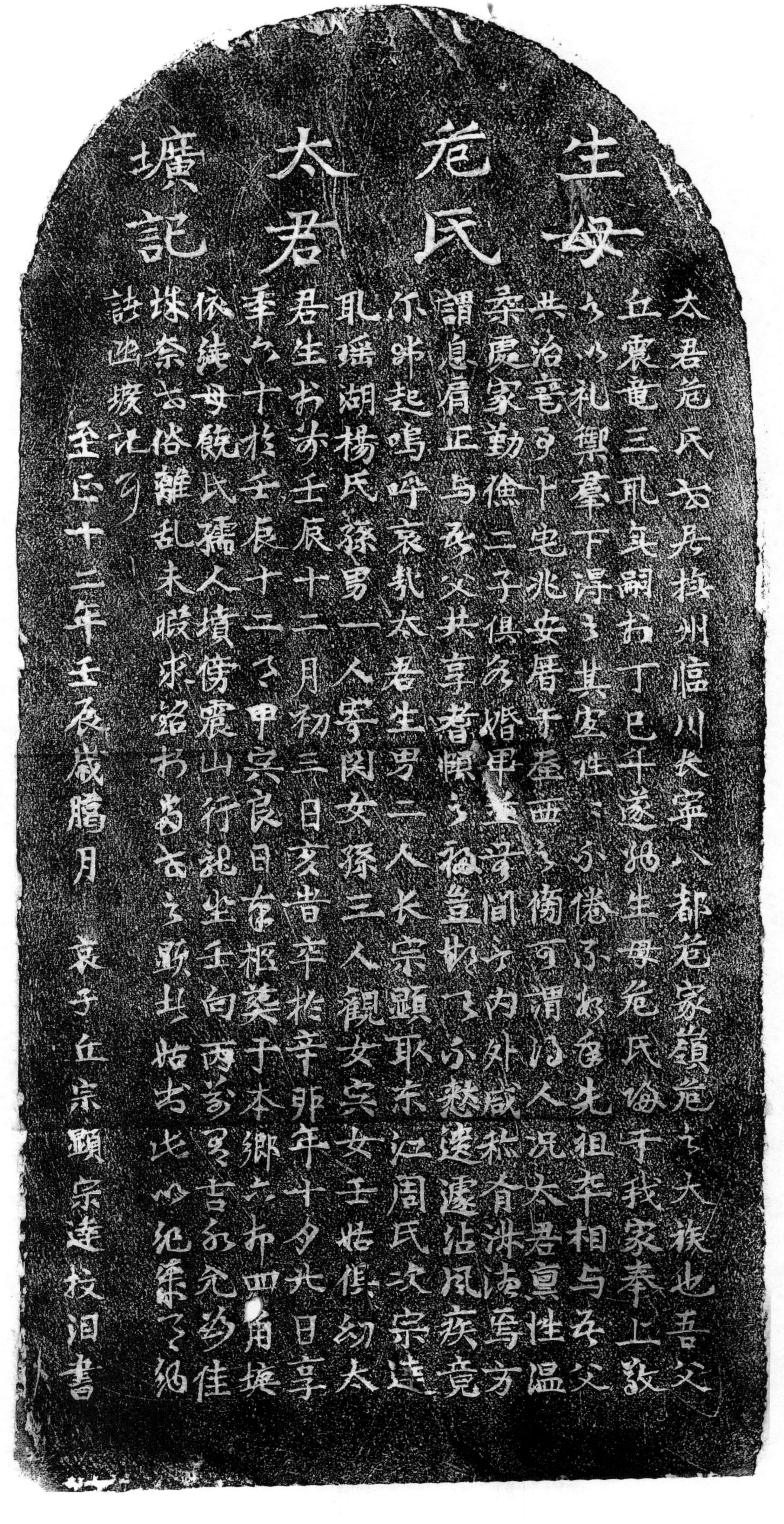
生母
危氏
太君
壙記

289 先妣劉氏孺人壙誌

葬年：元至正十三年（1353年）十二月初九日　尺寸：高49釐米，寬26釐米

日
月
先妣劉氏孺人壙誌

290 先考雲軒端七墓

葬年：元至正十四年（1354年）二月十二日乙巳

尺寸：高32釐米，寬32釐米

考雲軒端七墓
孫一娘 閔娘 孫婦付氏二娘
甲午二月十二乙巳日安葬
小源作乙山辛向

291

故太君曾氏墓誌

葬年：元至正十八年（1358年）　尺寸：高81釐米，寬38.5釐米

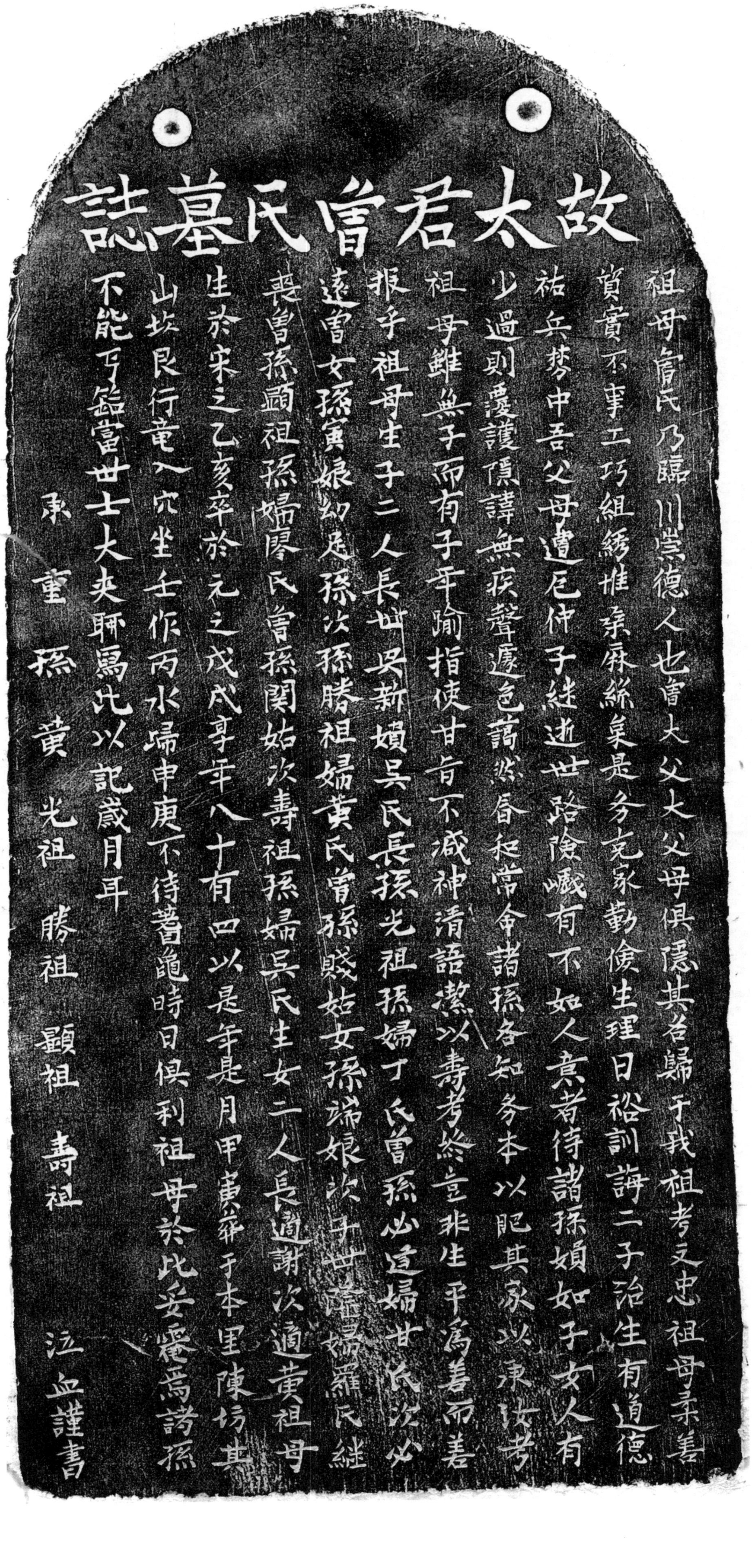
故太君曾氏墓誌
祖母曾氏乃臨川崇德人也曾大父大父母俱隱其名歸于我祖考文忠祖母柔善
貞實不事工巧組綉椎桑麻絲枲是务克家勤儉生理日裕訓誨二子治生有道德
祐兵燹中吾父母遭厄仲子繼逝世路險巇有不如人意者待諸孫媍如子女人有
少過則覆護隱諱無疾聲遽色藹然昏祀常命諸孫各知务本以肥其家以承後考
祖母雖無子而有子年踰指使甘旨不減神清語熟以壽考終豈非生平爲善而善
報乎祖母生子二人長世昊新媍吳氏長孫光祖孫婦丁氏曾孫必達婦甘氏次必
遠曾女孫寅娘幼是孫次孫勝祖婦黃氏曾孫賤姑女孫瑞娘次子世隆婦羅氏繼
娶曾孫顯祖孫婦廖氏曾孫閏姑次壽祖孫婦吳氏生女二人長適謝次適黃祖母
生於宋之乙亥卒於元之戊戌享年八十有四以是年是月甲寅葬于本里陳坊其
山坎艮行竜入穴坐壬作丙水歸申庚不待蓍龜時日俱利祖母於此妥靈焉諸孫
不能亏銘當世士大夫聊爲此以記歲月耳
承重孫 黃光祖 勝祖 顯祖 壽祖
泣血謹書

292 先妣太君王氏壙記

葬年：元至正二十三年（1363年）三月二十日庚申　尺寸：高40.5釐米，寬32釐米

先妣太君王氏壙記

293　陳居士墓誌

葬年：不詳　尺寸：高85.5釐米，寬56.7釐米

誌銘

左迪功郎袁州司户參軍江　匯　撰

左迪功郎吉州司户參軍黄　鈗　書

左迪功郎新授信州玉山縣主簿黄　龜從　篆

年十有一月乙未陳居士卒明年十有一月甲申葬于新豐鄉永豐里之奥原前

王駜狀居士之行寓書宜春求予銘居士行應銘而其子肄與予有芹泮之舊敢

辭乃書其實曰居士諱炳字顯仲撫州臨川人曾大父諱保能大父諱文捷皆高隱終

身父諱巽積善肥家甲于富族靖康中出羨財佐軍興有　旨補承節郎或勉以出仕居

士憂其跋履之遠因泣諫見聽故承節以壽終于家居士執喪哀甚未祥而感疾謂肄曰

偏親黄髮弗克終養吾抱恨幽壚矣汝能承吾志庶幾董澤之孝也又謂其季曰允幹蠱

之勞惟汝職毋憚事言訖啓手足而逝居士醇厚質直言無隱情暇日對酒陶然自適有

達士之風視長幼均孝睦無所適莫而臨財廉取與義不使有間言方家道鼎盛且以驕

盈爲戒其子亦警敏有守謂當坐享佚樂而天不假之年爲可恨云娶劉氏生肄肄生八

年劉不幸以死繼室涂氏生勍先卒季曰民表一女適宜黄吴夊中孫男五人曰師淵曰

守謙曰守仁曰守約曰師孟女孫四人皆尚幼銘曰

居士之世　敦本好禮　忠孝肇啓　家道豐美　居士之德

簡易以直　滌醇去飾　洞見胷臆　居士之數　六十有五

善行既具　以永終譽　居士之門　義訓攸存　泫泫慶源

繩繩子孫　居士之藏　奥原之岡　斲珉幽堂　千載流光

吴世昌刊

294 管轄桂公壙記

葬年：十一月辛酉

尺寸：高66.5釐米，寬33.5釐米

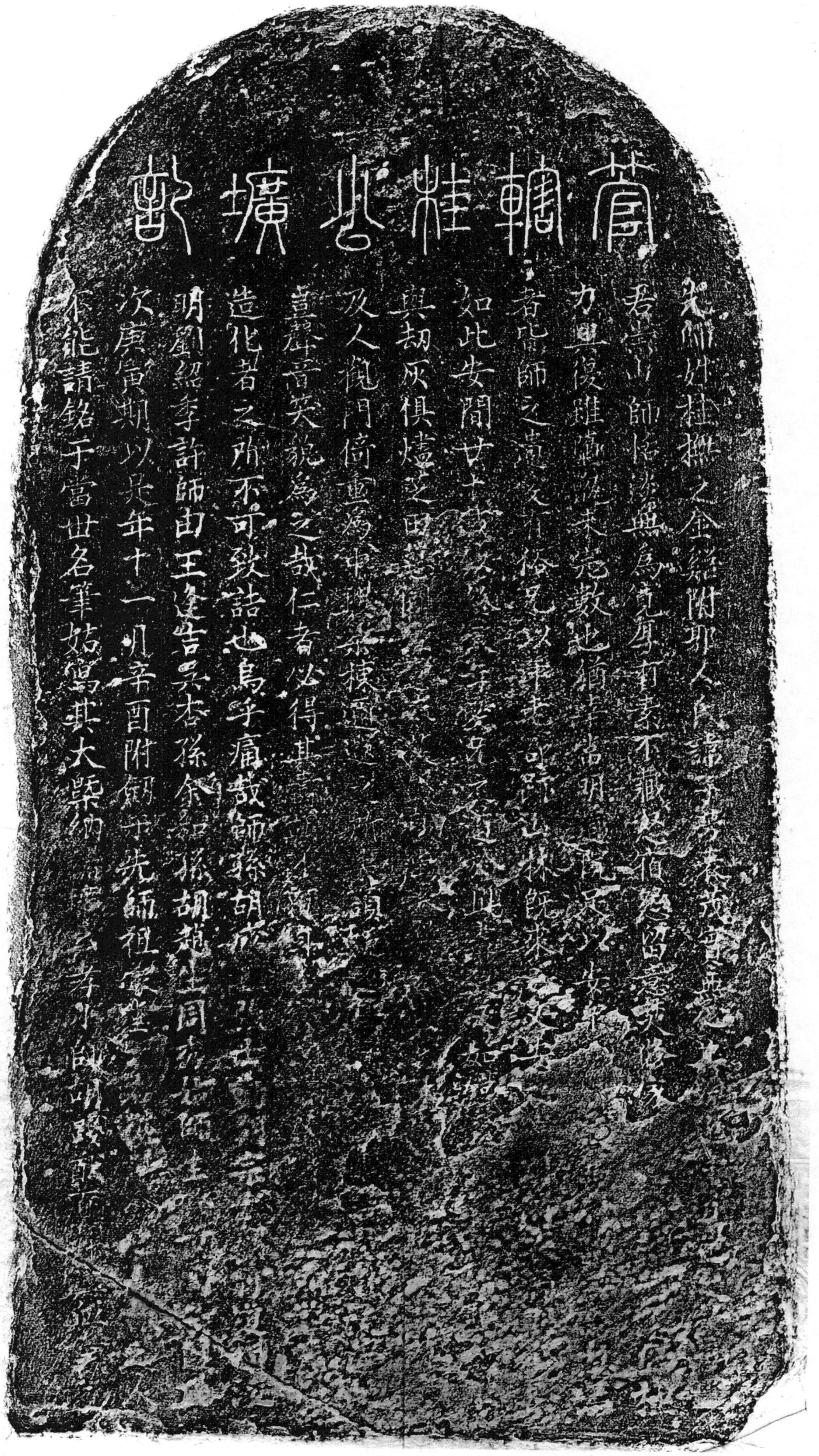

江公福三承事壙記

葬年：不詳　尺寸：高48.3釐米，寬24釐米

江公福三承事壙記

江公福三承事撫金鄉黃港里人祖諱慶
父諱明公生於前庚午五月廿七日申時
為人淳謹朴实惟務生理家道日裕恃譽
忤於人故鄉鄰親戚和藹如也男一女一孫
一曾孫太孫娶郭氏妻戴氏生前甲戌
四月卒於後甲戌十一月兇葬於里之
小水原其地坐庚向甲公　於　年
月　日今擬同穴焉謹撫歲月納諸
壙云　日江應齡自誌

296 圓寂虎谿窟公和尚塔銘

葬年：不詳 尺寸：高102.7釐米，寬69釐米

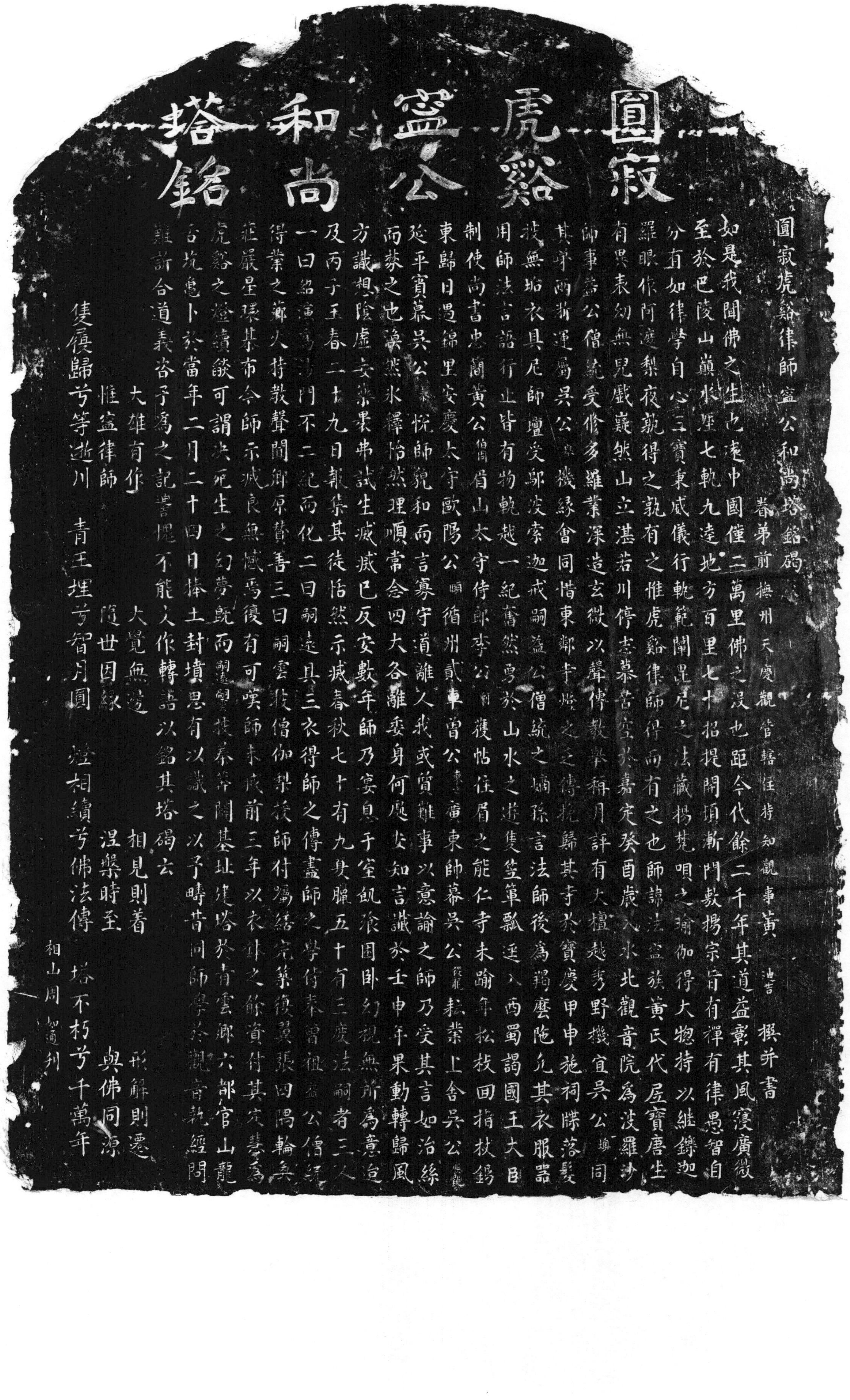
圓寂虎谿窟公和尚塔銘
圓寂虎谿律師窟公和尚塔銘偈
眷弟前撫州天慶觀管轄住持知觀事黃迪吉撰并書
如是我聞佛之生也遠中國僅二萬里佛之沒也距今代餘二千年其道益章其風寖廣微
至於巴陵山巔水涯七軌九達地方百里七十招提闕頃漸門數揭宗旨有禪有律愚智自
分有如律學自心三寶東威儀行軌範闡毘尼之法藏揭梵唄之瑜伽得大戒持以繼鑾迦
羅眼作阿遮梨夜就得之就有之惟虎谿律師得而有之也師諱法窟族黃氏代居寶唐生
有異表幼無兒戲巍然山立湛若川停志慕空門嘉定癸酉歲入水北觀音院爲波羅沙
師事益公僧統受修多羅業深造玄微以聲傳教舉稱月評有大檀越彭野機宜吳公壎同
其守兩浙運屬吳公曼機緣會同惜東鄰寺燬之傳挽歸其寺於寶慶甲申施祠牒落髮
披無垢衣具尼師壇受鄔波索迦戒嗣益公僧統之嫡孫言法師後爲羯磨陁允其衣服器
用師法言語行止皆有物軌越一紀舊然見於山水之遊隻笠單瓢逕入西蜀謁國王大臣
制使尚書忠簡黃公偁眉山太守侍郎李公翔獲帖住眉之能仁寺未踰年松枝回指杖錫
東歸日過錦里安慶太守歐陽公顯循州貳車曹公東之廣東帥幕吳公從龍杖策上舍吳公應龍
延平賓幕吳公棣悅師貌和而言寡守道離人我貳質離事以意諭之師乃受其言如治絲
而棼之也渙然冰釋怡然理順常念四大各離委身何所安知言讖於壬申年果動轉歸風
方識想陰虛妄纍累弗試生滅滅已反安數年師乃宴息于室飢飡困卧幻視無所爲意迫
及丙子正春二十九日報眾其徒恬然示滅春秋七十有九夏臘五十有三度法嗣者三人
一曰紹潤爲法門不二紀而化二曰嗣遠具三衣得師之傳盡師之學付本曾祖益公僧統
得業之鄉火持教聲聞鄉原黃善三曰嗣雲披僧伽梨授師付囑緒完築復翼張四隅輪奐
莊嚴星環碁布今師示滅良無憾焉復有可嘆師未滅前三年以衣鉢之餘資付其徒慧爲
虎谿之燈續燄可謂決死生之幻夢既而嗣遠嗣雲挾奉幷闢基址建塔於青雲鄉六都官山龍
台坑龜卜於當年二月二十四日捧土封墳思有以識之以予疇昔同師學於觀音執經問
難訂合道義咨予爲之記迪吉愧不能文作轉語以銘其塔偈云
大雄有作 大覺無邊 相見則着 形解則遷
惟窟律師 隨世因緣 涅槃時至 與佛同源
使復歸兮等逝川 青玉埋兮智月圓 燈相續兮佛法傳 塔不朽兮千萬年
相山周智道刊

297 先考危公匑一承事墓記

葬年：戊辰五月十八庚午日

尺寸：高38.5釐米，寬28釐米

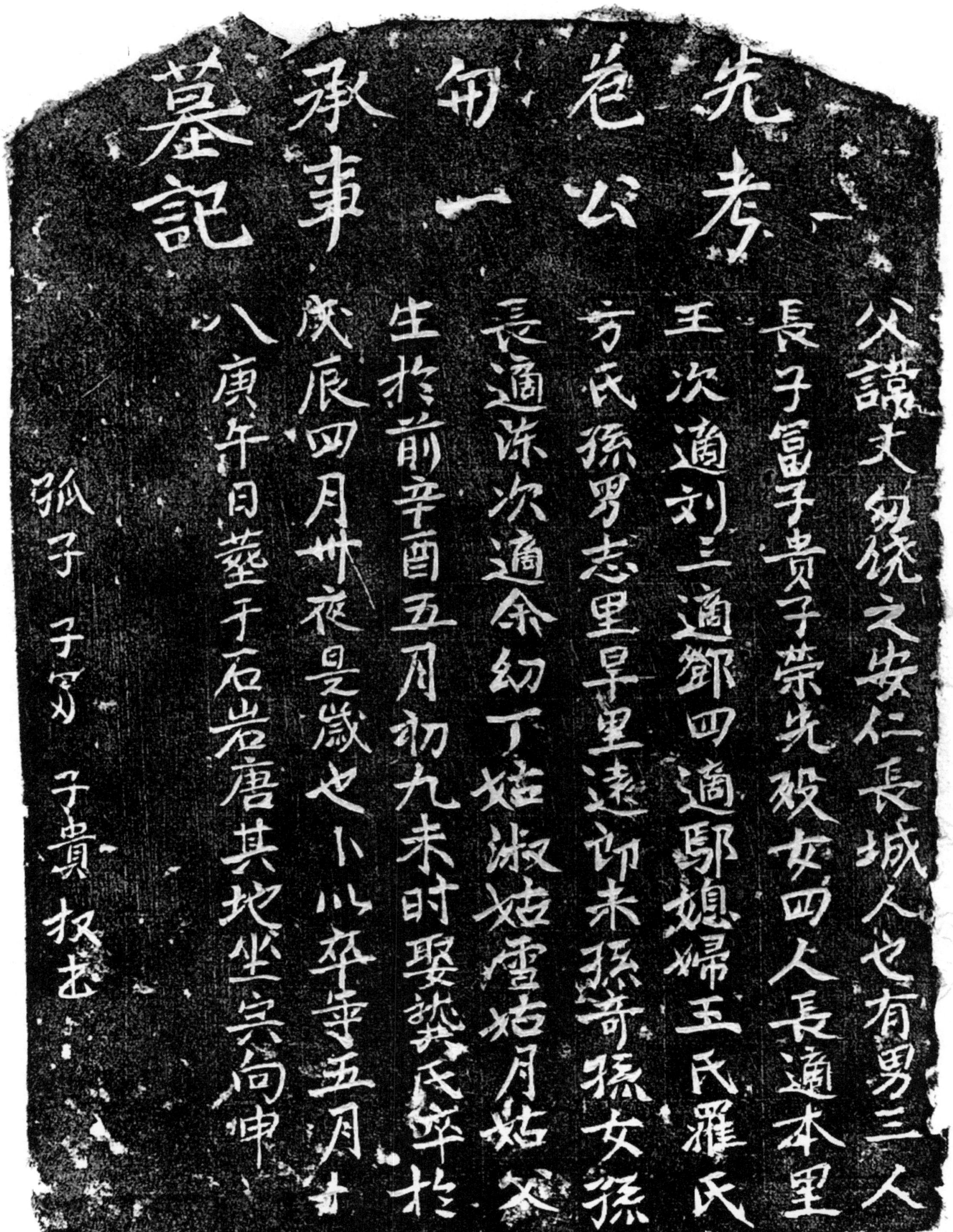
先考危公匑一承事墓記
父諱丈匑饒之安仁長城人也有男三人
長子富子貴子榮先殁女四人長適本里
王次適刘三適鄧四適鄢媳婦王氏羅氏
方氏孫男志里早里遠卯未孫奇孫女孫
長適徐次適余幼丁姑淑姑雪姑月姑癸
生於前辛酉五月初九未时娶龔氏卒於
戊辰四月廿夜是歲也卜以本年五月十
八庚午日瘞于石岩唐其地坐寅向申
孤子 子富 子貴

298　先公墓誌

葬年：不詳　尺寸：高51釐米，寬51釐米

299 張公平玉居士壙記

葬年：己未九月初三日　尺寸：高83釐米，寬41釐米

張公平玉居士壙記

昔微之哭其弟曰人琴俱亡而類絕其酷毒慘怛孰有過於此者嗚呼人不微之耳情烏可已哉弟諱汝材字平玉曾祖昕祖杞父鑑母金弟生而倜儻瑰偉洎羈冠失怙兄弟同堂藹如也已而荊花初析恭友之情雖離而合事兩生所養均孝視若中若表一家待鄉里重厚周謹示僮僕以寬逢知己則花萼杯盤燕笑終日排遣劇提不以世事勞其形悠義利決成敗毅不可撓暇日與優婆塞相往來頌盡敬戒於己未暮春十五日忽染微疾醫藥弗靈奄然而逝嗚呼痛哉尚忍言之娶邑趙氏夢未叶熊羆謂宗祧不可乏嗣遂以堂弟獨清次子爲之繼其後姻族咸稱其當弟生於庚子年七月初三日辛於己未三月十五日將以是年九月初三日奉柩葬于里官莊其地乃辛戍山行龍坐未向丑水歸巳丙長流嗚呼死生亦大矣以弟之天年食不滿其德方勉力自奮而業能大塞所期痛哉不能乞銘於當世大手筆兄鑾謹摭其槩而納諸壙云

300 故鄒孺人何氏壙記

葬年：不詳　尺寸：高84.5釐米，寬52釐米

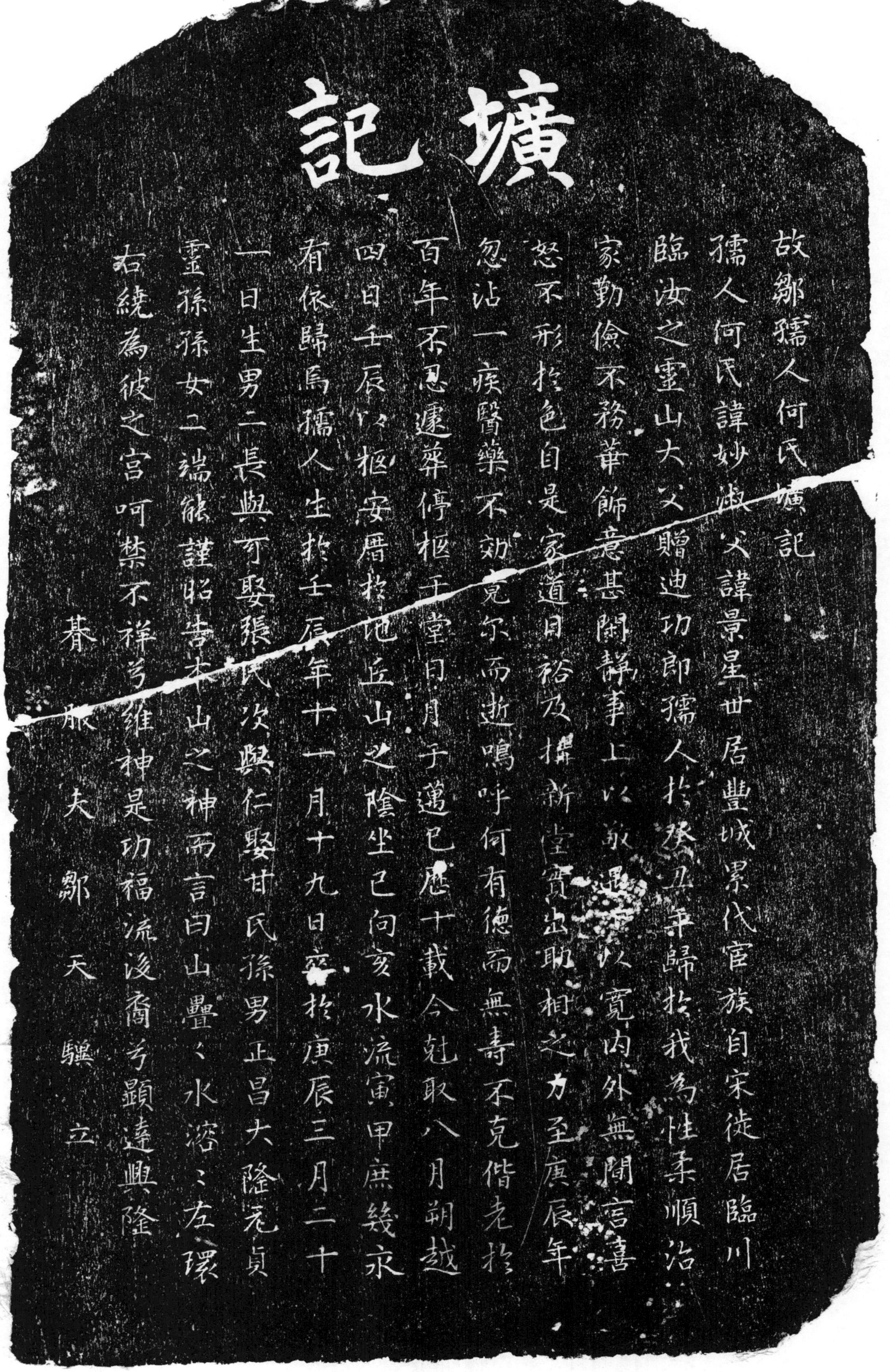

壙記

故鄒孺人何氏壙記

孺人何氏諱妙淑父諱景星世居豐城累代宦族自宋徙居臨川臨汝之靈山大父贈迪功郎孺人於癸丑年歸於我為性柔順治家勤儉不務華飾意甚閑靜事上以敬遇下以寬內外無間言嘻怒不形於色自是家道日裕及撰新堂實出助相之力至庚辰年忽沾一疾醫藥不効竟尔而逝嗚呼何有德而無壽不克偕老於百年不忍遽葬停柩于堂日月于邁已歷十載今就取八月朔越四日壬辰以柩安厝於地丘山之陰坐乙向亥水流寅甲庶幾永有依歸焉孺人生於壬辰年十一月十九日卒於庚辰三月二十一日生男二長與可娶張氏次與仁娶甘氏孫男正昌大隆元貞曾孫孫女二端熊謹昭告本山之神而言曰山疊疊水溶溶左環右繞為彼之宮呵禁不祥兮維神是功福流後裔兮顯達興隆

眷服夫鄒天驥立